Repase y escriba

Curso avanzado de gramática y composición

Quinta Edición

María Canteli Dominicis

St. John's University, New York

John J. Reynolds

St. John's University, New York

BICENTENNIAL

1807

WILEY

2007

BICENTENNIAL

JOHN WIILEY & SONS, INC.

PUBLISHER	Jay O'Callaghan
ACQUISITIONS EDITOR	Helene Greenwood
DEVELOPMENTAL EDITOR	Elena Herrero
EDITORIAL ASSISTANT	Jennifer Mendoza
SENIOR PRODUCTION EDITOR	William A. Murray; Production Management Services provided by Christine Cervoni, Camelot Editorial Services
MARKETING MANAGER	Emily Streutker
COVER DESIGN	Maddy Lesure
COVER ART	*Las Visiones del Quijote* by Octavio Ocampo
PHOTO MANAGER	Hilary Newman
MEDIA EDITOR	Sasha Giacoppo
ANNIVERSARY LOGO DESIGN	Richard Pacifico

This book was set in Times Roman by Preparé and printed and bound by Hamilton Printing. The cover was printed by Phoenix Color.

This book is printed on acid free paper. ∞

About the cover: Octavio Ocampo, the author of *Las visiones del Quijote* (oil on canvas, 1989) is a contemporary Mexican painter who specializes in optical illusions. The first impression the viewer receives is that of Don Quijote's face, but a close scrutiny reveals that the world of Don Quijote hides inside the painting. The hero riding Rocinante and Sancho riding his donkey occupy the center of the scene; there are windmills on top of the head while the hair helps create the illusion that one of the windmills is coming to life in the form of a dreadful giant. Dulcinea appears in the sky in the upper left corner. The grotesque faces in the background convey the madness of Don Quijote and in turn, hide numerous characters and episodes of the novel.

Literary Credits We are grateful to the following persons and publications: Silvia Molina for «La casa nueva»; Revista *Mampato* for «El Hombre de Plata»; Beatriz Laguerre for «Una luz en la noche»; Revista *Semana*, Colombia, for «Calvario de un fumador»; Revista *Época*, Spain, for «¿Es justificable la eutanasia?»; Lidia Falcón for «No molesta, calle y pague, señora», Dr. José María Méndez, hijo, for «Espejo del tiempo»; Carmen Balcells for «Pecado de omisión»; Bilingual Press, Arizona State University, Tempe, Az. for «Adolfo Miller» by Sabine Ulibarrí (*Primeros encuentros*, 1982); Periódico *El Tiempo*, Spain, for «La ruta de los mercados mayas»; Periódico *La Nación*, Argentina, for «La amenaza latina».

Library of Congress Cataloging-in-Publication Data

Dominicis, María Canteli.
  Repase y escriba : curso avanzado de gramática y composición / María
Canteli Dominicis. – 5th ed.
    p. cm.
  Spanish and English.
  Includes index.
  ISBN 978-0-471-69973-6 (pbk.)

1. Spanish language--Grammar 2. Spanish language--Composition and
exercises. I. Reynolds, John J., 1924- II. Title.
  PC4112.D663 2006
  468.2'421--dc22

                  2006017990

Printed in the United States of America
10 9 8 7 6 5 4

Repase y escriba is designed for advanced grammar and composition courses. It can be most effectively used in the third or fourth year of college study and can be covered in two semesters or, by judicious selection, in one semester.

We have taken into account the fact that some institutions add a conversation component to their composition courses. In such cases, the *Comprensión, Interpretación*, and *Intercambio oral* sections following the *Lectura* will be especially useful. In addition, the themes for composition lend themselves to oral discussion.

This text has the following notable features:

- It emphasizes the everyday usage of educated persons rather than the more formal, literary Spanish.
- Significant differences between Peninsular and New World Spanish are pointed out. Whenever possible, the usage that is most widespread is given preference.
- *Repase y escriba* covers the grammar in an orderly fashion. We feel that an in-depth, though not exhaustive, coverage of the grammar is essential at this level. We have gone back to a traditional approach in grammar explanations, which we have combined with numerous examples and exercises based on everyday life. In this way the rules are not fossils from another age, but rather, they are appropriately treated as the guidelines of a rich, everchanging living thing: language.
- The text offers a multitude and a variety of exercises that involve creativity, completion, substitution, and matching. Almost all the exercises are contextualized.
- *Repase y escriba* takes into consideration the special needs of the ever-increasing number of Hispanics in the classrooms of our universities. Spelling and the placement of accents create serious problems for these students as they strive to improve their writing skills. Accordingly, many exercises deal with those matters.
- An appendix contains a series of charts showing certain less advanced grammar topics not included in the body of the text. Instructors are urged to point out the practical value of this appendix.
- Spanish-English and English-Spanish glossaries.

Highlights of the Fifth Edition

- Eight of the fourteen readings are new (Chapters 2, 3, 5, 7, 9, 12, 13, and 14). Since many instructors have requested samples of journalistic style and more contemporary topics, four of the new readings come from magazines and newspapers. Each new reading has required a new set of appropriate exercises: *Vocabulario, Comprensión, Interpretación*, etc.
- Numerous grammatical examples and exercises have been updated in their references to persons and things.
- Several of the grammar explanations and directions for doing the exercises have been revised.
- In response to requests from instructors, the presentation of preterite vs. imperfect now precedes that of **ser** vs. **estar**, as was the case in the first three editions.

- Six of the *Ampliaciones* (Chapters 2, 3, 4, 5, 7, and 12) and one of the *Distinciones* (Chapter 3) in the *Sección léxica* are new to this edition. The *Distinciones* in Chapters 9 and 10 have been switched for greater appropriateness.

Organization

Lectura

The *Lectura* is preceded by an *Introducción* on the author and the reading selection, and is followed by:

- *Vocabulario*. Exercises of different types to review the new vocabulary introduced in the reading.
- *Comprensión*. Comprehension questions.
- *Interpretación*. Personal reactions related to the reading.
- *Intercambio oral*. Designed to stimulate conversation among students.

Sección gramatical

The grammar rules are explained in English to facilitate the students' comprehension while doing their home preparation. A great variety of exercises are interspersed among the grammatical explanations.

Sección léxica

- *Ampliación.* Proverbs, idioms, word families, commercial language, etc.
- *Distinciones*. English words with more than one Spanish equivalent and Spanish words with more than one meaning in English.

The *Ampliación* and *Distinciones* sections are largely self-contained so that either or both may be skipped if time does not permit the instructor to cover them.

Para escribir mejor

These sections deal with the mechanics of writing, punctuation, written accents, etc., as well as the art of writing narratives, dialogue, descriptions, letters, and reports.

- *Traducción*. A contextualized passage in English to be translated into Spanish, illustrating the grammatical principles and other matters in the lesson.
- *Temas para composición*. Topics for creative compositions, with guidelines.

Ancillaries

- The workbook complements and expands upon material presented in the textbook. The *Lectura* section provides activities to enhance comprehension of each chapter's reading and to practice the vocabulary introduced. The *Sección gramatical* contains numerous exercises, not explicitly related to the chapter's reading, for additional practice of the grammatical points reviewed in the text. The *Sección léxica* is comprised of exercises allowing additional practice of the material presented in the corresponding section of the textbook, and the *Para escribir mejor* section provides students the opportunity to apply the various guidelines for good writing in Spanish as indicated in the textbook. An answer key for all sections is included at the end of the workbook so that students may correct their own work.

- The online self-tests will allow students to practice vocabulary and grammar structures from each chapter and receive instant feedback. These will provide excellent review practice and preparatory work for tests.

- An answer key for instructors is available on the Internet by logging on to *www.wiley.com/college/dominicis*. It contains answers to exercises that involve translation from English to Spanish, as well as answers for all discrete points.

Acknowledgments

We wish to express our gratitude to Helene Greenwood, Acquisitions Editor, Jennifer Mendoza, Editorial Assistant, William Murray, Senior Production Editor, and Hilary Newman, Photo Manager, at John Wiley & Sons, who contributed to this edition with their expertise and diligence, and to Grisel Lozano-Garcini for her thorough editorial work. A note of thanks as well to Christine Cervoni, of Camelot Editorial Services, for her efficiency and competence. We are also indebted to the following reviewers, friends, and colleagues for their encouragement and helpful observations:

José Manuel Pereiro-Otero, *University of Texas - Austin*,

Mary L. Coffey, *Pomona College*,

Mark West, *Pittsburg State University*,

Donald C. Buck, *Auburn University*,

Anne Porter, *Ohio University*,

Marda Rose, *Ohio University*,

Isolde Jordan, *University of Texas - Austin*,

Elena González Ros, *Brandeis University*,

Sabina Dym, *Georgetown University*,

Kimberly Geeslin, *Indiana University*,

Johanna Damgaard Liander, *Harvard University*,

Beth Wietelmann Bauer, *Brown University*,

Lidwina van den Hout, *University of Chicago*, and

Sarah Marqués, *Marymount College*.

We owe a special note of thanks to Professor Joseph Cussen, of *Iona College*, for his research on the *Mampato* magazine and for having introduced us to the art of Octavio Ocampo.

CONTENTS

Capítulo 13   334

Capítulo 14   364

Appendix   390

Spanish–English Glossary   404

English–Spanish Glossary   424

Index   437

El cuento «Muerto y resucitado», del escritor mexicano Amado Nervo, tiene una muerte como tema principal. (Aunque en este caso se trata de una muerte falsa.) El culto a la muerte ocupa un lugar importante en la tradición mexicana y mezcla elementos indígenas y costumbres tomadas del catolicismo traído por los españoles. El 2 de noviembre, Día de los Muertos en el calendario católico, gran multitud de personas va a los cementerios. La gente lleva flores a los difuntos de la familia y también come y bebe. Estos niños mexicanos de Chicago celebran el Día de los Muertos en su barrio con un desfile en el que llevan muñecos en forma de calaveras. (© AP/Wide World Photos)

Lectura
«Muerto y resucitado», Amado Nervo

Sección gramatical
The Preterite and the Imperfect

Sección léxica
Ampliación: El sufijo -eo
Distinciones I: **Soler, acabar de, por poco**
Distinciones II: Equivalentes en español de la palabra *time*

Para escribir mejor
Observaciones sobre la ortografía española

Lectura

Introducción

Esta lectura es un cuento de Amado Nervo (1870–1919), uno de los más grandes poetas de México. Se ha dicho que los rasgos predominantes en la obra de Nervo son la sinceridad, la delicadeza, el dolor y el fatalismo. Este último se ve, sobre todo, en su narrativa.

Nervo estudió leyes y teología, pero a causa de los problemas económicos de su familia, abandonó sus estudios y se dedicó al periodismo. También trabajó representando a México en consulados extranjeros. En 1900 fue a Europa, y allí pasó la mayor parte de su vida. Su gran amor fue una francesa; la muerte de ella le inspiró su libro de versos más famoso: *La amada inmóvil*.

Como cuentista, Nervo es imaginativo y original, y frecuentemente mezcla la historia y la fantasía. A veces hay en sus narraciones toques de humor, y «Muerto y resucitado» es buen ejemplo de esto. Este cuento pertenece a la colección *Cuentos misteriosos*, su último libro, publicado después de su muerte.

El cuento que Ud. va a leer tiene un título irónico, pues en realidad, nadie en el cuento muere ni resucita. Su narrador y protagonista es un soldado hispanoamericano que vivía en Europa y se alistó en el ejército inglés, y a quien, por error, declararon muerto en batalla. El soldado, llamado Juan Pérez, va en un barco rumbo a Inglaterra, y la primera parte del relato se compone de sus pensamientos y sus planes. Él piensa aprovechar la falsa noticia de su muerte para desaparecer, huyendo de una esposa y de una suegra que le hacen la vida imposible. Juan Pérez sueña con establecerse en Inglaterra y conseguir una esposa que sea todo lo contrario de la primera.

La historia tiene un final inesperado, que echa por tierra los sueños de Juan y lo lleva de nuevo al punto de partida.

Cuando lea, trate de agrupar el contenido en estas categorías: (a) la reacción de Juan ante la noticia de su «muerte»; (b) la vida anterior de Juan, que lo había llevado a inscribirse como voluntario en el ejército; (c) el efecto que iba a tener en su hogar la noticia de su muerte, según la imaginación de Juan; (d) los planes futuros del protagonista; (e) el encuentro accidental de la segunda parte; (f) las consecuencias.

Muerto y resucitado

Confieso que cuando leí en el *Boletín de los Ejércitos* que yo había muerto en el campo de batalla, sentí una peregrina° sorpresa.   extraña
No se me ocurrió, como a los héroes de las novelas cuando vuelven
a la vida, palparme° todo el cuerpo a fin de ver si soñaba. Pero la   tocarme
5 sensación experimentada era curiosa. ¿Sabéis qué clase de
sensación era? Pues una sensación de alivio°, muy semejante a la   *relief*
que debe experimentar, digo yo, el alma, cuando se siente desatada°   suelta, desligada
del cuerpo, su a veces insoportable compañero.

Recuerdo a este propósito haber leído lo que cierto yanqui nos
10 cuenta de «su muerte». En cuanto el alma se desligó° de la vida, al   separó
mirar «su cadáver» allí cerca, con la boca ridículamente abierta y
los ojos turbios° como los de un pescado, se sintió infinitamente   *blurred*
alegre y púsose a «bailar» movido por el irresistible goce° de la   placer
manumisión° definitiva.   liberación

15   Desgraciadamente, según añade el mismo yanqui, los tozudos° y   insistentes
antipáticos médicos lograron volverlo de lo que ellos en su
ignorancia llamaban síncope°, y la pobre alma, pájaro azul ya libre,   *cardiac arrest*
tuvo que regresar a la maldita° cárcel de la carne.   *accursed*
    Claro que mi caso era distinto, distintísimo. Mi alma seguía
20 unida a mi cuerpo (¡que sea° por muchos años¡); pero yo sí quedaba   **que...** *may it be*
como segregado del grupo social en que había vivido.

****

    Allí, pegado° a la borda° del vapor° que, lleno de fugitivos de   arrimado / *rail* / barco
todas nacionalidades, navegaba hacia Inglaterra, y donde un
pasajero había dejado caer, cerca de mí, se diría que como para que
25 yo lo leyera, el susodicho° boletín que revelaba mi muerte,   mencionado
acaecida° quince días antes, yo, campantísimo°, sorbía° el enérgico   ocurrida / muy tranquilo /
y puro aire marino por todos mis poros.   absorbía
    En Londres me bautizaría con un nombre cualquiera; diría que
con el ajetreo° de la huida° perdí mis papeles. Saldría del paso°   *hectic activity* / *flight* /
30 como pudiese... ¡y a vivir una vida nueva! Aquella mañana deliciosa   **Saldría...** *I would get*
nacía yo otra vez.   *out of a tight spot*
    ¿Qué me había dado el mundo en mi vida anterior? Una mujer
áspera°, autoritaria, prematuramente gorda y bigotuda°. ¡Una suegra   dura / con bigote
peor que mi mujer! Pocos elementos de fortuna; tan pocos, que en una
35 hora dada preferí los tres chelines° y medio de paga, el té, la manteca,   *shillings*
las carnes frías y demás substancioso rancho° que me proporcionaba el   comida de los soldados
ejército inglés como voluntario, a la estrechez° en compañía de   pobreza
aquellas dos proserpinas° que me exigían un trabajo horrible en mi   reinas de los infiernos (mitol.)
perro° oficio de periodista, para comprarse más trapos°.   muy malo / ropa
40   Desgraciadamente, mi mujer, que cinco años antes era mi tipo—
alta, delgada—se había puesto a engrosar° de tal modo que la   engordar
sombra que proyectaba a mi lado, sobre la acera, tapaba la mía.
    ¡Pero aquello se había acabado! ¡Como el mundo en su génesis,
fresco, lozano° y libre! ¡Libre sobre todo; a los treinta años iba yo a   saludable, robusto
45 echar borrón y cuenta nueva°!   **echar...** comenzar de
    Mi mujer, acaso en el momento de mi muerte, me encontraría   nuevo
cualidades que durante mi vida no acertó nunca a descubrir. Mi
suegra tal vez le haría coro en su lamentación. Pensarían a renglón
seguido° en los lutos°, discutiendo largamente con la modista...   **a...** inmediatamente /
50 Después, ¡qué sé yo! Acaso algún infeliz caería en las redes de°   ropa negra de duelo
aquella robusta Felisa (tal era su nombre).
    Pero no terminaban aquí las perspectivas que el admirable pintor   **caería...** sería atrapado por
escenógrafo° de mi imaginación iba pintando.
    Un nuevo amor (¿por qué no?) asomaría° tímidamente en mi   *set designer*
55 existencia. Sería quizás una inglesa... Se llamaría Elizabeth. Me   aparecería
llamaría *darling*: ¡*my darling!* «Elizabeth —me decía mi
imaginación— no será como la Felisa.» ¡El vino de su amor no se
volverá vinagre! La buscarás, en primer lugar, sin suegra; en
segundo lugar, como es inglesa, no engordará. En tercero,
60 procurarás° que sea rubia, a fin de que no eche° bigote.   tratarás de / **a...** *so that she*
    «¡Eso es! ¡Eso es!» —aprobaba yo—, porque en suma, no se   *won't grow*
puede vivir sin afectos; y escrito está que el primer acto del hombre
libertado ha de ser forjarse° nuevas cadenas.   *forge*

«Cadenas —replicaba la imaginación—, cadenas, sí pero
'nuevas', tú lo has dicho, ¡nuevas! ¿Comprendes el prestigio de esta
palabra? Nueva vida, nueva mujer; nuevo amor, nuevas cadenas.»

****

Llegamos a Inglaterra, a la cuna° de mi nueva existencia.   *cradle*

...De pronto, sentí una mano sobre el hombro y oí una estentórea
voz hispanoamericana.

—¡Amigo Juan Pérez! ¡Qué cosa más admirable! ¡Y yo que le
creía difunto! Y su mujer que acaba de repartir recordatorios°...   *memorial cards*

Todo el mundo me miraba. Algunas gentes de habla española se
habían acercado.

—Les presento al amigo Juan Pérez. Peleó como héroe, ¿saben?
Se le creía muerto, ¿saben? Le dieron la medalla militar a su viuda,
que la colgó de su retrato, ¿saben?

Como el yanqui del cuento de marras°, comprendí que el pájaro   **de...** ya mencionado
azul tenía que volver a su jaula... El pobre hombre, un momento
manumiso°, debía reintegrar a su casillero° social los bigotes y la   liberado / círculo
aspereza de su Felisa y la familiar acidez° de su suegra. Como   mal humor
decíamos ayer...*

El protagonista de «Muerto y resucitado» luchó como voluntario en el ejército inglés en la
Primera Guerra Mundial. En esta foto, los dos soldados de la derecha, pertenecientes al ejército
inglés, llevan a un prisionero alemán herido, que camina con la ayuda de un palo. ¿Será Juan
Pérez uno de estos soldados? (© Hulton Archive/Getty Images)

---

* Expresión que se usa para continuar una conversación interrumpida. Tiene su origen en una anécdota de Fray Luis de
León (1528–1591), ilustre poeta del Siglo de Oro, quien, al volver a su clase en la Universidad de Salamanca, después de
haber estado mucho tiempo injustamente en la cárcel, en vez de hablar de su encarcelamiento, continuó la explicación
interrumpida de su última clase como si no hubiera pasado nada.

APLICACIÓN

A. Vocabulario

Reemplace las palabras en cursiva con sus equivalentes de la lista que se da debajo.

1. El hombre parecía muy enfermo y tenía la mirada *opaca.*

2. Al narrador le *sucedió* algo que le produjo una *extraña* sorpresa.

3. Juan Pérez estaba contento porque se sentía libre y *vigoroso y robusto.*

4. A veces uno se *toca* para saber si está despierto.

5. Me encanta comprar *ropa,* pero estoy pasando por un período de *pobreza* y no puedo comprarme nada.

6. Como ya te expliqué, el amigo *mencionado antes* no quiso ir conmigo; es muy *obstinado.*

7. Pedro se veía tan *contento y sin preocupaciones,* que yo no podía creer que hubiera sacado una F en el examen.

8. En el campamento, les repartían *las raciones* a los soldados dos veces al día.

9. *En resumen,* el hombre *liberado* volvió a ser esclavo.

10. Traté de hacerlo, pero no pude *soltarme* de esas obligaciones.

    acaeció / campante / desligarme / el rancho / en suma / estrechez / lozano / manumiso / palpa / peregrina / susodicho / tozudo / trapos / turbia

B. Comprensión

1. ¿Cómo supo el narrador que lo creían muerto en el campo de batalla?

2. ¿Qué sintió al saber la noticia?

3. ¿Qué leyó él sobre cierto yanqui?

4. ¿Dónde estaba el narrador cuando supo la noticia? ¿Por qué estaba ahí?

5. ¿Qué pensaba hacer Juan Pérez en Londres?

6. ¿Por qué no estaba él contento con su vida anterior?

7. ¿Por qué se inscribió como voluntario en el ejército inglés?

8. ¿Qué pensaba Juan Pérez que iba a pasar con su mujer y su suegra después de su «muerte»?

9. ¿Quién era Elizabeth y qué características buscaba el narrador en ella?

10. ¿Qué dijo el amigo del narrador acerca de la mujer de éste?

11. ¿Qué les dijo el amigo sobre Juan Pérez a las personas que estaban allí?

12. ¿Qué le va a pasar a Juan Pérez desde este momento?

C. Interpretación

1. ¿Le parece a Ud. apropiado el título del relato? ¿Por qué (no)? ¿De qué otra manera podría llamarse?

2. Hay mucho humor en este cuento. ¿Cómo consigue Nervo darle un toque humorístico a la narración?

3. ¿Qué simboliza el pájaro azul en este cuento? ¿En qué se basa Ud. para pensar así?

4. ¿Qué semejanzas y qué diferencias existen entre el caso del yanqui «muerto» y el de Juan Pérez?

5. Es evidente que el sentimiento predominante en el protagonista es la alegría de sentirse libre. ¿De qué manera nos trasmite el autor esta impresión?

6. ¿Cree Ud. que Juan Pérez había dejado de amar a su esposa a causa de la gordura, el bigote y la suegra o que estas tres cosas son una excusa para justificar el haberla dejado de amar? Explique su opinión.

D. Intercambio oral

1. **Los matrimonios fracasados.** Las causas del fracaso de un matrimonio son múltiples. Los estudiantes comentarán cuáles son las causas más comunes en su opinión.

2. **Los atributos físicos.** Nuestra sociedad da gran importancia al aspecto físico de las personas. ¿Está bien esto? ¿Debe un hombre dejar de amar a su mujer porque ésta se ponga gorda o vieja? ¿Cuáles son, en orden de importancia, las cualidades que deben buscarse en el ser amado?

3. **Las guerras.** Además de los soldados muertos, las guerras traen muchas secuelas negativas: prisioneros, personas desaparecidas, mutilados, escasez de alimentos, crisis económicas, etc. La clase comentará sobre estas secuelas. ¿Son necesarias a veces las guerras? ¿Hay alguna manera de evitarlas? ¿Llegará un día en que no haya guerras en el mundo?

4. **Las suegras.** El pobre Juan Pérez parece tener muchos problemas con su suegra. ¿Es justa la mala fama que tienen las suegras? ¿En qué se basa? ¿Es mejor vivir con el suegro, con la suegra o con los dos? Si algún/alguna estudiante es casado/a, puede contar sus experiencias sobre este punto.

5. **Los «muertos» que «resucitaron».** En la lectura, Nervo menciona el caso de un yanqui «resucitado». Esto era raro en su época, pero con los adelantos de la medicina moderna, tales casos son muy frecuentes. ¿Qué han declarado estos «resucitados» sobre la experiencia de su «muerte»? Los estudiantes intercambiarán opiniones sobre la muerte.

6. **La obsesión por los trapos.** El narrador se queja de que su mujer y su suegra lo hacían trabajar mucho para comprarse trapos. ¿Por qué a muchas personas les gusta tanto comprarse ropa? ¿Le dan más importancia a la ropa las mujeres que los hombres? ¿Por qué (no)?

Sección gramatical

The Preterite and the Imperfect

The correct use of two simple past tenses—the preterite and the imperfect—is one of the most challenging facets of Spanish grammar. Fortunately, Spanish and English usage coincide in some cases. For example, compare *Last night Miguel arrived from his trip while we were having supper* and **Anoche Miguel llegó de su viaje mientras cenábamos.** In this case, the different past tenses in English are clues to the different past tenses in Spanish.

It can be said, in general, that the English simple past corresponds to the preterite while a past progressive (*was/were* + *-ing* form) or the combination *used to* + infinitive in English are represented in Spanish by the imperfect. In many instances, however, the English verb form gives no hint about the possibilities in Spanish. For example, compare *We were in Spain in 2005* and **Estuvimos/Estábamos en España en el 2005**. The use of **estuvimos** implies that the speaker and his/her companion(s) visited Spain in 2005 while **estábamos** stresses their stay there for an indefinite period of time during 2005.

The rules given in this chapter on the uses of the preterite and the imperfect will help you determine which tense you must use in Spanish when the English sentence doesn't provide a definite clue.

En este mapa de México se ve la ciudad de Tepic, en el estado de Nayarit, donde nació Amado Nervo.

THE PRETERITE

The preterite tense narrates events in the past. It refers to a single past action or state or to a series of actions viewed as a completed unit or whole.*

1 The preterite is very often used to express past actions that happened and ended quickly.

Juan Pérez leyó en el periódico la noticia de su muerte.	*Juan Pérez read in the paper the news of his death.*
Cuando Juan Pérez llegó a Inglaterra, se encontró con un amigo.	*When Juan Pérez arrived in England, he ran into a friend.*
La viuda colgó la medalla militar en su retrato.	*The widow hung the military medal on his picture.*

---

* In the central region of Spain, and especially in Madrid, the present perfect is used in cases where the preterite has traditionally been regarded as the correct form; for example: **El sábado pasado la hemos visto** instead of **El sábado pasado la vimos**. The opposite phenomenon also occurs in certain areas of Spain and in most of Spanish America: the preterite is frequently found in cases where the present perfect would be more usual according to traditional usage. For example: **¿No tienes apetito? No comiste nada** is used instead of **No has comido nada**. For a more complete discussion of this problem, see Charles E. Kany, *Sintaxis hispanoamericana* (Gredos), pp. 199–202. On the tendency in informal American English to use the simple past (*I did it already*) in place of the perfective (*I have already done it*), see Randolph Quirk and Sidney Greenbaum, *A Concise Grammar of Contemporary English* (Harcourt Brace Jovanovich), p. 44.

2 The preterite can be used regardless of the length of time involved or the number of times the action was performed, provided that the event or series of events is viewed as a complete unit by the speaker.

Te esperamos media hora.	*We waited for you for half an hour.*
Juan estuvo varios meses en la guerra.	*Juan spent several months in the war.*
Leyó tres veces la noticia de su muerte.	*He read the news of his death three times.*

3 The preterite also refers to the beginning or ending of an action.

Apenas llegamos a la fiesta, nos pusimos a bailar	*As soon as we arrived at the party, we began to dance.*
La reunión terminó a las cinco.	*The meeting ended at five.*

APLICACIÓN

A. Hablando de Juan Pérez.   Complete con el pretérito de los infinitivos que se dan, fijándose en el uso del pretérito. Conviene que repase los pretéritos irregulares en el Apéndice, pues en este ejercicio hay muchos verbos irregulares. Fíjese también en que algunos verbos son reflexivos.

1. A causa de la situación que había en su casa, Juan (preferir) ——————— ir a la guerra.

2. Cuando Juan (decir) ——————— que iría a la guerra, su suegra y su mujer (oponerse) ———————, pero esta oposición no (influir) ——————— en su decisión.

3. Como las dos mujeres no (poder) ——————— convencerlo, (abstenerse) ——————— de seguir insistiendo y (despedirse) ——————— de él.

4. En la guerra, Juan y sus compañeros (destruir) ——————— varias veces las líneas enemigas y (detener) ——————— a muchos soldados alemanes. Algunos soldados (huir) ———————, pero ellos los (perseguir) ——————— y los (capturar) ———————.

5. Cuando Juan Pérez (saber) ——————— que lo creían muerto, (ponerse) ——————— muy contento, (suponer) ——————— que iba a ser libre para siempre y (entretenerse) ——————— haciendo planes para el futuro.

6. En Inglaterra, Juan (mentir) ——————— y (declarar) ——————— que había perdido sus papeles de identidad.

7. De pronto, Juan (sentir) ——————— una mano sobre su hombro y (oír) ——————— una voz estentórea.

8. La mujer y la suegra de Juan lo (creer) ——————— muerto y (distribuir) ——————— recordatorios entre sus amistades.

9. El amigo de Juan le (advertir) ——————— que su mujer se impresionaría mucho al verlo, pero (predecir) ——————— que estaría muy contenta.

B. **¿Qué hizo Ud. ayer?** Prepare una lista y resuma en ella sus actividades del día de ayer usando el tiempo pretérito.

C. **Mi fin de semana.** Un estudiante que no conoce las formas del tiempo pretérito, escribió la siguiente composición usando sólo el presente. Corríjala cambiándola al pretérito.

> Este fin de semana duermo en casa de mis primos. El sábado ando perdido por la ciudad y el domingo estoy muy ocupado todo el día. Por la mañana hago la maleta para mi viaje de regreso, pero tengo un problema, porque mis zapatos no caben en ella. Los pongo en una bolsa y luego me dirijo al hospital, porque una amiga mía sufre un accidente. Lo siento muchísimo, y así se lo digo apenas llego. Escojo claveles rojos para llevárselos y le gustan mucho. Por la tarde, mis primos y yo vamos a un restaurante muy bueno. Carlos les traduce el menú a sus hermanos. Los otros piden bisté, pero Carlos y yo preferimos arroz con pollo. Nos sirven un arroz delicioso. Yo quiero pagar la cuenta, pero Carlos me lo impide. Por supuesto, que no me opongo.

THE IMPERFECT

The imperfect is the past descriptive tense. It takes us back to the past to witness an action or state as if it were happening before our eyes. The action or state is not viewed as a whole and its beginning and termination are not present in the mind of the speaker.

Compare **Mi amigo estaba enfermo la semana pasada** and **Mi amigo estuvo enfermo la semana pasada.** Both sentences mean in English *My friend was sick last week.* In the first Spanish sentence, however, the state of being sick is viewed as a description of the friend's condition at some time last week and the speaker is not concerned with the beginning, end, or duration of that condition. In the second sentence the condition is viewed as a unit and as terminated, the clear implication being that the friend is no longer sick.

The imperfect often is used combined with the preterite in the same sentence. In such cases the imperfect serves as the background or stage in which the action or actions reported by the preterite took place or it expresses an action in progress at the time something else happened.

Era tarde y hacía frío cuando llegamos a Chicago.	*It was late and it was cold when we arrived in Chicago.*
Josefina le escribía a Armando cuando su madre golpeó la puerta.	*Josefina was writing to Armando when her mother knocked on the door.*

The imperfect is used:

1 As the Spanish equivalent of the English past progressive (*was, were* + *-ing*) to tell what was happening at a certain time.

Hablábamos mientras ella escribía.	*We were talking while she was writing.*
—¿Qué hacías en la cocina?	*"What were you doing in the kitchen?"*
—Fregaba los platos.	*"I was washing the dishes."*

2 To express repeated or customary past actions, as the equivalent of *used to, would* + verb.*

Íbamos a la playa con frecuencia en esa época.	*We would go to the beach often then.*
Rosita nos mandaba correos electrónicos todos los días.	*Rosita used to send us e-mails every day.*

3 To describe and characterize in the past.

La mujer de Juan se llamaba Felisa, era gorda y tenía bigote.	*Juan's wife was named Felisa, she was fat, and had a mustache.*
El cuarto estaba oscuro y silencioso y olía a rosas.	*The room was dark and quiet and it smelled of roses.*

There was, there were have a descriptive character and are used in the imperfect generally. **Hubo** means in most cases *happened* or *took place.*

Había sólo tres casas en esa cuadra.	*There were only three houses on that block.*
Hubo tres fiestas en esa cuadra anoche.	*There were three parties on that block last night.*

Because of the descriptive character of the imperfect, Spanish speakers frequently employ it when recounting a dream they had or the plot of a movie they saw, even in cases that would call for a preterite in normal usage. Note Pérez Galdós' use of imperfects in *Doña Perfecta,* in the passage that describes Rosario's dream:

Oía el reloj de la catedral dando las nueve; *veía* con júbilo a la criada anciana, durmiendo con beatífico sueño, y *salía* del cuarto muy despacito para no hacer ruido; *bajaba* la escalera... *Salía* a la huerta... en la huerta *deteníase* un momento para mirar al cielo, que estaba tachonado de estrellas... *Acercábase* después a la puerta vidriera del comedor, y *miraba* con cautela a cierta distancia, temiendo que la vieran desde dentro. A la luz de la lámpara del comedor, *veía* de espaldas a su madre...

In a narration of real events, the verbs above would be in the preterite: **oyó, vio, salió,** etc.

4 To express emotional, mental, or physical states in the past. Thus, verbs that describe a state of mind, such as **amar, admirar, creer, estar enamorado (alegre, preocupado, triste,** etc.), **gustar, pensar, querer, odiar, temer,** and **tener miedo,** are generally used in the imperfect.

A mi tío le gustaba mucho ese postre.	*My uncle used to like that dessert very much.*
Isabel tenía miedo de ese perro porque ladraba continuamente.	*Isabel was scared of that dog because it barked all the time.*
Ella creía en Dios y lo amaba.	*She believed in God and loved Him.*

All the preceding sentences use the imperfect because they describe mental attitudes and feelings. In the case of sudden reactions, however, the preterite is used, since the emphasis is on the beginning of the state of mind of feeling. (See rule 3 of the preterite.)

Mi tío probó ese postre, pero no le gustó.	*My uncle tried that dessert but he didn't like it. (My uncle's dislike for that dessert started when he tried it.)*

---

* Note, however, that *used to* does not always refer to customary actions, for it sometimes emphasizes that something was and no longer is. When this is the case, the stress is on the ending of the action and the preterite must be used.

Mi padre fue profesor de español, pero ahora es comerciante.   *My father used to be a Spanish teacher but he is now a merchant.*

Cuando oyó ladrar al perro, Isabel tuvo miedo.	*Isabel was scared when she heard the dog barking. (Isabel's fear started upon hearing the dog barking.)*
En aquel momento, ella creyó en Dios.	*At that moment she believed in God. (Her belief in God began as a result of what happened at that moment.)*

The following two stanzas by Bécquer provide some examples of how a state of mind or feeling, normally expressed by the imperfect, requires the preterite when the speaker emphasizes its beginning. The poet describes here what he felt upon hearing that his beloved had betrayed him:

> Cuando me lo *contaron sentí* el frío
> de una hoja de acero en las entrañas,
> me *apoyé* contra el muro, y un instante
> la conciencia *perdí* de dónde estaba.
> *Cayó* sobre mi espíritu la noche;
> en ira y en piedad *se anegó* el alma...
> ¡Y entonces *comprendí* por qué se llora,
> y entonces *comprendí* por qué se mata!

5 To express in the past: time of day, season, etc.

Aunque eran sólo las seis, ya era de noche.	*Although it was only six o'clock, it was already dark.*
Era primavera y todos nos sentíamos jóvenes.	*It was springtime and we all felt young.*

RECAPITULATION

Observe the use of the preterite and the imperfect in the following passages.

Me *levanté* sobresaltado, me *asomé* a la ventana, y *vi* desfilar mucha gente con carteles gritando: ¡Muera el tirano! ¡Viva la libertad! *Salí* a la calle y *observé* por todas partes gran agitación y alegría. En la plaza central de la ciudad, se *apiñaba* la multitud escuchando el discurso que, desde una plataforma, *improvisaba* un exaltado ciudadano. Cuando el hombre *terminó* de hablar, un grupo de gente *entró* en el ayuntamiento. Alguien tiró a la calle el retrato del Presidente, que se *hallaba* en el salón principal del edificio, y el populacho se *apresuró* a hacerlo pedazos.

The first five verbs in italics are preterites. They are a summary of the actions completed by the speaker: He got up, he looked out the window, he saw the people parading, and then he went out in the street and observed certain activities. At this point the imperfect is used to describe what was going on: people were crowded together and a citizen was improvising a speech. Once the speech ended (preterite, end of an action) a group of people entered (a completed action) city hall. Someone threw out into the street (a completed action) the portrait of the president that was (imperfect, to describe location) in the main room of the building and the populace rushed to tear it to pieces (preterite, beginning of an action).

Aquel día *cené* mejor de lo que *pensaba,* porque el hombre me *llevó* a su casa y su familia, que se *componía* de los hijos y una vieja cocinera, me *recibió* con hospitalidad.

The preterites **cené, llevó,** and **recibió** refer to completed actions. **Pensaba** and **componía** are imperfects: the first one refers to a mental action; the second one has a descriptive nature.

APLICACIÓN

A. Recuerdos de la niñez.   ¿Cómo era su vida cuando era niño/a? ¿Dónde vivía? ¿Quiénes eran sus amigos? ¿Qué deportes practicaba? ¿Qué le gustaba hacer? ¿Cuáles eran sus comidas favoritas?

B. Descripciones.   De las frases y verbos que se dan en la parte (a), escoja los que le parezcan más apropiados para describir cómo se sentían las diez personas de la parte (b), y forme oraciones con ellos, añadiendo algo original.

(a)

amar, detestar, dudar, estar confuso/a (emocionado/a, exhausto/a, nervioso/a, orgulloso/a, sorprendido/a), imaginar, planear un viaje de vacaciones, querer llorar, querer vengarse, sentir una gran pena, sentirse optimista, soñar, tener dolor de cabeza, tener miedo, tratar de decidir

(b)

1. un muchacho a quien otro chico le había dado dos puñetazos
2. un estudiante que recibió un premio de excelencia
3. un importante hombre o mujer de negocios que tenía muchas reponsabilidades y tensión en su trabajo
4. una madre cuyo hijo había muerto
5. dos novios que se reunieron después de una separación
6. una señora que acababa de comprar un billete de lotería
7. una joven que estudió por más de seis horas consecutivas para un examen
8. dos jovencitas que escogían un vestido elegante para una fiesta
9. un chofer que iba de noche por una carretera que no conocía
10. una niña que accidentalmente rompió una de las copas finas de su madre

---

SPANISH VERBS WITH DIFFERENT ENGLISH MEANINGS IN THE IMPERFECT AND THE PRETERITE*

IMPERFECT		PRETERITE	
conocía	*I knew, I was acquainted with*	**conocí**	*I met, made the acquaintance of*
costaba	*it cost (before purchasing)*	**costó**	*it cost (after purchasing)*
podía	*I could, was able to (I was in a position to)*	**pude**	*I was able to (and did)*
no podía	*I was not able to, could not*	**no pude**	*I tried (but couldn't)*
quería	*I wanted to, desired to*	**quise**	*I tried to*
no quería	*I didn't want to*	**no quise**	*I refused, would not*
sabía	*I knew, knew how to, had knowledge that*	**supe**	*I learned, found out*
tenía	*I had (in my possession)*	**tuve**	*I had, received*
tenía que	*I had to (but did not necessarily do it)*	**tuve que**	*I had to (and did do it)*

---

* Sometimes the preterites of these verbs retain their original meanings.

Siempre supe que ibas a triunfar.   *I always knew that you were going to succeed.*

No conocía a Miguel; lo conocí ayer en el Internet.	*I didn't know Miguel; I met him yesterday on the Internet.*
Carmen no quiso comprar las entradas, porque costaban mucho.	*Carmen refused to buy the tickets because they cost too much.*
No pude venir el lunes a clase porque tuve que acompañar a mi madre al médico.	*I couldn't come to class on Monday because I had to accompany my mother to the doctor.*
Compré los libros que tenía que comprar, pero me costaron $160.	*I bought the books I had to buy (was supposed to buy), but they cost me $160.*

(Note that when Spanish speakers say **tenía que comprar** they are not thinking of the completion, only of the obligation.)

APLICACIÓN

A. **Situaciones y explicaciones.**   Escoja la forma verbal correcta según la situación que se describe.

1. Ud. hizo un viaje a España y su amigo Enrique le dio dinero para que le trajera un diccionario Espasa-Calpe.

   a. Ud. no lo trajo y le explica a Enrique: Lo siento; me diste $80 y el diccionario (costaba / costó) $95. Yo (tenía / tuve) poco dinero y no (podía / pude) poner la diferencia de mi bolsillo.

   b. Ud. compró el diccionario y le explica: (Podía / Pude) comprar el diccionario porque llevaba mi tarjeta de crédito. Pero me debes $15 porque (costaba / costó) $95.

2. El padre de su mejor amigo murió recientemente. Ud. se encuentra a su amigo en la calle y le dice:

   a. Siento mucho no haber ido al entierro de tu padre, pero no (sabía / supe) que había muerto; lo (sabía / supe) ayer por Jaime.

   b. ¡Cómo siento la muerte de tu padre! (Sabía / Supe) la noticia antes del entierro, pero no (podía / pude) ir porque (tenía que / tuve que) hacer un trabajo de urgencia ese día en mi oficina y no (quería / quise) tener problemas con mi jefe.

3. Como presidenta del Club de Español, Ud. va al aeropuerto a recibir a Consuelo Jordán, una joven escritora sudamericana que va a dar una ponencia en su universidad. Ud. regresa del aeropuerto y comenta con los otros miembros del club:

   a. ¡Qué tragedia no haber encontrado a la señorita Jordán! Como no la (conocía / conocí) y (sabía / supe) que no (podía / pude) encontrarla fácilmente entre tanta gente, (quería / quise) que la llamaran por el altavoz, pero el empleado de información no (quería / quiso) hacerlo.

   b. ¡Qué persona tan encantadora es Consuelo Jordán! Cuando la (conocía / conocí) en el aeropuerto, me pareció que éramos viejas amigas. Me dijo que (podíamos / pudimos) almorzar juntas un día y que (podía / pude) llamarla Consuelo en vez de Srta. Jordán.

4. Carmita cumplió ocho años ayer. Conversa con su amiguita Lucía y le dice:

   (Tenía / Tuve) muchos regalos de cumpleaños, pero yo (quería / quise) una bicicleta nueva y mi padre no (quería / quiso) comprármela. Dijo que la bicicleta que yo (tenía / tuve) todavía estaba en muy buenas condiciones.

B. **Soy un cobarde.** Complete con el pretérito o el imperfecto de cada infinitivo según el caso.

1. Cuando (llegar) _____ a Santo Domingo, un taxi me (llevar) _____ al hotel Paraíso. (Bajar) _____ del taxi, y el portero me (saludar) _____ amablemente y (cargar) _____ mis maletas.

2. El hotel (ser) _____ un edificio grande y blanco y (tener) _____ preciosos jardines a su alrededor.

3. (Subir) _____ la escalinata de mármol, (entrar) _____ en el vestíbulo y me (inscribir) _____ en la recepción.

4. Mi habitación (estar) _____ en el tercer piso. Mi primera impresión (ser) _____ negativa, porque (tener) _____ muebles muy antiguos y las paredes (estar) _____ pintadas de marrón.

5. (Estar) _____ muy cansado y (sentir) _____ enormes deseos de tirarme en la cama, pero como (ser) _____ temprano, (decidir) _____ sentarme antes un rato en la terraza del café.

6. En aquella época yo (padecer) _____ de insomnio y (pensar) _____ que si me (acostar) _____ a esa hora, (ir) _____ a pasar la mitad de la noche despierto.

7. En la terraza (haber) _____ varias personas. Me (sentar) _____ en una mesa apartada y (pedir) _____ un vaso de leche.

8. (Mirar) _____ hacia una mesa cercana, donde (estar) _____ una muchacha delgada y un hombre alto y feo. La muchacha (llorar) _____ y el hombre la (mirar) _____ indiferente.

9. La muchacha y el hombre se (levantar) _____. Ella (andar) _____ de una manera extraña.

10. De pronto, (saber) _____ por qué andaba así la muchacha. El hombre la (empujar) _____. (Notar) _____ que (llevar) _____ un revólver bajo el impermeable y le (apuntar) _____ a la chica con él.

11. Sé que (deber) _____ haber hecho algo, pero no lo (hacer) _____ porque soy un cobarde.

12. Me (quedar) _____ inmóvil en la mesa hasta que los dos se (ir) _____. (Esperar) _____ unos diez minutos, y entonces (subir) _____ a mi habitación.

13. (Estar) _____ todavía impresionado por la escena del café. Por eso, (mirar) _____ debajo de la cama y dentro del ropero. (Suspirar) _____ aliviado cuando (comprobar) _____ que no (haber) _____ nadie.

14. (Cerrar) _____ la puerta con doble llave y me (acostar) _____.

15. La cama (ser) _____ demasiado dura y yo (dar) _____ vueltas y vueltas en ella tratando de dormirme.

16. (Sentir) _____ vergüenza y remordimiento por no haber ayudado a la chica. No (poder) _____ dormir en toda la noche.

C. Cambie las siguientes oraciones al pasado, a la vez que escoge entre el pretérito y el imperfecto.

1. Juan está pensando en su nueva esposa, cuando siente una mano sobre su hombro.
2. El gato duerme. Me acerco a él y le paso la mano varias veces por el lomo.
3. El barco se hunde cuando está cerca de Veracruz.
4. La maestra me mira las orejas y en ese momento me alegro de habérmelas lavado.
5. De pronto, una nube negra cubre el sol y se oye un trueno.
6. Su corazón late muy rápido cada vez que mira a su vecina.
7. El niño llora a gritos y la madre tiene una expresión triste en la cara.
8. Desde la ventana contemplamos los copos de nieve que se acumulan en las ramas.
9. Los soldados que suben por el sendero van pensando en su familia.
10. Detesta esas reuniones y siempre que lo invitan da la misma excusa para no ir.
11. Son tantas las dificultades con el coche que lo dejan allí, y allí permanece dos días.
12. El recepcionista pone cara de sorpresa cuando ve tanta gente.
13. El enfermo está muy grave. El médico que lo atiende no me da esperanzas.
14. Don Pepe es un viejecillo simpático, que sonríe constantemente y les cuenta cuentos fantásticos a los chicos del barrio.

D. Sustituya las palabras en cursiva por las que están entre paréntesis, y cambie el verbo principal si es necesario.

Modelo: *Siempre* comíamos a las seis de la tarde. (el martes pasado)
                → ***El martes pasado comimos*** *a las seis de la tarde.*

1. Hablábamos con él *a menudo.* (la semana pasada)
2. Estabais en su casa *en aquel momento.* (poco tiempo)
3. Fuimos al cine *ayer.* (a veces)
4. *Cuando ella era niña* recibía muchos regalos. (en su último cumpleaños)
5. Pérez tuvo mucho dinero *en su juventud.* (cuando lo conocí)
6. Pepe la amó en silencio *por muchos años.* (toda la vida)
7. *Frecuentemente* me sentía optimista. (de repente)
8. Tú no pensabas *nunca* en mí. (una sola vez)
9. *Ayer* trajiste el libro de español a clase. (todos los días)
10. Doña Esperanza era maestra de mi hijo *entonces.* (algunos meses)
11. *Siempre* llegábamos tarde a clase. (frecuentemente)
12. *De pronto,* pensé que ese chico no era tan temible. (a veces)

E. Cambie al pasado.

1. **Mi viaje a Santa Rosa.**

El despertador suena y suena mientras yo escondo la cabeza debajo de la almohada resistiéndome a despertar. Estoy soñando que soy bombera y que la alarma anuncia un fuego que mis compañeros y yo debemos apagar, pero que estoy paralizada y no puedo mover los pies. Tardo más de cinco minutos en darme cuenta de que el sonido viene de mi mesa de noche y no de una alarma de incendios.

Me lavo y me visto precipitadamente. No tengo tiempo para preparar el desayuno. Viajo muy temprano a Santa Rosa porque mi tía, que vive sola, me escribe que está enferma y me necesita. Por fin lista, miro mi reloj de pulsera. El autobús sale a las siete y sólo faltan veinte minutos. Es tarde para llamar un taxi, pero vivo a sólo cinco cuadras de la estación, así que tomo mi maleta—que afortunadamente no pesa mucho—, cierro con llave la puerta de entrada y echo a correr.

No hay nadie en la calle tan temprano porque es domingo. Es otoño y amanece tarde; todavía el cielo está oscuro. Yo ando tan rápido como me lo permiten mis piernas. Cuando estoy a mitad de camino, un gato madrugador cruza veloz frente a mí. En el patio de una casa, un gallo canta tres veces.

Llego antes de las siete a la estación terminal de autobuses, pero estoy tan agitada por la carrera, que apenas puedo respirar. Consulto el horario que está en la pared. Efectivamente, allí dice que el autobús para Santa Rosa sale a las siete de la mañana. Miro a mi alrededor. Hay un autobús estacionado en el otro extremo de la estación terminal y cerca de él veo a cuatro o cinco pasajeros que esperan en los bancos. Un niño duerme en el regazo de su madre y ella inclina la cabeza, un poco dormida también. En mi sección de la estación, sin embargo, estoy yo sola, y esto me parece muy extraño.

Junto a mí pasa un viejecillo pequeño y delgado, que lleva un uniforme azul desteñido y aprieta en la mano derecha un llavero enorme. «Un empleado», me digo, y le pregunto al viejo si el autobús para Santa Rosa viene retrasado.

—No, señorita—contesta, y consulta la hora en un reloj antiguo que saca del bolsillo de su pantalón.

Pero el anciano añade que mi espera va a ser larga porque apenas son las seis. ¡Las seis! Dirijo la vista a mi muñeca. Yo tengo las siete. El viejecillo sonríe y aclara mi confusión. Me recuerda que la hora de verano ha terminado la noche anterior y que hay que atrasar una hora los relojes. Todo va a tener un final feliz, después de todo. Pero ¡qué lástima! A causa de mi error con respecto a la hora, no puedo apagar el fuego.

2. **Habla la suegra de Juan.**

Juan es un hombre culto y honrado, pero le advierto a mi hija Felisa que no le conviene ese novio, porque gana muy poco en su trabajo de periodista. De todas maneras, Felisa se casa con Juan, pues lo ama y piensa que él la ama también. Viven sin lujos, pero parecen felices.

Cuando muere Tiburcio, mi pobre marido, como no puedo mantenerme sola con la mísera pensión que me deja, decido mudarme con mi hija y mi yerno. Al principio, Juan y yo nos llevamos bien, pero pronto él comienza a quejarse de mí. Descubro que es tacaño, y repite constantemente que Felisa y yo gastamos demasiado, y especialmente, que compramos muchos trapos. Claro que tenemos que comprarlos; mi pobre hija tiene muy buen apetito y engorda y engorda. La ropa de antes ya no le sirve; ha aumentado cinco tallas.

Juan se alista en el ejército y se va a la guerra, y al poco tiempo, llega la noticia de su muerte. Mi pobre Felisa pasa dos días llorando, y al tercero, comienza a hacer gestiones para recibir su pensión como viuda de un veterano.

¡Pero todo es una falsa alarma! Recibimos una carta de Juan, explicando que no está muerto y que regresa pronto. ¡Qué contenta está Felisa! Apenas llega Juan, le digo que tiene que conseguir un segundo empleo, pues no podemos vivir decentemente con lo poco que le pagan. La ropa de Felisa ya le queda otra vez estrecha y necesita comprar más. La situación entre mi yerno y yo es un poco difícil; casi no me habla y me mira de una manera extraña. Yo sospecho que no me quiere.

Sección léxica

Ampliación: El sufijo -eo

Numerosos sustantivos con el sufijo **-eo** —como la palabra **ajetreo** en esta lectura— se refieren al resultado de la acción de un verbo que termina en **-ear**. Conociendo el significado del sustantivo que termina en **-eo**, uno puede deducir el del verbo que termina en **-ear**, y viceversa.

ajetreo	*hustle and bustle*	**mareo**	*seasickness, motion sickness, lightheadedness*
aseo	*personal hygiene*		
besuqueo	*kissing, necking*	**meneo**	*shaking, hip-swaying*
bloqueo	*blockade*	**parqueo**	*parking*
cabeceo	*nodding*	**paseo**	*stroll*
careo	*confrontation; meeting (face to face)*	**recreo**	*recreation, amusement*
		regateo	*haggling, bargaining*
chequeo	*checkup*	**rodeo**	*detour, roundabout way*
coqueteo	*flirting*	**seseo**	*pronunciation of* **c**
deletreo	*spelling out*		*(before* **e, i***) and* **z** *as* **s**
empleo	*job*	**sorteo**	*drawing (in game of chance)*
franqueo	*postage*	**tartamudeo**	*stutter(ing)*
lloriqueo	*whining*	**tecleo**	*typing, keying*
manoseo	*handling, touching*	**zapateo**	*foot tapping*

APLICACIÓN

A. Complete las oraciones con la palabra terminada en **-eo** más apropiada.

1. Estacioné el carro en el _____ más cercano.

2. Voy a la clínica a que me hagan un _____.

3. La mayoría de los hispanoamericanos usan el _____.

4. El _____ de este niño me tiene muy estresado.

5. El _____ y el _____ son partes importantes de ciertos bailes.

6. El _____ es una actividad normal en este mercado mexicano.

7. Para aprender la ortografía, los niños practican el _____.

8. El _____ es muy común entre enamorados.

9. Espero ganar mucho dinero en el próximo _____ de la lotería.

10. El _____ es una táctica militar muy eficaz.

11. Ese _____ indica que el alumno está cansado y tiene sueño.

12. No es fácil encontrar un _____ con un buen sueldo hoy día.

13. En la informática, el _____ rápido requiere mucha práctica.

14. Yo prefiero la vida tranquila del campo al _____ de la ciudad.

15. El _____ de la víctima y el acusado en el juicio fue muy emocionante.

16. Háblame claro, no me gusta que me hablen con _____.

17. Cuando se le curó el _____ a la niña, su madre se puso muy contenta.

18. Coney Island es un sitio de _____.

19. En esta tienda se prohíbe el _____ de la mercancía.

20. Es importante enseñarles a los niños desde pequeños la importancia del _____ personal.

21. Una ventaja que tiene escribir por correo electrónico es que la carta no necesita _____.

22. A muchas personas, el montar en cualquier vehículo les produce _____.

23. El médico me recomendó caminar, por eso doy un largo _____ todas las tardes.

B. Escoja cinco de los siguientes verbos que terminan en **-ear**, busque el significado de los sustantivos derivados de ellos y escriba una oración con cada sustantivo.

desear	sondear
forcejear	tantear
hormiguear	tirotear
lagrimear	titubear
palmotear	veranear

Distinciones 1: Soler, acabar de, por poco

El verbo **soler** se usa sólo en los tiempos presente e imperfecto y sus dos significados básicos son:

1. con referencia a seres vivos, **tener costumbre**.
2. con referencia a hechos o cosas, **ser frecuente**.

Observe en los ejemplos siguientes los equivalentes de este verbo en inglés.

Solemos estudiar antes de un examen.	*We generally (usually) study before a test.*
Antes solíamos ir mucho al cine, pero ahora vamos poco.	*We used to go (we were in the habit of going, we were accustomed to going) to the movies a lot before but now we seldom go.*
En Suiza suele nevar mucho en invierno.	*In Switzerland it generally (frequently, usually) snows a lot in winter.*

Presente de **acabar de** + infinitivo = *have (has) just (done something)*
Imperfecto de **acabar de** + infinitivo = *had just (done something)*

> **Acaban de recibir el paquete que les envié.** *They have just received the package I sent them.*

> **Acabábamos de salir cuando empezó a llover.** *We had just left when it began to rain.*

Por poco + verbo en el presente = *almost* + past-tense verb

> **Al volver a verlo por poco me desmayo.** *On seeing him again I almost fainted.*

APLICACIÓN

A. Complete de una manera original.

1. Tengo un amigo que es muy distraído. Suele...
2. Es extraño que esté nevando hoy. Aquí no suele...
3. Le gustaban mucho los deportes y solía...
4. Cuando estábamos en la escuela secundaria solíamos...
5. Los sábados, si tengo dinero, suelo...
6. ¿Sueles tú...?
7. Antes Ud. solía...
8. Mi familia solía...

B. Conteste las preguntas de manera afirmativa usando **acabar de** en el presente.

1. ¿Ya repartió el cartero la correspondencia?
2. ¿Llegó la cuenta del mes pasado de tu celular?
3. ¿Han visto Uds. esa película?
4. ¿Ya inauguraron el nuevo edificio?
5. ¿Terminó tu hermano su carrera?
6. ¿Le dijiste al profesor que no puedes venir el día del examen?

C. Vuelva a escribir los siguientes pasajes, reemplazando el pretérito pluscuamperfecto con la construcción **acabar de** + infinitivo en el pasado.

1. Me había tirado en la cama para ver cómodamente la televisión, cuando mi compañero de cuarto entró, muy nervioso, y me contó que el pescado que habíamos comido en la cena estaba malo y que habían llevado a seis estudiantes al hospital. De repente, di un grito. Había sentido una punzada terrible en el estómago.
2. El piloto había quitado el anuncio de abrocharse el cinturón de seguridad y yo había respirado, aliviada. ¡Estábamos en el aire! Entonces una voz dijo: «¡No se mueva!». Mis ojos buscaron a la persona que había hablado, pensando que se trataba de un secuestrador de aviones. Pero no, era el señor sentado detrás de mí, que había visto una avispa cerca de mi cabeza.

D. Haga un comentario original usando **por poco** y basándose en los datos que se dan en cada caso.

1. Había llovido y la carretera estaba resbaladiza.
2. Tomábamos un examen y yo miraba el papel de Gonzalo, cuando el profesor levantó la cabeza del libro que leía.

3. Ayudaba a mi madre a poner la mesa y llevaba varios platos, cuando tropecé.

4. Yo no quería decirle la verdad a Joaquina, pero ella me seguía preguntando.

5. Él tenía el número 585 en la lotería y salió el número 584.

6. Josefina estuvo muy grave. Pasó tres días en la sala de cuidado intensivo.

7. Salimos de la oficina a las cinco y a las seis estalló un terrible incendio.

8. Los niños jugaban a la pelota en la acera y Ud. pasó en ese momento.

Distinciones II: Equivalentes en español de la palabra time

1. *time* = **tiempo** (en sentido general)

Trabajo mucho y no tengo tiempo para divertirme.	*I work a lot and I don't have time to enjoy myself.*
Hace mucho tiempo que conozco a Luisito.	*I have known Luisito for a long time.*

2. *time* = **hora** (en el reloj)

¿A qué hora llegaste a casa anoche?	*At what time did you get home last night?*

3. *time* = **vez, veces** (para indicar ocasión o frecuencia)

He estado en México sólo una vez.	*I have been to Mexico only once.*
Jacinto, te advierto por última vez que no quiero que juegues con ese niño.	*Jacinto, I warn you for the last time that I don't want you to play with that boy.*

4. Algunas frases que usan la palabra *time* tienen los siguientes equivalentes en español:

a la vez, al mismo tiempo	*at the same time*
anticuado/a	*old-fashioned, behind the times*
a tiempo	*on time*
a veces	*at times*
de vez en cuando, de cuando en cuando	*from time to time*
decir la hora	*to tell time*
en muy poco tiempo, en seguida	*in no time, at once*
edad	*time of life*
hora de verano	*daylight saving time*
nuestra época	*our times*
pasar un (buen) mal rato	*to have a (good) bad time*
por	*times (multiplied by)*
ser hora de	*to be time to*
una y otra vez	*time after time, over and over again*
ya es (era) hora	*it is (was) about time*

A veces no llego a tiempo a mis citas.	*Sometimes I don't get to my appointments on time.*
Su pedido estará listo en seguida.	*Your order will be ready in no time.*
Carlos aprendió a decir la hora a los seis años.	*Carlos learned to tell time at the age of six.*
Es hora de irnos, seguía repitiendo ella una y otra vez.	*It's time for us to go, she kept repeating time after time.*

©Quino

APLICACIÓN

A. Conteste incluyendo en su respuesta uno de los modismos anteriores.

1. Cuando tú llegaste tarde a tu cita ayer, ¿qué te dijo tu novio/a?

2. ¿Vas a terminar de estudiar pronto?

3. ¿Puedes leer mientras ves televisión?

4. ¿Cuántos son seis por seis?

5. ¿Te divertiste en la última fiesta a la que fuiste?

6. ¿Vas a menudo a los museos?

7. ¿Llegan tarde a veces las personas puntuales?

8. ¿En qué época pasada o futura preferirías vivir?

9. ¿Por qué adelantas tu reloj una hora en el mes de abril?

10. Si estás cansado de un ejercicio, ¿qué comentas cuando llegamos a la última pregunta?

B. Exprese en español.

1. Pepito is a smart boy and he learned to tell time in no time.

2. From time to time I like to buy raisin bread.

3. My mother scolds me time after time because I get up late for school.

4. You are behind the times. It is about time for you to adjust yourself to our times.
(*Use subjunctive in second clause.*)

5. It is time that you realize that time is money.

6. I can talk on the phone and type on the computer at the same time so the letter will be ready in no time.

Para escribir mejor

Observaciones sobre la ortografía española

Usted evitará muchos errores ortográficos si tiene en cuenta los siguientes datos:

1. Las consonantes dobles son muy raras en español, en tanto que abundan en inglés. Ejemplos: **asesinar**/*to assassinate,* **atención**/*attention,* **apreciar**/*to appreciate*

2. Una **n** doble ocurre en algunas palabras como **innovación, perenne,** y en formas verbales como **den + nos** (que se escribe **dennos**). En estos casos generalmente se pronuncian las dos enes.

3. La **c** doble ocurre sólo antes de **i** or **e** y cada **c** tiene un sonido distinto: **accidente (k + th** o **k + s).**

4. La ortografía de ciertos sonidos consonánticos difiere según la vocal que les sigue:

Sonido de	A	E	I	O	U
k	ca	que	qui	co	cu
g	ga	gue	gui	go	gu
gw	gua	güe	güi	guo	
j	ja	ge, je	gi, ji	jo	ju
th, s	za	ce	ci	zo	zu

Lea estos ejemplos en voz alta, fijándose en la relación sonido/grafía.

casa	queso	quinta	como	cuna
gato	guerra	guitarra	goma	gula
guasa	Camagüey	pingüino	antiguo	jilguero
jamón	gema, jeta	giro, ají	jovial	ginebra
zapato	cena	cinco	zócalo	zumo

Las combinaciones **z** + **e** y **z** + **i** son sumamente raras en español. Por esta razón, las normas ortográficas requieren cambios tales como **lápiz** > **lápices; cruzar** > **cruce Ud.**

Las normas anteriores producen algunos de los cambios ortográficos que se dan en la conjugación de muchos verbos. Las tablas que siguen resumen los cambios más frecuentes.

ANTES DE *E*

Los verbos cuyos infinitivos

TERMINAN EN	CAMBIAN	EN	EJEMPLOS
-car	c > qu	1.ª persona	mascar
-gar	g > gu	sing. pret.	pagar
-guar	gu > gü	y todo el	atestiguar
-zar	z > c	presente de subjuntivo	avanzar

ANTES DE *O, A*

Los verbos cuyos infinitivos

TERMINAN EN	CAMBIAN	EN	EJEMPLOS
-ger	g > j	1.ª persona	proteger
-gir	g > j	sing. presente	fingir
-quir	qu > c	de indicativo	delinquir
-guir	gu > g	y todo el	extinguir
consonante + cer	c > z	presente de	convencer
consonante + cir	c > z	subjuntivo	zurcir
vocal + cer	c > zc		nacer
vocal + cir	c > zc		traducir

Las mismas reglas se ven en la formación de ciertos superlativos absolutos.

Adjetivos o adverbios que

TERMINAN EN	CAMBIAN	ANTES DE	EJEMPLOS
-co	c > qu		**riquísimo**
-go	g > gu	-ísimo	**larguísimo**
-z	z > c		**felicísimo**

ALGUNAS CORRESPONDENCIAS ORTOGRÁFICAS FRECUENTES

INGLÉS	ESPAÑOL	EJEMPLOS
1. *ph*	**f**	*philosophy/***filosofía**
2. *th*	**t**	*theology/***teología**
3. *mm*	**nm**	*immobile/***inmóvil**
4. *s* + consonante al principio de palabra	**es** + consonante	*school/***escuela**
5. *-tion*	**-ción**	*nation/***nación**
6. *chl*	**cl**	*chlorine/***cloro**
7. *(s)sion*	**-sión**	*passion/***pasión**
8. *psy*	**si***	*psychology/***sicología**
9. *trans*	**tras**	*transplant/***trasplantar**

---

* Algunos hispanohablantes conservan la **p** (por ejemplo, **psicología**).

APLICACIÓN

A. Escriba el mandato formal (de **Ud**.) de los siguientes verbos: **sacar, alcanzar, llegar, averiguar**.

B. Escriba el imperativo negativo (**tú**) de los verbos que siguen: **coger, distinguir, vencer, lucir, delinquir, dirigir, conocer, esparcir**.

C. Dé el superlativo absoluto de los adjetivos y adverbios contenidos en las frases siguientes.

vendedor tenaz	niño precoz	¿lejos o cerca?
pescado fresco	discursos parcos	sábanas blancas
mujeres flacas	poco dinero	palabras vagas
joven audaz	medicina amarga	detective sagaz

D. Escriba los equivalentes españoles de las siguientes palabras.

immediate	space	chlorophyll	phonology
psychopathic	mission	choleric	sclerosis
chloroform	pharmacy	spectator	transmutation
schizophrenic	immigration	thyroid	commission
transcendence	psychosis	Philadelphia	immunization

TRADUCCIÓN

The Man Who Died Twice

Juan Pérez tried to take advantage of the false news of his death in order to escape from a marriage in which he felt trapped and thus begin a new life. And he almost got away with it. Cases like this one occur often in real life. Every year thousands of persons disappear in the United States. Many of these individuals did not return home because they died in accidents or were murdered, others suffered amnesia attacks, but a large number of them disappeared voluntarily. The TV program *Unsolved Mysteries* frequently (use **soler**) presented cases of missing persons and found many of them.

This theme has been much used in the movies. When I read the story of Juan Pérez I remembered a 1966 film called "Seconds." The movie was filmed in the period when they were showing *Twilight Zone* on TV. It develops in an atmosphere of fantasy, but it has in common with "Muerto y resucitado" the fact that both protagonists wanted to escape from a marriage and decided to change their identities.

The leading character of "Seconds," Arthur Hamilton, had a family, a good economic position and an important job in a bank, but he saw old age approaching and was tired of his routine life. One day, he received a call from a friend who everyone thought had died. The friend informed him of the possibility of getting rejuvenated and of acquiring a new identity as he had done. An unknown man followed Arthur to the train station and mysteriously handed him a wrinkled piece of paper with the address of the "Company" that performed this type of change.

Arthur paid a large sum of money and in this secret place they performed several operations on him and turned him into a different man, young and handsome. (From that moment on Rock Hudson replaced the original actor.) The "Company" placed Arthur Hamilton's identification papers on a decomposed body and thus they declared Arthur officially dead. In his new personality his name was Antiochus Wilson, he was a painter—the profession he always liked—and he lived in Malibu among rich, idle people.

At first everything was going well. Antiochus had a girlfriend and was enjoying many good times in his new life. But he couldn't resist the temptation to visit his old home. He felt pity on seeing his wife, a mature woman who was mourning his death, and who of course didn't recognize him. He soon tired of the change, he looked young and handsome, but he missed his family. Moreover, his new friends seemed superficial and silly to him. He didn't want to continue living a lie.

Arthur/Antiochus returned to the "Company" and asked them to change him back to his original form, but they replied that the only way they would do it would be if he found another client to replace him.

Time passed and Arthur/Antiochus couldn't find a substitute. Again and again he demanded, protested, threatened. The organization people decided to get rid of him. In the shocking and horrible final scene I witnessed the struggle of poor Rock Hudson who was screaming as they were taking him to the operating room tied to a gurney. Arthur Hamilton lost the identity he had bought and he wasn't able to recover his original one. The "Company" needed his body to fake the death of a new client.

When I recalled "Seconds," I thought that, after all, Juan Pérez was lucky when the encounter with his friend in London caused the failure of his plan to pretend to be dead. At least he was luckier than Arthur Hamilton.

TEMAS PARA COMPOSICIÓN

1. **La esposa de Juan Pérez.** Continúe el cuento de Nervo imaginando que Juan Pérez ya ha regresado a su casa y su esposa le cuenta lo sucedido a una amiga. Escriba lo que ella diría. Por supuesto, la esposa no sabe que él planeaba desaparecer.

2. **Paralelo entre Juan Pérez y Arthur Hamilton.** ¿En qué sentido son diferentes estos dos hombres? (Compare edad, stuación económica, profesión, personalidad, vida familiar, etc.) ¿Qué tienen ellos en común? Los planes de estos dos hombres se frustraron de manera diferente. ¿Por qué se dice en la Traducción que Juan Pérez tuvo más suerte que Arthur Hamilton?

3. **Misterios sin resolver.** Busque en el Internet el sitio de este programa y relate uno o varios casos de personas desaparecidas que se teme que estén muertas.

4. **Una película de ciencia ficción.** Si ha visto «Seconds», escriba sobre esta película. Si no la ha visto, comente una película de ciencia ficción que vio. ¿Le gustan esta clase de películas? ¿Por qué (no)? Muchas de estas películas tienen lugar en el futuro. ¿Cree Ud. que algunas de las situaciones que presentan sucederán alguna vez? ¿Qué situación fantástica de alguna película que no sucederá nunca en la vida real recuerda Ud.?

La monumental Ave. de la Reforma en la ciudad de México. En la plazoleta central está la famosa columna que culmina en la estatua dorada de un ángel. (©Nigel Atherton/Stone/Getty Images)

Lectura

Introducción

Silvia Molina, la autora de «La casa nueva», nació en México en 1946. Tiene títulos en Letras Hispánicas y Antropología Social, y además de escritora, ha sido por muchos años profesora de la Universidad Nacional Autónoma de México (UNAM). Es autora de varias novelas, entre ellas: *La mañana debe seguir gris*, *Ascensión Tun*, *La familia vino del Norte* y *Diario de Sofía*, la más reciente. También se ha destacado como cuentista, especialmente con su colección *Dicen que me case yo,* de la cual forma parte «La casa nueva.»

Como Ud. verá cuando lea este cuento, la prosa de Silvia Molina es sencilla y agradable de leer, y está permeada de sensibilidad femenina. Según la escritora, sus obras son el resultado de una maduración lenta en su mente. Este proceso lento, sin embargo, no le quita naturalidad a lo que Molina escribe. Ella ha dicho: «Lo importante en la literatura es que un texto parezca verdadero». Y los de Silvia Molina lo parecen.

La narradora de «La casa nueva» es una mujer que relata un episodio impactante de su pasado de niña pobre, y la desilusión que le causó su padre, un hombre sin ningún sentido práctico. El final, sorprendente, refuerza las palabras de la narradora al principio del cuento.

Silvia Molina ha escrito este cuento en el lenguaje de todos los días, tal como hablaría la protagonista. Esto incluye ciertas expresiones coloquiales y mexicanismos que pueden serle desconocidos, pero este vocabulario se explica o se traduce en el margen.

La casa nueva

Claro que no creo en la suerte, mamá. Ya está usted como mi papá. No me diga que fue un soñador°. Era un enfermo, con el perdón de usted. ¿Qué otra cosa?° Para mí, la fortuna está ahí o de plano° no está. Nada de que° nos vamos a sacar la lotería. ¿Cuál
5 lotería? No, mamá, la vida no es ninguna ilusión. Es la vida o se acabó°. Está bueno para los niños que creen en todo: «Te voy a comprar la camita», y de tanto esperar, pues se van olvidando. Aunque le diré, a veces, pasa el tiempo y uno se niega a olvidar ciertas° promesas, como aquella tarde que mi papá me llevó a ver la
10 casa nueva de la colonia° Anzures.

El trayecto° en el camión° desde San Rafael me pareció diferente, mamá. Como si fuera otro... Me iba fijando en los árboles —se llaman fresnos°, insistía él—, en los camellones° repletos° de flores anaranjadas y amarillas —son girasoles y margaritas— decía.
15 Miles de veces habíamos recorrido° Melchor Ocampo, pero nunca hasta Gutemberg. La amplitud y la limpieza de las calles me gustaba cada vez más. No quería recordar la San Rafael, tan triste y tan vieja. «No está sucia, son los años» —repelaba° usted siempre, mamá. ¿Se acuerda? Tampoco quería pensar en nuestra privada°, sin
20 intimidad° y sin agua.

dreamer

¿Qué... ¿Qué más podría ser?
de... simplemente / Nada... *There is no point in saying*
o... *and that's it*

algunas
zona residencial
viaje / autobús (Méx.)

ash trees / traffic islands / llenos

viajado por

grumbled
calle sin salida
privacidad

Mi papá se detuvo antes de entrar y me preguntó:

—¿Qué te parece? Un sueño, ¿verdad?

Tenía la reja blanca, recién pintada. A través de ella vi por primera vez la casa nueva... La cuidaba un hombre uniformado. Se me hizo° tan... igual que cuando usted compra una tela: olor a nuevo, a fresco, a ganas de sentirla.

Abrí bien los ojos, mamá. Él me llevaba de acá para allá de la mano. Cuando subimos me dijo: «Ésta va a ser tu recámara°». Había inflado el pecho y hasta parecía que se le cortaba° la voz por la emoción. Para mí solita°, pensé. Ya no tendría que dormir con mis hermanos. Apenas° abrí una puerta, él se apresuró: «Para que guardes la ropa». Y la verdad, la puse allí, muy acomodadita° en las tablas, y mis tres vestidos colgados; y mis tesoros en aquellos cajones. Me dieron ganas de saltar en la cama de gusto°, pero él me detuvo y abrió la otra puerta. «Mira», murmuró, «un baño». Y yo me tendí con el pensamiento en aquella tina inmensa, suelto° mi cuerpo para que el agua lo arrullara°.

Luego me enseñó su recámara, su baño, su vestidor. Se enrollaba° el bigote como cuando estaba ansioso. Y yo, mamá, la sospeché° enlazada° a él en esa camota—no se parecía en nada a la suya—. Después salió usted recién bañada, olorosa a durazno, a manzana, a limpio. Contenta, mamá, muy contenta de haberlo abrazado a solas, sin la perturbación ni los lloridos° de mis hermanos.

Pasamos por el cuarto de las niñas, rosa como sus cachetes° y las camitas gemelas; y luego, mamá, por el cuarto de los niños que «ya verás, acá van a poner los cochecitos y los soldados». Anduvimos por la sala, porque tenía sala; y por el comedor y por la cocina y el cuarto de lavar y planchar. Me subió hasta la azotea° y me bajó de prisa porque «tienes que ver el cuarto para mi restirador°». Y lo encerré° para que hiciera sus dibujos, sin gritos ni peleas, sin «niños, cállense que su papá está trabajando, que se quema las pestañas° de dibujante° para darnos de comer».

No quería irme de allí nunca, mamá. Aun encerrada viviría feliz. Esperaría a que llegaran ustedes, miraría las paredes lisitas°; me sentaría en los pisos de mosaico, en las alfombras, en la sala acojinada°; me bañaría en cada uno de los baños; subiría y bajaría cientos, miles de veces la escalera de piedra y la de caracol°; hornearía muchos panes para saborearlos° despacito, en el comedor. Allí esperaría la llegada de usted, mamá; la de Anita, de Rebe, de Gonza, del bebé. Y mientras, también escribiría una composición para la escuela:

La casa nueva.

En esta casa, mi familia va a ser feliz. Mi mamá no se volverá a quejar de la mugre° en que vivimos. Mi papá no irá a la cantina; llegará temprano a dibujar. Yo voy a tener mi cuarto mío, para mí solita. Y mis hermanos...

No sé qué me dio por soltarme° de su mano, mamá. Corrí escaleras arriba, a mi recámara, a verla otra vez, a mirar bien los

---

Glosas marginales:

Se... Me pareció

habitación (Mex.)
se... le rompía
exclusivamente /
    Tan pronto como
bien ordenada

de... porque estaba muy contenta
yo... _I stretched out in my imagination in that large bathtub, relaxing_ /
lo... _would soothe it_
Se... Se retorcía
imaginé / abrazada

llanto

cheeks

techo plano
mesa para dibujar (Méx.)
cerré con llave

se... _he burns the midnight oil_ / **de...** _as a draftsman_
sin imperfecciones

con muchos cojines
de... espiral
to relish them

casa tan mala (Méx.)

me... por qué me solté

Esta bonita casa, que combina un estilo moderno con elementos tradicionales mexicanos, está en Puerto Vallarta, México. ¿Sería así la casa que la niña de la lectura visitó con su padre? (© Bill Bachmann/Danita Delimont)

muebles y su gran ventanal; y toqué la cama, para estar segura que
70 no era una de tantas promesas de mi papá, que allí estaba todo tan
real como yo misma, cuando el hombre uniformado me ordenó:

—Bájate, vamos a cerrar.

Casi ruedo° por las escaleras, el corazón se me salía por la boca°:   *caigo rodando / el... my*

—¿Cómo que van a cerrar, papá? ¿No es ésa mi recámara?   *heart was in my mouth*

75 Ni con el tiempo he podido olvidar: que iba a ser nuestra cuando
se hiciera la rifa°.   *raffle*

APLICACIÓN

A. Vocabulario

Reemplace las palabras en cursiva con sus equivalentes de la lista que se da debajo.

1. El padre de la niña trabajaba como *artista comercial*.
2. El autobús iba *muy lleno* de gente.
3. La casa estaba en una *zona residencial* nueva.
4. El padre se *retorcía* el bigote porque estaba nervioso.
5. A la niña le gustaban las paredes *sin imperfecciones*.

6. Voy a *cocinar en el horno* un pastel de manzana.

7. En su imaginación, la niña *cerró con llave* a su padre.

8. Una de las escaleras de la casa era una escalera *espiral*.

9. La casa nueva *le pareció* muy bonita a la niña.

10. El *llanto* de los niños era molesto para los padres.

11. Las niñas tenían *mejillas* color de rosa.

12. Desde *el techo* de la casa se veía el camino.

13. A veces uno no quiere olvidar *algunas* promesas.

14. *Tan pronto como* la niña abrió la puerta, el padre le mostró el armario.

apenas / la azotea / cachetes / colonia / ciertas / de caracol / dibujante / encerró / enrollaba / hornear / lisitas / llorido / repleto / se le hizo

B. Comprensión

1. ¿Con quién habla la narradora de este cuento?

2. ¿Cómo era su padre, según la narradora?

3. ¿En qué se iba fijando la niña cuando iba con su padre en el camión?

4. ¿Qué contrastes había entre la calle Melchor Ocampo y la calle San Rafael, donde ellos vivían?

5. ¿Por qué se puso contenta la narradora al ver su futura recámara?

6. ¿Qué datos nos da la narradora sobre el cuarto de las niñas?

7. ¿Qué otras partes de la casa le mostró el papá?

8. ¿Qué iba a hacer la niña en la casa cuando viviera en ella?

9. ¿Qué decía la niña en su composición sobre su casa?

10. ¿Qué hizo la narradora cuando se soltó de la mano de su padre?

11. ¿Por qué el hombre uniformado le mandó bajar a la niña?

12. ¿Qué le dijo al final el padre a la niña sobre la casa?

C. Interpretación

1. Al hablar de su padre, la narradora no acepta la idea de que era un soñador y dice que era un enfermo. Éste es un término fuerte usado en este caso. ¿Por qué lo usa ella?

2. Desde el principio, podemos hacernos una idea de cómo es la narradora a través de sus palabras. ¿Qué clase de persona es ella? Explique en qué basa esta opinión.

3. Al hablar del trayecto en el camión, la narradora nos da detalles que nos permiten saber que su familia es pobre. ¿Qué detalles son éstos?

4. Esta niña no es egoísta y quiere mucho a su familia. ¿Cómo sabemos esto?

5. ¿Cómo sabemos la profesión que tenía el padre de la niña?

6. Por la composición imaginaria que escribe la niña, nos damos cuenta de que su vida familiar no es buena. ¿Qué aspectos de su vida familiar hacen infeliz a la niña?

7. La niña quería verlo y tocarlo todo otra vez y esto muestra cierta duda. ¿Por qué dudaba ella?

8. ¿Por qué se le salía el corazón por la boca a la niña?

9. ¿Qué conexión hay entre la última oración del cuento y su principio?

10. ¿Le sorprendió a Ud. el final del cuento? ¿Por qué (no)?

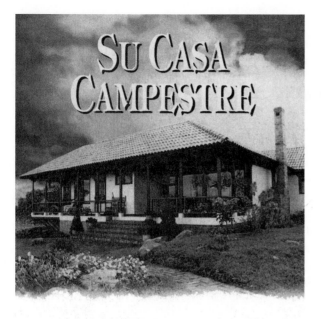

Tener una casa en el campo es el sueño de mucha gente. Si Ud. desea tener una casa campestre en Colombia, la compañía que aquí se anuncia puede construírsela.

D. Intercambio oral

1. **El padre de la niña.** ¿Sería la historia muy diferente contada por el padre? ¿Qué diría él? ¿Por qué sueña tanto? ¿Por qué llevó a su hija a ver la casa? ¿Por qué no llevó a su esposa? ¿Amaba él a su esposa? ¿Y a sus hijos? ¿Por qué iba tanto a la cantina?

2. **Habla la madre.** ¿Cómo es la madre? ¿Ama a su esposo? ¿Es feliz? ¿Cómo se siente ella viviendo tan pobremente? ¿Cómo querría vivir ella? ¿Qué futuro quiere ella para sus hijos? ¿Qué proyectos tiene? ¿Es tan soñadora como su esposo o es más realista?

3. **La lotería.** Es un hecho que los pobres juegan a la lotería mucho más frecuentemente que los que no son tan pobres. ¿Hay alguna razón para esto? ¿No es un poco tonto gastar en billetes de lotería cuando uno no tiene dinero para cosas esenciales? ¿Juega Ud. frecuentemente a la lotería? ¿A veces? ¿Nunca? ¿Por qué (no) lo hace? ¿Cómo usaría el dinero si se ganara un millón de dólares?

4. **La influencia del dinero.** ¿Cómo influye el dinero o la falta de éste en la vida de una familia? ¿Qué obstáculos encuentran las familias pobres para ser felices? ¿Qué problemas trae el vivir en un barrio malo? ¿Por qué las familias pobres tienden a ser más numerosas que las ricas? ¿Qué desventajas y problemas son comunes en las familias ricas?

Sección gramatical

Ser

1 **Ser** means *to be* in the sense of *to exist*. Its primary function is to establish identity between the subject and a noun, a pronoun, or an infinitive used as a noun, in order to indicate who someone is or what something is.

La protagonista del cuento es una niña.	*The main character in the story is a little girl.*
Fue él quien me enseñó la casa.	*He was the one who showed me the house.*
Lo que más le gusta a la niña es dibujar.	*What the little girl likes best is drawing.*

2 **Ser** is also used to indicate origin, ownership, material, or destination.

—**¿De qué parte de Sudamérica eres?**	*"From what part of South America are you?"*
—**No soy de Sudamérica. Soy de México**.	*"I am not from South America. I am from Mexico."*
Los soldaditos eran de Gonza.	*The toy soldiers were Gonza's.*
Los soldaditos eran de plomo.	*The toy soldiers were [made of] lead.*
¿Para quién son esas margaritas?	*For whom are those daisies?*

3 **Ser** has the meaning of *to take place, happen.*

La exposición es en otra ciudad.	*The exhibit is in another city.*

4 **Ser** is the equivalent of *to be* in most impersonal expressions (i.e., when *it* is the subject of the English sentence). Thus, **ser** is used to tell the time of day, season, month, etc.

Es tarde, son ya las siete y tengo que escribir una composición.	*It's late, it's already seven o'clock and I have to write a composition.*
Era verano y todas las ventanas estaban abiertas.	*It was summertime and all the windows were open.*
Era importante para la niña que sus padres tuvieran privacidad.	*It was important for the girl that her parents had privacy.*

5 **Ser**, combined with the past participle, is used to form the passive voice when an agent is expressed or strongly implied.

La casa fue diseñada por un arquitecto mexicano.	*The house was designed by a Mexican architect.*
La casa era cuidada por un hombre uniformado.	*The house was guarded by a uniformed man.*

This true passive is used in Spanish less often than in English. (For a more complete discussion of the passive voice, see Chapter 12.)

6 **Ser**, combined with an adjective, tells us some essential characteristic of a person or thing.

Los girasoles son anaranjados y grandes.	*Sunflowers are orange and large.*
—¿Cómo era la madre de la niña?	*"What was the girl's mother like?"*
—Era bondadosa y confiada.	*"She was kind and trusting."*

7 **Ser** indicates the social group to which the subject belongs. Examples of social groups are: **joven, rico, pobre, viejo, millonario, católico, socialista.** Trades and professions also fall into this category.

Aunque sus padres son millonarios, Julián es socialista.	*Although his parents are millionaires, Julián is a socialist.*
En mi familia, todas las mujeres son médicas.	*In my family all the women are medical doctors.*
El novio de mi amiga es muy viejo.	*My friend's boyfriend is very old.*

APLICACIÓN

A. Hágale las siguientes preguntas a un/a compañero/a, quien contestará con oraciones completas.

1. ¿Quién eres? ¿Qué eres? ¿De dónde eres? ¿Cómo eres?

2. ¿Eres pobre o rico/a? ¿Eres extranjero/a? ¿Eres millonario/a?

3. ¿Qué es tu padre? ¿Qué es tu madre? ¿Son jóvenes tus padres o son de mediana edad? ¿Quién es el más joven de tu familia?

4. ¿De quién es la casa donde vives? ¿De qué es tu casa? ¿Cómo es? ¿En qué año, aproximadamente, fue construida?

5. ¿Qué hora es? ¿Qué día de la semana es? ¿Qué mes es? ¿Qué estación es?

6. ¿En qué año fuiste aceptado/a como estudiante por esta universidad? ¿Es difícil o es fácil ser aceptado aquí?

7. ¿Quién es la persona a quien admiras más? ¿Qué es lo que admiras de esta persona?

8. ¿Cuándo será nuestra próxima clase? ¿Dónde será?

B. Complete de manera lógica, usando **ser**.

1. A Gloria le gustan mucho las matemáticas, por eso trabaja con números; ella...

2. La blusa de mi amiga es de seda, pero la mía...

3. Hoy es el cumpleaños de mi amigo y este pastel...

4. Soy muy diferente de mi hermano: él es bajo y gordo y yo...

5. Mi casa tiene un jardín muy hermoso y, si el sábado hace buen tiempo, la fiesta...

6. Mi familia es protestante, pero yo...

7. ¿Sabes quién llamó antes? Sospecho que...

8. Siempre ayudo a mis amigos todo lo que puedo, porque...

9. Los muebles de mi habitación son de mi hermano, pero el televisor...

10. ¡Qué extraño! Hoy hace calor, aunque...

C. Complete de manera original.

1. Es evidente que...

2. Mis abuelos eran de...

3. El coche en el cual ando es de...

4. Nuestro próximo examen será...

5. Las flores que compré eran para...

6. Lo que más me gusta hacer en el verano es...

7. En el futuro, quisiera ser...

8. Mi profesor/a de español es de...

9. Creo que este libro es...

10. Mi actor y actriz favoritos son...

Estar

Unlike **ser, estar** never links the subject with a predicate noun, pronoun, or infinitive. **Estar** may be followed by a preposition, an adverb of place, a present participle (**gerundio**), a past participle, or an adjective.

1 **Estar** expresses location, in which case it is usually followed by a preposition or an adverb.*

Cancún está en México.	*Cancún is in Mexico.*
La ropa está en la gaveta.	*The clothes are in the drawer.*
La playa está lejos de nuestra casa.	*The beach is far from our home.*

2 **Estar** combined with the present participle (-**ndo** form) forms progressive tenses.**

Estuvimos ensayando todo el día.	*We were rehearsing the whole day.*
Estás hablando más de la cuenta.	*You are talking too much.*

3 Combined with adjectives or past participles, **estar** refers to a condition or state of the subject.

No pude filmar la escena, porque mi cámara estaba rota.	*I couldn't film the scene because my camera was broken.*
Anita está triste y enferma.	*Anita is sad and sick.*
A pesar de la operación, estaba peor.	*In spite of the operation, she was worse.*

4 Used with an adjective or past participle, **estar** may also refer to a characteristic of the subject as viewed subjectively by the speaker or writer. In this case, **estar** often conveys the idea of: *to look, to feel, to seem, to act.*

Ud. está muy pálida hoy.	*You are very pale today. (You look pale to me.)*
Ayer vi a tu niño; está muy alto.	*I saw your child yesterday; he is very tall. (In the speaker's opinion, the child has grown a lot.)*
Sarita estuvo muy amable con nosotros en la fiesta.	*Sarita was (acted) very nice to us at the party.*
Hace frío hoy, pero ¡qué calientita está el agua de mi piscina!	*It's cold today but the water in my swimming pool is (feels) nice and warm.*

5 **Estar** + past participle refers to a state or condition resulting from a previous action.

El espejo está roto; lo rompieron los niños.	*The mirror is broken; the children broke it.*
La puerta estaba cerrada; la había cerrado el portero.	*The door was closed; the doorman had closed it.*
Estuvieron casados varios años, pero ahora están divorciados.	*They were married for several years but they are now divorced.*

Observe that **ser** + past participle = action; **estar** + past participle = resulting state or condition. (For further discussion of **estar** + past participle [the apparent passive], see Chapter 12.)

---

* Exception: Occasionally **ser** is combined with adverbs of place to refer to location. Such is the case, for instance, of the person who gives directions to the taxi driver saying:

Es allí en la esquina.   *My destination is (that place) there, at the corner.*

** Avoid using the progressive form with verbs implying movement: **ir, venir, entrar, salir.** They are in the progressive only in very special cases. Also do not use the progressive when the English expression is equivalent to a future: *We are buying (We will buy) a new car next fall.* (See Chapter 13.)

APLICACIÓN

A. ¿Dónde están?   Señale, con oraciones completas, la situación de objetos y personas en la clase: libros, tizas, las mochilas de los estudiantes, los estudiantes, el/la profesor/a, las ventanas, la puerta, etc.

B. Escena mañanera.   Cambie los verbos en cursiva al presente del progresivo.

Son las siete y la pequeña ciudad *despierta* con el bullicio acostumbrado pero, como es sábado y no hay escuela, los niños todavía *duermen*. Paula *riega* las plantas del jardín. *Canturrea* una tonada popular. *Mira* a Francisco, que *poda* el seto junto a la calle. «Las plantas *crecen* mucho últimamente» piensa Paula. En el caminito de piedra que conduce a la casa, el gato negro *se lame* las patitas delanteras. Al fondo del jardín, el perro *mueve* con gran agitación la cola porque acaba de divisar a una ardilla que *construye* su nido en la rama de un árbol. Ahora el perro le *ladra* a la ardilla con insistencia. Paula lo llama, porque es temprano y los ladridos *molestan* a los vecinos.

C. Situaciones y estados.   Combine **estar** con los adjetivos de la parte (b) para expresar cómo se sentiría Ud. en las circunstancias que se explican en la parte (a). Use más de un adjetivo en cada caso si es posible. Añada además una breve explicación.

(a)

1. Ud. se ha preparado con cuidado para una entrevista de empleo, pero cuando llega al lugar, le dicen que ya contrataron a otra persona.

2. Ud. va a ver por primera vez a una persona a quien conoció charlando en el Internet.

3. Acaba de mudarse solo/a y ha pintado su nuevo apartamento sin ayuda de nadie. Ha sido un trabajo muy arduo, pero cuando termina, piensa que todo quedó muy bonito.

4. Está en una fiesta. Tropieza con un/a joven, y la bebida que llevaba en la mano se derrama sobre el traje de él/ella.

5. ¡Por fin va a realizar el sueño de su vida! Como premio por sus buenas notas, sus padres le han regalado un viaje al Japón.

6. Ud. está en un banco haciendo un depósito, y la cajera le dice que los cuatro billetes de $50 que Ud. acaba de darle son falsos.

7. Hace dos semanas le prestó un libro de la biblioteca a un amigo, quien le prometió devolverlo al día siguiente. Ahora Ud. ha recibido una carta de la biblioteca que le informa que el libro no ha sido devuelto y que tiene que pagar una multa.

8. Su novio/a le ha prestado su coche nuevo. En una esquina se descuida, no ve el semáforo en rojo, y choca con otro auto. Por suerte, Ud. está ileso/a, pero el precioso coche de su novio/a parece un acordeón.

(b)

ansioso/a, alegre, avergonzado/a, cansado/a, confundido/a, contento/a, decepcionado/a, defraudado/a, desesperado/a, emocionado/a, enojado/a, exhausto/a, frustrado/a, furioso/a, ilusionado/a, nervioso/a, orgulloso/a, satisfecho/a, temeroso/a, triste

D. Los estados resultantes del huracán.   Su familia tiene una casa de verano en el campo. Hubo un huracán y Uds. van a inspeccionar los daños en la propiedad. Exprese el estado resultante en cada caso con el verbo **estar**.

Modelo: El sótano de la casa se inundó.
          → *El sótano de la casa **está inundado**.*

1. Una sección del techo se hundió.
2. Varios árboles cayeron al suelo.
3. Al caer, un árbol hirió a uno de los peones.
4. El caballo y dos de las vacas murieron.
5. Las bisagras de la puerta se zafaron.
6. Algunas paredes se rajaron.
7. El río se desbordó.
8. Se rompieron los vidrios de las ventanas.
9. El agua destruyó el jardín.
10. El viento derribó las cercas.

E. **Los comentarios de doña Amparo.**   Doña Amparo es una señora muy criticona. Asiste a la boda de una sobrina y hace comentarios sobre el acto y los invitados. Exprese Ud. la opinión personal de doña Amparo usando **estar** + adjetivo.

Modelo: A todos les gustó el pastel de boda, pero a mí no.
          → *El pastel n*o **estaba bueno.**

1. Josefina tiene mi edad, pero parece tener diez años más.
2. La novia no es fea, pero en la ceremonia no se veía bien.
3. El traje que llevaba mi cuñada parecía antiguo.
4. No me gustaron las flores que llevaba la novia.
5. La fiesta no me pareció muy divertida.
6. No sirvieron suficiente comida.
7. Mi sobrina actuó un poco fríamente conmigo.
8. Pero, a pesar de tantas cosas negativas, la boda me gustó.

SER / ESTAR + *CALIENTE, FRÍO, FRIOLENTO*, AND *CALENTURIENTO**		
	ANIMATE REFERENCE	**INANIMATE REFERENCE**
1. **ser caliente**	*hot* (vulgar), *passionate* (sexual connotation; characteristic)	*warm* (normally of warm temperature)
2. **ser frío**	*cold* (having a cold personality)	*cold* (normally of cold temperature)
3. **ser friolento**	*sensitive to the cold*	(not applicable)
4. **estar caliente**	*hot* (to the touch); *hot* (vulgar) (sexual connotation; condition)	*hot* (to the touch), (having a high temperature at a given time)
5. **estar frío**	*cold* (to the touch)	*cold* (to the touch), (having a low temperature at a given time)
6. **estar calenturiento**	*feverish*	(not applicable)

* Remember that *to be hot* and *to be cold* when they refer to how the subject reacts to the temperature at a given moment are expressed in Spanish with **tener** + noun: **Préstame tu suéter; tengo mucho frío** (*Lend me your sweater; I am very cold*), **Me quité el abrigo porque tenía calor** (*I took off my coat because I was hot*).

Examples:

Animate reference

Arturo es muy frío y no nos recibió con afecto.	*Arturo has a cold personality and he didn't receive us warmly.*
Lucía siempre lleva un abrigo de pieles porque es muy friolenta.	*Lucía always wears a fur coat because she is very sensitive to the cold.*
—Estás caliente, creo que tienes fiebre —dijo mi madre.	*"You're hot; I think you have a fever," said my mother.*
Cuando la ambulancia llegó, el hombre estaba frío y pálido; parecía muerto.	*When the ambulance arrived, the man was cold and pale; he looked dead.*
Creo que tengo gripe. Estoy calenturiento y me duele la cabeza.	*I think I have the flu. I'm feverish and my head aches.*

Inanimate reference

Mi habitación es muy caliente porque le da el sol por la tarde.	*My room is very warm because the sun hits it in the afternoon.*
Tierra del Fuego es fría e inhóspita.	*Tierra del Fuego is cold and inhospitable.*
Cuidado. No te quemes. La sopa está caliente.	*Be careful. Don't burn yourself. The soup is hot.*
No puedo planchar con esta plancha porque está fría.	*I can't work with this iron because it's cold.*

Do not confuse *hot* referring to temperature with *hot* meaning *spicy* (= **picante**).

Si le pones tanto chile a la comida, quedará muy picante.	*If you put so much hot pepper in the food it will be too hot.*

CHANGES IN MEANING OF SOME ADJECTIVES

Some adjectives (and past participles) have different meanings depending on whether they are combined with **ser** or **estar.**

	WITH SER	WITH ESTAR
aburrido	*boring*	*bored*
borracho	*a drunk(ard)*	*drunk*
bueno	*good*	*in good health*
callado	*quiet*	*silent*
cansado	*tiring*	*tired*
completo	*exhaustive, total*	*not lacking anything*
consciente*	*conscientious*	*aware of, conscious*
despierto	*alert, bright*	*aware*
divertido	*amusing*	*amused*
entretenido	*entertaining*	*occupied (involved)*
interesado	*(a) mercenary (person)*	*interested*
listo	*witty, clever*	*ready*
malo	*bad*	*sick*
nuevo	*brand-new*	*like new*
seguro	*sure to happen, safe (reliable)*	*certain, sure (about something)*
verde	*green (in color)*	*unripe*
vivo	*lively, witty, bright (color)*	*alive*

* In Spain and some Spanish American countries like Colombia, **ser consciente de** is used to mean *to be aware of.*

La chica no es callada, pero estaba callada en la fiesta porque no conocía a nadie y estaba aburrida.	*The young girl is not a quiet person, but she was silent at the party because she didn't know anyone and she was bored.*
El padre es borracho e interesado, pero los hijos son buenos y listos.	*The father is a drunk and a mercenary person but the children are good and clever.*
El chofer del coche no estaba consciente, aunque el médico estaba seguro de que estaba vivo.	*The driver of the car wasn't conscious; although the doctor was sure that he was alive.*

APLICACIÓN

Decida qué forma verbal completa correctamente cada oración.

1. El examen médico de los astronautas (fue / estuvo) completo; necesitábamos (ser / estar) seguros de que (eran / estaban) listos para el vuelo espacial.

2. Mi habitación (es / está) muy fría y, como (soy / estoy) friolento, sufro mucho en el invierno.

3. Esa fruta (es / está) verde de color, pero no (es / está) verde; (es / está) lista para comer.

4. Un individuo que (es / está) consciente no maneja si (es / está) borracho.

5. Debes (ser / estar) seguro de que el horno (es / está) caliente antes de meter el pastel.

6. El niño (es / está) malo hoy; (es / está) calenturiento.

7. A veces (soy / estoy) aburrido en esa clase porque, aunque el profesor (es / está) bueno, (es / está) un poco aburrido.

8. (Soy / Estoy) cansado de ver paredes blancas; quiero una habitación cuyos colores (sean / estén) vivos.

9. El negocio (es / está) muy seguro y, como doña Alicia (es / está) una persona interesada, la garantía de ganar dinero la hará invertir en él.

10. La abuela de Irene (es / está) viva, aunque tiene ya noventa años; sus otros abuelos (son / están) muertos.

11. El chico (era / estaba) callado y tímido y siempre (era / estaba) entretenido sacando crucigramas.

12. La fiesta (fue / estuvo) muy divertida, pero bailé tanto que ahora (soy / estoy) muy cansada.

13. —José, ¿(eres / estás) despierto?
    —No, porque sé lo que vas a decirme y no (soy / estoy) interesado en oírlo.

14. El juego de herramientas que vende Toño (es / está) completo, no le falta ni una pieza y, como Toño es muy cuidadoso con sus cosas, (es / está) nuevo.

15. Esta computadora (es / está) nueva, pero no (es / está) buena, o tal vez yo no (soy / estoy) bastante listo para usarla.

16. El enfermo (es / está) consciente desde ayer; creo que (será / estará) bueno pronto.

ADJECTIVES, PAST PARTICIPLES, AND IDIOMATIC EXPRESSIONS THAT ARE USED WITH *ESTAR* ONLY	
asomado (a la ventana)	*looking out (the window)*
arrodillado*	*kneeling*
ausente	*absent*
colgado*	*hanging*
contento**	*in a happy mood*
de acuerdo	*in agreement*
de buen (mal) humor	*in a good (bad) mood*
de guardia	*on duty, on call*
de moda (pasado de moda)	*fashionable (out of style, unfashionable)*
de pie, parado*	*standing*
de vacaciones	*on vacation*
descalzo	*barefoot*
escondido*	*hiding*
presente	*present*
satisfecho	*satisfied*
sentado*	*sitting*

* Notice that the English equivalents of these past participles are usually present participles (-*ing* forms).
** Unlike **contento**, the adjective **feliz** is normally used with **ser**. However, in the spoken language in some Spanish American countries, **estar** may be used with **feliz.**

APLICACIÓN

Invente un comentario adecuado para cada una de estas afirmaciones, utilizando expresiones de la tabla anterior.

Modelo: Trato de hacer bien las cosas, pero mi jefe es demasiado exigente.
    → *Es verdad. Nunca* **está satisfecho** *con el trabajo de sus empleados.*

1. En este catálogo hay muchas chaquetas de gamuza.
2. Tengo un Picasso en la sala de mi casa.
3. Cuando lo vimos, caminaba por la calle sin zapatos.
4. Mi esposa y yo nunca discutimos.
5. Don Jesús tiene muy mal carácter.
6. El acusado no permanece sentado cuando leen la sentencia.
7. Espero con ansiedad el final del año escolar.
8. La policía lleva tres días buscando al ladrón, pero no lo encuentra.
9. A mi abuela le gusta mirar a los que pasan por la calle.
10. Todos fuimos testigos de lo que sucedió.
11. ¡Saqué una A en el último examen!
12. Susita frotaba con una toallita la mancha de la alfombra.
13. El soldado no puede salir esta noche con su novia.
14. Bebita no vino hoy a clase.

COMMON COMBINATIONS OF PAST PARTICIPLE/ADJECTIVE AND PREPOSITION THAT REQUIRE *SER*			
aficionado a	*fond of*	**idéntico a**	*identical to, with*
amigo de	*fond of*	**parecido a**	*similar to*
(in)capaz de	*(in)capable of, (un)able to*	**(im)posible de** + inf.	*(im)possible to*
difícil de + inf.	*hard, difficult to*	(def. art.) + **primero en**	*the first one to*
enemigo de	*opposed to*	**responsable de**	*responsible for*
fácil de + inf.	*easy to*	(def. art.) + **último en**	*the last one to*

Mi hermano es muy aficionado al boxeo, pero yo soy enemigo de los deportes violentos.

My brother is very fond of boxing but I am opposed to violent sports.

Si eres capaz de convencer a Pablo de que vaya de compras, yo seré la primera en felicitarte.

If you are able to convince Pablo to go shopping, I'll be the first one to congratulate you.

Observe the difference between **difícil (fácil, imposible,** etc.) + infinitive and **difícil (fácil, imposible) de** + infinitive:

Sus instrucciones eran siempre difíciles (fáciles, imposibles) de seguir.

His instructions were always hard (easy, impossible) to follow.

(**Difíciles [fáciles, imposibles] de seguir** are adjectival phrases referring to **sus instrucciones.**)

But:

Siempre era difícil (fácil, imposible) seguir sus instrucciones.

It was always difficult (easy, impossible) to follow his instructions.

(In Spanish, **seguir sus instrucciones** is the subject of **era difícil [fácil, imposible,** etc.])

A useful rule regarding these constructions: **de** is not used when the infinitive is followed by an object or clause.

COMMON COMBINATIONS OF PAST PARTICIPLE/ADJECTIVE AND PREPOSITION THAT REQUIRE *ESTAR*			
acostumbrado a	*used to*	**enemistado con**	*estranged from, an enemy of*
ansioso por (de)	*anxious to*	**libre de**	*free from*
cansado de	*tired of*	**listo para**	*ready to*
cubierto de	*covered with*	**loco de**	*crazy with*
decidido a	*determined to*	**loco por**	*most anxious to*
(des) contento de (con)	*(un)happy with*	**lleno de**	*filled with*
disgustado con	*annoyed with*	**peleado con**	*not on speaking terms with*
dispuesto a	*willing to, determined to*	**rodeado de**	*surrounded by*
enamorado de	*in love with*	**vestido de**	*dressed in, dressed as*
encargado de	*in charge of*		

Estoy loca por terminar esta lección.	*I am most anxious to finish this lesson.*
Yo estaba loca de contento cuando mi padre me regaló el coche nuevo.	*I was crazy with joy when my father gave me the new car.*
Dámaso dijo que estaba dispuesto a hacer el viaje, pero que todavía no estaba listo para salir.	*Dámaso said that he was determined to take the trip but that he wasn't ready to leave yet.*
¡Los escritorios están cubiertos de polvo! ¿Quién está encargado de la limpieza?	*The desks are covered with dust! Who is in charge of the cleaning?*

APLICACIÓN

A. Complete de manera original.

La casa nueva.

1. Este cuento es fácil de...
2. El padre de la niña era amigo de...
3. La madre de la niña era incapaz de...
4. Vieron muchas flores por el camino y la niña era aficionada a...
5. La casa que vieron la niña y su padre no era parecida a...
6. El hombre uniformado estaba encargado de...
7. La casa estaba rodeada de...
8. La niña fue la primera en...
9. Al ver su futura habitación, la niña estaba loca de...
10. La niña no estaba acostumbrada a...
11. Con la imaginación, la niña veía que sus tres vestidos estaban colgados en...
12. También veía que todos en su familia estaban contentos de...
13. El padre fue responsable de...
14. Ganar una casa en una rifa es algo muy difícil de...

Mis amigos.

1. Tengo amigos interesantes. Por ejemplo, mi amigo Enrique está peleado con... porque los dos están enamorados de... Enrique está lleno de... y decidido a...
2. Mi amiga Eulalia no es puntual; es siempre la última en... Yo estoy disgustado con... y no quiero salir más con ella. Estoy cansado de... y no estoy dispuesto a...
3. Mi amigo Adolfo es muy excéntrico. Es muy aficionado a... Ayer cuando lo vi en la calle, estaba vestido de... Llevaba una chaqueta cubierta de... Parecía estar listo para...

B. Clasifique las siguientes cosas de acuerdo con su opinión personal, usando, en oraciones completas, las expresiones **fácil (difícil, casi imposible) de hacer; fácil (difícil, casi imposible) de comprender; fácil (difícil, casi imposible) de resolver**.

1. Hacer un acto en un trapecio.
2. Usar correctamente **ser** y **estar**.

3. Ahorrar suficiente dinero para ser millonario.

4. Montar en bicicleta.

5. La teoría de la relatividad.

6. La primera lección de este libro.

7. La última explicación que dio el/la profesor/a.

8. Las complicaciones del déficit en el presupuesto de los Estados Unidos.

C. Complete estas narraciones con la forma apropiada de **ser** o **estar**.

1. **Un viaje a Bogotá.**

   Se dice que Bogotá _____ en el centro de todos los caminos de Colombia, porque las instituciones más importantes del país _____ concentradas en la capital. Santa Fe de Bogotá _____ fundada por Gonzalo Jiménez de Quesada y _____ llamada así por el nombre de Bacatá, que _____ la villa indígena que _____ en este lugar cuando llegaron los españoles. Bogotá _____ en un valle y _____ rodeada de altos picos montañosos. Muchas de sus calles _____ estrechas y retorcidas, porque _____ trazadas en la época colonial. El centro de la ciudad _____ un muestrario de diversos estilos arquitectónicos.

   Uno de los sitios más famosos de Bogotá _____ el Museo del Oro, donde hay unas 35.000 piezas precolombinas de oro. Tal riqueza artística no _____ sorprendente, porque antes de la llegada de los españoles, la región _____ habitada por los chibchas, que _____ excelentes artesanos. Muchas de las piezas de oro que hay en el museo _____ joyas y objetos ceremoniales, y la mayoría de ellas _____ muy bien conservadas.

2. **Manzanillo.**

   Antes de la llegada de los españoles, Manzanillo _____ un pequeño pueblo de agricultores y pescadores. Después que México _____ independiente, en 1825, Manzanillo _____ nombrado puerto oficial. En aquella época, la mercancía que traían los buques _____ enviada a las ciudades del interior por medio de mulas. Hoy Manzanillo _____ el puerto principal del Pacífico mexicano. Manzanillo _____ en la llamada «Costa Dorada» de México y su clima _____ cálido todo el año. El lugar _____ conocido sobre todo por el hotel Las Hadas, que _____ construido hace más de veinte años por el magnate Antenor Patiño, quien _____ de Bolivia. El sueño de Patiño _____ hecho realidad en un edificio de estilo único donde _____ representados elementos moriscos, españoles y mexicanos. En Manzanillo _____ el Rancho Majahua, un verdadero paraíso ecológico, que _____ lleno de jaguares, armadillos, mapaches y aves. Las villas de

este rancho _____ construidas de materiales primitivos y _____ rodeadas de

árboles. El atractivo mayor de unas vacaciones en este rancho _____ el contacto con

la naturaleza.

3. **La finca La Esmeralda.**

   Llegamos a La Esmeralda y nos dijeron que la finca _____ de don Abundio

   Vargas. Don Abundio _____ un hombre de setenta años, pero _____

   bastante conservado y parecía _____ diez años más joven. De joven _____

   en la revolución; _____ general y _____ condecorado varias veces por su

   valor. _____ un hombre alto y recio; su cara _____ expresiva y

   _____ tostada por el sol. Don Abundio _____ viudo. Sus hijos

   _____ ya hombres y mujeres y _____ viviendo en la ciudad; sólo

   _____ con el padre Clotilde, que _____ la menor. Aunque nos habían dicho

   que don Abundio _____ un hombre callado, _____ muy hablador con

   nosotros esa tarde. Le explicamos que _____ buscando a Cirilo Cruz, que

   _____ capataz de La Esmeralda por muchos años. Don Abundio no sabía dónde

   _____ Cruz, ni qué _____ haciendo en esos días. Dijo que Cruz había

   _____ un excelente capataz, pero que _____ viejo y achacoso y por eso

   había dejado el empleo.

Sección léxica

Ampliación: Expresiones con las partes del cuerpo

En el cuento se dice que el padre «se quemaba las pestañas» para indicar que trabajaba mucho y que a la niña «se le salía el corazón por la boca» para indicar que estaba muy nerviosa. Como éstas, hay cientos de expresiones en español que usan partes del cuerpo; algunas tienen equivalentes exactos en inglés, pero frecuentemente no existe una expresión en inglés o existe una muy diferente, como en el caso de **quemarse las pestañas**. A continuación se dan algunas de estas expresiones.

boca

andar de boca en boca	*to be the talk of the town*
en boca cerrada no entran moscas	*silence is golden*
hacérse(le) la boca agua (a uno)	*to lick one's lips; to make one's mouth water*
quedarse con la boca abierta	*to be flabbergasted*

brazo

no dar (el) brazo (de uno) a torcer	*to insist on one's position or opinion*
ser el brazo derecho de alguien	*to be someone's right-hand man/woman*
cruzarse de brazos	*not to do anything*

cabeza

perder la cabeza	*to lose one's head*
romperse la cabeza	*to rack one's brain*
ser un (tener la) cabeza dura	*to be hard-headed, to be stubborn*

cara

dar la cara	*to face, to be responsible for something*
echar en cara	*to throw in one's face, to rub it in*
tener cara de pocos amigos	*to have a very unfriendly expression*
tener la (ser) cara dura	*to be shameless*

codo

tener el (ser) codo duro	*to be tight-fisted*

diente

tener buen diente	*to be a good, non-discriminating eater*
decir algo de dientes afuera	*not to mean what one says*
hablar entre dientes	*to mumble, to talk to oneself*

lengua

tener la lengua larga	*to be a bigmouth*
no tener pelos en la lengua	*to be very frank*

mano

al alcance de la mano	*at one's fingertips*
coger (a alguien) con las manos en la masa	*to catch (someone) red-handed*
dar (echar) una mano	*to lend a hand*
írsele la mano (a uno)	*to go too far*
lavarse las manos	*to wash one's hands (to disclaim responsibility for)*

ojo

costar un ojo de la cara	*to cost an arm and a leg*
(no) mirar con buenos ojos	*(not) to like*
echar mal de ojo	*to give the evil eye*
¡(Mucho) ojo!	*Watch out!*

pelo

con pelos y señales	*with many details*
ponérsele (a uno) los pelos de puntas	*to have one's hair stand on end*
tomarle el pelo (a uno)	*to pull one's leg, to tease*

pie

andar con pies de plomo	*to be very cautious*
de pies a cabeza	*from head to toe*
entrar con el pie derecho	*to start off on the right foot*
poner (tener) los pies en el suelo	*to plant one's feet firmly on the ground*

APLICACIÓN

A. Conteste las preguntas escogiendo la expresión más apropiada en cada caso entre las que se dan debajo.

1. No entendí lo que dijo ese hombre. ¿Lo entendiste tú?
2. ¿Debe hacerse responsable un jefe de lo que hacen sus empleados?
3. ¿Crees que ya todos saben la noticia?
4. ¿Es tacaño tu amigo?
5. El nuevo profesor es muy serio e intimida un poco, ¿verdad?
6. ¿Es la protagonista del cuento «La casa nueva» una persona realista?
7. ¿Pudiste convencer a Miguelín de que fuera a la fiesta?
8. ¿Siempre comes cualquier cosa que te sirven?
9. ¿Te ayudan generalmente tus amigos cuando les pides ayuda?
10. ¿Qué dices de ti mismo/a cuando quieres que alguien sepa que eres muy franco/a?

andar de boca en boca / tener los pies en el suelo / tener buen diente / tener cara de pocos amigos / dar una mano / dar la cara / no tener pelos en la lengua / tener el codo duro / hablar entre dientes / ser un cabeza dura

B. Haga comentarios originales en cada caso, usando una expresión con la parte del cuerpo que se indica.

Expresiones con la palabra *boca*.

1. No digas nada. No te conviene hablar en estos momentos.
2. Tengo mucha hambre y esa comida huele muy bien.
3. La noticia me sorprendió tanto que no supe qué decir.

Expresiones con la palabra *brazo*.

1. ¿No piensas hacer nada para resolver ese problema?
2. Soy la secretaria personal del presidente de la compañía y lo ayudo en todo.
3. ¡Qué obstinado eres! Nunca reconoces que estás equivocado.

Expresiones con la palabra *mano*.

1. El profesor sorprendió al estudiante cuando trataba de copiar en el examen.
2. No quiero ninguna responsabilidad en ese asunto.
3. Creo que fuiste demasiado brusca y un poco insultante en tu respuesta.
4. Me gusta tener el teléfono cerca cuando escribo en mi computadora.

Expresiones con la palabra *ojo*.

1. El bebé estaba muy enfermo y la madre creía que no era por causas naturales.
2. A veces las suegras no quieren a las mujeres de sus hijos.
3. No me senté en el banco del parque, porque un cartel advertía que acababan de pintarlo.
4. Los coches deportivos son muy caros.

Expresiones con la palabra *pelo*.

1. Cuando veo una película de horror, siempre tengo mucho miedo.
2. Mi amiga me dijo que se había sacado la lotería, pero pensé que era una broma.
3. Soy muy detallista y cuento las cosas exactamente como sucedieron.

Expresiones con la palabra *pie*.

1. Cuando llego a un lugar en el momento oportuno y me salen bien las cosas, siempre digo esta expresión.
2. El asunto es muy delicado; si no quieres problemas debes tener cuidado.
3. Siempre registran mucho a los pasajeros antes de abordar el avión.

C. Haga una oración original con cada una de estas expresiones.

perder la cabeza / romperse la cabeza / echar en cara / tener la cara dura / decir algo de dientes afuera / tener la lengua larga

---

Distinciones: Equivalentes de to know

1. Cuando *to know* significa «tener conocimientos o información sobre algo», su equivalente es **saber**.

¿Sabes el camino?	*Do you know the way? (Do you know which is the right way?)*
Sé que tengo que estudiar mucho para pasar este curso.	*I know that I have to study a lot in order to pass this course.*
No sabíamos a qué hora empezaba la función.	*We didn't know at what time the show was supposed to begin.*

2. **Saber** + infinitivo significa *to know how.*

A los tres años de edad, ya Rubén Darío sabía leer y escribir.	*At three years of age, Rubén Darío already knew how to read and write.*

En inglés, cuando uno se refiere a destreza o habilidad, *to know how* se expresa a veces con *can*. En español no es así, pues hay una distinción clara entre **saber** y **poder.**

Yo sé tocar la guitarra pero hoy no puedo por el dedo roto.	*I can play the guitar but today I can't because of my broken finger.*
Ellos no hablaron con el hombre porque no saben hablar portugués.	*They didn't speak to the man because they can't speak Portuguese.*

3. **Saber(se) (de memoria)** significa *to know very well* o *to know by heart.*

Cuando yo era niño, todos (nos) sabíamos de memoria los diez mandamientos.	*When I was a child we all knew the ten commandments by heart.*
Pepito tiene diez años y todavía no se sabe la tabla de multiplicar.	*Pepito is ten years old and he still doesn't know the multiplication tables.*

4. Como se vio en el Capítulo 1, el pretérito de **saber** significa frecuentemente *learned* o *found out.*

¿Cuándo supo Ud. que había ganado el premio?	*When did you learn that you had won the prize?*

5. **Saber** con referencia a una comida significa *to taste.** **Saber a** + nombre significa *to taste of (like).*

Este puré de manzana sabe muy bien.	*This applesauce tastes very good.*
Esta carne sabe a cerdo.	*This meat tastes like pork.*

Saber a gloria y **saber a rayos** son dos expresiones comunes para indicar que algo sabe muy bien o muy mal.

Preparó un postre para sus invitados que sabía a gloria.	*She prepared a dessert for her guests that tasted wonderful.*
La medicina que el médico me recetó sabe a rayos.	*The medicine the doctor prescribed for me tastes awful.*

6. Cuando *to know* significa *to be acquainted or familiar with,* su equivalente es **conocer.**

¿Conoces este camino?	*Do you know (Are you familiar with) this road?*
La mayoría de las personas que conozco son pobres.	*Most of the people I know (I am acquainted with) are poor:*
Conozco bien la música de Chopin.	*I know well (I am quite familiar with) Chopin's music.*

---

* Si el sujeto es una persona, *to taste* es **probar**.

Siempre pruebo lo que estoy cocinando para saber si tiene bastante sal.	*I always taste what I am cooking to find out if it has enough salt.*

7. **Conocer** puede ser sinónimo de **reconocer** (*to recognize*).

Pasé junto a él pero no me conoció.	*I passed next to him but he didn't recognize me.*
Conocí a don Pablo por las fotografías que había visto de él.	*I recognized Don Pablo from the photographs of him I had seen.*
Apenas vi el sobre conocí tu letra.	*As soon as I saw the envelope I recognized your handwriting.*

8. Como se vio en el Capítulo 1, el pretérito de **conocer** significa generalmente *met (was [were] introduced to)*.

Julio y yo nos conocimos el año pasado en la Argentina.	*Julio and I met last year in Argentina.*

APLICACIÓN

A. Nombre algunas cosas que...

1. Ud. sabe hacer
2. no sabe hacer, pero le gustaría saber hacer
3. Ud. supo recientemente
4. Ud. se sabe de memoria
5. en su opinión, saben a gloria
6. en su opinión, saben a rayos

B. Nombre algunas ciudades o lugares que (a) conoce, (b) le gustaría conocer.

C. Nombre algunas personas que (a) conoció recientemente, (b) le gustaría conocer.

D. Traduzca.

1. He knows the novel but he doesn't know who wrote it.
2. This water tastes of chlorine. Do you know why?
3. If you can't drive, I know a school where they teach you in a week.
4. Would you like to meet that journalist? I know her well.
5. Do you know any other remedy for a cold? This medicine tastes awful.
6. I don't know the neighborhood nor do I know the name of the street where Pepe lives but I know how to get to his house.
7. I know a guy who has seen that movie so many times that he knows the dialogue by heart.

8. I learned recently that Amanda had been sick but I didn't know she had lost so much weight. I didn't recognize her yesterday!

9. When I met Lolita, I didn't know she could cook but the first food she prepared for me tasted wonderful.

10. "I didn't know you could sing." "Yes, but I only sing when I know the lyrics of a song well and I am among people I know."

Para escribir mejor

La acentuación

Para aplicar las reglas de acentuación, es importante saber dividir bien las palabras en sílabas. Las reglas del silabeo están en el Apéndice, páginas 391–393. Le recomendamos que repase estas reglas antes de estudiar las reglas de los acentos.

El acento ortográfico o tilde indica en qué vocal lleva la fuerza de la pronunciación (*stress*) una palabra. La tilde se usa en aquellas palabras que son excepciones a las reglas 1 y 2 que se dan a continuación.

1. Las palabras que terminan en vocal o en consonante **n** o **s** llevan la fuerza de la pronunciación en la penúltima sílaba: **sa**-le, an-ti-ci-**pa**-do, con-**vie**-nen, **jue**-ves.

2. Las palabras que terminan en consonante que no sea **n** o **s** llevan la fuerza de la pronunciación en la última sílaba: a-tra-**par,** ciu-**dad,** cla-**vel,** pe-sa-**dez.**

3. Muchas palabras no siguen las reglas 1 y 2 en cuanto al lugar donde recae la fuerza de la pronunciación, y esto se indica con una tilde: a-**é**-re-o, fre-**né**-ti-co, co-ra-**zón, miér**-co-les, **Víc**-tor, **ás**-pid, in-**mó**-vil, **lá**-piz.

4. La combinación de una o más vocales fuertes (**a, e, o**) y una o más vocales débiles (**i, u**) forma un diptongo o triptongo. Pero cuando la fuerza de la pronunciación recae sobre una vocal débil, el diptongo o triptongo se rompe. Esto se indica con una tilde: **Ma**-rio, Ma-**rí**-a; a-cen-t**uar,** a-cen-**tú**-a; des-v**iar,** des-**ví**-a; co-**mí**-ais; ba-**hí**-a.

APLICACIÓN

A. Añada los acentos. La vocal subrayada es la que lleva la fuerza en la pronunciación.

1. En el jardin, en medio del verde cesped salpicado de treboles, surgian, como un milagro multicolor, amapolas, azaleas y siemprevivas.

2. El doctor Cesar Fornes es psiquiatra y muchos de sus pacientes son cleptomanos, esquizofrenicos o sufren de panico o depresion.

3. Al final de la verja se erguia el porton, junto al cual varios chicuelos escualidos pedian limosna.

4. La habitacion del bohemio era miserrima y lugubre, y estaba cerca de una alcantarilla donde pululaban las sabandijas.

5. En el deposito de la fabrica, una miriada de recipientes metalicos e impermeables protegian las substancias quimicas y volatiles de la evaporacion y la humedad ambiental.

6. La hipotesis hace hincapie en que el planeta tiene una orbita eliptica.

7. Benjamin Pages fue elegido alcalde de un pueblo de Aranjuez.

8. El vastago primogenito de la victima fue el culpable del robo.

9. El peligro nuclear es una cuestion de primordial importancia.

10. Felix era farmaceutico en la ciudad de Durango.

11. La timida e ingenua heroina de la pelicula realiza un salvamento heroico.

12. En Xochimilco platicamos con los mariachis y les compramos orquideas y gardenias a los vendedores ambulantes.

13. Mario les garantizo a Maria y a Mariana que la mansion quedaba en optimas condiciones.

14. Son caracteres opuestos: Cayetano es un celebre cosmonauta y Dario es un asceta mistico.

15. Ese zangano no tiene vocacion y es un imbecil y un farsante.

16. Esas reglas de trigonometria no son utiles para calcular volumenes.

17. Sanchez, Marques, Carvajal y Aranguren son mis huespedes.

18. El ruido continuo de la grua y los vehiculos continua molestandome.

19. Asdrubal asevera que quiere ser quimico y no arqueologo.

20. No es verosimil que la mujer que llevaba la cantara cantara antes, pero pienso que cantara pronto.

B. En los siguientes pasajes se han suprimido los acentos gráficos. Póngalos.

1. El hombre se tendio boca abajo junto al alambrado. Protegido del calor brutal del mediodia, escuchaba el correr de la acequia, y atento al levisimo agitarse de las hojas, vigilaba el jardin. A lo lejos, quiza brotada espontaneamente como parte de la vegetacion, vio a la niña...

José Donoso, *Ana María*

2. En la segunda edicion de esta guia practica, usted encontrara ejemplos fehacientes de la grandeza arquitectonica prehispanica, lo mas representativo de su cultura y su historia, asi como los servicios con que cuenta cada lugar, mapas de ubicacion, vias de acceso y consejos para disfrutar y conservar los sitios arqueologicos.

México desconocido

TRADUCCIÓN

Past, Present, and Future of Homes

The girl in the reading wanted to live in a house that had (*imperfect subjunctive*) modern comforts since she was poor and the house where her family was living didn't have any. But if this girl were (*imperfect subjunctive*) living in the 19th century, her home wouldn't be very comfortable either, even if her family were (*imperfect subjunctive*) rich.

Everybody is in agreement that housework in the 19th century was harsh, physical labor. Coal- and wood-burning stoves were difficult to use. Prior to the 20th century, all food was prepared at home. Chickens were alive when they were bought; coffee beans had to be roasted and ground. Cleaning was even more arduous than cooking. Curtains and walls were always dirty because gas and kerosene lamps left deposits of black soot everywhere. Of course, families that were well-to-do had servants, but even so, their lives were much harder than ours.

By the end of the 19th century, indoor plumbing was common in the western world, but before that, the water source was usually far from the home and water was carried in buckets. The soap to wash clothes was made of lye and was very irritating to the hands. Ironing was also a difficult task since irons were not electric.

By 1920, there were electric irons, vacuum cleaners, toasters, and some foods were canned. Today, we are used to having many conveniences at our fingertips and the list of electric home appliances is very long.

But the home of the 20th century was nothing compared to the home of the 21st. Do you know what "domotics" is? It's the new technology applied to home living. In the new houses, the heating and cooling systems can be connected or disconnected with a phone call while we are at work. By pressing a button, one can see and talk to a person who is in another room. Coffee is ready in the morning by the time the family gets up. Watering of the garden is automatic. A domotics house is safe. When the owners are on vacation, domotics is in charge of opening and closing the blinds and turning on the TV and the lights to simulate they are home. All of these things are already available. But they are only for those who are (*present subjunctive*) willing to spend a lot of money, since they cost an arm and a leg.

Las casas domóticas que se describen en la traducción tienen cocinas computarizadas como ésta, donde se puede preparar una comida completa con un esfuerzo mínimo. (© Stephen Schauer/Stone/Getty Images)

TEMAS PARA COMPOSICIÓN

1. **Una casa ideal.** Si Ud. tuviera que describir la casa de sus sueños, ¿qué diría de ella? ¿Quiere vivir en una casa o en un apartamento? ¿Cómo será? ¿Con quién quiere Ud. vivir? ¿Cree Ud. que vivir en una casa bonita es esencial para ser feliz o no es tan importante? Explique su opinión.

2. **La domótica.** ¿Le gustaría a Ud. tener una casa domótica? Además de los avances técnicos que se mencionan en la traducción, ¿qué otros adelantos sería bueno tener en el hogar? Por ejemplo, ¿le gustaría que la comida viniera en forma de píldoras? ¿Por qué (no)? ¿Por qué (no) quisiera tener uno o más robots para hacer el trabajo de la casa?

3. **La tecnología moderna.** ¿Qué inventos ha habido en los últimos 50 años? ¿Cuáles le parecen más importantes o necesarios? ¿Ha sido alguno de ellos contraproducente? Si se eliminaran todos los inventos de los últimos 50 años con la excepción de dos, ¿qué dos inventos no eliminaría Ud.? ¿Por qué?

4. **Los soñadores.** ¿Cuál es el aspecto positivo de ser soñador/a? ¿Cuándo se convierte en negativo este aspecto positivo? ¿Hay sueños buenos y sueños tontos? Dé ejemplos. ¿Son los sueños de Ud. lógicos o son irreales? ¿Cuáles son algunos de sus sueños?

La descripción que se hace en la lectura «El Hombre de Plata» coincide con la imagen que tiene de los extraterrestres la mayoría de la gente que cree en su existencia: sus ojos son muy grandes y no tienen boca, nariz ni orejas. No hablan y se comunican con los humanos poniendo ideas en su mente. (©Joe Felzman/Taxi/Getty Images)

Lectura

Introducción

La lectura de este capítulo es un cuento de la famosa escritora chilena Isabel Allende, pero el mismo no está en las ediciones de sus obras, porque la novelista lo escribió en 1969 para *Mampato*, una revista chilena para niños en la cual colaboraba. «El Hombre de Plata» es un magnífico ejemplo de literatura infantil, pero aunque se trata de una narración destinada a gente muy joven, el cuento tiene también atractivo para personas de todas las edades a quienes les gusten las historias de ciencia ficción.

Isabel Allende es la novelista hispanoamericana más conocida mundialmente. Algunos de sus libros, como *La casa de los espíritus, De amor y de sombra* y *Eva Luna*, han sido traducidos a más de 25 idiomas. Esta escritora jugó un papel importante en el despertar del feminismo literario en Hispanoamérica. En *La casa de los espíritus*, la novela que la hizo famosa, la escritora emplea la técnica del realismo mágico, popularizada por el novelista colombiano Gabriel García Márquez, que consiste en mezclar lo real con lo sobrenatural y fantástico. *La casa de los espíritus* presenta la historia de Chile a través de distintas generaciones femeninas de una familia. Estas mujeres son personajes activos y se hacen poderosas usando su intelecto, sus relaciones, su moralidad y algo de magia. La inmoralidad está representada en esta novela por los personajes masculinos.

El estilo de Isabel Allende ha evolucionado con los años, pero en «El Hombre de Plata», cuento escrito en su juventud, ya se insinúan las características que van a dominar su obra posterior, sobre todo, esa mezcla de lo real y lo sobrenatural propias del realismo mágico.

Este cuento se puede dividir en cuatro partes. En la primera, que va hasta la línea 44, la autora nos presenta a Juancho, un niño campesino, y a su perra Mariposa, que van camino de su casa al regreso de la escuela. Tanto el niño como la perra tienen mucho miedo, y esto nos prepara para el encuentro con un extraterrestre que van a tener en la segunda parte, la cual llega hasta la línea 130. En la tercera parte, Juancho y Mariposa, que se han quedado dormidos, despiertan y regresan a su casa. En la cuarta parte, de la línea 154 al final, Juancho va con su padre al lugar donde el niño tuvo su encuentro.

Explicando su proceso creador, Allende ha dicho que, a diferencia de las novelas, los cuentos llegan a su mente casi hechos. También ha dicho que en un cuento la manera en que se narra es más importante que lo que se narra y que le gustan los finales abiertos, porque confía en la imaginación del lector. El final de «El Hombre de Plata» es abierto y se presta a múltiples interpretaciones.

El Hombre de Plata

El Juancho y su perra Mariposa hacían el camino de tres kilómetros a la escuela dos veces al día. Lloviera o nevara, hiciera frío o sol radiante, la pequeña figura de Juancho se recortaba° en el camino con la Mariposa detrás. Juancho le había puesto ese nombre porque tenía unas grandes orejas voladoras que, miradas a contra luz, la hacían parecer una enorme y torpe° mariposa morena. Y también por esa manía que tenía la perra de andar oliendo las flores como un insecto cualquiera.

se... sobresalía

poco ágil

La Mariposa acompañaba a su amo a la escuela y se sentaba a
esperar en la puerta hasta que sonara la campana. Cuando terminaba
la clase y se abría la puerta, aparecía un tropel de niños desbandados
como ganado despavorido°, y la Mariposa se sacudía la modorra° y
comenzaba a buscar a su niño. Oliendo zapatos y piernas de
escolares°, daba al fin con su Juancho y entonces, moviendo la cola
como un ventilador a retropropulsión°, emprendía el camino de
regreso°.

Los días de invierno anochece muy temprano. Cuando hay nubes
en la costa y el mar se pone negro, a las cinco de la tarde ya está
casi oscuro. Ese era un día así: nublado, medio gris y medio frío,
con la lluvia anunciándose y olas con espuma° en la cresta.

—Mala se pone la cosa, Mariposa. Hay que apurarse o nos pesca
el agua y se nos hace oscuro°... A mí la noche por estas soledades
me da miedo, Mariposa —decía Juancho, apurando el tranco° con
sus botas agujereadas° y su poncho desteñido.

La perra estaba inquieta. Olía el aire y de repente se ponía a
gemir° despacito. Llevaba las orejas alertas y la cola tiesa.

—¿Qué te pasa? —le decía Juancho—. No te pongas a aullar, perra
lesa°, mira que vienen las ánimas a penar*.

A la vuelta de° la loma, cuando había que dejar la carretera y
meterse por el sendero de tierra que llevaba cruzando los potreros°
hasta la casa, la Mariposa se puso insoportable, sentándose a gemir
como si le hubieran pisado la cola. Juancho era un niño campesino,
y había aprendido desde pequeño a respetar los cambios de humor
en los animales. Cuando vio la inquietud de su perra, se le pusieron
los pelos de punta.

—¿Qué pasa, Mariposa? ¿Son bandidos o son aparecidos°? Ay...
¡Tengo miedo, Mariposa!

El niño miraba a su alrededor asustado. No se veía a nadie.
Potreros silenciosos en el gris espeso° del atardecer invernal. El
murmullo lejano del mar y esa soledad del campo chileno.

Temblando de miedo, pero apurado en vista que° la noche se
venía encima°, Juancho echó a correr por el sendero, con el bolsón°
golpeándole las piernas y el poncho medio enredado. De mala
gana°, la Mariposa salió trotando detrás.

Y entonces, cuando iban llegando a la encina torcida°, en la
mitad del potrero grande, lo vieron.

Era un enorme plato metálico suspendido a dos metros del suelo,
perfectamente inmóvil. No tenía puertas ni ventanas, solamente tres
orificios brillantes que parecían focos, de donde salía un leve
resplandor° anaranjado. El campo estaba en silencio... no se oía el
ruido de un motor ni se agitaba el viento alrededor de la extraña
máquina. El niño y la perra se detuvieron con los ojos
desorbitados°. Miraban el extraño artefacto circular detenido en el
espacio, tan cerca y tan misterioso, sin comprender lo que veían.

El primer impulso cuando se recuperaron fue echar a correr a
todo lo que daban°. Pero la curiosidad de un niño y la lealtad° de un

---

terrified / **se...** *shook off
her drowsiness*

niños de escuela

ventilador... *jet
propulsion fan*
emprendía... comenzaba
a andar hacia su casa

foam

se... se hace de noche

apurando... caminando
rápido
llenas de agujeros

llorar

tonta (Chile)

A... Al doblar

terrenos con hierba

fantasmas

thick

en... ya que
se... llegaría pronto /
mochila
De... Sin ningún
entusiasmo
encina... *twisted
evergreen oak*

luz

muy abiertos

a... lo más rápido posible /
fidelidad

---

*Existe la superstición entre algunos hispanos de que las ánimas o almas que están en el purgatorio vienen a la tierra a penar, o sea, a hacer penitencia por sus pecados.

perro son más fuertes que el miedo. Paso a paso, el niño y el perro
se aproximaron, como hipnotizados, al platillo volador que
descansaba junto a la copa° de la encina.

parte superior

60   Cuando estaban a quince metros del plato, uno de los rayos
anaranjados cambió de color, tornándose° de un azul muy intenso.
Un silbido agudo° cruzó el aire y quedó vibrando en las ramas de la
encina. La Mariposa cayó al suelo como muerta, y el niño se tapó
los oídos con las manos. Cuando el silbido se detuvo, Juancho
65 quedó tambaleándose° como borracho.

volviéndose

Un... *A sharp whistling sound*

sin equilibrio

   En la semioscuridad del anochecer, vio acercarse un objeto
brillante. Sus ojos se abrieron como dos huevos fritos cuando vio lo
que avanzaba: era un hombre de plata. Muy poco más grande que el
niño, enteramente plateado, como si estuviera vestido en papel de
70 aluminio, y una cabeza redonda sin boca, nariz ni orejas, pero con
dos inmensos ojos que parecían anteojos de hombre rana.

   Juancho trató de huir, pero no pudo mover ni un músculo. Su
cuerpo estaba paralizado, como si lo hubiesen amarrado con hilos°
invisibles. Aterrorizado, cubierto de sudor frío y con un grito de
75 pavor° atascado° en la garganta, Juancho vio acercarse al Hombre
de Plata, que avanzaba muy lentamente, flotando a treinta
centímetros del suelo. Juancho no sintió° la voz del Hombre de
Plata, pero de alguna manera supo que él le estaba hablando. Era
como si estuviera adivinando sus palabras, o como si las hubiera
80 soñado y sólo las estuviera recordando.

strings

miedo / *stuck*

oyó

   —Amigo... Soy amigo... no temas, no tengas miedo, soy tu
amigo. Poquito a poco el susto fue abandonando al niño. Vio
acercarse al Hombre de Plata, lo vio agacharse y levantar con
cuidado y sin esfuerzo a la inconsciente Mariposa y llegar a su lado
85 con la perra en vilo°.

en... en el aire

   —Amigo... Soy tu amigo... No tengas miedo, no voy a hacerte
daño. Soy tu amigo y quiero conocerte. Vengo de lejos, no soy de
este planeta.... Vengo del espacio—. Las palabras sin voz del
Hombre de Plata se metieron sin ruido en la cabeza de Juancho y el
90 niño perdió todo su temor. Haciendo un esfuerzo pudo mover las
piernas. El extraño hombrecito plateado estiró una mano y tocó a
Juancho en un brazo.

   —Ven conmigo... Subamos a mi nave°... Quiero conocerte... Soy
tu amigo...

embarcación

95   Y Juancho, por supuesto, aceptó la invitación. Dio un paso
adelante, siempre con la mano del hombre de plata en su brazo, y su
cuerpo quedó suspendido a unos centímetros del suelo. Estaba
pisando el brillo azul que salía del platillo volador, y vio que sin
ningún esfuerzo avanzaba con su nuevo amigo y la Mariposa hasta
100 la nave. Sintió como si pasara a través de las paredes y se encontrara
despertando de a poco° en el interior de un túnel grande, silencioso,
lleno de luz y tibieza°. Sus pies no tocaban el suelo, pero tampoco
tenía la sensación de estar flotando.

de... al poco rato

warmth

   —Soy de otro planeta... Vengo a conocer la Tierra... Descendí
105 aquí porque parecía un lugar solitario... Pero estoy contento de
haberte encontrado... Estoy contento de conocerte... Soy tu amigo...

Así sentía Juancho que le hablaba sin palabras el Hombre de Plata. La Mariposa seguía como muerta, flotando dulcemente en un colchón de luz.

110 —Soy Juancho Soto. Soy del Fundo° La Ensenada. Mi papá es Juan Soto —dijo el niño en un murmullo, pero su voz se escuchó profunda y llena de eco, rebotando° en el túnel brillante donde se encontraba. El Hombre de Plata condujo al niño a través del túnel y pronto se encontró en una habitación circular, amplia y bien 115 iluminada, casi sin muebles ni aparatos. Parecía vacía, aunque llena de misteriosos botones y minúsculas pantallas.

—Este es un platillo volador de verdad —dijo Juancho mirando a su alrededor.

—Sí... Yo quiero conocerte para llevarme una imagen tuya a mi 120 mundo... No quiero asustarte... No quiero que los hombres nos conozcan, porque todavía no están preparados para recibirnos... —decía silenciosamente el Hombre de Plata.

—Yo quiero irme contigo a tu mundo, si quieres llevarme con la Mariposa —dijo Juancho, temblando un poco, pero lleno de 125 curiosidad.

—No puedo llevarte conmigo... Tu cuerpo no resistiría el viaje... Pero quiero llevarme una imagen completa de ti... Déjame estudiarte y conocerte. No voy a hacerte daño. Duérmete tranquilo. No tengas miedo... Duérmete para que yo pueda conocerte...

130 Juancho sintió un sueño profundo y pesado subirle desde la planta° de los pies y, sin esfuerzo alguno, cayó profundamente dormido.

El niño despertó cuando una gota de agua le mojaba la cara. Estaba oscuro y comenzaba a llover. La sombra de la encina se distinguía apenas° en la noche, y tenía frío, a pesar del calor que le 135 transmitía la Mariposa dormida debajo de su poncho. Vio que estaba descalzo.

—¡Mariposa! ¡Nos quedamos dormidos! Soñé con... ¡No! ¡No lo soñé! Es cierto, tiene que ser cierto que conocí al Hombre de Plata y estuve en el platillo volador. —Miró a su alrededor, buscando la 140 sombra de la misteriosa nave, pero no vio más que nubes negras. La perra despertó también, se sacudió, miró a su alrededor espantada°, y echó a correr en dirección a la luz lejana de la casa de los Soto. Juancho la siguió, sin pararse a buscar sus viejas botas de agua°, y chapoteando° en el barro, corrió a potrero abierto° hasta su casa.

145 —¡Cabro de moledera°! ¡Adónde te habías metido! —gritó su madre cuando lo vio entrar, enarbolando° la cuchara de palo° de la cocina sobre la cabeza del niño. ¿Y tus zapatillas de goma? ¡A pata pelada° y en la lluvia!

—Andaba en el potrero, cerca de la encina, cuando... ¡Ay, no me 150 pegue, mamita!... cuando vi al hombre de plata y el platillo flotando en el aire, sin alas...

—Ya mujer, déjalo. El cabro se durmió y estuvo soñando. Mañana buscará los zapatos. ¡A tomarse la sopa ahora y a la cama! Mañana hay que madrugar° —dijo el padre.

155 Al día siguiente salieron Juancho y su padre a buscar leña°.

finca

bouncing

la parte de abajo

se... casi no se podía ver

con mucho miedo

de... para el agua / *splashing*
a... atravesando el potrero
Cabro... *Damned kid!*
levantando / madera

A... Descalzo

levantarse temprano
firewood

—Mira hijo... ¿Quién habrá prendido fuego cerca de la encina?
Está todo este pedazo quemado. ¡Qué raro! Yo no vi fuego ni sentí
olor a humo... Hicieron una fogata° redondita y pareja, como una
rueda grande —dijo Juan Soto, examinando el suelo, extrañado°.

campfire
intrigado
scorched

160   El pasto se veía chamuscado° y la tierra oscura, como si estuviera
cubierta de ceniza. El lugar quemado estaba unos centímetros más
bajo que el nivel del potrero, como si un peso enorme se hubiera
posado° sobre la tierra blanda.

se... hubiera descansado

digging

    Juancho y la Mariposa se acercaron cuidadosamente. El niño
165 buscó en el suelo, escarbando° la tierra con un palo.

    —¿Qué buscas? —preguntó su padre.

scratched

    —Mis botas, *taíta*... Pero parece que se las llevó el Hombre de
Plata. El niño sonrió, la perra movió el rabo y Juan Soto se rascó° la
cabeza, extrañado.

En un fundo chileno, un hombre siembra con ayuda de su caballo. Observe a lo lejos la cordillera de Los Andes. (©Gary Braasch/Peter Arnold/Peter Arnold, Inc.)

APLICACIÓN

A. Vocabulario

La aventura de Juancho. La siguiente narración vuelve a contar la historia que acaba de leer, pero de manera un poco diferente. Sustituya las palabras en cursiva por sus equivalentes de la lista que se da debajo.

La figura del niño se *destacaba* en el horizonte. Venía de la escuela, atravesando el *amplio terreno con hierba,* con su *mochila* y sus botas *llenas de agujeros.* Caminaban *muy de prisa,* porque pronto *sería de noche.* Tanto Juancho como Mariposa sentían *mucho miedo,* porque el lugar era muy solitario. Mariposa seguía a su amo con *fidelidad,* pero *sin entusiasmo.*

    De pronto, vieron *una luz:* era *un platillo.* La perra *lloraba horrorizada* y Juancho tenía los ojos *muy grandes* y sentía un grito *trabado* en su garganta. Cuando oyeron un silbido, el niño *perdió el equilibrio.* Después no podía moverse, parecía que lo habían amarrado con *cuerdas* invisibles.

Cuando el niño regresó a su casa, la madre *levantó* la cuchara de *madera* de manera amenazante.
Juancho y su padre *se levantaron temprano* al día siguiente y salieron a buscar *madera para quemar.*
El padre *se quedó sorprendido* cuando vio un círculo *quemado* en el terreno, como si alguien hubiera
encendido *un fuego.* Juancho se puso a *remover* la tierra, porque quería encontrar sus botas.

agujereadas / atascado / a todo lo que daba / bolsón / chamuscado / de mala gana / desorbitados /
enarboló / escarbar / espantada / gemía / hilos / lealtad / leña / madrugaron / pavor / palo / potrero /
recortaba / se extrañó / se les haría oscuro / se tambaleó / una fogata / una nave / espacial / un resplandor

B. Comprensión

1. ¿Por qué se llamaba la perra «Mariposa»?
2. Se dice que la perra se puso inquieta en el camino. ¿Qué hacía ella?
3. ¿Por qué quería apurarse Juancho?
4. ¿Cómo era el plato metálico?
5. ¿Cómo reaccionaron la Mariposa y el Juancho al oír el silbido?
6. ¿Cómo era el Hombre de Plata?
7. ¿Cómo se comunicaban el Hombre de Plata y Juancho?
8. ¿Cómo llegaron Juancho y Mariposa a la nave?
9. ¿Qué le explicó a Juancho el Hombre de Plata?
10. ¿Por qué se despertó el niño? ¿Dónde estaba él?
11. ¿Cómo reaccionaron los padres de Juancho cuando él regresó a la casa?
12. Cuando Juancho y su padre fueron al campo al día siguiente, ¿qué encontraron cerca de la encina?

C. Interpretación

1. ¿Por qué (no) es apropiado el título de la narración? Cuando Ud. leyó el título, ¿adivinó el
   tema del cuento? ¿A quién pensó que se refería el nombre?
2. ¿Por qué es importante el papel de la perra en la narración?
3. ¿Cómo nos prepara la autora para el momento impresionante del encuentro con el
   extraterrestre?
4. Para expresar el asombro de Juancho, la narradora dice que «sus ojos se abrieron como dos huevos
   fritos». ¿Indica esta imagen a qué lectores está dirigido principalmente el cuento? ¿Por qué?
5. Cuando suena el silbido, la perra cae como muerta, y no despierta hasta que Juancho
   despierta y el platillo se ha ido. ¿De qué manera hubiera sido diferente el encuentro si la perra
   estuviera despierta?
6. La descripción del Hombre de Plata y su nave coinciden con la imagen tradicional. ¿Puede haber
   sido todo un sueño inspirado por alguna película o algún libro? Explique en qué basa su opinión.
7. Si Ud. fuera uno de los padres de Juancho, ¿habría reaccionado de la misma manera o lo
   habría creído? ¿Por qué?
8. ¿Qué piensa Ud. que pasó realmente con las botas de Juancho?
9. Al final se habla de un círculo de terreno quemado que estaba más bajo que el nivel del
   potrero «como si un peso enorme se hubiera posado sobre la tierra blanda». Pero si Ud.
   vuelve a leer el pasaje del encuentro, verá que el plato estaba a dos metros del suelo y allí
   permaneció. ¿Es esta discrepancia un descuido de la autora o lo ha hecho a propósito? Si es
   así, ¿por qué lo hizo?

D. Intercambio oral

1. **La familia de Juancho.** Basándonos en la información que se da en el cuento, ¿cómo era esta familia? ¿Cómo sabemos que eran pobres? ¿Cómo sabemos que el niño era hijo único? ¿Quién era más comprensivo con él, su padre o su madre? ¿Por qué podemos pensar así?

2. **Las apariciones de extraterrestres.** ¿Qué tienen en común las descripciones que hace la gente de estas apariciones? ¿Se trata de un esterotipo o hay algún motivo para estas características en común? ¿Por qué todos los extraterrestres trasmiten pensamientos en vez de hablar?

3. **La vida en otros planetas.** ¿Cree Ud. que hay vida en otros planetas? ¿Por qué (no)? ¿Ha visto alguna vez un platillo? ¿Y un OVNI (Objeto Volador No Identificado)? ¿Espera verlo algún día? ¿Por qué (no)?

4. **La influencia del cine.** Isabel Allende ha dicho que frecuentemente encuentra en el cine inspiración para sus obras. ¿Qué tiene en común este cuento con cualquier película de tema similar? Si Ud. fuera productor de cine, ¿consideraría esta historia apropiada para una película? ¿Por qué (no)?

5. **Las personas secuestradas.** En la televisión y en las revistas se ven frecuentemente casos de personas que aseguran haber sido llevadas a bordo de naves espaciales. El objeto, según la mayoría de ellas, es el de ser investigadas como, al parecer, le pasó a Juancho en el cuento. ¿Cuáles de estos casos recuerda?

Chile es un país interesante, con paisajes muy variados. Este joven contempla los picos nevados de las Torres del Paine en un parque nacional en la Patagonia. (©Matthais Clamer/Getty Images)

Sección gramatical

Special Verb Constructions

Some Spanish verbs require a special construction in which the person affected is not the subject but the indirect object.

Me encanta este cuento.	*To me this story is delightful.*

In certain cases, there is an alternate structure in which the person affected is expressed as the subject (not the indirect object), but this alternative construction is much less frequent in Spanish than in English.

Estoy encantado con este cuento.	*I'm delighted with this story.*

Where the two constructions exist in English, they are generally used with equal frequency. For these reasons, in section 4 (below) the alternative structures have been indicated for English but not for Spanish.

1 The most frequently used of these verbs is **gustar**. In the case of **gustar**, one or more things are pleasing (or displeasing) to the person or persons. The verb, therefore, will always be either in the third-person singular or the third-person plural, as seen in the following chart.

SENTENCE STRUCTURE WITH *GUSTAR*

STRESSED INDIRECT OBJECT PRONOUN*	INDIRECT OBJECT PRONOUN	VERB (THIRD-PERSON SINGULAR OR THIRD-PERSON PLURAL)	THE THING(S) THAT PLEASE(S)**
A mí	me		
A ti	te		
A él	le		
A ella	le		
A Ud.	le	GUSTA	esa canción.
A nosotros/as	nos	GUSTAN	esas canciones.
A vosotros/as	os		
A ellos	les		
A ellas	les		
A Uds.	les		

*Necessary in the case of third persons for clarification. Used with the other persons for emphasis.
Do not use a person here. **Me gustas does not mean *I like you* but *I am attracted to you.* To tell a person that you like him/her, say: **Me cae Ud. (Me caes) bien,** or **Me cae Ud. (Me caes) simpático/a.**

A mucha gente le gustan las piñas, pero no le gusta pelarlas.*	*Many people like pineapples, but they don't like to peel (cut) them.*

---

*Note in this example that the singular **gusta** is used with the infinitive **pelarlas**. When the thing that pleases is an infinitive, **gustar** is singular.

Although the table shows only the present tense, note that the same principles apply to all tenses.

A doña Hortensia le gustaban las flores blancas.	*Doña Hortensia liked white flowers.*
No creo que al peón le gustaría esa clase de trabajo.	*I don't think the worker would like that kind of work.*

2 Another common verb of this type is **doler** (*to hurt*).

STRESSED INDIRECT OBJECT PRONOUN*	INDIRECT OBJECT PRONOUN	VERB (THIRD-PERSON SINGULAR OR THIRD-PERSON PLURAL)	THE THING(S) THAT HURT(S)
A mí	me		
A ti	te		
A él	le		
A ella	le		
A Ud.	le	DUELE	la cabeza.
A nosotros/as	nos	DUELEN	los pies.
A vosotros/as	os		
A ellos	les		
A ellas	les		
A Uds.	les		

*Necessary in the case of third persons for clarification. Used with the other persons for emphasis.

—¿Dónde le duele? —preguntó el médico.	*"Where does it hurt?" the doctor asked.*
Al chico le dolían las piernas.	*The boy's legs hurt.*

3 This type of construction is also used with the verb **faltar** in the case of distances, time, amount, etc., to tell the distance one has to go to arrive at one's destination, the time left before a deadline, the amount or quantity needed to reach a certain limit or goal, etc. The English translation varies according to the context.

A mi coche le faltan 732 millas para tener 5.000.	*The mileage on my car is 732 miles short of 5,000.*

A Juanito le falta una cuadra para llegar a su casa.	*Juanito is a block away from his home.*

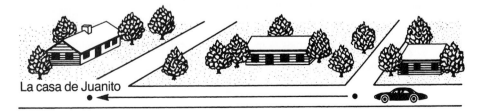

La casa de Juanito

A la botella le falta la mitad para estar llena.　　*The bottle is half full.*

This construction can also mean *to lack* or *to be missing.*

A este libro le faltan seis páginas.　　*Six pages are missing in this book.*

APLICACIÓN

A. Conteste usando oraciones completas.

1. ¿Qué comidas le gustan más?
2. ¿Qué le gustaría hacer el próximo verano?
3. ¿Qué les gusta hacer a sus amigos?
4. ¿A cuáles de sus amigos le/s gusta/n más...
   a. los gatos?　　**b.** estudiar?　　**c.** el dinero?

B. Reemplace las palabras en cursiva con las que están entre paréntesis, haciendo otros cambios si es necesario.

1. Si haces demasiado ejercicio te dolerán *los pies*. (todo el cuerpo)
2. *A muchas personas* les duele la cabeza cuando tienen gripe. (yo)
3. *La soprano* prometió que cantaría aunque le doliera la garganta. (tú)
4. A Benito le dolía ayer *la herida*, pero ya no le duele. (los ojos)
5. *A mí* me duele el brazo derecho cuando lo muevo. (nosotros)
6. *Al pobre perrito* le dolía una de las patitas. (los perritos)
7. —No creo que *el diente* le duela más —me dijo el dentista. (las muelas)
8. ¡Qué mal me siento, me duelen *el pecho y la espalda*! (todo)
9. *A nosotros* nos duelen las traiciones de los amigos. (todo el mundo)
10. Al boxeador le dolía *la cara*. (las dos piernas)

C. Exprese las palabras en cursiva usando una construcción con el verbo **faltar**.

> *Eran las ocho menos diez* cuando comencé a hacer mi tarea anoche. Entonces descubrí que *mi libro no tenía* las páginas que yo necesitaba leer. Decidí ir a casa de Carlos para pedirle su libro. Salí, pero no llegué a su casa. Cuando *estaba a dos o tres cuadras* recordé que Carlos había salido esa noche.

D. Traduzca.

1. How many kilometers do we have to go to get to Santiago?
2. "Nobody likes insects." "I do."
3. Often one's ears hurt when one has a cold.
4. "Does your head ache?" "No, doctor, but I have a sore throat."
5. Few people like cold weather.
6. Would your friend like to come to my home tonight?
7. It is twenty minutes to seven. (*Use* **faltar**.)
8. I explained my idea to Mr. García but he didn't like it.
9. He likes coffee a lot but she doesn't.
10. My cat's leg hurts.

---

4 Other verbs and expressions that use the **gustar** construction.

a. **agradar(le) (a uno)**
to like

No me agrada que los desconocidos me traten de «tú».
I don't like it when strangers use the "tú" form with me.

b. **alcanzar(le) (a uno)**
to have enough

A mi prima no le alcanzó la soga para amarrar la caja.
My cousin didn't have enough rope to tie the box.

c. **caer(le) bien (mal, etc.) (a uno)**
to create a good (bad) impression (on one), to like

La Sra. Jiménez me cae muy bien, pero su esposo me cae pesado.
I like Mrs. Jiménez very much but I don't like her husband.

d. **convenir(le) (a uno)**
to suit (one's) interests, to be good for

A Ud. no le conviene cambiar de empleo ahora.
It is not good for you to change jobs now.

e. **costar(le) trabajo (a uno)**
to be hard (for one); to have a hard time + ing form

A Mauricio le cuesta mucho trabajo madrugar.
It is very hard for Mauricio to get up early. (Mauricio has a hard time getting up early.)

f. **dar(le) lástima (a uno)**
to feel sorry for

Al chico le daban lástima las dos viejitas pordioseras.
The boy felt sorry for the two old beggar women.

g. **disgustar(le) (a uno)**
to dislike

Me disgustan las personas que no son sinceras.
I dislike people who are not sincere.

h. **encantar(le) (a uno)** — *to delight, to charm; to be delighted with*

Puerto Rico me encanta. — *I am delighted with Puerto Rico. (To me Puerto Rico is delightful [charming].)*

i. **extrañar(le) (a uno)** — *to be surprised*

¿No le extraña a Ud. que Juancho perdiera sus botas? — *Aren't you surprised that Juancho lost his boots?*

j. **fascinar(le) (a uno)** — *to delight, to charm, to fascinate; to be fascinated by*

Me fascinan los cuentos de extraterrestres. — *Stories of extraterrestrials delight me. (I am fascinated by stories of extraterrestrials.)*

k. **hacer(le) falta (a uno)** — *to need*

¿Cree Ud. que a uno le hace falta dinero para ser feliz? — *Do you think that one needs money to be happy?*

l. **importar(le) (a uno)** — *to matter (to one); to mind*

A nosotros no nos importa esperar, ¿le importa a Ud.? — *We don't mind waiting, do you?*

m. **interesar(le) (a uno)** — *to interest (one); to be interested in*

Al profesor Quevedo le interesan mucho los OVNIS. — *UFOs interest Professor Quevedo a great deal. (Professor Quevedo is very much interested in UFOs.)*

n. **molestar(le) (a uno)** — *to bother (one); to be bothered by*

¿Les molesta a Uds. que fume? — *Does my smoking bother you? (Are you bothered by my smoking?)*

o. **parecer(le) (a uno)** — *to seem (to one)*

A Raúl no le pareció bien que no lo llamaras. — *Your not calling him didn't seem right to Raúl.*

p. **preocupar(le) (a uno)** — *to worry; to be worried by*

A los padres de Julián les preocupaba su conducta. — *Julián's behavior worried his parents. (Julián's parents were worried by his behavior.)*

q. **quedar(le) (a uno)** — *to have left*

¿Cuánto dinero les queda a Uds.? — *How much money do you have left?*

r. **quedar(le) bien (mal) (grande, pequeño) (a uno)** — *to fit right (badly); to be (un)becoming; (to be too large, small) (for one)*

A la clienta no le quedaba bien la falda. — *The skirt didn't fit the customer right.*

El rosado es el color que me queda mejor. — *Pink is the most becoming color for me.*

s. resultar(le) agradable (desagradable, difícil, doloroso, fácil, penoso, triste) (a uno)	*to be (turn out to be) pleasant (unpleasant, difficult, painful, easy, distressing, sad) (for one)*
A algunos padres les resulta difícil castigar a sus hijos.	*It is difficult for some parents to punish their children.*
t. sobrar(le) (a uno)	*to have in excess, to have more than enough, to have left over*
Hicimos tan rápido el trabajo, que nos sobró el tiempo.	*We did the work so fast that we had more than enough time.*
u. sorprender(le) (a uno)	*to be surprised*
Al chico le sorprendió que el Hombre de Plata lo invitara a su nave.	*The boy was surprised that the Silver Man invited him to his spacecraft.*
v. tocar(le) el turno (una rifa, la lotería) (a uno)	*to be (one's) turn; to win (a raffle, a lottery prize)*
—¿A quién le toca contestar ahora? —A mí.	*"Whose turn is it to answer now?" "Mine."*
A la familia Solís le tocó el premio gordo.	*The Solís family won the grand prize in the lottery.*

5 **Poner(lo) (a uno)** + adjective = *to make (one)* + adjective. Notice that the difference between this idiom and the **gustar** construction is the use of the direct object pronoun.

Esa canción siempre la pone triste.	*That song always makes her sad.*
A ese hombre lo pone muy nervioso el montar en avión.	*Flying makes that man very nervous.*

APLICACIÓN

A. Genoveva y Gerardo. Genoveva y Gerardo son gemelos, pero son totalmente diferentes en sus gustos y en sus reacciones. Exprese en cada caso la reacción opuesta del otro gemelo usando expresiones de la lista anterior. No use la misma expresión dos veces.

Modelo: A Genoveva le fascinan las películas de horror.
  → *A Gerardo le disgustan las películas de horror.*

1. A Gerardo le cuesta trabajo escribir cartas.
2. A Gerardo le preocupan los problemas políticos.
3. Gerardo se ve muy bien con ropa negra.
4. A Genoveva le dan mucha lástima los perros abandonados.
5. A Genoveva le resulta difícil llegar a tiempo a sus citas.
6. Genoveva administra bien su dinero y siempre le sobra.

B. Exprese de otra manera las oraciones, usando las expresiones entre paréntesis.

Modelo: No todo el mundo encuentra simpático a Conrado (caerle bien).
  → *Conrado no le cae bien a todo el mundo.*

1. Mi amigo Conrado.

Mi amigo Conrado adora los animales (encantarle). Tiene más de cincuenta gatos y veinte perros y nunca tiene suficiente dinero para comprarles comida (alcanzarle). A veces estoy un poco preocupado por la situación de Conrado (preocuparle). Él necesita la ayuda de todos sus amigos (hacerle falta). Los vecinos de Conrado no aceptan que él tenga tantos animales en su casa (molestarle). Sería bueno para él mudarse (convenirle). Si Conrado ganara el premio gordo de la lotería, esto resolvería sus problemas (tocarle). Muchas personas encuentran extraño que un joven viva tan dedicado a los animales (extrañarle). Pero, como yo me intereso mucho en los animales también (interesarle), encuentro normal su interés (parecerle). Yo disfruto mucho de la compañía de Conrado (agradarle) y adoro sus perros y sus gatos (fascinarle).

2. Un tipo necesitado.

Soy muy sentimental y es desagradable para mí ver personas necesitadas por la calle (resultarle). Por eso decidí ayudar a aquel hombre que me había causado tan buena impresión (caerle bien). Sentí pena por él (darle lástima). Llevaba unos pantalones que eran muy cortos para él y una chaqueta que era enorme (quedarle). Pensé que era una buena persona caída en desgracia (parecerle). Decidí regalarle alguna ropa mía y un par de zapatos extra que tenía (sobrarle). A él le causó sorpresa que lo llevara a mi casa (sorprenderle). Cuando le di la ropa, quedó muy agradecido. Después que se marchó, descubrí que no tenía mi billetera (faltarle).

C. Diga o nombre, usando oraciones completas.

1. algo que les disgusta a sus padres y algo que les encanta
2. algo que le resulta difícil a mucha gente
3. la persona que le cae mejor (peor) de todas las que conoce
4. una cosa que no le conviene a nadie hacer
5. lo que le hace más falta a su amigo
6. la cantidad de dinero que le queda para el resto de la semana
7. la persona a quien le tocó contestar antes que a Ud.
8. algunas cosas que le molestan a su madre

D. **Reacciones.** Diga, usando oraciones completas, algo que...

1. lo/la pone triste generalmente a Ud.
2. pone contentos a sus amigos.
3. va a poner alegre a su madre.
4. lo/la pone nervioso/a.
5. lo/la puso frenético/a alguna vez.
6. lo/la pone muy molesto/a.

"Me quedan cuatro pelos, pero me los fortifico con un champú bárbaro".

¿Puede Ud. explicar el uso de los pronombres en este chiste? (© Randy Glasbergen)

Pronoun Constructions

SPECIAL USES OF THE INDIRECT OBJECT PRONOUN

In Spanish the indirect object pronoun often expresses for whose advantage or disadvantage the action is done. This is frequently expressed in English with prepositions like *on, at, for,* and *from.*

—¡No te me mueras! —gritó la mujer desesperada, sacudiendo al herido.	*"Don't die on me!" yelled the woman, desperately shaking the wounded man.*
Me reía porque Luisito me hacía muecas.	*I was laughing because Luisito was making faces at me.*
Las naranjas estaban baratas y le compré dos al chico.	*The oranges were cheap and I bought two for (from) the boy.*

Note that in the last example the Spanish indirect object renders the meaning of both *for* and *from.* The context will usually indicate the exact meaning.

This so-called dative of interest is commonly found with verbs that are used reflexively. The subject of the Spanish verb is often inanimate in this case, and the sentence conveys the idea of an accident or involuntary event. Observe the difference in meaning between **Perdí las llaves** and **Se me perdieron las llaves.** In the first sentence the speaker shows guilt for the loss of the keys, perhaps through some neglect on his/her part; in the second sentence, the loss of the keys is presented as something accidental: *The keys got lost on me.*

Other examples:

¡Qué día de mala suerte tuvo Lola! *Se le rompió* **el auto y** *se le hizo tarde* **para ir a trabajar, porque** *se le fue* **el autobús. Además** *se le perdieron* **cinco dólares. Por la noche,** *se le quemó* **la comida y** *se le cayó* **al piso una de sus copas finas.**	*What an unlucky day Lola had! Her car broke down on her, and it got too late for her to go to work because she missed the bus. Besides, she lost five dollars. In the evening, dinner got burnt on her and she droped one of her fine wineglasses on the floor.*

Note that although there is often a parallel construction in English, at other times there is no exact equivalent and the sentence is expressed differently: **A Joaquín se le olvidaron las entradas** means *Joaquín forgot the tickets* (literally: *The tickets got forgotten to Joaquín*).

REDUNDANT USE OF THE DIRECT OBJECT PRONOUN

The direct object noun often precedes the verb in Spanish. In this case, a redundant direct object pronoun is used between the noun and the verb.

La carta *la* **envié por correo; el paquete** *lo* **entregaré en persona.**	*I mailed the letter; I will deliver the package in person.*
A María *la* **vi ayer; a sus padres no** *los* **he visto en mucho tiempo.**	*I saw María yesterday; I haven't seen her parents in a long time.*

USE OF *LO* WITH SOME VERBS

The neuter pronoun **lo** is used in Spanish with the verbs **creer, decir, estar, parecer, preguntar, saber,** and **ser** to provide an echo effect. The **lo** refers to a previously stated idea. Note that no pronoun is used in English. The idea is sometimes rendered by *so*.

—¿Cree Ud. que ellos llegarán a tiempo al aeropuerto?	*"Do you think that they'll arrive on time at the airport?"*
—No, no lo creo.	*"No, I don't think so."*
—¿Quién le dio a Ud. esa noticia? **—Lo siento, no puedo decirlo.**	*"Who gave you that piece of news?"* *"I am sorry, I can't tell."*
Creíamos que González estaba casado, pero no lo está.	*We thought that González was married, but he is not.*
Mi novio no es escandinavo, pero lo parece.	*My sweetheart is not a Scandinavian, but he looks like one.*
—¿Cuánto cuesta el collar? **—No lo sé, pero lo preguntaré.**	*"How much is the necklace?"* *"I don't know but I'll ask."*
Este capítulo parece difícil, pero no lo es.	*This chapter seems difficult, but it is not (so).*

APLICACIÓN

A. Exprese que una o más personas reciben ventaja o desventaja por cada verbo en cursiva.

Modelo: *Creíamos que todo saldría bien, pero las cosas se complicaron.*
   → ***Creíamos que todo saldría bien, pero las cosas se nos complicaron.***

1. Le presté a Roberto mi grabadora y él la *rompió*. *Grité* mucho porque estaba furioso. Mi novia *había comprado* esa grabadora en Navidad.

2. Le dije a mi madre que *limpiaría* las ventanas. Ella lo *agradeció* mucho, y para *demostrarlo, horneó* un pastel de chocolate.

3. La goma se *desinfló* en una carretera solitaria. La noche se *venía* encima. Recordé que el gato *se había quedado* en el garaje. Afortunadamente, un hombre *se acercó* y ofreció *cambiar* la goma.

B. Cambie las oraciones para expresar el carácter involuntario de la acción.

Modelo: El pintor manchó el piso.
   → *Al pintor se le manchó el piso.*

1. La secretaria rompió la fotocopiadora.
2. La camarera derramó el jugo que llevaba en el vaso.
3. No puedo leer bien, porque olvidé mis lentes en casa.
4. En invierno los niños siempre pierden los guantes.
5. Ojalá que resolvamos pronto el problema que tenemos.
6. Haz la maleta con cuidado para no arrugar (*use* **subjuntivo**) los trajes.
7. Cuando estaba terminando el dibujo, usé demasiada tinta y lo estropeé.
8. La mantequilla está líquida porque la derretisteis.
9. Había lodo en la calle y ensucié mis zapatos blancos.
10. Ya no me duele el pie porque me curé la herida.

C. Exprese de otra manera, anteponiendo el complemento directo al verbo.

Alquilamos *el apartamento* hace quince días, pero nos mudamos el domingo. Es un apartamento muy bonito. Pintamos *las paredes* de azul, porque es el color favorito de mi esposa. Limpiamos *la alfombra* el viernes, ya que el sábado traían *los muebles*. Habíamos comprado *el refrigerador* en Caracas y estaba instalado hacía una semana.

D. El Hombre de Plata.   Conteste las preguntas usando **lo** en su respuesta.

1. ¿Era estricta la madre de Juancho?
2. ¿Estaba dormida la perra Mariposa?
3. ¿Era pequeño el Hombre de Plata?
4. ¿Dijo Juancho que quería irse en el platillo?
5. ¿Preguntó Juancho el nombre del Hombre de Plata?
6. ¿Estaba el platillo apoyado en el suelo?
7. ¿Sabía el padre de Juancho dónde estaban las botas?
8. ¿Cree Ud. que todo el episodio del encuentro fue un sueño del niño?

Special Time Constructions

1 An action or state that began in the past may continue in the present and be still going on. To emphasize this type of continuity, Spanish often uses one of the following three constructions:

    a. **Hace** + period of time + **que** + present or present progressive tense.

Hace tres años que trabajo (estoy trabajando) en Los Ángeles.*	*I have been working in Los Angeles for three years.*

    b. Present or present progressive tense + **(desde) hace** + period of time.

Trabajo (Estoy trabajando) en Los Ángeles (desde) hace tres años.	*I have been working in Los Angeles for three years.*

    c. Present tense of **llevar** + period of time + **gerundio** of main verb.

Llevo tres años trabajando en Los Ángeles.	*I have been working in Los Angeles for three years.*

2 Likewise, an action or state that began in the remote past may continue over a period of time to a point in the less-distant past when another occurrence took place. To emphasize this type of continuity, Spanish often uses one of the following constructions.

    a. **Hacía** + period of time + **que** + imperfect tense (simple or progressive).

Hacía tres años que trabajaba (estaba trabajando) en Los Ángeles, cuando me ofrecieron un empleo mejor en San Diego.**	*I had been working in Los Angeles for three years when I was offered a better job in San Diego.*

    b. Imperfect tense of **llevar** + period of time + **gerundio** of main verb.

Llevaba tres años trabajando en Los Ángeles, cuando me ofrecieron un empleo mejor en San Diego.	*I had been working in Los Angeles for three years when I was offered a better job in San Diego.*

3 **Hace** and **hacía** are also used in expressions of time where *ago* and *before/previously* are found in English.

    a. With **hace,** the main clause is usually in the preterite or imperfect tense.

Hace tres años que se marcharon. (Se marcharon hace tres años.)	*They left three years ago.*

---

*Also correct but much less frequent: **He estado trabajando tres** (or **por tres**, or **durante tres**) **años en Los Ángeles.**

Also correct but much less frequent: **Había estado trabajando tres (or **por tres** or **durante tres**) **años en Los Ángeles, cuando me ofrecieron un empleo mejor en San Diego.**

b. With **hacía,** the pluperfect tense is usually found in the main clause.

Hacía tres años que se habían marchado.	*They had left three years before*
(Se habían marchado hacía tres años.)	*(previously).*

The above patterns with **hace** and **hacía** are also equivalent to another time pattern in English:

Hace tres años que se marcharon.	*It is three years since they left.*
Hacía tres años que se habían marchado.	*It was three years since they had left.*

APLICACIÓN

A. Antonio y sus viajes a México.   Lea estos párrafos y conteste las preguntas con oraciones completas.

1. Antonio empezó a estudiar español en 2003, y en 2005 decidió pasar el verano en México para perfeccionar sus conocimientos. ¿Cuánto tiempo hacía que Antonio estudiaba español cuando decidió pasar el verano en México?

2. Un fin de semana, él volvió a visitar las pirámides de Teotihuacán que había visto por primera vez en 2002. ¿Cuánto tiempo hacía que Antonio había visto las pirámides por primera vez?

3. Este año, Antonio vuelve a México para continuar sus estudios. Otra vez los profesores le preguntan cuánto tiempo hace que comenzó a estudiar el español. ¿Qué debe contestar?

4. El primero de mayo, Antonio tomó alojamiento en un hotel de lujo, pero hoy es el primero de agosto y está pensando en mudarse a un hotel menos caro. ¿Cuánto tiempo hace que Antonio reside en un hotel de lujo?

B. Cambie las siguientes oraciones a construcciones (a) con **hacer** y (b) con **llevar**.

Modelo: He estado buscando a mi gato perdido por una semana.
   → *Hace una semana que busco (estoy buscando) a mi gato perdido.*
   → *Llevo una semana buscando a mi gato perdido.*

1. He estado viviendo en esta ciudad durante ocho años.
2. Habíamos estado jugando a las cartas por varias horas cuando ocurrió el apagón.
3. Mónica había estado esperando hora y media cuando llegó su galán.
4. Los detectives han estado investigando ese crimen durante muchos meses.
5. He estado tratando de comunicarme con él por más de una hora, pero su teléfono está ocupado.
6. La familia había estado planeando el veraneo por varios meses.
7. Mi amiga había estado ahorrando por más de dos años para comprar aquel carro.
8. Hemos estado discutiendo ese asunto por varios días y no nos ponemos de acuerdo.

Sección léxica

Ampliación: Los nombres de los sonidos

En la lectura se habla del gemido de Mariposa y del silbido que produce el platillo volador. Los nombres de muchos sonidos se forman en español añadiendo el sufijo **-ido** a la raíz del infinitivo. Los nombres más comunes de esta clase son:

aullar > aullido, *howl*
chasquear > chasquido, *crack, snap*
chillar > chillido, *scream, shriek*
chirriar > chirrido, *squeak*
gemir > gemido, *moan, groan*
gruñir > gruñido, *grunt, grumble*
ladrar > ladrido, *barking*

maullar > maullido, *meow*
mugir > mugido, *lowing of cattle, moo*
quejarse > quejido, *moan*
roncar > ronquido, *snore*
rugir > rugido, *roar*
silbar > silbido, *whistle, whistling sound*
zumbar > zumbido, *humming*

Otros sonidos se forman de diferentes maneras: **cacarear > cacareo**, *cackling*; **gritar > grito**, *scream, shout*; **llorar > llanto**, *weeping*; **relinchar > relincho**, *neigh, neighing*; **sollozar > sollozo**, *sob*; **suspirar > suspiro**, *sigh*; **trinar > trino**, *trill, bird song*.

APLICACIÓN

A. Conteste, incluyendo en su respuesta el nombre de un sonido.

¿Cómo sabes que...

1. las bisagras de la puerta necesitan aceite?
2. hay un perro en una casa?
3. una persona está silbando?
4. el gato tiene hambre?
5. un enfermo siente dolor?
6. varias adolescentes han visto a su cantante favorito?
7. hay una muchedumbre de personas furiosas?
8. hay un lobo solitario en una noche de luna?
9. una persona está usando un látigo?
10. alguien está enamorado?
11. alguien está llorando en la habitación contigua a la tuya?
12. una gallina puso un huevo?

B. **El rancho de mis abuelos.** Complete el párrafo con las palabras apropiadas.

Me encanta visitar el rancho de mis abuelos. Disfruto de los olores de la hierba y las flores, tan diferentes de los de la ciudad; y sobre todo, de los ruidos únicos del campo: los _____ de los peones arreando el ganado y los _____ de las reses; el _____ de los cerdos, el _____ de los caballos, el _____ de las aves y el _____ de los insectos. Hay además en casa de mis abuelos un ruido muy característico, que no es producto del campo: los _____ de mi abuelo cuando duerme.

Distinciones: Equivalentes en español de la palabra top

1. Como sustantivo.

   a. *top (a toy)* — **el trompo**
   b. *top: big top (circus tent)* — **la carpa**
   c. *top (of a box, can, etc.)* — **la tapa**
   d. *top (of a car)* — **el techo, la capota (convertible)**
   e. *top (of a mountain)* — **la cima**
   f. *top (of a page)* — **la parte superior, la parte de arriba**
   g. *top (of a tree)* — **la copa**

2. Como adjetivo.

   a. *top* — **de primera (clase)**
   b. *the top (the best or most important)* — **el/la mejor**
   c. *top drawer* — **el cajón (la gaveta) de arriba**
   d. *top hat* — **el sombrero de copa**
   e. *top salary* — **el sueldo más alto**
   f. *top secret* — **muy confidencial; secreto de estado**

3. En función adverbial.

   a. *full to the top* — **lleno hasta arriba**
   b. *on top of (location)* — **encima de, sobre**
   c. *on top (with victory or success)* — **victorioso/a**
   d. *to be at the top (highest place)* — **ser el/la primero/a**
   e. *from top to bottom* — **de arriba a abajo**

Dejé la tapa de la caja encima de la mesa.	*I left the box top on top of the table.*
El auto del techo rojo que está junto a la carpa es el mío.	*The car with the red top that is next to the circus big top is mine.*
Desde la cima de la montaña podíamos ver la copa de los árboles.	*From the top of the mountain we could see the top of the trees.*
Juancho era el primero de la clase.	*Juancho was at the top of the class.*
Este cirujano es el mejor de su especialidad.	*This is the top surgeon in his field.*
Nuestro equipo quedó victorioso en la competencia.	*Our team finished on top in the competition.*
El papel está encima del escritorio.	*The paper is on top of the desk.*
El médico me revisó de pies a cabeza (de arriba a abajo).	*The doctor checked me over from top to bottom.*

APLICACIÓN

A. Conteste las preguntas, incluyendo en su respuesta un equivalente de *top*.

1. ¿Ha ganado su equipo favorito alguna competencia?

2. ¿En qué parte de la página aparece el título de un capítulo?

3. ¿Dónde fabrican su nido los pájaros?

4. Cuando la policía captura a un delincuente, ¿lo registra bien?

5. ¿Cómo se sabe cuando ha llegado un circo a un pueblo?

6. ¿Cuándo se usa sombrero de copa?

7. ¿Qué guarda Ud. en la gaveta de arriba de su cómoda?

8. Cuando Ud. acaba de echar gasolina, ¿cómo está su tanque?

9. ¿Ha sido Ud. alguna vez el primero de la clase?

10. Si una casa tiene dos pisos, ¿dónde están generalmente los dormitorios?

B. Complete de manera original, usando un equivalente de *top*.

1. Las montañas tienen nieve...

2. La botella no está vacía; al contrario...

3. A diferencia de un auto tipo sedán, un convertible tiene...

4. Un juguete favorito de algunos niños...

5. Mi profesor/a de español es...

6. A veces guardo la tapa de los cereales porque hay concursos...

7. El gobierno considera los asuntos relacionados con el programa espacial...

8. Cuando se lleva poco tiempo trabajando en una compañía, no se puede ganar...

C. Complete estas narraciones breves con un equivalente de la palabra *top*.

1. **El campeón del trompo**. Gabrielito es el mejor bailador de _____ de su escuela y siempre termina _____ en las competencias. Es tan experto, que merece exhibir esta habilidad bajo la _____ de un circo. Ha bailado su trompo en la _____ de una lata, en el _____ del coche de su padre, _____ de una silla y hasta en un sombrero de _____.

2. **Juancho y el platillo volador**. El platillo había volado sobre las altas _____ de los Andes. Cuando Juancho lo vio, descansaba junto a la _____ de una encina. El niño avanzó hacia él, suspendido _____ una luz azul. Este pasaje está en _____ de la página, ¿no?

3. **Un jefe exigente**. Yo había abierto el cajón _____ del escritorio de mi jefe y tenía los pies alzados, descansando _____ él. En ese momento, entró mi jefe. Me miró de _____, y me dijo un poco molesto: «Señor Aguilar, Ud. es el empleado que gana _____ en la compañía y, como es discreto, le confío asuntos _____. Pero, por favor, tenga más cuidado con los muebles. Hay también otra cosa que siempre se me olvida decirle: nunca me traiga el café con la taza _____, porque el café se derrama y me mancha el escritorio».

Para escribir mejor

El acento diacrítico

En el capítulo anterior hemos visto las reglas de la acentuación normal. Aquí nos toca examinar ciertos casos especiales.

1. A continuación se enumeran aquellas palabras que utilizan la tilde o acento gráfico para diferenciarlas de otras de igual grafía que tienen distinto significado o función gramatical:

aun	*even*	**aún**	*still, yet*
de	*of*	**dé**	*give* (subjuntivo e imperativo)
el	*the*	**él**	*he*
mas	*but*	**más**	*more*
mi	*my*	**mí**	*me*
se	*himself/herself*	**sé**	*I know; be* (imperativo)
si	*if, whether*	**sí**	*yes; himself/herself*
te	*you* (complemento directo)	**té**	*tea*
tu	*your*	**tú**	*you*

2. Los interrogativos y exclamativos (cómo, cuál, cuándo, cuánto, dónde, quién) llevan el acento gráfico para diferenciarlos de los relativos de la misma forma:

¡Cómo extraño el lugar donde nací!   *How I miss the place where I was born!*
Y ¿dónde naciste?   *And where were you born?*

En preguntas indirectas también se usa el acento.

Como ese estudiante es nuevo, voy a   *Since that student is new, I am going to ask*
preguntarle cómo se llama y dónde vive.   *him what his name is and where he lives.*

3. La conjunción **o** (*or*) se escribe con tilde cuando aparece entre cifras para evitar la posible confusión con el cero.

¿Había 150 ó 200 personas en la   *Were there 150 or 200 persons at*
reunión?   *the meeting?*

4. Los demostrativos **este, ese, aquel** —con sus respectivos femeninos y plurales— pueden escribirse con tilde cuando son pronombres, aunque esta acentuación no es obligatoria.

No quiero esta fotografía; prefiero   *I don't want this photograph; I*
que me dé ésa.   *prefer that you give me that one.*

5. La palabra **solo** debe llevar tilde únicamente cuando se usa en el sentido de **solamente** y hay posibilidad de ambigüedad. Por ejemplo, en la oración **El abogado está solo en su bufete los viernes, solo** podría significar **sin compañía** o **solamente**. Para evitar la posibilidad del primer sentido, hay que escribir **sólo**.

6. ¿Deben usarse las tildes con las letras mayúsculas? A esta pregunta le contesta la Real Academia Española: «Se recomienda que cuando se utilicen mayúsculas, se mantenga la tilde si la acentuación ortográfica lo exige».

APLICACIÓN

A. Ponga acentos diacríticos en las palabras que lo necesiten.

1. —He reñido a un hostelero. —¿Por que? ¿Cuando? ¿Donde? ¿Como? —Porque cuando donde como sirven mal, me desespero.
2. ¿Que trabajo es el que haces y para que lo haces?
3. Como el es un mentiroso, no creeré que no sabe donde está el dinero, aun si me lo jura.
4. Mi madre me dijo: —Se buen hijo y recuerda que se lo que se dice de ti.
5. Si, te pregunté si quieres que te de este diccionario o prefieres ese.
6. Aun no he leído *El si de las niñas* y no se cuando tendré tiempo para leerla.
7. Me gusta oír música, mas solo la oigo cuando estoy solo.
8. —¿Sabes tu si este regalo es para mi? —No, este es mi regalo, tu regalo es aquel.
9. Eso fue hace mas de diez años, pero aun no he olvidado el viaje aquel. ¡Cuantos hermosos momentos!
10. No explicó que quería, pero cuando llegó me preguntó cual era tu número de teléfono y cuando podía llamarte.

B. Añada los acentos necesarios.

Hablan Laura, Javier (su marido) y Elena (su amiga).

JAVIER: ¿Que vas a servirles a las visitas cuando vengan esta noche? Recuerda que Tomas bebe solo te.

LAURA: Si, a el le dare te, aunque no se si vendra. Tal vez le de un poco de pena. Aun me acuerdo de lo que paso la ultima vez. ¿Te acuerdas tu?

JAVIER: Si, por supuesto. Se que no te gusta repetir la historia pero, como Elena no la conoce, se la contare. Esa tarde Laura les habia servido a todos, aun a mi prima, que le cae mal. De pronto, Tomas se levanto para servirse a si mismo diciendo: «Necesito mas te».

LAURA: Y yo le dije: «Se paciente, que yo te servire ahora». Mas el se lanzo a la bandeja donde estaba la tetera. Se cayo la bandeja y se hizo pedazos mi tetera de porcelana.

ELENA: ¡Que horror! ¡Tu mejor tetera destrozada!

LAURA: Javier me compro esta, pero aquella era insustituible para mi, porque era un recuerdo de familia.

TRADUCCIÓN

Space Visitors

Almost seventy years ago, Americans loved a radio program called *Mercury Theater of the Air* directed by Orson Welles. On October 30, 1938, Welles was presenting on that program an adaptation of a science-fiction novel about a Martian invasion of the Earth, written by H. G. Wells and titled *The War of the Worlds*.

But Orson Welles was a top actor who liked very much to impress people and he adapted the novel making it look like the broadcast of a real invasion from Mars. Actors playing news announcers described the landing of the invasion force and the destruction of the United States.

At one point in the broadcast, an actor in the role of a newscaster at the site of the events described the exit of one of the aliens from a spaceship. "Something's wriggling out of the shadows like a great snake. Now there's another one, and another. They look like tentacles to me. Now I can see the thing's body. It's as large as a bear and it glistens like wet leather. But that face... it's indescribable. I can hardly (Use **costarle mucho trabajo**) keep looking at it..."And he continued making the public very nervous by describing that horrendous face. There were also scary noises: the humming of motors, shrieks, squeaks, whistling sounds.

For many people it wasn't necessary (No use **necesario**) to keep listening. They armed themselves, they hid in cellars, they even wrapped their heads in wet towels as protection from Martian poison gas. Many tried to escape by car and they didn't mind where they would go.

Orson Welles himself was surprised by (Use **sorprenderle**) these extreme reactions. But the fact is that people are very easy to fool and they have been believing for centuries (Use **hace**) in absurd things.

In the matter of extraterrestrial visitors, there are believers and skeptics. For instance, opinions are divided in the Roswell, New Mexico, case. Some sixty years ago (Use **hace**) a rancher in Roswell found strange metal pieces scattered on a field. The press was immediately attracted by this find and top papers published that the remains of a flying saucer had been recovered. But it seems that the news didn't suit the Army's interests (Use **convenirle**) and the authorities stated at once that it was a weather balloon. Do you believe that there really was a plot to hide a top secret from the public? Many people don't believe so but I do.

TEMAS PARA COMPOSICIÓN

1. **El programa de Orson Welles.** La reacción del público ante ese programa parece increíble. ¿Cómo pudo ser tan crédulo el público? ¿Pudiera suceder esto hoy día? ¿Por qué (no)? Hay dos películas, una de los cincuenta y otra de 2005, llamadas "La guerra de los mundos", basadas en esta invasión de marcianos. Si Ud. ha visto las dos, comente las grandes diferencias que hay entre ellas. Si sólo ha visto la de 2005, dé su opinión sobre ella.

2. **El caso de Roswell.** Mucha gente piensa que en realidad los restos metálicos encontrados allí eran de un OVNI. ¿Qué cree Ud? ¿Por qué lo cree? ¿Puede tener algún interés el gobierno de los EE. UU. en ocultar la verdad? ¿Vio el video de la autopsia de uno de estos extraterrestres? ¿Sabe por qué se descubrió que era un engaño?

3. **Diferentes clases de extraterrestres.** En las novelas, películas y programas que tratan del tema de los visitantes espaciales, hay dos enfoques diferentes: el de seres muy civilizados e inteligentes que vienen como amigos, y el enfoque de invasores malvados que quieren dominar la Tierra por la fuerza, generalmente porque su planeta es inhabitable. Suponiendo que hubiera habitantes en otros planetas, ¿cuál versión es más lógica? ¿Por qué?

4. **Las películas de extraterrestres.** No todas estas películas son modernas. Las hay también muy buenas en blanco y negro. ¿Qué ventajas tienen las películas modernas de este tema sobre las viejas? ¿Qué películas de extraterrestres le han gustado más? Comente varias de ellas, antiguas y modernas.

El famoso programa radial de Orson Welles ha inspirado dos películas con el título de "La guerra de los mundos", la más reciente de 2005, protagonizada por Tom Cruise. Esta escena es de la primera, de 1953. (©Photofest)

El Yunque, situado entre montañas, a sólo 40 km. de San Juan, tiene 28.000 acres de bellísima selva tropical. En El Yunque hay 240 especies de árboles nativos, unas 50 clases de orquídeas y también animales autóctonos, como el coquí, una rana en miniatura que se encuentra sólo en Puerto Rico. El nombre Yunque viene de la palabra taína "yuque", que significa blanco y se refiere a las cumbres de las montañas cubiertas por las nubes. (©John James Woods/Index Stock)

C A P Í T U L O 4

Lectura

Introducción

Esta lectura es parte de un capítulo de la novela *La resaca*, del escritor puertorriqueño Enrique A. Laguerre (1906–2005). Laguerre cursó estudios universitarios en Puerto Rico y en la Universidad de Columbia en Nueva York y fue por muchos años profesor de la Universidad de Puerto Rico. Su obra literaria, cuya parte central son sus once novelas, es muy rica. Su primera novela, *La llamarada*, tiene 28 ediciones, *La resaca*, 15 y *Cauce sin río*, 11.

La resaca se desarrolla a fines del siglo XIX, cuando Puerto Rico es todavía una colonia de España. Es una época de descontento y agitación. A diferencia de Cuba —que se independizó al mismo tiempo, pero cuya independencia fue precedida por muchos años de guerras y revoluciones— Puerto Rico, una isla mucho más pequeña, no tuvo guerras independentistas. Hubo, sin embargo, algunas conspiraciones, como se ve en *La resaca*. Al final de la novela, ya vemos un Puerto Rico liberado del control de España como resultado de la guerra entre España y los Estados Unidos. Pero, según Laguerre, la situación no había mejorado mucho, pues era la época de la intervención norteamericana y la isla simplemente había cambiado de amo.

El pasaje reproducido en la lectura es un episodio ligado a la novela por los personajes, pero independiente de ella en cuanto a su contenido. José Dolores, el protagonista, ha sido denunciado como conspirador y vive fugitivo en los campos. Al ver la miseria de los campesinos y los abusos que sufren, José Dolores y sus compañeros, como Robin Hood y sus amigos, se dedican a robar a los ricos para ayudar a los pobres.

La lectura comienza cuando José Dolores y sus tres compañeros se acercan en medio de la noche a una casa de campo abandonada que parece embrujada (*haunted*). Los compañeros de José Dolores son: Pai Domingo, un negro ex esclavo, Lázaro Cuevas, alias el Mago, un abogado que estaba preso por una estafa que hizo y a quien José Dolores liberó, y Gabriel, un campesino sumado recientemente al grupo.

Ud. va a ver que el engaño de la casa embrujada dura poco, porque José Dolores y sus amigos descubren muy pronto la verdad detrás de la leyenda y desenmascaran al «fantasma», que es un «vivo» llamado Sandalio Cortijo. Él va a contar los métodos que utiliza para asustar a la gente y la razón por la que está viviendo en esa casa.

Una luz en la noche

Bajaron entre las malezas° hasta el fondo del abra°, remontaron° otro cerro y, ya en la cumbre, distinguieron una luz que se movía. Volvieron a bajar, guiados por la luz, la cual desapareció cuando los hombres estaban a poca distancia de ella.

5 Los hombres fuéronse acercando cautelosamente°; minutos después se hallaron en una emplanada°, en cuyo centro alzábase la oscura silueta de una casa de campo. Adelantóse el más reciente «socio»° de José Dolores, de nombre Gabriel; subió las escaleras° y tocó a la puerta. Hacía viento; oíanse los golpes de una ventana

undergrowth / paso entre montañas / subieron

con cuidado
espacio abierto

"partner" / *front steps*

10 ruinosa. Gabriel repitió el llamado; no se escuchó la más leve
manifestación de vida. Desde abajo, José Dolores gritó:

—¡Abran la puerta!

Nadie respondió.

—Hace unos minutos que vimos una luz —dijo el Mago—
15 ¿Dónde diablos estará quien la llevaba?

Disponíanse José Dolores, Pai Domingo y Lázaro a subir la
escalera cuando oyeron bajar atropelladamente° a Gabriel.

—¡Oí quejidos° y arrastre° de cadenas! —informó.

—¡Déjate de cuentos!° —reprochó José Dolores—. ¡Síganme!
20 Rápidamente subió la escalera, empujó la puerta y ésta cedió sin
mayor esfuerzo...

En estos instantes oyéronse quejidos y cadenas. Respondiendo a un
impulso, José Dolores hizo un disparo de revólver hacia el balcón°.
Desde arriba, desde el cielo raso°, vino una voz:

25 —¡No disparen! ¡Ya voy a bajar!

—¡Quienquiera° que sea! ¡Enciende la luz y baja!

El hombre del cielo raso obedeció al punto°. Hubo un cuadro de
luz a través de la ventana° en el cielo raso de uno de los aposentos°.
Por la ventana descendió una escalera de mano°.

30 José Dolores preguntó:

—¿Cuántos son ustedes?

—Soy yo solo. Ya bajo. Pero no disparen, ¡por favor!

Bajó, todo encogido de terror°. La luz de la lámpara iluminaba su
rostro barbudo.

35 —¿Quién es el dueño de esta casa?

—Don Luis Argüeso, amo de todos estos cafetales°.

—¿Es usted su mayordomo°?

—No, señor, ésta es una casa abandonada.

Contó su peregrina° historia. Era un jíbaro° aguzao° de la región
40 de Trujillo. Hacía meses que había venido a este lugar, y como
oyera contar que la casona estaba abandonada por considerársele
embrujada°, decidió quedarse en ella para vivirla.

—En un tiempo fue residencia de los Argüesos. Según he sabido,
esta gente vivía en continua discordia. La abandonaron poco después
45 de suceder una de esas tragedias familiares que no se olvidan. Don
Luis mató a su hermano en el balcón. Todavía la mancha° de sangre
está allí, a pesar del tiempo que ha pasado. ¿Quieren verla?

—No. Siga contando.

Todo el vecindario° cuenta del suceso°. Don Luis salió bien del
50 juicio°, pero tuvo que irse. Dicen que su hermano no lo dejaba
dormir. Se fueron a vivir al pueblo. Ningún mayordomo ha vivido
aquí más de unos meses. Todos se van. Nadie se atreve a quitar la
tabla° manchada. Yo decidí aprovecharla, porque soy de esos tipos
que nunca han tenido dónde vivir. En vez de quedarme en sus
55 habitaciones, como todo ser humano, me fui al cielo raso.

—Como todo ser ratonado°, ¿no?— preguntó regocijadamente°
el Mago. Sin ofenderse, el hombre respondió.

—Un ser ratonado que ha hecho correr a más de un hombre de
pelo en pecho°.

con mucha prisa
moans / dragging
Déjate... *Stop the*
nonsense!

front porch (P.R.)
cielo... *attic*

Whoever
al... *en seguida*
trap door / habitaciones
escalera... *ladder*

encogido... *cringing with*
fear

coffee plantations
caretaker

extraña / campesino
puertorriqueño /
(aguzado) astuto

haunted

stain

residents / event
trial

board

cobarde / alegremente

de... valiente

60 —Caramba, esto necesita escucharse con más atención —dijo
José Dolores—. ¿Tienes qué comer?

—Y mucho. En mi alacena° del cielo raso. ¿Quieren comer?   *pantry*

—Sube con él, Pai° Domingo. Y otra cosa.   Compadre

—Diga.

65 —El «Mago»— exclamó José Dolores señalando a Lázaro— se
halla medio enfermo del estómago, ¿tienes algo que le viniera bien?

—A mí no me faltan remedios. ¡Cómo que he sido brujo°!   *healer*

... Media hora después, el individuo había colocado, sobre una
mesa rústica, algunas frutas, leche, carne asada y otras golosinas°.   *treats*
70 Ofreció a Lázaro un brebaje° de yerbas silvestres.   *potion*

—Yo cocino pasada la media noche —explicó—, y utilizo
carbón° para que no se vea la flama° desde lejos. Pensaba ir esta   *coal* / llama
noche a buscar carbón. Porque se me acabó. Me lo robo en
cualquier carbonera°. Se le saca provecho al° oficio de fantasma.   *coal yard* / **Se...** *One takes*
75 Miren ustedes, una madrugada había dos hombres llenando sus   *advantage of*
sacos de carbón junto a la carbonera. Me tiré una sábana por
encima, tomé un tizón° en la mano y me presenté... Al verme   palo a medio quemar
echaron a correr como almas que lleva el diablo°. Cargué con   **como...** muy velozmente
suficiente carbón para unas cuantas semanas.

80 —Ése es un oficio peligroso —aseveró José Dolores—. ¿No
crees que puede costarte caro el atrevimiento?

—No todo el mundo dispone de revólver o de ánimos° para   valor
enfrentarse a un fantasma. Además, me da igual°. Uno se muere en   **me...** no me importa
cualquier sitio.

85 Sentados sobre dos banquetas, a ambos lados de la mesa, los
hombres —aun el propio Lázaro Cuevas— comían con muy buen
apetito. Parece que la cena consiguió establecer la confianza, porque
todos reían con júbilo celebrando las salidas° del «fantasma» o las   *funny remarks*
del Mago. Cada cual dijo su nombre. El nuevo «socio» se llamaba
90 Sandalio Cortijo.

—¿Cuánto tiempo hace que estás aquí? —inquirió José Dolores.

—Poco más de tres meses.

—¿Y no sospechan?

—Hasta ahora, no. Todo se lo achacan° a las brujas. A veces salgo   atribuyen
95 de día. Me visto de pordiosero° y pido limosna. Por eso no me corto   mendigo
la barba. Aprendí a temblar como si tuviera el mal de San Vito°   **el...** *Parkinson's disease*
pa'ngañarlos°. Entonces oigo hablar a la gente. No hace mucho, oí   para engañarlos
decir que traerían al cura que conjurase° la casa, pero no ha   hiciese un exorcismo en
venido. Antier° oí decir que la iban a tumbar, pero parece quo no lo   Antes de ayer
100 aprueban porque el hermano de Argüeso se quedaría sin casa.

—¿El muerto?

—Sí, el muerto.

—¡Yo no me quedaría aquí ni por los tesoros! —dijo Gabriel.

—El hombre es un animal de costumbre —aseguró Cortijo—.
105 Además, ¿qué no hace el hombre pa'segurarse los alimentos? El miedo
lo hace uno mismo. La verdad es que desde que vivo aquí, nadie se
había atrevido a entrar de noche. Ustedes son guapos de a verdá°. A   **guapos...** *real tough guys*
veces, de día, viene gente. Yo los velo° desde el cielo raso, si veo que   vigilo, observo
tienen ganas de subir donde estoy, los asusto con cadenas y quejidos.

110   Desde que estoy aquí, nadie ha subido... Encontré un tubo viejo,
largo, de los que se usaban pa subir agua a la casa. ¿Saben lo que
hice? Lo acomodé° por entre las tablas del doble seto° y así,   *metí / pared (P.R.)*
hablando por el tubo, envío los quejidos abajo. La gente oye quejarse
sin saber de dónde vienen los quejidos y se asusta. Vengan pa que
115   vean.

    Los llevó a una esquina de la sala y les mostró una pequeña
abertura°.   *opening*

    —Por aquí salen los quejidos. Yo hablo desde el cielo raso. He
tendido muchos sacos pa que no me oigan andar. Allá arriba tengo
120   también unos trozos° de cadena, unas cuantas velas, una lámpara de   *pedazos*
gas y una vara larga con un cordón. Amarro la lámpara o una vela
del cordón de la vara y me pongo a dar vueltas alrededor de la casa
para que crean que hay fantasmas. Como yo me quedo distante de la
luz, no me ven, y se creen que la luz anda sola.

125   —¡Ah, pícaro°! ¡El más pícaro de los pícaros! —exclamó el   *rascal, rogue*
Mago—. Nosotros vimos esa luz.

    —Hoy me dolía la cabeza y me iba a acostar en la hamaca
cuando ustedes llegaron. Claro, siempre tengo la precaución de
echar a andar° la luz... Estoy convencido de que los fantasmas viven   **echar...** *to set in motion*
130   mejor que los vivos en esta Isla. Como hombre, pasaba hambre;
como fantasma, no. Al principio era terrible estar todo el día metido
en el cielo raso, pero acabé por acostumbrarme. A veces, en el cielo
raso, me sentía como un rey en su trono. Al hombre, aunque sea
fantasma, le gusta sentirse importante.

Un cafetal similar al que se menciona en *La resaca*. El café se cultiva generalmente en terrenos montañosos, y la isla de Puerto Rico tiene zonas elevadas que producen un café excelente. (©PhotoDisc, Inc./Getty Images)

APLICACIÓN

A. Vocabulario

Encuentre en la columna de la derecha la definición o sinónimo de cada palabra de la columna izquierda.

1. abra	**a.** parte superior de una montaña
2. achacar	**b.** sinónimo de *valor*
3. aguzado	**c.** adjetivo para un lugar donde pasan cosas sobrenaturales
4. alacena	**d.** pedazos de un objeto
5. al punto	**e.** paso entre montañas
6. ánimo	**f.** con precaución
7. cautelosamente	**g.** sinónimo de *en seguida*
8. cumbre	**h.** otra palabra para *mendigo*
9. embrujado	**i.** lugar donde se guarda la comida
10. jíbaros	**j.** subir a un lugar alto
11. peregrino	**k.** sinónimo de *atribuir*
12. pordiosero	**l.** adjetivo para una persona hábil y astuta
13. remontar	**m.** nombre que se les da a los campesinos puertorriqueños
14. trozos	**n.** adjetivo para algo extraño o poco común

B. Comprensión

Explique basándose en la lectura, pero con sus propias palabras, los siguientes aspectos de la narración.

1. Cómo llegaron los hombres a la casa.

2. Quién era Gabriel y lo que hizo.

3. Cuál fue la reacción de José Dolores cuando se oyeron los quejidos y las cadenas y lo que pasó entonces.

4. La historia de la mancha de sangre del balcón.

5. Cómo había venido el habitante de la casa a vivir en ella.

6. Lo que le pasaba a Lázaro y cómo lo ayudó el «fantasma».

7. Lo que contó Cortijo de su sistema para conseguir carbón.

8. Lo que hacía Sandalio Cortijo cuando salía de día.

9. Los métodos de Sandalio para darle miedo a la gente.

10. Las precauciones de Sandalio para evitar que lo descubrieran.

11. Por qué dice Sandalio que los fantasmas viven mejor que los vivos.

12. Cómo se siente Sandalio en el cielo raso.

C. Interpretación

1. ¿Es apropiado el título de este pasaje?

2. Ud. no ha leído el principio de la novela, pero basándose en la situación y en la actuación de los personajes, ¿cuál es su opinión de ellos?

3. ¿Qué imagen del «fantasma» nos da el autor? ¿Es solamente un pícaro o tiene otras cualidades? ¿Qué nos hace pensar que tiene una actitud fatalista hacia la vida?

4. El «fantasma» se presenta como un hombre valiente, pero cuando baja del cielo raso, está encogido de terror. ¿Cómo se explica esta aparente contradicción?

5. ¿Por qué llama el Mago al fantasma «un ser ratonado»? ¿Por qué, en su opinión, no se ofende él?

6. Los métodos que usa Sandalio para hacer que la casa parezca embrujada parecen muy convencionales y hasta infantiles. ¿Cree Ud. que en la vida real serían suficientes para evitar que alguien se acercara a la casa? ¿Se acercaría Ud. a una casa así? Explique su opinión.

7. Los dueños no se deciden a tumbar la casa para no dejar sin «hogar» al hermano de Argüeso. ¿Qué temen probablemente que pueda pasar si el hermano de Argüeso no puede «seguir viviendo» en la casa?

8. ¿Qué hechos y detalles a lo largo del pasaje nos hacen pensar que José Dolores es el jefe del grupo? ¿Qué hace el narrador para darnos en él la imagen de un hombre valiente?

9. ¿Qué crítica social se presenta indirectamente en este pasaje?

10. Sandalio dice que al hombre le gusta sentirse importante. ¿Hasta qué punto es esto cierto? ¿Qué ejemplos hay de personas que han hecho cosas fuera de lo común para sentirse importantes?

D. Intercambio oral

1. **Las casas embrujadas.** Detrás de las leyendas de casas embrujadas hay casi siempre un crimen o una historia de violencia. La clase comentará sobre casas embrujadas famosas y sus historias.

2. **Las películas de fantasmas.** El cine ha explotado innumerables veces el tema de los lugares con fantasmas, por ejemplo, en la película *The Shining*. Comenten sobre esta película y otras similares donde se presentan hechos sobrenaturales. Los estudiantes aficionados a estos filmes les explicarán a sus compañeros por qué les gustan.

3. **Las costumbres relacionadas con el Día de las Brujas (*Halloween*).** En la época del Día de las Brujas hay en los EE. UU. muchas costumbres y actividades relacionadas con lo espantoso. Por ejemplo, en Arizona se levantan «casas embrujadas», es decir, carpas llenas de cosas y seres destinados a asustar a los clientes que pagan por entrar. Comenten alguna costumbre de este tipo existente en su región u otras atracciones similares.

5. **El miedo.** ¿Qué reacciones puede producir el miedo en la gente? ¿Hay cosas que le dan miedo a todo el mundo? ¿Qué cosas les dan miedo a unas personas y a otras no? ¿Puede matar el miedo?

6. **El valor y la cobardía.** ¿Cómo se define a un valiente? ¿Y a un cobarde? ¿Es posible ser ambas cosas a la vez? ¿Son más valientes los hombres que las mujeres?

Sección gramatical

The Subjunctive

The subjunctive mood is much more extensively used in Spanish than in English. But it still exists in the latter language. Notice the difference in meaning between (a) *The professor insists that Carlos go* (subjunctive) *to class every day* and (b) *His friends insist that Carlos goes* (indicative) *to class every day*. Sentence (a) requires the subjunctive because there is an implicit command on the part of the subject that someone do something. In sentence (b), however, Carlos' friends are presenting his daily class attendance as a fact.

As in the first English sentence, the subjunctive in Spanish is generally found in the dependent (subordinate) clause and conveys a meaning different from the indicative: **El profesor insiste en que Carlos vaya a clase todos los días** versus **Sus amigos insisten en que Carlos va a clase todos los días**.

Spanish also uses the subjunctive in uncertain or contrary-to-fact situations; English does too sometimes. The subjunctive is often shown in English through the use of the form *were* of the verb *to be* or the auxiliary words *may*, *might*, and *should*.

Si yo fuera Carlos, no perdería ninguna clase.	*If I were Carlos (but I am not) I wouldn't miss any class.*
Temo que Carlos no apruebe este curso.	*I am afraid that Carlos may fail this course.*
Si Carlos no aprobara este curso, su padre se disgustaría mucho.	*Should Carlos fail this course his father would be very upset.*

In this book the subjunctive will be discussed as follows: (a) in noun clauses (Chapters 4, 5), (b) in relative or adjective clauses (Chapter 5), and (c) in adverbial clauses (Chapter 6).

1 A noun clause is a clause that has the same function as a noun, that is, it can be the subject or the object of a sentence.

Subject:

El que Ramón no esté aquí (= La ausencia de Ramón) me molesta.	*The fact that Ramón is not here (= Ramón's absence) bothers me.*

Object:

Quiero que me ayudes (= tu ayuda).	*I want you to help me (= your help).*

2 An adjective or relative clause has the same function as an adjective, that is, it describes (modifies) a noun.

Necesitan empleados que hablen español (= hispanohablantes).	*They need employees who speak Spanish (= Spanish-speaking).*
Busco un carro que no cueste mucho (= barato).	*I am looking for a car that doesn't cost much (= cheap).*

3 Adverbial clauses modify the verb as adverbs do. Likewise, they answer questions like *where?, how?, when?*

Te esperaré (¿dónde?) en el lugar que me digas.	*I'll wait for you (where?) in the place you tell me to.*
Se levantó (¿cómo?) sin que nadie lo ayudara.	*He got up (how?) without anyone helping him.*
Le daremos tu recado (¿cuándo?) tan pronto como llegue.	*We'll give him your message (when?) as soon as he arrives.*

The Subjunctive 1: The Subjunctive in Noun Clauses and in Certain Independent Constructions

EXPRESSIONS OF VOLITION

The subjunctive is required in Spanish in a dependent clause when the verb in the main clause indicates volition, intention, wish, or preference. Some typical verbs of this type are: **querer, desear, prohibir, sugerir, preferir,** and **aconsejar.**

Sandalio quiere que contemos su historia.	*Sandalio wants us to tell his story.*
Prefiero que Ud. no invite a esos señores.	*I prefer that you do not invite those gentlemen.*
¿Deseas que yo esconda el dinero?	*Do you wish me to hide the money?*
Él logrará que la gente no entre en la casa.	*He will succeed in not having people enter the house.*

In each of the preceding examples the subject of the dependent clause is different from the subject of the main clause, that is, there is a change of subject and the subjunctive is required. When there is no change of subject, the second verb is not a subjunctive but an infinitive.

Sandalio quiere contar su historia.	*Sandalio wants to tell his story.*
Prefiero no invitar a esos señores.	*I prefer not to invite those gentlemen.*
¿Deseas esconder el dinero?	*Do you wish to hide the money?*
Él logrará entrar en la casa.	*He will succeed in entering the house.*

Observe that sentences like *Sandalio wants us to tell his story* cannot be translated word for word. The English direct object pronoun *us* becomes a subject pronoun in Spanish: **Sandalio quiere que nosotros contemos su historia.**

Do not be misled by sentences like **Ella quiere que me afeite** (*She wants me to shave*). In this case, the Spanish **me** is not the equivalent of the English *me* but is a reflexive pronoun, since **afeitarse** is a reflexive verb. The subject of the dependent verb is **yo** and it is understood: **Ella quiere que (yo) me afeite.**

VERBS THAT COMMONLY INDICATE VOLITION, INFLUENCE, OR PREFERENCE			
acceder a	to agree to	invitar a	to invite to
		lograr	to succeed in, bring about that
aceptar	to accept		
aconsejar	to advise	mandar	to order
conseguir	to succeed in	obligar a	to force
consentir en	to consent	oponerse a	to oppose
dejar	to let, allow	ordenar	to order
desear	to wish	pedir	to ask (someone to do something)
disgustar(le) (a uno)	to dislike	permitir	to allow
empeñarse en	to insist	preferir	to prefer
estar de acuerdo con	to agree with (approve of)	procurar	to try
exhortar	to exhort	prohibir	to forbid
exigir	to demand	proponer	to propose
gustar(le) (a uno)	to like	querer	to want, wish
hacer	to have or make (someone do something)	recomendar	to recommend
impedir	to prevent	rogar	to beg
insistir en	to insist	sugerir	to suggest
intentar	to try	suplicar	to beg, implore

VERBS OF COMMUNICATION

Sometimes verbs of communication like **decir, telefonear**, and **escribir** convey the idea of *volition* or *preference*. In this case, the verb in the dependent clause is in the subjunctive. When the verb of communication merely introduces a fact, the subjunctive is not used.

Laura dice que cambies la fecha de tu viaje.

Laura says for you to change the date of your trip.

Le escribiré que espere nuestra llegada.

I will write him (asking him) to wait for our arrival.

But:

Laura dice que vas a cambiar la fecha de tu viaje.

Laura says that you are going to change the date of your trip.

Le escribiré que esperamos su llegada.

I will write him that we are waiting for his arrival.

APLICACIÓN

A. Conteste de manera original usando el subjuntivo.

1. ¿Qué les exigen generalmente los jefes a sus empleados?

2. ¿A qué se oponen sus padres?

3. ¿Con qué no está Ud. de acuerdo?

4. ¿Qué quiere Ud. que hagamos ahora?

5. ¿Qué órdenes les grita un sargento a los soldados?

6. ¿Qué mandan los estatutos de esta escuela?

7. ¿Qué prohíben los estatutos?

8. ¿En qué insisto yo siempre?

9. Si un amigo suyo tiene insomnio, ¿qué le recomienda Ud. que haga?

10. ¿Qué desean sus compañeros?

11. ¿Qué le gusta a Ud. que hagan sus amigos?

12. ¿Qué le pide su madre que haga?

B. **El contrato del nuevo apartamento.** Ud. y un/a compañero/a acaban de alquilar un apartamento y están leyendo el contrato. Escoja en la columna de la derecha la frase que le parezca más apropiada para completar cada regla del contrato y cambie los infinitivos al subjuntivo.

1. El contrato exige que (nosotros)...

2. El dueño recomienda que el nuevo inquilino...

3. El contrato nos impide que...

4. La segunda cláusula prohíbe que (nosotros)...

5. La ley obliga a los inquilinos a que...

6. No se consiente que los inquilinos..., pero extraoficialmente el administrador permite que...

7. Está prohibido que...

8. El contrato insiste en que el inquilino...

9. Se aconseja que el inquilino...

10. No se permite que...

a. pagar el día primero del mes.

b. haber fiestas ruidosas en los apartamentos.

c. tener gato.

d. pagar la renta por adelantado.

e. subarrendar el apartamento.

f. darle una llave al administrador para casos de emergencia.

g. instalar una cerradura nueva en la puerta de entrada.

h. hacer reparaciones sin autorización del dueño.

i. tener perro.

j. fumar en los pasillos del edificio.

k. no desconectar la alarma de incendios.

C. Cosas que se oyen en la universidad. Varios estudiantes conversan en la cafetería de la universidad. Complete de manera original lo que dicen.

1. Si le decimos al profesor que necesitamos más días para prepararnos para el examen, él probablemente accederá a que..., pero nos sugerirá que...

2. Mi novia acaba de invitarme a que...

3. Detesto las guerras y vivimos en un mundo demasiado violento. Deseo que...

4. Te suplico que... esa botella de licor. Bien sabes que en esta universidad se prohíbe que...

5. Los permisos de estacionamiento expiran el próximo mes. Les recomiendo que...

6. No puedo perdonarle a Mercedes lo que me hizo. Si hablan con ella, díganle que... y que no me gusta que...

7. La profesora de composición me dijo: «Victoria, su letra es muy difícil de leer. Le pido que...».

8. Dicen que el concierto va a ser estupendo, pero que ya quedan muy pocas entradas. Les aconsejo que...

9. Perdóname, pero no hablas muy bien el español. Si vas de vacaciones a Puerto Rico, te exhorto a que...

10. ¿Ya te vas? Pues no dejes los vasos y platos sucios en la mesa. En ese cartel se ruega que...

VERBS OF INFLUENCE

Some of the verbs listed in the table on page 89 are verbs of influence. This label indicates that the subject of the main verb tries to exert some influence over the subject of the subordinate clause in the performance of an action. The following verbs of influence allow an alternate infinitive construction: **dejar, hacer, impedir, invitar a, mandar, obligar a, permitir,** and **prohibir.** Note that **dejar, hacer, invitar a,** and **obligar a** take a direct object pronoun while **impedir, mandar, permitir,** and **prohibir** take an indirect object pronoun.

Sus padres no la dejan que salga con su novio. **Sus padres no la dejan salir con su novio.**	*Her parents don't let her go out with her boyfriend.*
Te prohíbo que me hables de esa manera. **Te prohíbo hablarme de esa manera.**	*I forbid you to speak to me (in) that way.*
Siempre la invitan a que cene con ellos. **Siempre la invitan a cenar con ellos.**	*They always invite her to have dinner with them.*
El maestro le mandó que escribiera en la pizarra. **El maestro le mandó escribir en la pizarra.**	*The teacher asked him to write on the board.*

APLICACIÓN

A. Conteste de dos maneras.

1. ¿Te deja la policía conducir un auto sin tener licencia?
2. ¿Crees que muchas veces la ira hace que digamos cosas que no sentimos?
3. ¿Debo impedirle a mi gato que salga a la calle?
4. ¿Lo invitan a Ud. frecuentemente sus amigos a ir a su casa?
5. Si el niño tiene las manos sucias, ¿le manda su madre lavárselas?
6. ¿Crees que los padres deben obligar a los niños a acostarse temprano?
7. ¿Piensa Ud. que la ley nos debe permitir llevar armas para defendernos?
8. ¿Les prohíbes a los demás miembros de tu familia que entren en tu cuarto?
9. ¿Se les permite a los transeúntes que pisen la hierba del parque?
10. ¿A qué edad lo dejaban a Ud. sus padres dormir en casa de sus amigos?

B. **¿Indirecto o directo?** Complete con el pronombre apropiado.

1. La niña lloraba porque su padre no _____ dejaba ir al cine.
2. Si viene tu amigo, _____ invitaré a merendar.
3. El hombre quería acercarse a la estrella, pero los guardias _____ impidieron hacerlo.
4. Los amos eran crueles con los esclavos y _____ obligaban a trabajar constantemente.
5. No sé por qué _____ prohibieron al científico que entrara en el laboratorio.
6. El dentista _____ mandó a la paciente abrir la boca.
7. Le dijo a la señora palabras tan duras que _____ hizo llorar.
8. Los cadetes no asistieron a la ceremonia porque no _____ invitaron.
9. En el siglo XVIII no _____ permitían a las mujeres que fueran a la universidad, pero sí _____ dejaban aprender música.
10. Si Tomás ensucia el piso con sus botas, _____ haré limpiarlo.

EXPRESSIONS OF EMOTION

The subjunctive is required in Spanish in a dependent clause when the verb in the main clause expresses feelings or emotion: regret, fear, pity, hope, surprise, etc.

Esperamos que pueda Ud. quedarse unos días más.	*We hope you can stay a few more days.*
Él siente mucho que ella esté enferma.	*He is very sorry that she is sick.*
Me sorprende que hayas perdido la billetera.	*I am surprised that you have lost your wallet.*

If there is no change of subject the infinitive is used:*

Espero poder quedarme unos días más.   *I hope I can stay a few more days.*

Él siente mucho estar enfermo.   *He is very sorry that he is sick.*

Me sorprende haber perdido la billetera.   *I am surprised that I have lost my wallet.*

COMMON VERBS THAT INDICATE FEELING OR EMOTION

admirar(le) (a uno)**	*to be astonished*	**lamentar**	*to regret*
alegrarse de, **alegrar(le)** (a uno)**	*to be glad*	**molestar(le) (a uno)***	*to bother*
celebrar	*to be glad*	**preocupar(le) (a uno)***	*to worry*
dar(le) lástima (a uno)**	*to feel sorry*	**sentir**	*to regret*
esperar	*to hope*	**sentirse orgulloso** **(avergonzado) de**	*to feel proud* *(ashamed)*
estar contento de	*to be happy*	**sorprender(le) (a uno)***	*to be surprised*
extrañar(le) (a uno)**	*to be surprised*	**sorprenderse de**	*to be surprised*
indignar(le) (a uno)**	*to anger*	**temer, tener miedo** **de, tenerle miedo a**	*to fear*

Note that these verbs use the **gustar construction treated in Chapter 3.

APLICACIÓN

A. En la consulta del siquiatra. Juan Galindo le explica sus problemas al siquiatra. Complete de manera original las confesiones de Juan.

1. Doctor, mi verdadero problema es que tengo un doble a quien sólo yo veo y mi familia se siente avergonzada de que yo...

2. A ellos les extraña que yo...

3. Tengo miedo de que ellos...

4. Y yo temo que Ud....

5. A mí me preocupa que mi doble...

6. Además, me molesta que...

7. Yo espero que Ud....

---

*In the spoken language one occasionally hears the subjunctive even when there is no change of subject.

Yo siento que no haya podido asistir a las conferencias.   *I regret that I haven't been able to attend the lectures.*

B. Expresión de emociones. Complete de manera original para expresar las emociones apropiadas a cada situación.

1. El padre de su amigo está muy grave. Ud. habla con su amigo en el hospital y le dice:
   a. Siento mucho que...
   b. Me sorprende que...
   c. Espero que...

2. Su amiga Marita ha recibido un premio por su excelencia como estudiante. Ud. la llama y le dice:
   a. Marita, celebro mucho que...
   b. Estoy muy contento/a de que...
   c. Y me siento orgulloso/a de que...

3. Ud. canceló recientemente el seguro contra robos de su coche y acaban de robárselo. Ud. expresa cómo se siente diciendo:
   a. ¡Qué lástima que...
   b. ¡Cómo siento que...
   c. Me indigna que...
   d. Tengo confianza en que...

4. Recientemente Ud. ha faltado al trabajo algunas veces, y también ha llegado tarde, porque ha tenido muchos problemas personales. Habla con la señorita Riquelme, su jefa, y le dice:
   a. Srta. Riquelme, estoy muy avergonzado/a de...
   b. Lamento...
   c. Me preocupa que...
   d. Temo que...
   e. Prometo... Y confío en que...

C. Reacciones. Exprese una reacción original ante los siguientes hechos, usando verbos de emoción o sentimiento.

Modelo: Juan no ha llamado todavía.
  → *Temo que le haya pasado algo.*

1. Mañana operan a mi padre.
2. Recibí una «A» en ese curso.
3. Él no conoce la ciudad y se ha perdido.
4. Ese perrito se está quedando ciego.
5. Ella no tiene dinero para pagar la matrícula.
6. Me duele mucho la cabeza.
7. No encuentro mi libro de español.
8. Mi novio tiene un auto nuevo.
9. Leonardo DiCaprio me invitó a salir.

SEQUENCE OF TENSES

This concept refers to the way the subjunctive tenses in the dependent clause relate to tenses in the main clause. These principles are applicable not only to noun clauses but also to adjective clauses (Chapter 5) and adverbial clauses (Chapter 6). In many instances there is no problem for English speakers because the English and Spanish tenses are nearly the same: **Dudaban que un fantasma hubiera lanzado esos quejidos.** (*They doubted that a ghost had uttered those moans.*) However, in other cases, the English gives no clue. The following tables summarize the sequence or correspondence of tenses.

- When the action in the dependent clause is simultaneous with, or subsequent to, the action in the main clause:

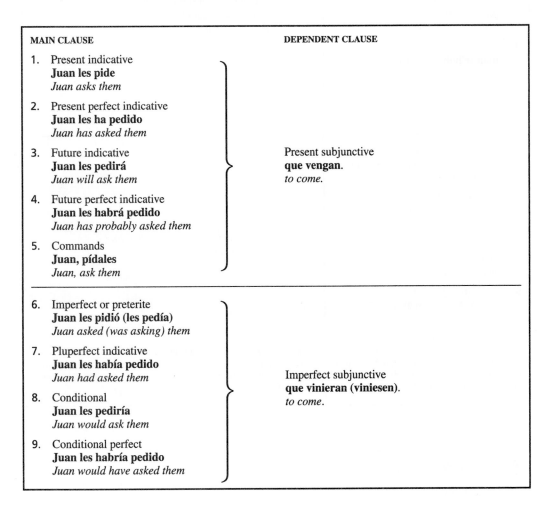

MAIN CLAUSE	DEPENDENT CLAUSE
1. Present indicative **Juan les pide** *Juan asks them*	
2. Present perfect indicative **Juan les ha pedido** *Juan has asked them*	
3. Future indicative **Juan les pedirá** *Juan will ask them*	Present subjunctive **que vengan.** *to come.*
4. Future perfect indicative **Juan les habrá pedido** *Juan has probably asked them*	
5. Commands **Juan, pídales** *Juan, ask them*	
6. Imperfect or preterite **Juan les pidió (les pedía)** *Juan asked (was asking) them*	
7. Pluperfect indicative **Juan les había pedido** *Juan had asked them*	Imperfect subjunctive **que vinieran (viniesen).** *to come.*
8. Conditional **Juan les pediría** *Juan would ask them*	
9. Conditional perfect **Juan les habría pedido** *Juan would have asked them*	

- When the action in the dependent clause happened before the action of the main clause:

MAIN CLAUSE	DEPENDENT CLAUSE
1. Present indicative **Juan se alegra de** *Juan is happy*	
2. Present perfect indicative **Juan se ha alegrado de** *Juan has been happy*	Imperfect subjunctive* **que vinieran (viniesen).** *that they came.*
3. Future indicative **Juan se alegrará de** *Juan will be happy that*	Present perfect subjunctive **que hayan venido.** *they have come.*
4. Future perfect indicative **Juan se habrá alegrado de** *Juan must have been happy*	
5. Commands **Juan, alégrese de** *Juan, be happy that*	
6. Imperfect or preterite **Juan se alegraba (se alegró) de** *Juan was happy*	
7. Pluperfect indicative **Juan se había alegrado de** *Juan had rejoiced*	Pluperfect subjunctive **que hubieran (hubiesen) venido.** *they had come.*
8. Conditional *that* **Juan se alegraría de** *Juan would be happy*	
9. Conditional perfect **Juan se habría alegrado de** *Juan would have been happy*	

*Many Spanish speakers prefer to use the present perfect subjunctive to emphasize the completion of the action or state. Observe the ambiguity: **No creo que María lo hiciera** which may mean: (a) *I don't think María did it*, (b) *I don't think María was doing it*, or (c) *I don't think María would do it*. To express meaning (a) (i.e., to express completion), many speakers choose to say: **No creo que María lo haya hecho**, which cannot have the meanings (b) or (c).

APLICACIÓN

Cambie al pasado.

1. Un crimen reciente.

A Rolando le preocupa que los detectives no hayan encontrado todavía una pista que seguir y se extraña de que el criminal no haya dejado huellas. Piensa que no se trata de un suicidio, sino de un crimen, y se alegra de que la policía esté de acuerdo en esto.

Le da lástima que esa bella joven haya muerto y espera que capturen pronto al culpable. Teme que haya otra víctima si el asesino no es capturado en seguida. Además, le molesta que no se haga justicia.

2. **Habla una madre.**

Por fin, después de cuatro años y mucho dinero, mi hijo Daniel se gradúa. Muchos de sus amigos se sorprenden de que se gradúe, pues Daniel nunca ha sido muy estudioso. Yo estoy muy orgullosa de que mi hijo tenga al fin un título, aunque siento que sus notas sean tan bajas. Temo que su mal promedio pueda perjudicarlo; me preocupa que este mal promedio sea un obstáculo para conseguir un buen trabajo.

3. **Un/a compañero/a difícil.**

Comparto el apartamento con un/a chico/a muy mandón/mandona. Constantemente me dice que haga tal cosa, que no deje de hacer tal otra, que me acuerde de hacer algo más. Me prohíbe que toque sus CDs y no me permite que use su computadora. Me molesta que él/ella se crea superior a mí. ¡A veces hasta interfiere en mi vida sentimental! Me aconseja que no llame a mi novio/a todos los días y me sugiere que lo/la ponga celoso/a y que salga también con otros/as chicos/as. Mis amigos conocen la situación y se admiran de que no me haya mudado de apartamento.

EXPRESSIONS OF UNCERTAINTY

The subjunctive is used in Spanish when the verb in the main clause expresses doubt, disbelief, uncertainty, or denial about the reality of the dependent clause.

Dudábamos que la policía pudiera llegar a tiempo.	*We doubted that the police could arrive on time.*
No cree que su enfermedad tenga cura.	*He doesn't believe that his illness has a cure.*
No estoy segura de que Raquel haya cerrado la puerta.	*I am not sure that Raquel has closed the door.*
La madre negaba que su hijo hubiera roto la ventana.	*The mother denied that her son had broken the window.*

When there is no change of subject the infinitive is generally used.*

Dudábamos poder llegar a tiempo.	*We doubted we could arrive on time.*
No cree poder acompañarme al centro.	*He doesn't believe he can accompany me downtown.*
No estoy segura de haber cerrado la puerta.	*I am not sure I closed the door.*
La madre negaba haber roto la ventana.	*The mother denied she broke (having broken) the window.*

The most common verbs of this type are **no creer, dudar, no estar seguro de, negar,** and **resistirse a creer.** However, **no creer** takes the indicative when the speaker is certain about the reality of the dependent verb regardless of someone else's doubt.

Ella no cree que yo me saqué la lotería.	*She doesn't believe that I won a prize in the lottery.* (But I, the speaker, know that I did.)

---

*In the spoken language one occasionally hears the subjunctive even when there is no change of subject: **Dudo que yo pueda ayudarte.**

When verbs of this kind are used in a question, the doubt or assurance on the part of the person who asks the question determines the use of the subjunctive or the indicative.

¿Creen Uds. que ella pueda hacer ese trabajo?	*Do you think that she can do that work?*
¿Creen Uds. que ella puede hacer ese trabajo?	

In the first question the speaker doubts and wants to know if other people share his/her doubts; in the second question the speaker wants to know someone else's opinion and does not give his/her own.

The question **¿No cree Ud...?** (*Don't you think . . . ?*) does not imply doubt on the part of the speaker. Thus the indicative is used.

¿No crees que él es muy inteligente?	*Don't you think that he is very intelligent?*

Observe the highly subjective nature of the verbs treated in this section. For instance, when the speaker says **Nadie duda que el crimen es uno de nuestros mayores problemas,** he/she is referring to a generally accepted fact. On the other hand, it is possible to say **No dudo que hayas estudiado, pero debías haber estudiado más.** The use of the subjunctive here indicates some mental reservation on the part of the speaker.

APLICACIÓN

¿Subjuntivo o indicativo?   Lea cada párrafo y después vuelva a leerlo, colocando esta vez al principio de cada oración las expresiones que se dan abajo. Cambie el verbo al subjuntivo cuando sea necesario.

Modelo: La anciana es una excéntrica.
   → *Nadie en el pueblo duda que* la anciana *sea una excéntrica.*

1. La anciana es una excéntrica. Una de sus mayores excentricidades consiste en hablar sola. Su chifladura es peligrosa. Uno de estos días va a atacar a alguien. Deben enviarla a un asilo.

   a. Nadie en el pueblo duda que...   **b.** Nadie niega que...

   c. Pero, ¿cree Ud. que...?   **d.** Dudo que...   **e.** Y no creo que...

2. Se sentaron a la mesa en seguida. Las frituras que sirvió la madre estaban deliciosas. Eran de carne. El padre abrió una botella de vino. Dijo que ése era un día especial. Todos bebieron muy contentos.

   a. No estoy seguro de que...   **b.** No creo que...   **c.** Estoy seguro de que...

   d. Dudo que...   **e.** También dudo que...   **f.** ¿Cree Ud. que...?

3. Antes de llegar a nuestro pueblo, el extranjero había pasado varios días perdido en el bosque. El extranjero había venido de muy lejos. En su juventud había sido muy rico. Había nacido en un castillo de Aragón. Sus padres habían sido nobles.

   a. Estábamos seguros de que...   **b.** Pero dudábamos que...   **c.** Nadie creía que...

   d. Aunque algunos creían que...   **e.** También creían que...

EL HECHO (DE) QUE (THE FACT THAT)

The word **hecho** (*fact*) in this expression can be misleading. **El hecho (de) que** and its elliptic forms **el que** and **que** normally require the subjunctive in the clause they introduce when the fact presented is viewed by the speaker with doubt, reservation, or some kind of emotion.

El hecho de que (El que, Que) *gasten* **tanto, me hace sospechar.**	*The fact that they spend so much makes me suspicious.*
El hecho de que (El que, Que) el chico *pudiera* **haber caído en el pozo, preocupaba a quienes lo buscaban.**	*The fact that the child might* have fallen into the well worried those looking for him.*
Me ha molestado el hecho de que (el que, que) no me *hayas* **llamado antes.****	*The fact that you didn't call me earlier has bothered me.*

APLICACIÓN

Una casa con fantasmas.   Un amigo suyo ha encontrado una casa estupenda y muy barata. Alguien le dice que la razón del precio bajo es que hay fantasmas en la casa. Complete los comentarios que Ud. le hace a su amigo combinando elementos de las dos columnas. Añada **el hecho (de) que (el que, que)** en la columna izquierda y haga los cambios necesarios en los verbos.

Modelo: *El hecho de que la casa se venda tan barata indica que tiene algún problema serio.*

1. la casa se vende tan barata	**a.** no significa que no haya ruidos
2. lleva varios años vacante	**b.** me hace dudar de que sean personas honestas
3. se oyen ruidos por la noche	**c.** significa que no sabes si debes comprarla o no
4. me pides mi opinión	**d.** indica que tiene algún problema serio
5. los dueños no te hablaron de los fantasmas	**e.** no quiere decir que no existan
6. yo soy muy supersticioso/a	**f.** me da mucho miedo
7. tú no has oído los ruidos	**g.** me hace preguntarme por qué
8. tú no crees en fantasmas	**h.** me impide aconsejarte objetivamente

---

*Note that the words *may* and *might* appear sometimes in the English sentence.
**Note that the order of the clauses can be inverted.

USES OF THE SUBJUNCTIVE IN INDEPENDENT CLAUSES

Most verbs in the subjunctive are found in subordinate clauses. Commands are an exception. Other exceptions are: (1) wishes expressed elliptically, (2) expressions of wish or regret preceded by **Ojalá (que)** or **¡Quién...!**, (3) doubts implied in verbs preceded by **Quizá(s)** and **Tal vez.**

1 Wishes expressed elliptically.

These kind of sentences very often begin with **Que**.

Que le(s) aproveche.*	*Bon appetit! (Enjoy your dinner.)*
Que se diviertan.	*Have a good time.*
¡Muera el terrorismo!	*Down with terrorism!*
Que en paz descanse (Q.E.P.D.).	*May he/she rest in peace.*
Que lo haga otro.	*Have someone else do it.*

2 Expressions of wish or regret preceded by **Ojalá (que)** or **¡Quién...!**

A very common way to express a wish in Spanish is by using **ojalá (que)** + subjunctive.** **Ojalá (que)** + present subjunctive is used when the speaker hopes something will happen (or will not happen) in the future. **Ojalá (que)** + imperfect subjunctive expreses a wish that is impossible or unlikely to happen. **Ojalá (que)** + present perfect subjunctive expresses a hope about the immediate past. **Ojalá (que)** + pluperfect subjunctive refers to a wish that was not fulfilled in the past and denotes regret.

Ojalá que Pepe llame hoy.	*I hope Pepe calls today.* (A wish that may be fulfilled.)
Ojalá que Pepe llamara hoy.	*I wish Pepe would call today.* (A wish of difficult realization.)
Ojalá que Pepe haya llamado.	*I hope Pepe has called.* (The speaker is not at home or for some reason he/she doesn't know whether Pepe has called or not.)
Ojalá que Pepe hubiera llamado ayer.	*I wish (If only) Pepe had called yesterday.* (The action didn't take place and the speaker regrets it.)

Quién + third-person singular imperfect subjunctive or third-person singular pluperfect subjunctive also refers to a wish of the speaker. Like **ojalá (que)**, **quién** + subjunctive may express either (a) a wish of impossible or unlikely realization, or (b) regret, depending on the tense used. **¡Quién...!** is never used with the present subjunctive.

	(a)
¡Quién pudiera vivir cien años!	*I wish I could live for one hundred years!*

	(b)
¡Quién hubiera estado allí en ese momento!	*I wish I had been there at that moment!*

---

* The verb **aproveche** in this expression is always in third-person singular and doesn't agree with the person who is eating, since the subject (understood) is the food eaten.
** In some countries, like Mexico, the form most used is **Ojalá y**.

3 Quizá(s) and **Tal vez.**

Quizá(s) and **Tal vez** are both equivalents of *Perhaps*. The subjunctive is used after these words when the speaker wishes to indicate doubt. If the speaker doesn't want to express doubt, the indicative is used.

Tal vez sea demasiado tarde.	*Perhaps it may be too late.*
Quizás no quieran ayudarnos.	*Perhaps they don't want to help us.* (The speaker is in doubt.)

But:

Tal vez es demasiado tarde.	*Perhaps it is too late.* (I think it is.)
Quizás no quieren ayudarnos.	*Perhaps they don't want to help us.* (The speaker thinks they don't.)

APLICACIÓN

A. Situaciones.   Exprese un deseo original para cada circunstancia usando una expresión que comience con **que**.

1. Sus padres van a una fiesta. Ud. les dice cuando salen: ...

2. Su compañera va a examinarse hoy. Ud. le desea éxito diciéndole: ...

3. La abuela de su amigo ha muerto. Cuando él habla de ella, usa la expresión: ...

4. El presidente le habla al pueblo. La multitud lo aplaude y grita: ...

5. La madre de un chico le manda hacer algo. Él no quiere hacerlo y señalando a su hermana dice: ...

6. Alguien entra en un lugar donde hay dos personas comiendo y les dice: ...

7. Alberto y Teresa salen de viaje. Sus amigos los despiden en el aeropuerto diciéndoles: ...

8. Un amigo suyo está enfermo. Ud. conversa con él por teléfono y termina la conversación diciéndole: ...

B. Exprese, usando **Ojalá**.

1. Dos deseos para el futuro.
   Modelo: *Ojalá no llueva este fin de semana.*

2. Dos deseos de difícil realización.
   Modelo: *Ojalá se acabaran para siempre las guerras.*

3. Dos lamentaciones por algo que (no) se hizo o (no) sucedió en el pasado.
   Modelo: *Ojalá no me hubiera enamorado.*

C. Más situaciones.   Exprese una reacción original en cada caso usando ¡**Quién...**!

1. Deseos difíciles de realizarse.
   a. Sus amigos están en la playa en Marbella. Ud. acaba de recibir una hermosa tarjeta postal de ellos y comenta: ...
   b. Una joven va a una exposición de automóviles y ve allí un modelo de $50.000 que le encanta. Ella exclama: ...
   c. Ud. quisiera sacarse la lotería y acaba de comprar una tarjeta de lotto. Ud. dice: ...
   d. Un señor de más de 50 años está admirando a una muchacha muy bonita de 20 y exclama: ...

2. Lamentaciones por lo que no sucedió:

   a. Un estudiante ha salido muy mal en un examen porque no estudió. Ahora se arrepiente y comenta: ...

   b. Juanita está muy interesada en la historia. Ve un documental sobre el siglo XVIII y dice: ...

   c. Ud. conoció en una fiesta a un/a joven que le gustó mucho, pero ahora no puede llamarlo/a, porque no sabe su teléfono. Ud. se lamenta: ...

   d. Una persona famosa que Ud. admira mucho hizo ayer una visita de sorpresa a su escuela, pero Ud. no sabía que iba a ir y no fue ayer a la escuela. Ud. se lamenta: ...

D. **Hablando de los personajes de «Una luz en la noche».**   Cambie las siguientes oraciones para expresar duda.

1. Tal vez José Dolores es más valiente que sus compañeros.

2. Tal vez las hierbas de Sandalio curarán el estómago de Lázaro.

3. Quizá a José Dolores y a sus amigos no les ha gustado la comida de Sandalio Cortijo.

4. Quizás todos ellos dormirán esta noche en la casa embrujada.

5. Tal vez Luis Argüeso tiene miedo del fantasma de su hermano.

6. Quizás los vecinos piensan que el fantasma del hermano vive en la casa.

7. Tal vez ya ha venido el cura a hacer el exorcismo.

8. Quizá Sandalio Cortijo buscará trabajo pronto.

Sección léxica

Ampliación: Formación y uso de diminutivos, aumentativos y despectivos

La formación de palabras diminutivas, aumentativas y despectivas (*pejorative*) por medio de sufijos es una característica importante del español, y el estudiante debe tener esto en cuenta si quiere hablarlo y escribirlo con naturalidad. Aunque la frecuencia con que se emplean esta clase de palabras depende de la región y hasta de la preferencia personal, su uso es muy común, especialmente el de los diminutivos.

Los sufijos diminutivos, aumentativos y despectivos se añaden a los sustantivos y adjetivos, y en el caso de los diminutivos, también a los adverbios: Se perdió el **papelito**, Era un joven **delgaducho**, Tiene un perro **grandote**, Habla **bajito**, Lo hizo **rapidito**. Si la palabra termina en vocal, ésta se quita antes de añadir el sufijo: mesa > **mes-ita**. A veces, al añadir los sufijos se producen cambios ortográficos: lápiz > **lapicito**, lago > **laguito**, chico > **chiquitín**; otras veces, se intercalan una o más letras entre la palabra y el sufijo: pez > pec-(**ec**)-ito, pan > pan-(**ec**)-illo.

Estos sufijos, sin embargo, no se pueden añadir a todas las palabras y no existen reglas exactas sobre esto; la mejor manera de aprenderlo es la observación.

DIMINUTIVOS

1. El sufijo diminutivo más común es **-ito/ita: una banderita, muchas florecitas, dos perritos.** En algunas regiones de España y en Colombia, Costa Rica, Cuba, la República Dominicana y Venezuela, se prefiere el sufijo **-ico/ica** cuando hay una **t** en la sílaba anterior: gato > **gatico**, libreta > **libretica**, momento > **momentico.*** Otros sufijos diminutivos preferidos en algunas regiones son:

-illo/illa, -ín/ina y **-ete/eta: una chiquilla** (niña), **una vaquilla** (vaca pequeña), **un pequeñín** (niño pequeño), **un pillín** (*little rascal*), **una camiseta** (*undershirt, T-shirt*).

2. Además de indicar que algo es pequeño, los diminutivos pueden expresar afecto, simpatía y otros sentimientos e intensificar el sentido de una palabra. Si digo: **La casita donde crecí**, el diminutivo no indica necesariamente que la casa era pequeña, sino que la recuerdo con cariño y nostalgia. Cuando Don Quijote se enfrenta a los leones, exclama: «¡**Leoncitos** a mí!», indicando, no que los leones sean pequeños, sino que son un peligro insignificante para un caballero valiente como él.

El diminutivo puede también expresar ironía: **¡Qué viajecito!** (*What a lousy trip!*)

Muchos apodos (*nicknames*) se forman con sufijos diminutivos: Luis > **Luisito**, Jorge > **Jorgito**, Marta > **Martica**, Miguel > **Miguelín**.

Es común usar diminutivos para hablarles a los niños: Dame un **besito**, Tómate tu **lechita**, Estate **tranquilito**. También se usan mucho los diminutivos en la vida diaria para ofrecerle comidas o bebidas a alguien: ¿Quieres un **traguito** (*drink*) / un **cafecito** / un **juguito** / una **sopita**? El diminutivo expresa en este caso que lo que se ofrece es apetitoso (*appetizing*) y también que se quiere convencer a la otra persona para que acepte.

En el caso de los animales, el diminutivo es el equivalente a *kitten, puppy, cub* o *baby*: La gata tuvo cuatro **gatitos**, Me regalaron un **perrito** de seis semanas, La leona juega con su **leoncito**, La mona carga a su **monito**. Existe la palabra **cachorro**, que es equivalente de *cub*, pero aun ésta se usa frecuentemente en diminutivo: La leona juega con su **cachorrito**.

3. Algunas palabras cambian de significado cuando se les añaden sufijos diminutivos:

boca > **boquete** (*hole, narrow entrance*), botica (*drugstore*) > **botiquín** (*medicine cabinet*), cabeza > **cabecilla** (*leader of a revolt or gang*), cama > **camilla** (*stretcher*), camisa > **camiseta** (*undershirt, T-shirt*), carro > **carreta** (*wagon*), **carretilla** (*wheelbarrow*), maleta > **maletín** (*overnight bag; briefcase*), peine > **peineta** (*comb used as a hair ornament*), pera > **perilla** (*doorknob*), ventana > **ventanilla** (*car window, teller's window*).

AUMENTATIVOS

1. Los aumentativos se usan con mucha menos frecuencia que los diminutivos. Indican tamaño grande o intensidad, pero pueden expresar también otras ideas, inclusive cariño. En la lectura de este capítulo se usa la palabra **casona** para hablar de la casa abandonada. Aquí, este aumentativo indica no sólo una casa grande, sino también imponente, sombría y vieja.

2. Los sufijos aumentativos más comunes son:

-ón/ona, -azo/aza y **-ote/ota:** mujer > **mujerona, mujerota;** rico > **ric(ach)-ón;** voz > **voz(arr)-ón;** bigote > **bigotón, bigotazo;** perro > **perrazo, perrote;** grande > **grandote.**

---

* A los costarricenses se les llama **ticos** porque usan mucho este sufijo.

3. Algunos nombres femeninos se hacen masculinos y cambian de significado cuando se les añade un sufijo aumentativo:

la caja > **el cajón** (*crate; drawer*), la calle > **el callejón** (*alley*), la cama > **el camarote** (*cabin in a ship*), la camisa > **el camisón** (*nightgown*), la colcha (*bedspread*) > **el colchón** (*mattress*), la cuchara > **el cucharón** (*laddle*), la isla > **el islote** (*key, [small island]*), la jarra (*pitcher*) > **el jarrón** (*large vase*), la puerta > **el portón** (*front gate*), la rata > **el ratón** (*mouse*), la silla > **el sillón** (*armchair*), la tabla (*board*) > **el tablón** (*wooden plank*), la taza > **el tazón** (*bowl*), la tela (*cloth*) > **el telón** (*theater curtain*).

DESPECTIVOS

Los despectivos, como su nombre lo indica, expresan poco aprecio por la cosa o persona que se menciona. El sufijo despectivo más común es: **-ucho/ucha**, pero hay varios otros como **-uco/uca** y **-ejo/eja**: **tienducha** (*dingy store*), **casuca** (*shack*), **viejuco** (*annoying old man*), **caballejo** (*nag*). A veces, los aumentativos y hasta los diminutivos pueden tener sentido despectivo: **un bravucón** (*a bully*), **una mujerona** (*a rude, unpleasant woman*), **palabrotas** (*bad words*), **un hombrecillo** (*an insignificant guy*).

APLICACIÓN

A. Encuentre los diminutivos, aumentativos y despectivos que se han usado en los siguientes párrafos y explique su uso.

Modelo: *En el callejón, un perrazo de largas orejotas perseguía a un gatito, pero no pudo atraparlo, porque el pillín se escapó metiéndose en un boquete que había en la pared de una casucha.*

callejón	Aumentativo, pero no indica tamaño grande; al contrario, es una clase de calle, pequeña y sin salida.
perrazo	Aumentativo. Indica no sólo que el perro era grande, sino también que inspiraba miedo.
orejotas	Aumentativo. Expresa el gran tamaño de las orejas.
gatito	Diminutivo. El gato puede ser pequeño, pero es más probable que el diminutivo refleje la simpatía de quien habla.
pillín	Diminutivo. Equivale a *little rascal*, pero expresa simpatía.
boquete	Diminutivo. Deriva de boca y se refiere a un hoyo o una entrada pequeña.
casucha	Despectivo. Indica que la casa era pobre y mala.

1. Hijito, deja al gatico en paz y quédate un ratico quietecito, porque papito quiere dormir una siestecita en su sillón.

2. Las callejuelas de aquel pueblucho estaban llenas de chiquillos flacuchos y descalzos, que alargaban los bracitos para pedirles unas moneditas a los turistas. Las mujerucas se asomaban silenciosas a las puertas de sus casuchas cuando pasábamos.

3. No fui al trabajo esta mañana, porque mi hijita estaba enfermita. Tiene un catarrazo bárbaro. Iré a trabajar cuando esté mejorcita.

4. Una canción mexicana que me gusta mucho dice: «Han nacido en mi rancho dos arbolitos / dos arbolitos que parecen gemelos / y desde mi casita los veo juntitos...»

5. En el salón, sentada en un almohadón junto al arbolito de Navidad, la niñita movía sus deditos sobre el teclado del pianito de juguete que le habían traído los Reyes Magos.

6. Aquel muchachón de brazotes musculosos era un bravucón que abusaba de los más chiquitos.

7. El pajarito se cayó del nido. ¡Pobrecito!

8. Mi tío José era un hombre grandote, tenía un bigotazo negro y un vozarrón impresionante; sin embargo, todos lo llamaban Pepín.

9. —Carmencita, hace frío. —¿Quieres una sopita caliente o prefieres un cafecito?

10. Los Bernal tienen diez hijos. ¡Qué familión! Viven frente a una plazoleta, en un caserón antiguo que parece la casa de los Munsters. Un paredón con un portón de hierro separa el jardín de la calle.

B. Utilice los siguientes pares de palabras en oraciones o parrafitos originales.

Modelo: botica / botiquín
Cuando vi que no tenía aspirinas en mi botiquín, fui a la botica a comprar un frasco.

1. caja / cajón		**7.** isla / islote	
2. calle / callejón		**8.** maleta / maletín	
3. cama / camarote		**9.** palabra / palabrota	
4. camisa / camiseta		**10.** puerta / portón	
5. colcha / colchón		**11.** taza / tazón	
6. cuchara / cucharón		**12.** ventana / ventanilla	

Distinciones: Diferentes equivalentes de but

1. Cuando *but* significa *nevertheless* o *yet*, sus equivalentes en español son **pero** o **mas**. Esta última se usa sólo en la lengua escrita.

El joven no huyó, pero estaba muy asustado.

The young man didn't run away but he was very scared.

No tenemos dinero, pero somos felices.

We don't have money but we are happy.

Estaba escondido en el cielo raso, mas leía los periódicos todos los días.

He was hiding in the attic but he read the papers every day.

2. Después de una oración negativa, cuando *but* significa *but on the contrary, instead* o *but rather*, en español se usa **sino** o **sino que**. Ésta última se usa cuando la oposición es entre dos verbos conjugados.

Los hombres no se sentaron en sillas, sino en un banco.

The men didn't sit on chairs but on a bench.

No estaban en una mansión, sino en una pequeña casa de campo.

They weren't in a mansion but in a small country house.

El revólver no era de Lázaro, sino de José Dolores.	*The revolver wasn't Lazaro's, but rather José Dolores'.*
No escribí ese cuento, sino que lo copié de un libro.	*I didn't write that story, but rather I copied it from a book.*
Los hombres no huyeron, sino que entraron en la casa.	*The men didn't run away, but they entered the house instead.*

Observe que todas las oraciones anteriores pueden ser respuestas a preguntas que exigen una selección entre dos posibilidades, pero que estas posibilidades se excluyen mutuamente.

¿Se sentaron los hombres en sillas o en un banco?

¿Estaban en una mansión o en una pequeña casa de campo?

¿Era de Lázaro el revólver o era de José Dolores?

¿Escribiste tú ese cuento o lo copiaste de un libro?

¿Huyeron los hombres o entraron en la casa?

Si los dos elementos o las dos situaciones no se excluyen mutuamente, se usa **pero**, aunque la primera oración sea negativa. **Pero** en este caso tiene el sentido de **sin embargo** (*however*).

El revólver no era de Lázaro, pero él lo usaba a veces.	*The gun wasn't Lazaro's, but (however) he used it sometimes.*
No escribí ese cuento, pero he escrito otros.	*I didn't write that story, but (however) I have written others.*

3. **No sólo (solamente)... sino (que) también (además)** significa *not only . . . but (also).*

José Dolores no sólo era valiente, sino además atrevido.	*José Dolores was not only courageous but also daring.*
No sólo comieron frutas, sino también carne.	*They not only ate fruits but meat as well.*
Sandalio no solamente los recibió amablemente, sino que además quiso unirse a ellos.	*Sandalio not only received them kindly, but he also attempted to join them.*

4. Cuando *but* sigue a una oración afirmativa y significa *except*, sus equivalentes en español son **menos, excepto** y **salvo**.

Todos tenían miedo de acercarse a la casa, menos (excepto, salvo) José Dolores y sus amigos.	*Everybody but José Dolores and his friends was afraid to approach the house.*
Todo está bien menos (excepto, salvo) una cosa.	*Everything is all right but one thing.*
Todo se ha perdido menos (excepto, salvo) el honor.	*All is lost but honor.*

5. Cuando *but* significa *only* o *merely*, en español se usa **no** + verbo + **más que...** o **no** + verbo + **sino...**

José Dolores no tenía más que una hermana.	*José Dolores had but (only) one sister.*
El médico no le dio a su madre sino un mes de vida.	*The doctor gave her mother but one month to live.*
No había nada allí más que maleza.	*There was nothing there but weeds.*

APLICACIÓN

A. Complete, usando un equivalente de *but*.

1. No conozco todo Puerto Rico, _____ he estado en San Juan y en Ponce. El centro de

estas ciudades no es moderno, _____ tiene muchos edificios de arquitectura colonial.

Cuando fui a San Juan, no paré en un hotel, _____ en casa de los Lago, una familia

amiga mía. Su casa no tiene _____ tres dormitorios. No es una casa muy grande,

_____ es muy cómoda. No hice el viaje sola, _____ con mi hermana Clemencia. No

hicimos el viaje en el verano, _____ en noviembre. En Puerto Rico hace mucho calor,

_____ en noviembre el calor es tolerable. Mis amigos son muy amables, no sólo me

hospedaron en su casa, _____ además me mostraron toda la ciudad. Los Lago no son

puertorriqueños, _____ cubanos, _____ viven en Puerto Rico hace muchos años.

Todos nacieron en La Habana _____ el hijo menor, que nació en San Juan.

2. No me gustan las películas de miedo, _____ las románticas. En cambio, mi novio no

quiere ver _____ películas de horror. No sólo las ve en el cine, _____ también

alquila videos. Él ha visto todas las películas de esta clase, _____ «Las momias de

Guanajuato». Cuando mi novio me invita al cine, yo no quisiera ir, _____ preferiría

quedarme en casa viendo la televisión. _____ voy de todos modos, porque no quiero que

vaya solo. Veo la película, _____ cierro los ojos en las escenas de miedo. No sufro

normalmente de insomnio, _____ cuando veo una película de horror no puedo dormir.

No soy cobarde, _____ imaginativa y nerviosa.

3. No hace _____ un año que murió Pedro Salgado. Salgado no fue solamente un buen

padre, _____ un ciudadano ejemplar. No fue un héroe, _____ hizo algunas cosas

heroicas. Su biografía no sólo se publicó en un libro, _____ también va a ser llevada al

cine. Yo leí todo el libro, _____ el último capítulo.

B. Complete de manera original, usado un equivalent de *but*.

1. Hacer eso no sólo es inmoral...

2. No tenemos bastante dinero para un taxi...

3. No quiso desayunar con nosotros...

4. Lucía no tiene veinte años...

5. El alcalde no mandó un representante al desfile...

6. Toda mi casa está limpia...

7. A mi tía no le gustan los macarrones...

8. Leí su carta tres veces...

9. No solamente no ganó dinero...

10. Luisa no estaba en la fiesta...

11. Nunca bebo jugo de uva...

12. Mi casa no es muy grande...

13. Todos votaron por ese candidato...

14. Él no es el bandido que busca la policía...

Para escribir mejor

Las palabras de enlace

Las palabras de enlace o transición son muy importantes al escribir, porque sirven de unión entre cláusulas, oraciones y párrafos, y determinan el sentido de lo que se escribe. Estas palabras son en su mayoría conjunciones, pero pueden también ser adverbios o expresiones de varias clases. Ud. encontrará muchas de estas expresiones en el capítulo 6, pues frecuentemente son el nexo entre la cláusula principal y la subordinada que contiene un verbo en el modo subjuntivo. Además, en la sección de *Distinciones* de este capítulo se presentaron los equivalentes españoles de *but*. A continuación se dan algunas de estas palabras de enlace, agrupadas según lo que indican.

1. Unión o adición: **además, ni, que, y** (**e** antes de **i** o **hi** pero no antes de **hie**)

Preparé dos vasos con agua *y* hielo para Raúl *e* Hilario.	*I prepared two glasses with water and ice for Raúl and Hilario.*
Él dijo, *además*, que no vio *ni* a Luisa *ni* a Rina.	*He said, besides, that he didn't see either Luisa or Rina.*

2. Separación, oposición o contraste: **a pesar de eso (esto), aunque, en cambio, excepto, mas, o (u antes de o u ho), pero, por el contrario, por otra parte, salvo, sin embargo**

La casa estaba a siete *u* ocho kilómetros del pueblo.	*The house was seven or eight kilometers from town.*
Los hombres no huyeron de la casa, *por el contrario*, entraron en ella.	*The men didn't run away from the house, on the contrary, they entered it.*
Fernanda escribe poesías; su hermana Eugenia, *en cambio*; se interesa sólo en los negocios.	*Fernanda writes poetry; her sister Eugenia, on the other hand, is only interested in business.*
Rolando todavía no tiene empleo, *sin embargo*, le prometieron que lo colocarían en diciembre.	*Rolando still doesn't have a job; however, they promised him they would hire him in December.*
Me gustan mucho las rosas, *pero, por otra parte*, los claveles también son hermosos.	*I like roses very much, but on the other hand, carnations are also beautiful.*

3. Causa o motivo: **por eso, porque, pues, puesto que, ya que**

Mi televisor está roto, *por eso* no pude ver el programa.	*My TV set is broken, for this reason, I couldn't watch the program.*
No iré más a tu casa, *puesto que* (*pues*) ya no me necesitas.	*I won't go to your house anymore since you no longer need me.*
Por favor, *ya que* tienes dinero, págame lo que me debes.	*Please, since you have money, pay me what you owe me.*

4. Resultado o consecuencia: **conque, por consiguiente, por (lo) tanto, pues**

¡*Conque* estás enamorado de Jesusita! *Pues*, díselo.	*So you are in love with Jesusita! Then, tell her.*
Tengo que quedarme con el niño, *por consiguiente (por lo tanto)*, no puedo salir esta noche.	*I have to stay with the child, therefore, I can't go out tonight.*

5. Condición: **con tal que, si, siempre que**

Él te perdonará *con tal que (siempre que*) le digas la verdad.	*He will forgive you provided that (as long as) you tell him the truth.*
Tu salud mejorará *si* te cuidas.	*Your health will improve if you take care of yourself.*

6. Comparación: **así como, como, cual, de igual manera**

Juan José tiene mucho dinero en el banco; *como* **tú, él es muy ahorrativo.**	*Juan José has a lot of money in the bank; like you, he is very thrifty.*
Lilian es *así como* **me la había imaginado.**	*Lilian is the same way as I had imagined her.*
La niña era delicada *cual* **una flor.**	*The girl was delicate like a flower.*

7. Propósito o finalidad: **a que, a fin de que, de esta manera, de este modo, para que**

El joven fue a ver a su amigo *a que* **(***para que, a fin de que***) lo ayudara.**	*The young man went to see his friend so that he would help him.*
Pensé que no debía decir nada y *de este modo* **(***de esta manera***) evitaría una discusión.**	*I thought I shouldn't say anything and this way I would avoid an argument.*

8. Tiempo: **a medida que, cuando, después que, en seguida, mientras tanto**

Los objetos se ven más pequeños *a medida que* **nos alejamos.**	*Objects look smaller as we get farther away.*
Llegó al restaurante y *en seguida* **le trajeron una copa de vino.**	*He arrived at the restaurant and, at once, they brought him a glass of wine.*
Ella lo esperaba de un momento a otro, *mientras tanto***, se mantenía ocupada arreglando la casa.**	*She was expecting him at any minute; in the meantime, she kept busy tidying up the house.*

9. Ilustración: **en otras palabras, por ejemplo**

Pepe nunca se despierta a tiempo y falta mucho al trabajo, *en otras palabras***, es un vago.**	*Pepe never wakes up on time and he misses work a lot, in other words, he is a lazy person.*
No me gustan algunas de las cosas que haces, *por ejemplo***, el que hables mal de tus amigos.**	*I don't like some of the things you do, for instance, your badmouthing your friends.*

10. Resumen: **en conclusión, en fin, en resumen, por último, todo esto**

Sirvieron diferentes clases de carnes y pescados, *en fin* **(***en resumen, en conclusión***), fue una cena magnífica.**	*They served different kinds of meat and fish; in short, it was a magnificent dinner.*
Se afeitó, se peinó con cuidado y se puso el traje; *por último***, colocó una flor en su solapa.**	*He shaved, he combed his hair carefully, and he put on his suit; finally, he placed a flower in his lapel.*
La casa vieja y vacía, la noche, la luz que se mueve, *todo esto* **contribuye a crear un ambiente de miedo.**	*The old and empty house, the night, the moving light, all of this contributes to create a climate of fear.*

En un escrito largo, se puede lograr también la idea de continuidad entre párrafos con otros métodos, por ejemplo, con una estructura paralela, o repitiendo, como en eco, palabras e ideas usadas con anterioridad. Vea en el siguiente ejemplo como, a través de la repetición, se ha unido un párrafo con el precedente. Al describir una tarde en su jardín, un escritor recuerda ciertos versos de un célebre poeta y varias palabras de los versos pasan a hacerse eco de su descripción del jardín.

[...] Yo suspiré al recordar las palabras de Bécquer: «Volverán las tupidas *madreselvas* / de tu *jardín* las *tapias* a escalar / y otra vez en la *tarde*, aún más hermosas, sus *flores* se abrirán [...]»

Han pasado muchos años. Por las *tapias* de mi jardín, en *esta tarde* primaveral, como en *aquélla*, trepan las *madreselvas* y me regalan sus *flores*. Junto a muchas otras *tapias*, en *tardes* así, otras *madreselvas* ofrecen milagros de color y aroma...

APLICACIÓN

A. Use las expresiones de enlace apropiadas en las siguientes oraciones. No utilice la misma expresión dos veces.

1. Los hombres hubieran preferido dormir, (*however*), siguieron andando en medio de la noche, (*since*) no habían encontrado un lugar seguro para descansar.

2. (*As*) se acercaban a la casa, se oían más los ruidos.

3. La única solución era entrar en la casa, (*this way*) descubrirían el origen de la luz.

4. José Dolores tenía un carácter fuerte, (*although, on the other hand*), era tierno y generoso.

5. De niño vivió en el campo, (*therefore*), tuvo una vida sana y tranquila.

6. (*The same way*) él obedecía a su madre, (*likewise*) su hermana lo obedecía a él.

7. El padre de José Dolores era un hombre débil y perezoso, (*for this reason*), la familia pasaba muchas necesidades.

8. Lázaro era hombre de estudios, Gabriel, (*on the other hand*), era un campesino ignorante.

9. Pai Domingo era humilde y (*besides*) era muy fiel.

10. Don Luis salió absuelto del juicio, (*however*) no volvió a la casa, (*since*) quería huir del recuerdo de su hermano.

11. Para Sandalio Cortijo era importante que no lo descubrieran, (*thus*) salía vestido con una sábana (*as*) fantasma.

12. Sandalio Cortijo no tenía dónde vivir, (*so*), se refugió en la casa.

13. Cortijo pensaba que podía vivir cómodamente en la casa (*as long as*) todos creyeran que estaba embrujada. Sandalio fue a buscar la comida (*at once*); (*in the meantime*), los hombres comentaban la aventura.

14. Sandalio les sirvió frutas, leche, carne asada y otras golosinas; (*in short*), una buena comida.

15. Muchos sucesos que parecen sobrenaturales tienen una explicación lógica, (*for instance*), la luz y los ruidos en esta historia.

B. Escriba oraciones usando estas expresiones de enlace: **si, ni, por consiguiente, por el contrario, pues** (para indicar consecuencia), **en fin, en otras palabras, por último**.

C. Escriba dos párrafos y ponga continuidad entre ellos usando la técnica «de eco» que se explicó antes.

La calle del Cristo en San Juan, Puerto Rico. Esta calle estrechísíma donde falta espacio para tantos automóviles y personas tiene al fondo la antigua capilla del Cristo. Es una atracción turística por sus casas de estilo colonial pintadas de colores claros y por sus tiendas. Es también famosa porque las protagonistas de la obra del dramaturgo puertorriqueño René Marqués, *Los soles truncos*, vivían en ella. (©Sven Martson/The Image Works)

TRADUCCIÓN

A Haunted House

When Jaime asked me to accompany him to the village in (**de**) Puerto Rico where his aunt lived, I wished that he hadn't [done it]. It was past seven P.M., one had to go through mountain roads, and Jaime's car was rather old. I wanted to say not only "I am sorry to disappoint you" but also "Have a good trip." On the other hand, I didn't want Jaime to go alone, so I accepted. When we were halfway there, it began to rain cats and dogs. I prayed to God that we wouldn't have an accident on the rain-soaked roads.

We didn't have an accident but our windshield wipers ceased working and this forced us to stop at the side of the road. Lightning flashed in the sky and we made out a large, imposing house near a coffee plantation. "Let's go there," said Jaime, "perhaps they'll let us spend the night. I think this storm will last for several hours." I doubted that Jaime's idea was a good one and I said that I would prefer that we stay in the car. But we were soaking wet for having tried to fix the wipers, so when Jaime insisted that we change our clothes I finally agreed that we go to the house.

There weren't any lights on, I hoped that we would be safe there. After we knocked many times without getting an answer, Jaime said that perhaps the house was uninhabited and suggested that we enter through a window. So we did. The lights weren't working. Fortunately, Jaime had his flashlight with him. The place was very dark and dirty but it was dry. We finally managed to find not only two small sofas to lie down on but also a couple of old blankets.

I was trying to fall asleep, happy that we had escaped the storm, when I felt that my sofa was shaking. I wished (use **Ojalá que**) we had never entered that house! I woke up Jaime and begged him for us to leave. But Jaime, who is a very skeptical person, refused to believe that my sofa had actually moved and demanded that I calm down. Then, we heard noises and moans upstairs. Since I am somewhat cowardly, I ran out of the house as fast as I could. When I reached the car, I was (use **me quedé**) very surprised that my brave friend Jaime was already there.

TEMAS PARA COMPOSICIÓN

1. **Continuación de la historia.** Déle un final diferente al pasaje traducido, haciendo que los jóvenes se queden en la casa y explicando lo que sucedía allí.

2. **Una película de fantasmas que vi una vez.** ¿Estaba bien hecha? ¿Le pareció interesante, miedosa, absurda? ¿Por qué razón les gustan a tantas personas las películas de miedo? ¿Le gustan a Ud.? ¿Por qué (no)?

3. **Una casa habitada por fantasmas.** Invente un cuento sobre una casa con fantasmas. La familia que vivía en esta casa sufría constantemente accidentes inexplicables, algunos de ellos bastante serios. Cuando se dieron cuenta de que los accidentes tenían un origen sobrenatural, su primera reacción fue que debían irse. Pero se sobrepusieron a su miedo y decidieron que aquélla era su casa y eran los fantasmas quienes tenían que salir. ¿Qué hicieron ellos para librarse de los fantasmas? ¿Lo consiguieron?

4. **Mis gustos y mi voluntad.** Escriba una composición usando el subjuntivo el mayor número posible de veces, explicando las cosas que le gusta y le disgusta que hagan otras personas y las cosas que quiere o sugiere que otros hagan.

España ha sido por años uno de los países europeos con mayor número de fumadores y tiene unas 50.000 muertes anuales producidas por el tabaco. Pero a partir de enero del 2006, quedó prohibido fumar en todos los edificios públicos y de oficinas, así como en transportes, centros comerciales y restaurantes. Este enorme dibujo que prohíbe fumar está en el metro de Madrid. (©AP/Wide World Photos)

CAPÍTULO 5

Lectura

Introducción

La lectura de este capítulo es un artículo de Juan David Medina que se publicó en la revista colombiana *Semana*. Hoy en día, los países hispánicos enfrentan problemas sociales similares a los de los demás países del mundo occidental, y la guerra entre los fumadores y los que quieren acabar con el tabaco por los efectos nocivos que produce es uno de estos problemas.

Como el título «Calvario de un fumador» indica, en el artículo el autor nos relata sus sufrimientos. Vamos a ver aquí el problema desde el punto de vista de una minoría: los fumadores. Un detalle interesante es que los fumadores colombianos, si quieren satisfacer su vicio, deben vencer un obstáculo adicional que no existe para los fumadores de los Estados Unidos: parece que la mayoría de ellos prefieren fumar cigarrillos norteamericanos, cuya adquisición se ha hecho más y más difícil, pues su importación está prohibida y el contrabando de los mismos ha sido perseguido eficazmente por el gobierno.

El autor comienza evocando la época "feliz" en la que en Colombia se conseguían fácilmente cigarrillos norteamericanos de contrabando; era la época en que fumaba mucha más gente que ahora y se podía fumar en todas partes. A continuación, nos relata su «calvario», que divide en cinco etapas. Al final del artículo, Medina comenta los distintos métodos para acabar con la adicción al tabaco que ha probado sin éxito, y afirma que seguirá fumando hasta morir. Cosa que, considerando las estadísticas, es probable que suceda, por desgracia, más pronto de lo que él piensa.

Calvario° de un fumador

Llevo media vida fumando: 14 años. Y la mitad de esos cinco millones de pesos° en cigarrillos me los he gastado en Bogotá. Me parecía el lugar ideal para los fumadores: clima frío, buenos precios y una acogedora gama° de sitios donde rara vez se advertía° el
5 letrero de «Zona de no fumadores», y mucho menos el terrífico° «Prohibido fumar».

Corría° el año de 1997 y la bonanza contrabandista, aún en auge°, me permitía el lujo de comprar Marlboro original americano por la módica° suma de 1.500 pesos° el paquete. En los
10 sanandresitos° este valor se reducía a la mitad. Para los excéntricos, se conseguía Ives Saint Laurent (el único mentolado bueno que ha existido), John Player Special, Dunhill, Capri (especial para las señoras que jugaban bridge), Benson & Hedges y Camel (único equiparable° en calidad al Malboro), a precios similares y en
15 perfecto estado, es decir, fresquitos°, porque con los cigarrillos sucede lo contrario que con el trago°: entre° más frescos, mejor.

Se fumaba en las tiendas, en los cafés, en las bibliotecas, en algunos cines. Hasta los profesores fumaban y dejaban fumar en los salones de colegios y universidades sin ningún pudor ni recato°.

Marginal glosses:

Sufrimientos

cinco... *$1890*

acogedora... *welcoming variety* / veía / horrible

Era

en... *flourishing*
modesta / *$0.57* / grandes centros comerciales colombianos

comparable

muy frescos
el licor / mientras

sin... *shamelessly*

Siguiente°: Fanny Kertzman llega a la DIAN.*

Next

Pero el sueño bogotano duraría poco. La llegada de Fanny Kertzman a la dirección de la DIAN sería el comienzo del fin. En menos de un año, Fanny y sus perros doberman acabaron con el contrabando de cigarrillos. Ahora sólo se podía comprar Marlboro venezolano, que nunca será igual al americano, así como la Coca Cola colombiana nunca sabrá igual que la gringa. O se arriesgaba uno a comprar cigarrillos americanos que llevaban años en containers olvidados, con unas manchas amarillas en el filtro y un olor asqueroso°, a berrinche°. Quedaba, por supuesto, la opción nacional, que nunca ha sido de mi gusto.

que da náuseas / foul smell

Luego vendrían° las campañas publicitarias contra el tabaco: «Fumar no te hace grande°. Sólo te ves como una niña que fuma», «Los fumadores: una especie en vías de extinción» (con dinosaurios como muestra) y «Fumar no te hace ver sexy» (con bocas llenas de colillas°). La meta° era reducir los índices de nuevos fumadores. De todas formas°, seguí fumándome mis quince diarios.

vinieron
adulto

cigarette butts / **La...** El propósito
De... *Anyway*

Siguiente: Escasea el Marlboro.

Subieron los precios, y el Marlboro comenzó a desaparecer, y ya no se encontraba en los anaqueles° de casi ningún supermercado.

estantes

El arribo° de dos monstruos estaba acaparando° el mercado. Kool y Belmont hicieron su entrada triunfal, con sendas campañas° publicitarias. Había chicas Kool en todas las universidades, meneándose° y regalando cajas de cigarrillos. Hoy en día, la mayoría de los fumadores jóvenes de Bogotá se ubica° entre estas dos marcas. Lo light y lo mentolado se apoderaron de las mentes, barrigas° y pulmones de los colombianos. La gente cree que entre más light hace menos daño, y es todo lo contrario, porque trae más químicas el filtro para darle un sabor suave o mentolado.

El... La llegada / monopolizando
con... cada uno con su propia campaña
moviéndose rítmicamente
coloca

bellies

Siguiente: La opresión se vuelve mundial.

Los fumadores ni nos inmutamos° con todas esas campañas, que al fin no servían para nada, hasta que llegó el nuevo milenio, y con él la desesperación de los países por hacer cambios en su devenir°. Mientras en Estados Unidos los fumadores con cáncer demandaban° a la Philip Morris por adicionar una sustancia adictiva dentro de sus cigarrillos, en Europa la presión de países como Irlanda y Noruega (que no dejan fumar ni en la calle) sirvió para que la Organización Mundial de la Salud (OMS) presentara un tratado° que involucra° a los 192 países que pertenecen a la Organización de las Naciones Unidas, en el que se prohíbe rotundamente la publicidad de cigarrillos y se suben los precios e impuestos del tabaco hasta en un 40 por ciento.

ni... no perdimos la calma

futuro
sued

treaty / envuelve

---

*La DIAN es la Dirección de Impuestos y Aduanas Nacionales. Fanny Kertzman fue directora de esta organización por un tiempo. Ahora es Embajadora de Colombia en el Canadá.

Philip Morris perdió la demanda° y hoy muchos fumadores norteamericanos viven bien sus últimos días gracias a su vicio.

suit

Todavía faltan países por firmar el tratado europeo, entre ellos, Colombia. Para aprobarlo, debe existir un consenso entre todos los ministerios, y resulta que el de Agricultura no lo aprueba, porque esta medida dejaría sin empleo a 125 mil campesinos que derivan su sustento del° cultivo del tabaco. Aunque el convenio plantea° un fondo° para la reconversión de cultivos, eso mismo les dijeron a los raspachines° de coca**, y actualmente son desplazados°.

derivan... *make their living from the /* propone
fund
cultivadores (Col.) / personas sin tierra ni trabajo

Siguiente: El Código de Policía.

Como contentillo° para la OMS mientras se firma el convenio, la Policía Nacional incluyó una estricta prohibición de fumar en sitios públicos, con pena desde multa hasta cierre de los establecimientos y detención por desobediencia.

appeasement

La primera vez que sufrí ira de° fumador frustrado fue en el Café Victoria de la Universidad Javeriana. Ya con el tinto° en la mano, procedí a encender mi cigarrillo, cuando la mesera° objetó que ahí no se podía fumar. Tuve que salir y dejar el tinto ahí, porque no tenían vasos desechables°.

sufrí... me enojé como
café negro (Col.)
camarera

Vasos... *paper cups*

En menos de lo que canta un gallo°, los locales comerciales de la ciudad se vieron inundados con el letrero que más detesto: «Prohibido fumar». Yo creo que nos estamos extinguiendo, como en el comercial de los dinosaurios. Pero más que nostalgia personal, tengo la preocupación de qué vicios peores han reemplazado al cigarrillo en la juventud bogotana. Las pepas° se venden como pan caliente°, y el riesgo de muerte es mil veces mayor.

En... *In a jiffy*

drogas / **se...** *are in great demand*

Siguiente: Lo que queda por fumar y por hacer.

Si antes era tortura acompañar a la mamá o a la novia de compras, ya he vivido en carne propia° lo que es hacerlo sin poder fumar. Ya no se puede fumar en casi ningún centro comercial°.

en... por experiencia personal
centro... *mall*

Un dato útil: en Bulevar Niza sí se puede fumar en todo el centro comercial sin problema. Claro que si la policía se entera, en una semana ya no se podrá. En tiendas, restaurantes y cafés que no tengan sillas al aire libre no se puede fumar. Ni siquiera en mi casa me dejan fumar. Y bueno, esto es bien triste.

Un consejo para fumadores: vayan siempre al mismo sitio y háganse amigos del dueño, con eso los dejará fumar, escondidos, eso sí, en el último y más feo rincón del establecimiento. Acostúmbrense a fumar y tomar tinto parados a la entrada de la tienda, o sentados en el andén°, o contra una ventana abierta.

acera (Col. y C.A.)

La OMS dice que en los hogares más pobres se destina el 10% de los ingresos a sufragar° los gastos del tabaco. Yo, que soy pobre, les puedo asegurar que sale más caro dejar de fumar. Averigüen cuánto

pagar

**Muchos campesinos colombianos vivían del cultivo de la coca. En un esfuerzo por erradicar la droga, el gobierno les impidió seguir cultivándola y prometió ayudarlos si cambiaban a otros cultivos, pero parece que no ha cumplido su promesa.

105 valen diez parches de nicotina al mes, o siete cajas de chicles
Nicorette a la semana o un tratamiento Reike, que te quita las ganas
de fumar con unos cuarzos sobre todo tu cuerpo durante una hora
por dos meses, una vez a la semana. Yo lo intenté todo y ya lo único
que quiero es seguir fumando hasta morirme contento, pero que me
110 dejen hacerlo en paz, por favor.

Éste es uno de los anuncios de la campaña antitabaco colombiana que se menciona en la lectura.
©Instituto Nacional de Cancerología, Columbia, courtesy of Dr. Raúl H. Murillo.

APLICACIÓN

A. Vocabulario

Reemplace las palabras en cursiva con sus equivalentes de la lista que se da debajo.

Hablando de fumadores y de no-fumadores.

1. Muchos de los enemigos del tabaco tienen también *sufrimientos* que relatar, pues han sufrido *por experiencia personal* los efectos *horribles* que esta adicción tiene en la salud, y la consideran un vicio tan malo como *la bebida*. Para estas personas, el fumar *es* una adicción *que da asco*. Los que son alérgicos al cigarrillo *se enojan* cuando ven *extremos de cigarrillos* en un cenicero.

2. La industria del tabaco no está *próspera* en estos momentos, en parte, por causa de los *convenios* que han firmado muchos países, con *el propósito* de erradicar el hábito de fumar. Con tantos impuestos, fumar ya no representa un gasto *razonable*. Aunque todavía hay personas que siguen fumando *tranquilamente*.

3. Antes, marcas como Marlboro y Camel *monopolizaban* el mercado, pero esto cambió con *la llegada* de los cigarrillos light y mentolados. Ahora hay una gran *variedad* de marcas en los *estantes* de las tiendas donde se vende tabaco. El narrador habla de las chicas Kool, que se *mueven con ritmo* con la música del anuncio, pero en los Estados Unidos no hay chicas Kool, pues ya no se permite esta clase de propaganda.

acaparaban / anaqueles / el arribo / asquerosa / en auge / un calvario / las colillas / en carne propia / gama / la meta / menean / módico / sienten ira / sin inmutarse / terríficos / el trago / tratados

B. Comprensión

1. Según el autor del artículo, ¿qué características de Bogotá la hacían ideal para los fumadores?

2. ¿Por qué podía el autor comprar muy barato el Marlboro en 1997?

3. ¿Qué lugares menciona el autor donde se podía fumar en el pasado?

4. ¿Qué hizo Fanny Kertzman?

5. ¿Qué problema tenían los cigarrillos americanos viejos?

6. ¿Qué campañas publicitarias anticigarrillos menciona el autor?

7. ¿A quién iba dirigida la campaña de los cigarrillos Kool y cómo era?

8. ¿Por qué hace más daño el cigarrillo light que el regular?

9. ¿Qué hicieron en los Estados Unidos los fumadores con cáncer?

10. ¿Qué propone el tratado de la OMS?

11. ¿Por qué el Ministerio de Agricultura de Colombia no quiere que se apruebe el tratado?

12. ¿Qué le pasó al narrador en el Café Victoria?

13. ¿Por qué acompañar a la madre o a la novia de compras es ahora peor que antes?

14. ¿Qué consejos da el autor a los fumadores?

15. ¿Qué método para dejar de fumar menciona el autor?

C. Interpretación

1. ¿Cómo sabemos que la persona que escribe este artículo es joven?

2. El autor indica qué marcas de cigarrillos prefieren los diferentes tipos de personas. ¿Es cierto que la marca de cigarrillos que uno prefiere depende del tipo de persona que sea?

3. ¿Hay un tipo de persona que no fuma y otro que sí? Explique su opinión.

4. ¿Cree Ud. que los perros doberman que el narrador menciona se entrenaron con el único propósito de parar el contrabando de cigarrillos? ¿O había contrabandos más importantes que querían impedir? Explique.

5. Según el autor, la Coca-Cola colombiana no sabe igual que la gringa. ¿Es esto también cierto en otros países? Si es así, ¿cuál será la razón?

6. ¿Son efectivas las campañas anticigarrillo? ¿Por qué (no)?

7. Al hablar de las demandas contra la Philip Morris, el autor comenta que muchos fumadores norteamericanos viven hoy bien gracias a su vicio. ¿Por qué dice esto?

8. El autor cuenta que dejó el tinto y salió del Café Victoria cuando la camarera le dijo que no podía fumar. Basándonos en esto, ¿qué podemos inferir de su adicción?

9. El autor menciona un centro comercial donde todavía se puede fumar y dice que si la policía se entera, ya no se podrá. ¿Por qué es un poco absurdo que, siendo fumador, escriba esto en una revista?

D. Intercambio oral

1. **La persecución contra los fumadores.** Se ha comparado la actitud de nuestra sociedad contra los fumadores con una cacería de brujas. ¿Por qué (no) es esto una exageración? ¿Tiene derecho la sociedad a prohibir que una persona fume en público? ¿Hasta qué punto infringe esto la libertad individual? ¿Es el fumar «de segunda mano» tan peligroso como dicen? ¿Por qué (no)?

2. **Las prohibiciones de fumar en los EE. UU.** El autor cita tiendas, cafés, bibliotecas, cines y hasta salones de clase como lugares donde antes se fumaba en Colombia. ¿Era posible antes en los Estados Unidos fumar en todos estos lugares? ¿Es posible fumar ahora en algún lugar público? ¿Dónde se puede y no se puede fumar? ¿Varían estas reglas según el estado o son iguales en todo el país?

3. **Las demandas contra la compañía Philip Morris.** ¿Hasta qué punto son responsables las compañías de tabaco de los fumadores enfermos y muertos de cáncer? ¿No fumaban estos fumadores voluntariamente? ¿Por qué perdió el pleito la compañía? ¿Por qué (no) hay diferencias entre este caso y el de un alcohólico que demande a los fabricantes de bebidas por su alcoholismo?

4. **Los perjudicados por las campañas antitabaco.** El artículo menciona los 125.000 campesinos que viven del cultivo del tabaco y que se morirán de hambre si el cultivo desaparece. ¿Por qué (no) es éste un argumento suficientemente fuerte? ¿Hay diferencias entre estos campesinos y los que cultivaban la coca? ¿Qué debe hacer el gobierno?

Sección gramatical

The Subjunctive 1 (Continued)

THE SUBJUNCTIVE WITH IMPERSONAL EXPRESSIONS

Most impersonal expressions fall into one of the categories that call for the subjunctive (wish, doubt, emotion, unreality, etc.) and, therefore, require the subjunctive when there is a change of subject.

Common Impersonal Expressions

bastar	*to be enough*
convenir	*to be advisable*
parecer mentira	*to seem incredible, impossible*
poder ser	*to be possible*
¡Qué lástima!	*What a pity!*
ser bueno	*to be a good thing*

ser difícil	*to be unlikely*
ser dudoso	*to be doubtful*
ser extraño	*to be strange*
ser fácil	*to be likely*
ser importante	*to be important*
ser (im)posible	*to be (im)possible*
ser (im)probable	*to be (un)likely*
ser (una) lástima	*to be a pity*
ser necesario, ser preciso	*to be necessary*
ser preferible	*to be better*
ser urgente, urgir	*to be urgent*
valer más	*to be better*
valer la pena	*to be worthwhile*

Pepito era un niño muy inteligente. *Bastada* que el maestro le explicara las cosas sólo una vez.	*Pepito was a very intelligent child. It was enough for the teacher to explain things to him just once.*
***¡Qué lástima* que Betty no hable español! *Conviene* que aprenda por lo menos algunas frases.**	*What a pity that Betty doesn't speak Spanish? It is advisable that she learn at least some phrases.*
***Parecía mentira* que Yoli hubiese olvidado tan pronto todo lo que hice por ella.**	*It seemed incredible that Yoli had forgotten so soon all I did for her.*
***Puede ser* que Eduardo no sepa que se canceló la reunión. *Sería bueno* que se lo dijésemos.**	*It is possible that Eduardo doesn't know that the meeting was canceled. It would be a good thing (idea) for us to tell him.*
***Es necesario* que Juan David deje de fumar.**	*It is necessary that Juan David stop smoking.*
***¿Era posible* que los parches de nicotina no fueran eficaces?**	*Was it possible that nicotine patches were not effective?*
***Es urgente* que estemos en Montevideo mañana, pero *es difícil* que encontremos asiento en el avión. *Sería preferible* que saliésemos ahora mismo en auto.**	*It is urgent for us to be in Montevideo tomorrow but it is unlikely that we will find a seat on the plane. It would be better for us to leave right now by car.*
***Será preciso* que uno de nosotros vaya contigo. No conoces la ciudad y *es muy probable* que te pierdas.**	*It will be necessary for one of us to go with you. You don't know the city, and it is very possible that you will get lost.*
***No valió la pena* que plantaras tantos rosales en el jardín. En el futuro, *valdrá más* que siembres otra clase de flores.**	*It wasn't worthwhile for you to plant so many rosebushes in the garden. In the future, it will be better for you to put in other kinds of flowers.*

There is also a less-common alternate construction that combines an indirect object pronoun and an infinitive. This construction is often heard when the speaker wishes to place the emphasis on the *person* rather than on the *action*.

Pepito era un niño muy inteligente. Al maestro le bastaba explicarle las cosas una sola vez.

Pepito was a very intelligent child. It was enough for the teacher to explain things to him just once.

No te valió la pena plantar tantos rosales en el jardín. En el futuro, te valdrá más sembrar otra clase de flores.

It wasn't worthwhile for you to plant so many rosebushes in the garden. In the future, it will be better for you to put in other kinds of flowers.

Avoid translating *for me* (*you*, etc.) as **para mí** (**ti**, etc.).

Note that if there is no change of subject, the infinitive is used.

Es urgente estar en Montevideo mañana, pero será difícil encontrar asiento en el avión. Sería preferible salir ahora mismo en auto.

It is urgent to be in Montevideo tomorrow, but it will be difficult to find a seat on the plane. It would be better to leave right now by car.

Impersonal expressions that indicate certainty take the indicative: **ser cierto, ser evidente, ser verdad, ser un hecho, estar claro**, etc.

Es cierto que Carmen hace ejercicio todos los días.

It is true that Carmen exercises every day.

When used negatively the above expressions often indicate uncertainty and take the subjunctive: **No es cierto que Carmen haga ejercicio todos los días.**

No + ser + que... sino que... denies the reality of the main verb and it normally requires the subjunctive. Observe the sequence of tenses.

No es que me guste el café, sino que el café me mantiene despierto.

It is not that I like coffee, but rather that coffee keeps me awake.

No era que Juan David no pudiera dejar de fumar, sino que no quería.

It wasn't that Juan David wasn't able to stop smoking, but rather that he didn't want to.

APLICACIÓN

A. Combine las expresiones entre paréntesis con las oraciones, cambiando los verbos a los tiempos correctos del subjuntivo si es necesario.

Modelo: El profesor no ha llegado todavía. (Es extraño / Es evidente)
→ *Es extraño que* el profesor *no haya llegado* todavía.
Es evidente que el profesor *no ha llegado* todavía.

1. Nos vamos sin decir adiós. (Será mejor / Es importante)

2. Le habías hecho un buen regalo a Jacinto. (Bastaba / Parecía mentira)

3. Tuvisteis que sacar todo el dinero del banco. (Sería una pena / Es cierto)

4. Pablo se ha quedado sin empleo. (¡Qué lástima! / Es extraño)

5. No pude llegar a tiempo. (Fue lamentable / Fue bueno)

6. La víctima del accidente había muerto. (Podía ser / Era falso)

7. Consigues buenos asientos para el teatro. (Es fácil / Es imposible)

8. El testigo ha declarado la verdad. (Es evidente / Es dudoso)

9. Virginia no le había contado lo sucedido a su madre. (Valdría más / Era mejor)

10. Nos veremos mañana a las seis. (Será difícil / Va a ser preciso)

Interior de un moderno centro comercial en Bogotá, uno de los muchos con que cuenta la capital de Colombia. (©Network Photographers/Alamy Images)

B. A continuación de cada párrafo se dan varias expresiones impersonales. Escoja de cada grupo las dos que le parezcan más apropiadas, y use cada una de ellas en una oración que se relacione con el contenido del párrafo.

1. **a.** Panchita se despertó sobresaltada. ¡Se había quedado dormida! La noche anterior, había olvidado sacar el botón del despertador y, como resultado, éste no había sonado.
   ¡Qué lástima! / Era evidente / Estaba claro / Parecía mentira

   b. Eran ya las ocho y media. Se tiró de la cama y entró frenética en el baño. No iba a poder llegar a la clase de las nueve, y ese día había un examen.
   Era urgente / Era necesario / Era dudoso / Era difícil

   c. Mientras se vestía apresuradamente, Panchita debatía consigo misma si debería ir, aunque llegara tarde. En ese caso, tendría que explicarle a la Dra. Castillo lo sucedido. La otra posibilidad era no aparecerse e inventar una excusa para contarla en la clase del miércoles.
   Era preciso / Era posible / Valía más / Era preferible

2. **a.** Su abogado defensor era uno de los mejores del país. Sin embargo, Vicente Romero sentía en el fondo del alma un marcado escepticismo sobre el futuro. La libertad le parecía un sueño remoto.
   Era evidente / Era un hecho / Podía ser / Era posible

   b. Era inocente, pero nadie creía sus palabras. Las circunstancias lo incriminaban. Alarcón y él se habían odiado por muchos años y varios testigos lo habían oído amenazarlo.
   Era verdad / Era casi imposible / ¡Qué lástima! / Era dudoso

   c. Nadie había visto el crimen, pero Vicente no podía probar dónde estaba a esa hora. Esto y sus amenazas eran suficientes para condenarlo.
   Era cierto / Era (muy) posible / Era casi seguro

C. Las opiniones de Fernando. Su amigo Fernando siempre se equivoca en sus opiniones sobre la gente. Corrija cada una de sus afirmaciones usando la construcción **No + es + que... sino que...**

Modelo: A tu padre no le gusta fumar. (el médico le ha prohibido el cigarro)
→ *No es que a mi padre no le guste fumar, sino que el médico le ha prohibido el cigarro.*

1. María es muy pobre. (es muy tacaña con su dinero)
2. Jorge se ha olvidado de llamarnos. (su teléfono está roto)
3. A Renato le encanta caminar. (necesita hacer ejercicio)
4. El profesor habla demasiado rápido. (tú no comprendes bien el español)
5. No te interesan los deportes. (no tengo tiempo de practicarlos)
6. Jesús tiene miedo de volar. (no quiere viajar ahora)
7. Herminia no ha estudiado para el examen. (el examen es muy difícil)
8. Elena no sabe bailar. (le duelen los pies)
9. El coche de Luis es nuevo. (lo cuida mucho)
10. No te gusta el dulce. (no quiero engordar)

D. Cambie al pasado las oraciones que formó en el ejercicio anterior.

Modelo: *No **era** que a mi padre no le **gustara** fumar, sino que el médico le **había prohibido** el cigarro.*

The subjunctive II: The Subjunctive in Relative Clauses

Relative clauses, also called adjectival clauses, modify nouns as an adjective would. They are most commonly introduced by the relative pronoun **que**. Relative clauses take either the indicative or the subjunctive according to the criteria described below.

1 The subjunctive is used in relative clauses introduced by **que** when the antecedent is hypothetical, nonexistent, or unknown to the speaker.

Quiero comprar un automóvil que consuma poca gasolina.	*I want to buy a car that uses little gas.* (The speaker is not referring to any specific car.)
No encontrarás aquí a nadie que esté de acuerdo contigo.	*You won't find anyone here who agrees with you.* (The speaker is denying the existence of the person.)
¿Hay alguien en esta clase que haya estado en el Perú?	*Is there anyone in this class who has been to Peru?* (The speaker doesn't know whether the person exists.)

But:

Tengo un automóvil que consume poca gasolina.	*I have a car that uses little gas.*
Te equivocas, aquí hay varias personas que están de acuerdo conmigo.	*You are wrong, there are several persons here who agree with me.*
En esta clase hay dos estudiantes que han estado en el Perú.	*There are two students in this class who have been to Peru.*

Every time that one lists the characteristics of an unknown person or thing that one is seeking, the subjunctive must be used. This case is very common in everyday usage. If you read the classified ad section in any Spanish newspaper, you will realize how frequently the subjunctive is used.

APLICACIÓN

A. Forme oraciones combinando las palabras entre paréntesis con las cláusulas que se dan. Si es necesario, ponga los verbos en el tiempo correcto del subjuntivo.

Modelo: Un mecánico que es bueno. (Busco)
            → *Busco un mecánico que **sea** bueno.*

1. Una chica que sabía jugar al tenis. (Deseaban contratar)
2. Una casa que tiene diez habitaciones. (Ella es dueña de)
3. Algún estudiante que no había pagado su matrícula. (¿Había allí...?)
4. Una secretaria que habla japonés. (Se solicita)
5. Un colchón que es cómodo. (Necesito)
6. Algún pintor que no cobra mucho. (¿Conoces...?)
7. Asientos que estaban en las primeras filas. (Queríamos)
8. Un restaurante donde se come muy bien. (He encontrado)

DEL INTERNET (ARGENTINA)

PARA ELLOS	PARA ELLAS
❧ Busco un hombre que quiera vivir solo, pero ocasionalmente guste de una buena compañía. No quiero compromisos. Quiero un señor que sea solvente, y tenga menos de 60 años. Tengo 54, mido 1.65, peso 65 kilos, soy trigueña, viuda y propietaria. Lomas de Zamora. #1612	❧ Con fines serios deseo conocer a una dama de hasta 42 años, de cualquier estado civil, que sea simpática, cariñosa, apasionada y honesta y que tenga mentalidad moderna. Estoy libre, de buena posición, sincero y tengo mucho amor para dar. #2572
❧ Soltera, 24 años, 1.70, delgada, blanca, muy juvenil, divertida, bonita, moderna, romántica. Me encantaría conocer un hombre de más de 25 años, buen carácter, profesional, que no tenga hijos, que sea divertido, delgado y sepa bailar. Alesia, San Juan. #2403.	❧ Viudo, busco una dama de 60 and 65 años, sana, sencilla, que no fume, que no sea gorda, sin cargos de familia y que viva en la capital o los alrededores. #1159
❧ Señora viuda de 79 años, dulce y cariñosa, limpia y prolija. Deseo conocer a un señor de hasta 83 años, ordenado, jubilado, que sea sincero y que no fume. Isabel. #5914.	❧ Deseo conocer a una joven de menos de 25 años, bien parecida, que no fume, que guste de la buena música, sea educada y con situación económica resuelta. Para constituir una pareja estable. Tengo 41 años, separado legalmente, propietario. Alfredo. #1118

Estos anuncios aparecieron en una página web dedicada a los que buscan amor y compañía. Fíjese en el uso del subjuntivo en los verbos que explican las cualidades que debe tener la persona. Por ejemplo, en el primer anuncio encontramos las especificaciones «que quiera vivir solo» , «[que] guste de una buena compañía», «que sea solvente», «[que] tenga menos de 60 años». Lea todos los anuncios y encuentre los subjuntivos que se usan.

9. Plazo que no llega ni deuda que no se paga. (No hay)

10. Un gato que cazaba ratones. (Ella necesitaba)

11. Una mujer que tiene dinero. (Él quiere casarse con)

12. Un periodista que había ido a la guerra. (Necesitaban)

13. Puede estar una semana sin dormir. (No hay nadie que)

14. Alguien que ha podido subir esa montaña (¿Hay...?)

15. Unos zapatos que me quedaban bien. (Buscaba)

B. **Un anuncio personal.**   ¿Qué cualidades son más importantes para Ud. en una persona con quien desea tener una relación sentimental? Escriba un anuncio usando tantos subjuntivos como pueda para explicar los requisitos que debe llenar esta persona.

C. **Una oferta de empleo.**   Alguien necesita un/a empleado/a que tenga exactamente las cualidades que Ud. tiene. Prepare un anuncio imaginario de periódico y enumere en él estas cualidades.

D.   ¿Cómo sería, para Ud., un/a profesor/a ideal? Explique, usando el mayor número de verbos en el subjuntivo que pueda, las buenas cualidades que espera encontrar Ud. en un/a profesor/a.

2   When the verb in the relative clause expresses an action or state that refers to the future or whose outcome is not known to the speaker, the subjunctive must be used.

Él hará lo que le digas.	*He will do what you tell him (to do).* (You haven't given him any orders yet.)
Le pediré dinero al primer amigo que me encuentre.	*I will ask for money from the first friend* (whoever he may be) *that I run into.*
Juan David estaba dispuesto a pagar lo que le pidieran por los cigarrillos.	*Juan David was willing to pay whatever price they asked for the cigarettes.* (They hadn't told him the price yet.)
Coma todo el pollo que quiera por tres dólares.	*Eat all the chicken you want for three dollars.* (The amount of chicken the person may want is unknown to the speaker.)

But:

Él hizo lo que le dijiste.	*He did what you told him (to do).*
Le pedí dinero al primer amigo que me encontré.	*I asked for money from the first friend I ran into.*
Juan David siempre está dispuesto a pagar lo que le piden por los cigarrillos.	*Juan David is always willing to pay what they ask for the cigarettes.* (A customary action.)
Comió todo el pollo que quiso por tres dólares.	*He ate all the chicken he wanted for three dollars.*

3   The following indeterminate expressions take the subjunctive when they refer to a hypothesis or possibility; they take the indicative if the user makes a statement of fact or reality: **cualquiera que, cualquier** + noun + **que, comoquiera que, dondequiera que.**

Cualquiera que nos ayude será recompensado.	*Anyone who may help us will be rewarded.*
Él comerá cualquier comida que le sirvan.	*He will eat whatever food they may serve him.*
Dondequiera que Ud. vaya encontrará pobreza.	*Wherever you may go, you will find poverty.*
Comoquiera que lo haga, lo hará bien.	*However he may do it, he will do it well.*

But:

Cualquiera que nos ayudaba era recompensado.	*Anyone who helped us was rewarded.*
Él siempre come cualquier comida que le sirven.	*He always eats whatever food they serve him.*
Dondequiera que fui, encontré pobreza.	*Wherever I went, I found poverty.*
Comoquiera que lo hace, lo hace bien.	*However he does it, he does it well.*

4 The following proportionate comparisons use the first verb in the subjunctive when the speaker is referring to what is hypothetical or future; otherwise, the indicative is used.

Mientras* más estudien, más aprenderán.	*The more they study, the more they will learn.*
Mientras menos comas, más adelgazarás.	*The less you eat, the more weight you will lose.*
Mientras menos se toque Ud. la herida, mejor.	*The less you touch your wound, the better.*
Mientras más cerezas comas, más querrás comer.	*The more cherries you eat, the more you will want to eat.*

But:

Mientras más estudian, más aprenden.	*The more they study, the more they learn.*
Por supuesto, mientras menos comía, más adelgazaba.	*Of course, the less I ate, the more weight I lost.*
El problema de las cerezas es que mientras más comes, más quieres comer.	*The problem with cherries is that the more you eat, the more you want to eat.*

APLICACIÓN

A. Cambie los siguientes pasajes al futuro.

1. No emplearon a la persona que más lo merecía y fue injusto que no me dieran el empleo a mí. Claro que siempre digo lo que pienso y esto no les gusta a muchos y a veces soy el último que llega al trabajo por la mañana, pero siempre hago lo que me mandan y escucho lo que me aconsejan mis superiores.

2. Mi amiga Zoila siempre tuvo las cosas que necesitaba y aun más, porque su padre le daba todo lo que le pedía. Por eso, aunque tenía amigos que la ayudaron, debió enfrentarse a la vida y sufrió mucho. Dondequiera que fue, encontró problemas. Esperaba que todos hicieran lo que ella quería, pero no fue así.

***Mientras** is more frequent in Spanish America. In Spain, the more common usage is either (1) **cuanto**, to modify an adjective or adverb, or (2) **cuanto(a/os/as)**, to modify a noun.

Cuanto más estudien, más aprenderán.	The more they study, the more they will learn.
Cuantas más cerezas comas, más querrás comer.	The more cherries you eat, the more you will want to eat.

Note also the use of **entre** in the reading, considered colloquial but very common in some South American countries:

La gente cree que *entre* más light [el cigarrillo] hace menos daño.	*People think that the lighter the cigarette, the less harm it does.*
Con los cigarrillos sucede lo contrario que con el trago: *entre* más frescos, mejor.	*What happens with cigarettes is the opposite of what happens with drinks: the fresher, the better.*

B. Cambie al pasado.

No soy muy cuidadoso en el vestir. Cualquiera que me conozca lo sabe. Dondequiera que voy, llevo la misma ropa, porque pienso que comoquiera que me vista, me veo igual. Generalmente compro cualquier cosa que me vendan sin pensar en cómo me queda. Cualquier amigo que me critique pierde el tiempo, porque no pienso cambiar.

C. Complete usando un verbo y según su experiencia personal.

1. Cualquiera que venga a verme a mi casa...
2. Dondequiera que voy...
3. Cualquier CD que me presten...
4. Cualquier amigo que me necesite...
5. Cualquiera que me vea cuando me levanto por la mañana...
6. A veces compro cualquier...
7. Dondequiera que esté...
8. Cualquiera que llame por teléfono...

D. Complete de manera original.

1. ¿Sabe Ud. por qué hablo poco? Porque opino que mientras menos...
2. Los niños norteamericanos ven demasiada televisión. Creo que mientras menos...
3. La vida es injusta y te aseguro que mientras más pienses en esto...
4. Mientras más se persiga el terrorismo...
5. El peligro del cigarrillo está relacionado con la cantidad. Cuantos más cigarrillos fumes...
6. Mientras menos prejuicios tiene una persona...
7. Un filósofo que amaba a los perros dijo: «Mientras más conozco a los hombres...».
8. Ganamos mucho ahora. Pero el problema es que mientras más gana uno...
9. Mientras más propaganda haga la campaña antitabaco...
10. Tengo muchos amigos, pero quiero conocer más gente. Pienso que mientras más amigos tenga...

IDIOMATIC EXPRESSIONS THAT USE THE SUBJUNCTIVE

1 **Por** + adjective or adverb + **que** (*No matter how* + adjective or adverb) is followed by the subjunctive when the speaker does not accept the thought expressed by the verb as a fact.

Por bonita que ella sea, no la elegirán reina.	*No matter how pretty she may be, they won't select her as the queen.*
Por mucho que te apresures, no terminarás a tiempo.	*No matter how much you may hurry, you will not finish on time.*

But:

Por mucho que te apresuras, nunca terminas a tiempo.	*No matter how much you hurry, you never finish on time.* (This is a fact. The speaker knows that the subject customarily hurries.)

$\mathcal{2}$ **Que yo sepa (que sepamos), que digamos,** and **que diga** are common idiomatic expressions in the subjunctive.

    a. **Que yo sepa (que sepamos)** = *As far as I (we) know*

    b. **Que digamos** is used to stress a preceding negative statement and it is difficult to translate since its meaning will vary with the context.

    c. **Que diga** = *I mean*, in the sense of *I meant to say* or *that is*

El Dr. Jordán no ha llegado todavía, que yo sepa.	*Dr. Jordán hasn't arrived yet, as far as I know.*
Que sepamos, no han puesto todavía las notas en la pared.	*As far as we know, they haven't posted the grades on the wall yet.*
No coopera Ud. mucho conmigo que digamos.	*You are not exactly cooperating with me.*
No nos queda mucho dinero que digamos.	*We don't actually have much money left.*
Él salió a las ocho, que diga, a las seis.	*He left at eight, I mean, at six.*

$\mathcal{3}$ The following idiomatic formulas always take the subjunctive:

cueste lo que cueste	*no matter how much it may cost* (only used in third-person singular or plural)
pase lo que pase	*whatever happens* (only used in third-person singular)
puedas o no (puedas)	*whether you can or not* (used in any person)
quieras o no (quieras)	*whether you be willing or not* (used in any person)

These formulas can be used in the past as well: **costara lo que costara, pasara lo que pasara, pudieras o no, quisieras o no.**

Nuestro país ganará la guerra, cueste lo que cueste.	*Our country will win the war, no matter how much it may cost.*
Pase lo que pase, no cederé.	*Whatever happens, I will not give up.*
Pudiéramos o no, nuestro jefe nos hacía trabajar excesivamente.	*Whether we could or not, our boss made us work excessively.*

APLICACIÓN

A. **Confesiones de un pesimista.** Complete el siguiente párrafo, usando los verbos **acostarse, correr, darse, doler, esforzarse, estudiar, gastar.**

Tengo mala suerte. Por mucho que me _____, debo confesarlo. No, no trate de consolarme; por más que Ud. _____, no podrá convencerme de lo contrario. Por ejemplo, soy muy dormilón y sé que por más temprano que me _____, no podré levantarme a tiempo por la mañana. Me levantaré tarde y por mucha prisa que _____, perderé el autobús. Por supuesto, correré tras él, pero sé que por mucho que _____, no lo alcanzaré. Bueno, de todos modos, no vale la pena que vaya a clase. Por mucho que mi padre _____ en mi educación y por más que yo _____, nunca llegaré a graduarme.

B. Conteste, usando en su respuesta la forma apropiada de uno de los siguientes: **cueste lo que cueste, pase lo que pase, puedas o no, quieras o no.**

1. Los padres que son estrictos, ¿obligan a sus hijos a ir a la escuela?
2. Si una persona sueña con tener algo y cuenta con el dinero para comprarlo, ¿lo comprará aunque sea caro?
3. Si hay una tormenta mañana, ¿debemos cancelar la clase?
4. ¿Cree Ud. que un estudiante debe hacer siempre su tarea de español?
5. Si hay una guerra y yo tengo edad militar, ¿me obligará la ley a inscribirme en el servicio?
6. Mi jefe es muy exigente. ¿Me obligará a trabajar los sábados?

C. Conteste, usando **que yo sepa** o **que digamos** en su respuesta.

1. ¿Hace frío en Puerto Rico en el invierno?
2. ¿Se va de viaje tu profesor esta semana?
3. ¿Eres muy rico/a?
4. ¿Es ya hora de terminar esta clase?
5. ¿Tendremos el día libre mañana?
6. ¿Está muy barata hoy la vida?
7. ¿Es agradable guiar un coche cuando hay mucha nieve en la carretera?
8. ¿Hubo un accidente de aviación el lunes pasado?

Sección léxica

Ampliación: La influencia del inglés en los países hispánicos

En la lectura aparecen las palabras *bridge, containers, light* y *sexy*. En los países hispánicos se utilizan hoy muchas palabras del inglés para referirse a objetos, actividades y conceptos de la vida moderna. Gran parte de este vocabulario no ha sido aprobado todavía por la Real Academia Española, pero está establecido por el uso y es casi seguro que se aprobará. La palabra *light*, por ejemplo, se usa no solamente para clasificar cigarrillos, como se hace en la lectura, sino para la leche, el yogurt, la mantequilla, la cerveza, la comida para perros y muchos productos más. Otras palabras aceptadas por el uso son: *best seller, baby-sitter, jeans* y *jogging* (en España *footing*).

La influencia del inglés es también muy marcada en el mundo de la música. No sólo se habla en español de *rock* y de *rap*, sino que estas palabras han producido **roquero** y **rapero**. Se dice **rock duro** y **música rapera**. Entre las muchas palabras del inglés que se oyen en todos los países están: *hit, pop, ranking, single* y *top*. En Hispanoamérica, un *DVD* es un **devedé** y en España, un **deuvedé**.*

En cuanto a los recientes cambios sociales, generalmente existe un equivalente en español, como en el caso de **hogar de acogida** (*foster home*). La expresión **compañero/a sentimental** equivale a *significant other* y **SIDA** es *AIDS*. Pero la palabra *gay* ha pasado al español y se usa en casi todos los países pronunciada como en inglés.

En el lenguaje de la computación hay una gran mezcla. Muchos hispanohablantes usan algunos de los términos del inglés, como *file, folder* y *web*. Existe el término **correo electrónico** para el *e-mail*, pero la mayoría de la gente prefiere la palabra en inglés. También se hacen combinaciones como **hacer log in** y **página web**, aunque existen términos equivalentes en español en muchos casos. A veces, se ha formado en español una palabra derivada de la palabra inglesa, como **chatear** < *to chat*, **cliquear** < *to click*; otras veces, la manera de escribir la palabra se ha hispanizado: **escáner**, que a su vez produce el verbo **escanear**. A continuación damos una lista de palabras importantes en el vocabulario informático.

flecha	*arrow*	**página de entrada (principal)**	*home page*
arroba	*at @*		
disco compacto	*CD Rom*	**ícono (icono en España)**	*icon*
computadora, ordenador (m.)	*computer*	**internet (m. f.)**	*internet*
		teclado	*keyboard*
correo electrónico	*e-mail*	**computadora (ordenador) portátil**	*lap top*
dirección electrónica	*e-mail address*		
archivo	*file*	**correo, correspondencia**	*mail*
disquete (m.)	*floppy disk*	**memoria**	*memory*
carpeta	*folder*	**ratón**	*mouse*
disco duro	*hard drive*	**red (f.)**	*net (web)*
		clave (f.)	*password*

*Los españoles llaman **uve** a la **ve**.

escáner (m.)	*scanner*	**insertar**	*to insert*
pantalla	*screen*	**pegar**	*to paste*
diagonal (f.)	*slash*	**imprimir**	*to print*
programa	*software*	**archivar, guardar**	*to save*
chatear	*to chat*	**enviar**	*to send*
cliquear, hacer clic	*to click*	**navegar**	*to surf*
copiar	*to copy*	**herramientas**	*tools*
cortar	*to cut*	**sitio en la red**	*web site*
borrar	*to delete*	**ventana**	*window*
bajar	*to download*	**procesador de textos (m.)**	*word processor*
sombrear	*to highlight*		

APLICACIÓN

A. Complete las oraciones con las palabras más apropiadas de la lista que se da debajo.

1. Cuando muevo el ratón, la _____ se mueve por toda la pantalla.

2. Los documentos se _____ en un _____ o en una _____. No me gusta guardar mis archivos en _____ ni en _____, prefiero trabajar con el _____.

3. Cuando quiero imprimir sobres, busco esa opción en la lista de _____.

4. Las _____ son tan caras como las computadoras de tamaño grande.

5. Cada _____ que aparece en la pantalla o en la barra superior tiene un significado especial, y hay docenas de ellos.

6. No puedo _____ un correo electrónico si no tengo tu _____.

7. Para copiar un párrafo, es necesario _____ antes de hacer _____ en el ícono de _____.

8. Otra palabra que se usa para referirse al Internet es _____.

9. Cuando _____ por la red, abro varias _____, y siempre encuentro cosas interesantes.

10. No puedo comprar muchos _____ para mi computadora, porque ésta no tiene suficiente _____.

archivan / archivo / carpeta / clic / computadoras portátiles / copiar / dirección electrónica / disco duro / discos compactos / disquetes / enviarte / flecha / herramientas / ícono / memoria / navego / programas / red / sombrearlo / ventanas

B. Identifique cada palabra de la derecha con una de las definiciones de la izquierda.

1.	Lo que hago después que escribo una carta en la computadora.	**a.** arroba
2.	Se usa para copiar las fotos que se quieren enviar electrónicamente.	**b.** borrar
3.	Lo que necesito para sombrear partes del texto.	**c.** chatear
4.	Es un símbolo que aparece en todas la direcciones electrónicas.	**d.** clave
5.	Lo que tengo que escribir cuando quiero entrar en el Internet.	**e.** cliquear
6.	Cuadrado iluminado donde veo lo que estoy escribiendo.	**f.** correo
7.	Lo que hago con mis amigos en el Internet.	**g.** cortar y pegar
8.	La acción de presionar el ratón.	**h.** escáner
9.	Se hace para mover un párrafo a otro lugar.	**i.** imprimir
10.	Se hace si se comete un error.	**j.** insertar
11.	Pieza rectangular con letras donde escribo.	**k.** página de entrada
12.	Sistema que me permite escribir en la computadora informes para mis clases.	**l.** pantalla
13.	Cuando entro en el Internet, una vocecita me dice: «Tienes...»	**m.** procesador de textos
14.	Lo que hago si olvidé escribir alguna palabra.	**n.** ratón
15.	Lo primero que veo al entrar a un sitio del Internet.	**o.** teclado

Distinciones: To ask

1. Cuando *to ask* se refiere a una pregunta, ya sea directa o indirecta, su equivalente en español es **preguntar**.

Al entrar en el restaurante, pregunté: —¿Se permite fumar aquí?	*On entering the restaurant, I asked: "Is smoking allowed here?"*
Nunca le preguntes a Felipe cuántos años tiene.	*Never ask Felipe how old he is.*

To ask a question es **hacer una pregunta.**

Pueden Uds. hacerme las preguntas que quieran.	*You may ask me any questions you wish.*

Cuando *to ask* tiene el sentido de *to inquire after* o de *to try to find out about*, su equivalente es **preguntar por**.

No preguntaste por mí cuando estuve enfermo.	*You didn't ask about me when I was sick.*
Hay un hombre aquí que pregunta por ti.	*There is a man here asking for you.*

2. Cuando *to ask* significa *to request* o *to demand*, su equivalente es **pedir**.

Mi novia me pidió que dejara de fumar.	*My girlfriend asked me to stop smoking.*
Los Otero piden $500.000 por su casa.	*The Oteros are asking $500,000 for their house.*

Pedir prestado/a/os/as es *to borrow, to ask to borrow.*

Su hermano siempre le pide prestado dinero.	*His brother is always borrowing money from him.*
Lucía me pidió prestada la cámara, pero no se la di.	*Lucía asked to borrow my camera, but I didn't give it to her.*

3. Cuando *to ask* se refiere a una invitación, se usa **invitar** en español.

Los invitaron varias veces a la Casa Blanca.	*They were asked several times to the White House.*
Pablo invitó a Susana a salir el domingo.	*Pablo asked Susana out on Sunday.*

APLICACIÓN

A. Decida entre **pedir** y **preguntar**.

1. Le (pediré / preguntaré) a Guillermo cómo se llama su novia.

2. Cuando vio al bandido gritó (pidiendo / preguntando) auxilio.

3. Debe de ser caro. ¿Quieres que (pidamos / preguntemos) cuánto cuesta?

4. Juanita (me pidió / me preguntó) mi celular ayer.

5. ¿Cuánto estás (pidiendo / preguntando) por tu coche?

6. (Pídele / Pregúntale) que te ayude a arreglar la plancha.

7. Quiero (pedirle / preguntarle) a Elisa si conoce al profesor Tirado.

8. La curiosidad de los niños los hace (pedir / preguntar) constantemente.

9. El pueblo (pide / pregunta) que disminuyan los impuestos.

10. Me siento mal. Llamaré al médico para (pedirle / preguntarle) un turno.

11. Si alguien (pide / pregunta) por mí, dígale que regreso a las tres.

12. Se arrepintió de haber dicho eso y (pidió / preguntó) perdón.

13. En algunos países está prohibido (pedir / preguntar) limosna.

14. Vamos a (pedirle / preguntarle) a José si irá a la fiesta.

15. La vio llorar, pero no se atrevió a (pedirle / preguntarle) por qué lloraba.

B. Traduzca.

1. You didn't ask him if he had asked his dentist for an appointment.
2. It is a pity you didn't come. Everybody was asking for you.
3. If you ask her out you should ask her where she would like to go.
4. Our company has asked two astronauts to collaborate in the project.
5. "Have you ever been asked to their home?" "Don't ask silly questions."
6. First, the man asked me my name and then he asked me for my autograph.

C. Complete de manera original.

1. Quisiéramos pedirle prestados sus...
2. No se debe pedir prestado...
3. No me gusta que me pidan prestada...
4. ¿Pediste prestadas...?
5. Una ocasión en que pedí prestado...

Para escribir mejor

Usos de la coma

Las comas de un escrito equivalen a pausas al hablar. El uso de la coma tiene mucho de rasgo estilístico personal, pero hay reglas generales que deben seguirse. Debe usarse la coma:

1. Para separar palabras o frases que forman una serie o conjunto.

   La casa era vieja, oscura, deprimente.

   The house was old, dark, depressing.

   Inés pasó todo el día en su habitación, poniendo en orden sus papeles, pagando sus cuentas, leyendo su correspondencia.

   Inés spent the whole day in her room putting her papers in order, paying her bills, reading her mail.

La coma se omite antes del último elemento si éste va precedido por **y (e), o (u), ni.***

   ¿Compraré una mesa cuadrada, redonda u ovalada?

   Shall I buy a square, round, or oval table?

   José apagó el despertador, apartó las mantas y saltó de la cama.

   José turned off the alarm clock, pushed aside the blankets, and jumped out of bed.

---

*Sin embargo, se permite usar coma en este caso para evitar ambigüedad. En la oración **Fernando irá con Agustín y Jacinto, mi primo, con José,** puede pensarse que Fernando irá con Agustín y con Jacinto, y que una persona diferente, el primo de la persona que habla, irá con José. Una coma después de Agustín aclararía que Jacinto es el primo y que él y José forman la segunda pareja.

Si la conjunción está repetida, sí se usa la coma.

No tengo ni dinero, ni amigos, ni empleo.	*I don't have money, friends, or a job.*

2. Cuando se omite un verbo por ser igual al de la oración anterior.

Los demás estudiantes compraron libros; Elsa, no (no los compró).	*The other students bought books; Elsa didn't.*
Todos salieron con paquetes; ella, (salió) con las manos vacías.	*They all left with packages; she left empty-handed.*

3. Para separar expresiones como **efectivamente** (*precisely, in fact*), **esto es** (*that is to say*), **en realidad** (*actually*), **no obstante** (*nevertheless*), **por consiguiente** (*therefore*), **por ejemplo** (*for example*), **por supuesto** (*of course*), **por último** (*finally*), **sin embargo** (*however*), etc.

En realidad, es fácil aprender a usar la coma correctamente.	*Actually, it's very easy to learn to use the comma correctly.*
Creo, sin embargo, que tú debes practicar más.	*I think, however, that you should practice more.*

4. Antes de las conjunciones que se llaman adversativas: **aunque, excepto, menos, pero, sino.**

Ella estudió bastante, pero no pudo aprobar el curso.	*She studied a lot but she couldn't pass the course.*
No eligieron tesorera del club a Juana, sino a su hermana Chana.	*They didn't elect Juana as treasurer of the club, but rather her sister Chana.*
Comeré algo, aunque no tengo hambre.	*I'll eat something although I am not hungry.*

5. Para marcar un inciso o aclaración dentro de la oración.

Don Agustín, que era muy rico, viajaba constantemente.	*Don Agustín, who was very rich, traveled all the time.*
Guadalajara, la capital de Jalisco, es la cuna de los mariachis.	*Guadalajara, Jalisco's capital, is the cradle of mariachis.*

6. Para indicar un vocativo en cualquier posición.

Eso es, amigos, lo que voy a explicarles.	*That, my friends, is what I am going to explain to you.*
¡Pepín, ven acá ahora mismo!	*Pepín, come here right now!*

7. Después de una expresión larga que antecede al sujeto de la oración.

Cuando Joaquina se cayó de la silla, Roberto estaba en su cuarto.	*When Joaquina fell from her chair, Roberto was in his room.*
Agobiado por las pesadas alforjas, el caballo avanzaba despacio.	*Weighed down by the heavy saddlebags, the horse was advancing slowly.*

8. Para separar un sujeto muy largo del resto de la oración, evitando así confusiones. (Un sujeto corto nunca se debe separar de su predicado.)

El que hayas estado tan cerca de mi casa y no me hayas llamado para que nos encontráramos, es inexcusable.	*The fact that you have been so close to my home and you didn't call me so that we could meet is inexcusable.*

APLICACIÓN

A. Añada comas donde sea necesario.

1. Señorita dijo el jefe no estoy para nadie que llame excepto en caso de emergencia.

2. Cuando entró en la sala avanzó hacia el armario sacó una botella y una copa y se sirvió un trago.

3. Lleno de un miedo irracional Roberto no se atrevió a desobedecer al hombre que lo miraba de modo amenazante.

4. Pablo Jacinto e Isabel son primos míos; Teresa no.

5. Las angustias que sufrió en aquella difícil época de su vida y los problemas económicos que tuvo que superar fortalecieron su carácter.

6. Voy a firmar esa carta por supuesto aun cuando el hacerlo me perjudique.

7. María después que termine de limpiar la alfombra haga el favor de sacudir los muebles lavar los platos y barrer la cocina.

8. Mi novio no es ni guapo ni rico ni aristocrático pero yo lo quiero como si lo fuera.

9. Todos rieron del chiste de Elena; yo en cambio me quedé serio.

10. Hijo mío muchos van a fallarte en la vida; tu madre nunca.

11. En la finca de mi tía había caballos ovejas cabras y vacas.

12. El extranjero que no sabía mucho español nos hizo repetir varias veces la explicación hasta que por fin la comprendió.

13. Nunca he visto una persona tan llena de vida tan alegre tan optimista como tu hermana Rosario.

14. Cuando despertó a la mañana siguiente no recordaba nada de lo que había pasado.

B. En los siguientes pasajes literarios se han suprimido las comas. Póngalas.

1. Cuentan que un viajero llegó un día a Caracas al anochecer y sin sacudirse el polvo del camino no preguntó dónde se comía ni se dormía sino cómo se iba a donde estaba la estatua de Bolívar. Y cuentan que el viajero solo con los árboles altos y olorosos de la plaza lloraba frente a la estatua que parecía que se movía como un padre cuando se le acerca un hijo. El viajero hizo bien porque todos los americanos deben querer a Bolívar como a un padre. Bolívar no defendió con tanto fuego el derecho de los hombres a gobernarse a sí mismos como el derecho de América a ser libre. Los envidiosos exageraron sus defectos. Bolívar murió de pesar del corazón más que de mal del cuerpo en la casa de un español en Santa Marta. Murió pobre y dejó una familia de pueblos.

José Martí, «Tres héroes»

2. Un adivino a quien nadie conocía penetró al palacio por el pórtico que daba a la Plaza de la Alegría lanzando voces desgarradoras. Con el cabello largo y desgreñado las facciones descompuestas por el terror envuelto en un rebozo de púrpura en jirones corriendo y saltando cual si pisase en millares de clavos candentes buscaba con ojos desorbitados no se sabe qué cosas tremendas e inauditas en los muros en los monolitos cubiertos de oro en las soleras de los techos en las estatuas y pilastras en el aire mismo.

César Vallejo, «Hacia el reino de los sciris»

3. En aquella ciudad tropical modesto emporio al que llegaban ocasionales compradores enviados por compañías tabacaleras la vida se deslizaba monótonamente. Cuando algún barco fondeaba en el puerto nuestro cónsul festejaba el acontecimiento con un banquete en el salón morisco del hotel Palmas. El invitado de honor era siempre el capitán a quien el negrito del consulado llevaba la invitación a bordo con el ruego que la extendiera a un grupo elegido por él de oficiales y pasajeros. Aunque la mesa descollaba por lo magnífica el calor húmedo volvía desabridos y hasta sospechosos los más complicados productos del arte culinario de modo que únicamente mantenía allí su atractivo la fruta; mejor dicho la fruta y el alcohol.

Adolfo Bioy Casares, «La pasajera de primera clase»

TRADUCCIÓN

About Tobacco and Its Dangers

It is incredible that there are so many people who still smoke today. It is not that they don't know the dangers of tobacco, but rather that they lack the will power to stop smoking. It is very likely that you know of someone who has died as a result of smoking, since tobacco-related deaths are so numerous. In California alone, more than 38,000 smokers die every year as a direct result of their addiction. Yet, more than four million adults and almost half a million high school students still smoke in that state.

In the United States, health authorities have taken numerous steps to prevent people from smoking. As far as I know, smoking is forbidden in public buildings all over the country. TV ads are forbidden as well, and tobacco companies are required to place health risks warnings on their packages. Another measure has been to increase cigarette taxes greatly, but addicts will keep buying cigarettes no matter how much they may cost.

It is difficult to quit smoking and many people won't ever succeed (use **lograr**) no matter how hard they may try. If you smoke, you'd better quit your habit as soon as possible, since the longer you wait, the harder it will be.

You probably want to ask if there are countries where tobacco advertisements are still permitted. The answer is yes. If you go to El Salvador or Mexico, for instance, you'll see lots of billboards with ads. Cowboys and horses are the preferred themes for these billboards in Mexico. If you visit one of those countries, you'll see persons smoking openly wherever you go. In Spain, however, it's now against the law for people to smoke in public places.

After so many suits, the Philip Morris company decided to change its name to Altria. On its website, it also gives advice on how to quit smoking. But these changes haven't exactly improved the company's situation much. Tobacco enemies will keep campaigning against Philip Morris come what may.

Mientras en el Ministerio de Salud de España se discutía la ley antitabaco que entró en vigor en enero de 2006, algunos fumadores, en su mayoría jóvenes, protestaban. Observe cómo se escribe en español la palabra "ghettos". (©EPA/SERGIO BARRENECHEA/Landov LLC)

TEMAS PARA COMPOSICIÓN

1. **Los sistemas para dejar de fumar.** ¿Por qué (no) son eficaces los sistemas para dejar de fumar que se mencionan en la lectura? ¿Conoce Ud. a alguien que haya utilizado estos sistemas con éxito para dejar el cigarrillo? ¿Qué otros tratamientos y sistemas existen? ¿Cuáles son más eficaces?

2. **Las campañas antitabaco.** ¿Han tenido éxito estas campañas? Muchos de estos anuncios van dirigidos a los jóvenes. ¿Por qué es importante evitar que los jóvenes comiencen a fumar? Comente sobre los anuncios antitabaco que haya visto por televisión y diga si le han parecido convincentes y por qué (no).

3. **Adicciones dañinas.** El tabaco no es la única adicción que perjudica la salud. La bebida y las drogas son todavía peores, pues destruyen el cuerpo, y causan además serios problemas familiares y sociales. Otra adicción muy mala es el juego; el jugador se arruina y afecta negativamente a todos los que lo rodean. Compare estas adicciones. En su opinión, ¿cual es peor? ¿Puede dar ejemplos de casos de la vida real?

4. **Las adicciones menores.** No todos tenemos adicciones serias, pero casi todos somos adictos a algo. Toda afición que no podemos o no queremos controlar es en realidad una adicción que nos esclaviza. Ejemplos de estas adicciones «menores» son: el café, el chocolate, el dulce, la Coca-Cola, las compras, los videojuegos, la televisión, el sexo. ¿Puede nombrar Ud. alguna más? ¿Cuáles de estas adicciones tiene Ud.? ¿Por qué (no) considera importante controlarlas? En el caso increíble de que Ud. no tenga ninguna adicción, comente sobre personas que conoce y que sí las tienen.

Un gaucho argentino con su perro en una típica casa de campo. Observe que los muebles están cubiertos con pieles de animales como protección contra el frío. Observe también la faca o cuchillo que llevan los gauchos a la cintura y que les sirve a la vez como herramienta y como arma de defensa. (©Robert Van Der Hilst/Stone/Getty Images)

CAPÍTULO 6

Lectura

Introducción

La lectura de este capítulo es un cuento de Javier de Viana (1868–1926), un escritor uruguayo del género llamado «literatura gauchesca». La literatura gauchesca, que fue muy importante en el siglo XIX, se centra en la figura del gaucho. El gaucho, parecido al *cowboy* norteamericano, aparece idealizado en algunas obras y se le presenta en ellas como amante de la libertad, honesto, valiente, buen amigo y desinteresado en las cosas materiales. Pero hay también obras que pintan al gaucho como perezoso, bravucón, borracho y matón.

Viana se crió en una estancia y conoce bien la vida de los gauchos y su sicología. Como escribe en el período del naturalismo literario, sus gauchos están frecuentemente poseídos por instintos primitivos y son víctimas de la fatalidad y el ambiente brutal en que viven. Aunque Viana es también autor de novelas y obras de teatro, su especialidad es el cuento. En su última etapa, escribió para ganarse la vida y algunas de sus narraciones son precipitadas y tienen personajes dibujados esquemáticamente, pero entre sus cuentos, que suman más de 500, se encuentran muchos de gran calidad.

Indalecio, el protagonista de este cuento, es un gaucho acabado de salir de la cárcel, en la cual estuvo quince años por haber matado a un hombre en una pelea. Regresa a su hogar, donde encuentra que todo ha cambiado mucho.

Al leer, tenga en cuenta que los personajes del cuento son campesinos incultos y hablan de manera rústica. Por ejemplo, dicen «condenao» por «condenado», «juerza» por «fuerza», «güelta» por «vuelta», «pa» por «para» y «bajesé» por «bájese». Otro aspecto interesante del lenguaje es el uso del voseo. Este uso es muy común en Argentina y Uruguay y existe también en Paraguay y en partes de Centroamérica. Consiste en reemplazar **tú** con **vos**. En el voseo puro, el verbo tiene una forma especial, que deriva de **vosotros**: el protagonista pregunta «¿No me conocés?». En el voseo mixto, el sujeto es **vos**, pero el verbo tiene la forma correspondiente a **tú**, como cuando la mujer dice: «¿Vos comprendes?» y «me decían que vos no volverías».

El tiempo borra

En el cielo, de un azul inmaculado, se movía una nube. Esparcidos° sobre la planicie de inabarcables° límites, multitud de reses°, casi inmóviles, salpicaban° de manchas blancas y negras, amarillas y rojas, el verde tapiz° de las pasturas de otoño. Ni calor,
5 ni frío, ni brisas, ni ruidos. Luz y silencio, eso sí; una luz enceguecedora° y un silencio infinito.

A medida que avanzaba, a trote lento, por el camino zigzagueante, sentía Indalecio que el alma se le iba llenando de tristeza, pero de una tristeza muy suave, muy tibia, experimentando
10 sensaciones de no proseguir aquel viaje, de miedo a las sorpresas que pudieran esperarle a su término.

¡Qué triste y angustioso retorno era el suyo!... Quince años y dos meses llevaba de ausencia. Revivía en su memoria la tarde gris, la disputa con el correntino° Benites por cuestión de una carrera mal

scattered / inmensos
cattle / *splashed*
alfombra

blinding

de Corrientes (Arg.)

15 ganada°, la lucha, la muerte de aquél, la entrada suya a la policía, la amarga despedida del pago°, a su campito°, a su ganado°, a su rancho° recién construido, a la esposa de un año... Tenía veinticuatro entonces y ahora regresaba viejo, destruido por los años de presidio°. Regresaba... ¿para qué? ¿Qué habría sido de su mujer

20 y su hijo? ¿Lo recordarían, lo amarían aún? ¿Podía esperarle algo bueno a un escapado del sepulcro? ¿Estaba bien seguro de que era aquél su pago? Él no lo reconocía. Antes no estaban esas grandes poblaciones° que blanqueaban° a la izquierda ni las extensas sementeras° que verdeaban° a la derecha.

25 Y cada vez con el corazón más oprimido prosiguió su marcha, espoleado° por fuerza irresistible.

¿Era realmente su población aquélla ante la cual había detenido su caballo?... Por un momento dudó. Los paraísos° que la sombreaban, los había plantado él; el horno de amasar°, el chiquero

30 de cerdos°, la huerta de hortalizas, nada de aquello existía en su tiempo. Sin embargo, el rancho, a pesar del techo de zinc que reemplazaba el de paja quinchado° por él, era su mismo rancho.

—¡Bajesé! —gritóle desde la puerta de la cocina una mujer añosa°, que enseguida, anudándose° el pañolón que le cubría la

35 cabeza, fue hacia él, seguida de media docena de chiquillos curiosos.

—¿Cómo está?

—Bien, gracias; pase pa adentro.

Ella no lo había reconocido; él presentía° a su linda morochita°

40 en aquella piel cansada y aquellos mechones° de cabello gris que aparecían bajo el pañolón.

Entraron en el rancho, se sentaron, y entonces él dijo:

—¿No me conocés?

Ella se quedó mirándolo, empalideció y exclamó con el espanto

45 de quien viera aparecer un difunto:

—¡Indalecio!

Los ojos se le hicieron agua° y los chicos la rodearon, se le prendieron del vestido y comenzaron a chillar°. Cuando se hubo calmado un poco, habló, creyendo sincerarse°.

50 —Yo estaba sola, no podía cuidar los intereses; hoy me robaban una vaca, mañana me carneaban° una oveja... después, habían pasao cinco años; tuítos° me decían que vos no volverías más, que te habían condenao por la vida... entonces... Manuel Silva me propuso que nos juntásemos°... yo resistí mucho tiempo... pero después...

55 Y la infeliz seguía hablando, hablando, echando palabras desesperadamente, repitiendo, recomenzando, defendiéndose, defendiendo su prole°, pero hacía tanto que Indalecio no la escuchaba. Sentado a la puerta, tenía delante el amplio panorama, la enorme planicie verde, en cuyo fin negreaba° el bosque occidental

60 de Uruguay.

—Vos comprendes —proseguía ella—, si yo hubiera creído que ibas a dar la güelta°...

---

una... *a horse race won by cheating* / lugar nativo / finca / reses / choza /

prisión

settlements / eran blancas

tierras sembradas / eran verdes

impulsado

tipo de árbol

de... para hacer pan

chiquero... *pigpen*

techado

vieja / atándose

creía ver / trigueña (Arg. y Uru.) / *locks*

se... *got watery*

llorar

explicar

mataban

todos

conviviéramos

hijos

se veía la sombra de

vuelta

Él la interrumpió:

—¿Tuavía° pelean en la Banda Oriental?*   Todavía

65 Ella quedóse atónita° y respondió: sorprendida

—Sí, los otros días bandió° una juerza° de acá, por las puntas° de   (bandeó) cruzó / fuerza /

la Laguna Negra, frente a Naranjito, y...   **las...** los extremos

—Adiosito —interrumpió el gaucho.

Y sin hablar una palabra más, se levantó, fue al galpón°,   cobertizo

70 desmaneó°, montó y salió al trote, rumbo al Uruguay.   quitó las trabas a su

Ella quedóse de pie, en el patio, mirándole atónita, y cuando lo   caballo

perdió de vista, dejó escapar un suspiro de satisfacción y se volvió

apresuradamente a la cocina, sintiendo° chirriar° la grasa en la sartén.   oyendo / *sizzle*

APLICACIÓN

A. Vocabulario

Reemplace las palabras en cursiva con sus equivalentes de la lista que se da debajo.

1. La Pampa tiene una extensión *inmensa*.

2. Hay un árbol *muy viejo* frente a mi casa.

3. La hierba del campo parecía *una alfombra* verde.

4. Vimos *ganado* pastando en el campo.

---

*Este cuento tiene lugar en el primer tercio del siglo XIX. En esta época, ya Uruguay había obtenido su independencia de España, pero una sección de su territorio, la llamada «Banda Oriental», había sido invadida y anexada a Brasil por los portugueses. Los uruguayos, ayudados por los argentinos, lucharon contra Brasil y obtuvieron su independencia total en 1828.

5. Como la planicie era muy grande, el ganado se había *extendido* por todas partes.

6. En las estancias guardan las herramientas en un *cobertizo*.

7. Indalecio había construido su *choza* para vivir allí con su mujer.

8. Había muchos cerdos en el *corral de los cerdos*.

9. Indalecio estuvo quince años en *presidio*.

10. El hombre se acercaba a su casa *impulsado* por el deseo de ver a su familia.

11. Me molesta oír a esos niños *llorar* constantemente.

12. La luz era muy intensa, *lo dejaba a uno ciego*.

13. La mujer se acercó mientras se *ataba* un pañuelo que llevaba en la cabeza.

14. La mujer quedó *muy sorprendida* cuando vio que Indalecio se iba a la guerra.

anudaba / añoso / atónita / chillar / chiquero / enceguecedora / esparcido / espoleado / galpón / inabarcable / prisión / rancho / reses / un tapiz

B. Comprensión

Conteste basándose en la lectura.

1. ¿Cómo es el paisaje que se describe al principio del cuento?

2. ¿Cómo se sentía Indalecio cuando se acercaba a su casa?

3. ¿Qué le pasó a Indalecio cuando tenía 24 años?

4. ¿Qué familia tenía Indalecio cuando fue a la cárcel?

5. ¿Qué cambios vio él en su rancho al llegar?

6. ¿De qué manera había cambiado su mujer?

7. ¿Qué hicieron los niños cuando vieron a Indalecio?

8. ¿Cómo se justificó su mujer por no haberlo esperado?

9. ¿Por qué va Indalecio al Uruguay?

10. ¿Cuál es la reacción de su mujer cuando Indalecio se va?

C. Interpretación

1. ¿Es apropiado el título de este cuento? ¿Qué borra el tiempo?

2. El autor hace énfasis al principio en la quietud del campo, el silencio y la luz. ¿Tiene importancia esta descripción en el cuento?

3. ¿Por qué, en su opinión, no hubo ninguna comunicación entre Indalecio y su mujer mientras él estuvo en la cárcel?

4. El autor no da muchos detalles del crimen de Indalecio, pero basándose en los datos que nos da, ¿cree Ud. que una condena de 15 años fue apropiada, muy dura o muy leve? ¿Por qué?

5. En su opinión, ¿qué siente realmente la mujer al ver a Indalecio?

6. El párrafo que comienza: «Y la infeliz seguía hablando» dice que la mujer se defendía y defendía a su prole. ¿Qué temía ella?

7. El hijo de Indalecio tendría unos quince años y evidentemente no estaba en el rancho en ese momento. ¿Es lógico que Indalecio no haya preguntado por él? En su opinión, ¿por qué nadie menciona a ese hijo?

8. En el párrafo final, la mujer deja escapar un suspiro de satisfacción, ¿por qué?

D. Intercambio oral

1. **Los que no esperan.** Los que no son fieles a los ausentes, ¿son malas personas? ¿Qué debe hacer una persona si su pareja ha ido a la cárcel por muchos años o ha desaparecido y se cree que murió? ¿Qué haría Ud.?

2. **La película *Cast Away*.** En *Cast Away* Tom Hanks sufre un accidente de aviación y pasa muchos años en una isla desierta. Si Uds. han visto la película, comparen esta situación con la que nos presenta Viana.

3. **Finales diferentes.** La conocida canción de música *country* «*Tie a Yellow Ribbon*» es acerca de un hombre que, como Indalecio, acaba de salir de la cárcel. ¿Qué diferencias hay entre lo que sucede en la canción y en el cuento? ¿Cuál de los dos finales es mejor? ¿Por qué? ¿Cuál es más cercano a lo que probablemente sucedería en la vida real?

4. **El crimen y el castigo.** La mujer de Indalecio cree que lo condenaron a cadena perpetua, pero él sale de la cárcel en 15 años. ¿Qué clase de crímenes deben condenarse con cadena perpetua? ¿Debe castigarse algún crimen con la pena de muerte? ¿Qué puede decirse a favor y en contra de la pena de muerte?

5. **Los cambios que causa el tiempo.** Indalecio encuentra que en su pago las cosas han cambiado mucho en 15 años. ¿Cómo ha cambiado el lugar donde Uds. viven en los últimos años?

Buenos Aires. Vista de la Avenida 9 de julio con su obelisco. Esta avenida, que es una de las más anchas del mundo, toma su nombre del día en que se declaró la independencia argentina en 1816.
(©Ary Diesendruck/Stone/Getty Images)

Sección gramatical

The Subjunctive III: The Subjunctive in Adverbial Clauses

Adverbial clauses are those introduced by conjunctions or conjunctive phrases. Unlike noun clauses and relative clauses, adverbial clauses may precede the main clause: **Le daré tu recado a Ernesto,** *antes de que se vaya* or *Antes de que Ernesto se vaya,* **le daré tu recado.** Adverbial clauses take the subjunctive or the indicative according to the following rules.

1 Conjunctive phrases that denote proviso, supposition, and purpose, are always followed by the subjunctive. The most common conjunctive phrases of this kind are:

a fin de que	*in order that, so that*
a menos que	*unless*
a no ser que	*unless*
con tal (de) que	*provided (that)*
en caso (de) que	*in case (that)*
no sea (fuera) que	*lest (so that ... not), in case that*
para que	*in order that, so that*
sin que	*without*

Indalecio no podría ir a su rancho, a menos que tuviera un caballo.	*Indalecio wouldn't be able to go to his hut unless he had a horse.*
Te compraré lo que quieras con tal de que me des el dinero.	*I will buy you whatever you want provided that you give me the money.*
En caso de que me necesites, estaré en mi habitación.	*In case you need me I will be in my room.*
Antonio apuntó la fecha, no fuera que se le olvidara.	*Antonio wrote down the date lest he (so he wouldn't) forget it.*
El gaucho ató bien su caballo para que (a fin de que)* no escapara.	*The gaucho tied his horse well in order that it wouldn't escape.*
Indalecio había sido indultado sin que su esposa lo supiese.	*Indalecio had been paroled without his wife's knowing** about it.*

Para que and **sin que** are formed by combining **que** with the prepositions **para** and **sin** respectively. When there is no change of subject, **para** and **sin** are not followed by **que** and the infinitive is used.

Le escribiríamos para remitirle el cheque.	*We would write him in order to send him the check.*
Siempre entra sin verme.	*He always enters without seeing me.*

***Para que** is far more common in the spoken language than **a fin de que**.

**English uses a possessive here plus the *-ing* form while Spanish uses a subject pronoun plus the subjunctive.

2 The conjunctions **de modo que** and **de manera que** (*so that*) take the subjunctive when they express purpose; when they express result they take the indicative.

El fiscal habló elocuentemente, de modo que (de manera que) condenaran a Indalecio.	*The district attorney spoke eloquently so that (in such a way that) they would condemn Indalecio.*
El fiscal habló elocuentemente, de modo que (de manera que) condenaron a Indalecio.	*The district attorney spoke eloquently and because of that (as a result of that) they condemned Indalecio.*

3 The most common conjunction of concession is **aunque**. **Aunque** takes the subjunctive when it refers to an unaccomplished act or hypothesis, or when it indicates that the speaker does not believe the statement to be a fact. Otherwise, the indicative is used.

Aunque me lo jures no lo creeré.	*Even if you swear it to me I will not believe it.*
Aunque haya hecho algo malo, yo la perdonaré.	*Even if she has done something wrong I will forgive her.*
Aunque me lo juraras no lo creería.	*Even if you swore it to me I wouldn't believe it.*
Aunque hubiese hecho algo malo, yo la perdonaría.	*Even if she had done something wrong I would forgive her.*

But:

Aunque me lo juraste no lo creí.	*Although you swore it to me I didn't believe it.* (It is a fact that you swore it.)
Aunque hizo algo malo la perdoné.	*Although she did something wrong I forgave her.* (It is a fact that she did something wrong.)

APLICACIÓN

A. Obstáculos. A veces Ud. tiene el propósito de hacer algo, pero algún obstáculo se lo impide. Explique las circunstancias que pueden impedir cada acción, completando las frases con las claves que se dan. Añada algo original.

Modelo: Mañana asistiré a clase a menos que *tenga que acompañar a mi amigo al médico. Siempre ayudo a mis amigos cuando me necesitan.*

1. Mañana asistiré a clase a menos que...
   a. mi coche / romperse
   b. (yo) / estar enfermo
   c. nevar mucho
   d. la clase / cancelarse

2. Todas las noches preparo mi lección de español a no ser que...

    a. mis amigos / invitarme

    b. haber / programas muy buenos en la televisión

    c. dolerme / la cabeza

    d. tener que estudiar otra asignatura

3. Generalmente ahorro $50 a la semana, a menos que...

    a. (yo) / haber tenido gastos extraordinarios

    b. ser / el cumpleaños de algún amigo

    c. (yo) / tener que pagar alguna deuda

    d. alguien / pedirme dinero prestado

B. **La billetera perdida.**   Complete esta narración con palabras que tengan sentido.

He perdido mi billetera. Creo que la dejé sobre mi cama. De manera que... apenas termine esta clase. Espero encontrarla en mi cuarto pero, en caso de que no... la buscaré por toda la casa. En caso de que no... en la casa, iré mañana a la oficina de objetos perdidos de mi escuela. Y en caso de que ellos no..., pondré avisos en las paredes, a fin de que... ¿Y en caso de que nadie...? Pues no podré ir al cine en un mes.

C. **Las condiciones de Luis.**   Complete de manera original las condiciones que Luis le pone a su amigo Germán.

1. Germán, te prestaré estos CDs con tal que...

2. Saldré contigo el sábado con tal que...

3. Iré de compras contigo con tal que...

4. Te llevaré a tu casa en mi carro con tal que...

D. **Cosas que pasaron y cosas que no pasaron ayer.**   Complete las oraciones, para expresar las cosas que no pasaron ayer, con la conjunción **sin que** y la forma apropiada del verbo.

Modelo: Dos estudiantes se pegaron en la clase / el profesor no pudo impedirlo
           → *Dos estudiantes se pegaron en la clase sin que el profesor pudiera impedirlo.*

1. Josefina me contó su problema / yo no se lo pedí

2. Raquel escribió una composición excelente / Emilio no la ayudó

3. Limpié mi cuarto / nadie me lo sugirió

4. Juan Felipe salió de la casa / nosotros no lo vimos

5. Mi amiga tomó prestados mis CDs / yo no lo supe

6. Alguien te robó el reloj / tú no te diste cuenta

7. Corté la hierba de mis vecinos / ellos no me pagaron

8. Di un paseo en la bicicleta de Arturo / él no me autorizó

SECCIÓN GRAMATICAL **151**

E. **Dar para recibir.** Complete cada frase, usando **para que** o **a fin de que** y el subjuntivo del mismo verbo, como se hace en el modelo.

Modelo: *Debemos **demostrar** afecto a nuestros amigos... para que (a fin de que) ellos nos **demuestren** afecto a nosotros.*

1. Es necesario ayudar a los demás...
2. Tienes que perdonar a tus enemigos...
3. Debes sonreírle a la gente...
4. Debemos respetar a todo el mundo...
5. Tenemos que hacerles favores a los compañeros...
6. Debes amar a Dios...

F. **Mi tía la precavida.**   Mi tía Amparo siempre piensa en lo que puede pasar. Complete de manera lógica lo que ella me diría.

1. Sobrina, lleva paraguas cuando salgas, no sea que...
2. Ten siempre a mano un duplicado de tu llave, no sea que...
3. Lleva un recipiente con agua en el baúl del coche, no sea que...
4. Lleva unos dólares escondidos en un zapato, no sea que...
5. Pon un extinguidor de incendios en la cocina, no sea que...
6. Guarda siempre una linterna en la mesa de noche, no sea que...

G. Cambie los infinitivos entre paréntesis, fijándose en el sentido de los pasajes.

1. **Mi accidente.**

   Aunque (llover y hacer frío) anoche, salí en mi coche. Aunque (manejar) con cuidado, el pavimento estaba mojado y no pude evitar que el auto resbalara. El chofer del auto contra el cual choqué se puso furioso, aunque el choque (no haber sido) serio y aunque yo (explicarle) que no había sido culpa mía. ¿Qué dirá mi madre esta tarde cuando lo sepa? Aunque (comprender) que yo no tuve la culpa del accidente, se disgustará mucho. En cuanto al chofer, me pondrá pleito, aunque la compañía de seguros (pagarle) el arreglo de su auto. Es de esas personas que insisten en usar las vías legales aunque (no ser) necesario.

2. **Un juego de baloncesto.**

   El sábado juega mi equipo de baloncesto. Las entradas son caras pero, aunque (costar) todavía más, pagaría el precio con gusto. Es difícil que alguien me critique por esto pero, aunque (criticarme), iría a ese juego. ¡Va a ser emocionante! El equipo contrario es muy bueno y quizás no ganemos. Pero, aunque (perder), valdría la pena haber ido.

THE SUBJUNCTIVE AFTER CONJUNCTIONS OF TIME

COMMON CONJUNCTIONS OF TIME			
antes (de) que	*before*	**hasta que***	*until*
apenas	*as soon as*	**mientras (que)**	*while, as long as*
cuando	*when*	**tan pronto**	*as soon as*
en cuanto	*as soon as*	**(como)**	
después (de) que	*after*		

*With the verb **esperar, a que** is also used.

1 The conjunction **antes (de) que** is always followed by the subjunctive since it introduces an action or state that is not, was not, or will not be a reality at the time expressed by the main verb.

Todos los días me despierto antes de que suene el despertador.

I wake up every day before the alarm clock goes off.

Manuel Silva había cambiado el techo del rancho antes de que Indalecio volviera.

Manuel Silva had changed the hut's roof before Indalecio came back.

Pasarán varios días antes de que Indalecio se una a las tropas argentinas.

Several days will go by before Indalecio joins the Argentinian troops.

2 The other conjunctions of time can take either the subjunctive or the indicative. They will take the subjunctive when they introduce an action or state that has not yet taken place.

Te van a dar ganas de viajar cuando veas esos folletos de viaje.

You will feel like traveling when you see those travel brochures.

Deposita mi cheque en cuanto llegue.

Deposit my check as soon as it arrives.

Los actores regresarán a los Estados Unidos después de que termine el rodaje.

The actors will return to the United States after the filming is finished.

Las mujeres seguirán luchando hasta que haya una mujer presidenta.

Women will continue struggling until there is a woman president.

Su esposa no lo perdonará mientras (que) él no cambie su manera de ser.*

His wife will not forgive him as long as he doesn't change his ways.

Ella dijo que me escribiría tan pronto como pudiera.

She said she would write me as soon as she could.

---

*When the main verb is negative, the verb that follows **hasta que** and **mientras que** is usually negative too.

These conjunctions will take the indicative when the action or state that they introduce is customary or has already taken place.

Siempre me dan ganas de viajar cuando veo folletos de viaje.	*I always feel like traveling when I see travel brochures.*
Todas las semanas deposito tu cheque en cuanto llega.	*Every week I deposit your check as soon as it arrives.*
Los actores regresaron a los Estados Unidos después que terminó el rodaje.	*The actors returned to the United States after the filming was finished.*
Las mujeres siguieron luchando hasta que hubo una mujer presidenta.	*Women continued struggling until there was a woman president.*
Su esposa no lo perdonó mientras (que) él no cambió su manera de ser.	*His wife didn't forgive him as long as he didn't change his ways.*
Ella me escribió tan pronto como pudo.	*She wrote me as soon as she could.*

APLICACIÓN

A. Escoja la forma verbal correcta para cada oración.

1. Después que (hayas escrito / escribiste) la carta, ponla en el sobre.

2. Estoy dispuesta a hacer el trabajo mientras me (pagaron / paguen) bien.

3. Ud. deberá esperar hasta que (llegue / llega) su turno.

4. Dijo que cuando (dieran / dieron) las doce comeríamos.

5. Sé que esperasteis hasta que vuestro consejero (estuvo / estaría) desocupado.

6. Luisa se arrepintió después que se lo (dijera / dijo) a su novio.

7. Saldré para la estación tan pronto como me (vista / visto).

8. Después que (pintaremos / pintemos) las paredes, el cuarto se verá mejor.

9. Cuando (termine / termina) el verano compraremos alfombras nuevas.

10. El jurado no dará su veredicto mientras que no (hay / haya) un voto unánime.

11. No me gusta salir a la calle cuando (llueve / llueva).

12. En cuanto (haya lavado / lavó) la ropa, debe Ud. plancharla.

B. Complete de manera original.

1. Su esposo la comprenderá mejor cuando...

2. Mi amiga se quitó el vestido en cuanto...

3. No conseguirán Uds. convencerme mientras...

4. Simón quiere contarnos lo ocurrido antes de que...

5. El gobierno enviará auxilios a los damnificados mientras...

6. Vas a ser muy feliz cuando...

7. Deben Uds. seguir intentándolo hasta que...

8. Ellos se pusieron a bailar tan pronto como...

C. **No después, sino antes.** Sustituya **después (de) que** por **antes (de) que** en las siguientes oraciones, haciendo otros cambios que sean necesarios.

1. Busca información sobre los gauchos después que leas el cuento de Viana.
2. El hijo de Indalecio nació después que él entró en la cárcel.
3. Después que vio a su esposa, Indalecio la recordaba con tristeza.
4. La guerra con el Uruguay comenzó después que Indalecio terminó su condena.
5. Indalecio reconoció su rancho después que vio el techo de zinc.
6. La mujer estaba contenta después que Indalecio llegó.
7. La mujer conoció a Manuel Silva después que Indalecio regresó.
8. Los chicos siempre cenaban después que Manuel Silva volvía de su trabajo.

D. Cambie al pasado los siguientes pasajes.

1. **El perro policía.**

   Mientras espero para que revisen mi equipaje en el aeropuerto internacional, observo a una señora muy distinguida, que llega a la fila antes que yo llegue y que lleva un maletín y varias bolsas. Antes de que le toque el turno de acercarse al mostrador, pasan dos funcionarios de aduana con un perro. El perro corre hacia la señora y, antes de que los hombres puedan impedirlo, salta sobre ella ladrando nerviosamente. La señora trata de librarse del animal, pero es inútil. «Un perro entrenado para oler drogas», comentan los otros viajeros. Los de la aduana le piden a la mujer que abra el maletín. Pero antes que ella lo haga, todos sabemos que el policía canino no busca drogas esta vez. El perro saca una larga hilera de chorizos de una de las bolsas y los engulle antes que consigan sujetarlo.

2. **En un restaurante.**

   El hombre parece tener mucha hambre y devora el pan de la cesta antes que le sirvan la comida. Cuando le sirven, come tan rápido, que termina el postre antes de que otros clientes que llegaron al mismo tiempo hayan terminado el plato principal. Y, apenas ha comido el postre, escapa corriendo del restaurante antes que el camarero le traiga la cuenta.

CONDITIONAL CLAUSES WITH *IF*

Spanish conditional clauses with **si** (*if*) take the indicative or the subjunctive depending on the type of condition they refer to.

1 When an *if* clause introduces (a) a contrary-to-fact verb, or (b) a condition that is unlikely to take place, the imperfect subjunctive is used in Spanish for present or future time and the pluperfect subjunctive is used for past time.* As in English, the other verb is either conditional or conditional perfect.

Si tuviera un caballo, practicaría la equitación.	*If I had a horse I would practice horseback riding.* (I don't have a horse.)

---

*Do not use a present subjunctive in Spanish when **si** means *if*. In everyday usage one hears: **No sé si vaya o no**, but in this case **si** means *whether: I don't know if (whether) I should go or not.*

Si ella fuese una buena actriz, sería famosa.	*If she were a good actress she would be famous.* (She is not a good actress.)
Si la mujer hubiese sabido que Indalecio iba a volver, no habría aceptado la proposición de Manuel Silva.	*If the woman had known that Indalecio would come back she wouldn't have accepted Manuel Silva's proposition.* (She didn't know.)
Si Ud. hubiera ido conmigo se habría divertido muchísimo.	*If you had gone with me you would have enjoyed yourself very much.* (You did not go with me.)
Si recibiera carta de él mañana, me pondría contento.	*If I received* (were to receive) *a letter from him tomorrow, I would be happy.* (It is unlikely that I will receive a letter tomorrow.)

2 *If* clauses that introduce a verb that is neither contrary to fact nor unlikely to take place use the indicative.

Si se llega temprano al cine se consigue un buen asiento.	*If one gets to the movies early one gets a good seat.*
Si no trabajábamos no nos pagaban.	*If we didn't work we didn't get paid.*
Si me prestas tu bicicleta te la devuelvo mañana.	*If you lend me your bicycle I'll return it to you tomorrow.*

THE ALTERNATE FORM: *DE* + INFINITIVE

De + simple infinitive or **de** + compound infinitive is sometimes used instead of a **si** clause, especially in the case of contrary-to-fact conditions.

De tener Emilio suficiente pintura (Si Emilio tuviera suficiente pintura) pintaría toda la casa.	*If Emilio had enough paint he would paint the whole house.*
De haberlo sabido ellos antes (Si ellos lo hubieran sabido antes) habrían felicitado al ganador.	*If they had known before, they would have congratulated the winner.*

Note that the subject generally follows the verb in this construction.

COMO SI + SUBJUNCTIVE

Como si (*as if*) always presents a contrary-to-fact or hypothetical situation and it takes either the imperfect or the pluperfect subjunctive. The imperfect refers to an action or state that is coincident in time with the main verb; the pluperfect indicates an action or state prior to the main verb.

Gasta dinero como si fuera rico.	*He spends money as if he were rich.*
Ella cuenta lo que pasó como si hubiese estado allí.	*She tells what happened as if she had been there.*

NI QUE + IMPERFECT OR PLUPERFECT SUBJUNCTIVE

Ni que is generally used in elliptical exclamatory statements and always precedes an imperfect subjunctive or pluperfect subjunctive verb. Its translation into English varies according to the circumstances.

¿Vas a salir en medio de esta tormenta? ¡Ni que estuvieras loca!	*Are you going out in the middle of this storm? Anybody would think that you are crazy!*
Carmen pensaba que creeríamos su historia. ¡Ni que fuésemos tontos!	*Carmen thought we would believe her story. As if we were fools!*
Federico estaba enterado de todo. ¡Ni que hubiese oído lo que dijimos!	*Federico knew about everything. It's as if he had heard what we said!*

THE EXPRESSION *POR SI (ACASO)*

Por si (acaso) (*just in case*) is followed by either the present indicative or the imperfect subjunctive, the latter indicating a more unlikely situation.

Te dejaré la llave por si llegas (llegaras) a casa antes que yo.	*I'll leave you the key in case you arrive (in case you should arrive) home before I do.*
Marita tiene a mano una novela por si acaso el programa de televisión es (fuera) aburrido.	*Marita has a novel handy in case the TV program is (should be) boring.*

APLICACIÓN

A. Explique con oraciones completas lo que haría o habría hecho en las siguientes circunstancias.

1. Si fuera presidente de los Estados Unidos.

2. Si se hubiera sacado la lotería en el último sorteo.

3. Si fuese el profesor de esta clase.

4. Si hubiera vivido hace cien años.

5. Si supiera que le quedaba sólo un año de vida.

6. Si se encontrara en la calle una billetera con $1.000 dólares.

7. Si alguien le hubiera regalado un coche deportivo del último modelo.

8. Si le ofrecieran un contrato para actuar en el cine.

9. Si su perro (o gato) se hubiese perdido.

10. Si descubriera que hay petróleo en el patio de su casa.

B. **Situaciones.** Use la expresión **de** + infinitivo en los siguientes pasajes como sustituto de las cláusulas que comienzan con **si**.

1. Si yo consiguiera un buen trabajo, pasaría unas Navidades alegres, porque tendría bastante dinero, y si tuviera bastante dinero, compraría regalos para todos mis amigos.

2. Si yo cocinara bien, invitaría a mis amigos a comer a menudo. Y si aprendiera a preparar platos mexicanos, convidaría a los Gómez, que son mis vecinos.

3. Alberto nos dijo que si se hubiera enterado de que veníamos, nos habría conseguido un lugar donde parar, y que si lo hubiéramos llamado cuando llegamos, nos habría ido a buscar al aeropuerto. ¡Qué lástima! Si hubiésemos sabido que Alberto era tan amable, le habríamos escrito antes de nuestro viaje.

4. Si el estante no se hubiese caído, yo tendría ahora un lugar para poner mis libros. Es culpa tuya, porque el estante no se habría caído si tú hubieses usado suficientes tornillos cuando lo armaste.

C. **El regreso de Indalecio.** Complete las frases de manera original.

1. Indalecio regresa con el alma llena de tristeza, como si...
2. En el campo hay un gran silencio, como si...
3. Cuando Indalecio ve su pago, todo le parece diferente, como si...
4. La mujer sale a la puerta y lo saluda como si...
5. Cuando Indalecio fue a la cárcel, la mujer actuó como si...
6. Indalecio no le preguntó a la mujer por el hijo de ambos. Era como si...
7. Los niños se sujetaban de la falda de su madre y lloraban como si...
8. La mujer seguía repitiendo las mismas explicaciones como si...
9. Indalecio decidió irse a la guerra como si...
10. Cuando Indalecio se fue, la mujer suspiró como si...

D. Haga expresiones con **ni que** usando las palabras entre paréntesis que se dan en cada caso.

Modelo: Herminia habla con mucha autoridad de cualquier tema. (saberlo todo)
            → *¡Ni que lo supiera todo!*

1. Aunque gana poco dinero, José gasta mucho. (ser rico)
2. Joaquín lo contó todo con muchos detalles, aunque no estaba presente cuando sucedió. (haber estado allí)
3. Mi profesor sabía lo que yo iba a decirle antes de que se lo dijera. (poder leer el pensamiento)
4. Nuestro jefe nos exige mucho trabajo, pero paga muy poco. (pagar un sueldo fabuloso)
5. Le hablé a Tony cordialmente, pero me contestó con brusquedad. (haberlo ofendido)
6. Mi amigo quería que yo saliera a la calle en medio del huracán, pero yo no quise. (estar loco)
7. Marta no tiene automóvil y siempre me pide que la lleve a todas partes. (ser su chofer)
8. Apenas llegó a la fiesta, el hombre comenzó a comer y estuvo comiendo toda la noche. (estar muerto de hambre)
9. ¿Por qué caminas tan despacio? (dolerle los pies)
10. Carolina siempre anda mal vestida, pero critica la ropa que llevan sus amigas. (vestirse bien)

E. Complete de manera original, usando **por si (acaso)**. Use **por si (acaso)** + presente de indicativo en las cuatro primeras oraciones, y **por si (acaso)** + imperfecto de subjuntivo en las cuatro últimas.

1. Mi madre tendrá lista la comida a las seis...
2. Nos quedaremos en casa esta tarde...
3. Voy a planchar mi vestido nuevo...
4. Pon suficiente gasolina en tu auto...
5. Debes llevar paraguas...
6. Siempre tengo aspirinas en el botiquín...
7. Le daré a Ud. mi dirección...
8. Es bueno tener en el bolsillo la libreta de cheques...

Sección léxica

Ampliación: Los prefijos in- y des-

Los prefijos **in-** (**im-** antes de **p, ir-** antes de **r**) y **des-** dan la idea de oposición o contraste y también de quitar, privar o carecer de algo. En la lectura aparecen **inmaculado** (sin mácula [*stain*]), **inmóvil** (que no se mueve), **irresistible** (que no se puede resistir), **destruido** (lo contrario de construido), **desesperadamente** (sin esperanza) y **desmanear** (quitar las trabas [*hobbles*]). A continuación se dan algunos adjetivos y verbos formados con estos prefijos. Observe que muchos son similares a palabras en inglés.

im-, in-, ir-

impenetrable	incrédulo	inseguro
imperdonable	indeciso	insensato
improductivo	indeseable	interminable
impropio	indigesto	intocable
inaceptable	inestable	invencible
inagotable	infiel	irreal
incansable	injusto	irrompible
incierto	inmortal	irrefutable
incoloro	inquieto	irremediable
inconforme	insatisfecho	irreverente

des-

desabotonar	desconectar	desengañar
desanimar	descongelar	desenvolver
desarmar	descoser	desinfectar
descalzar	descubrir	desobedecer
descargar	descuidar	destapar
descolgar	desenchufar	desvestir

APLICACIÓN

A . Definiciones. Escoja el adjetivo de la primera lista que se da arriba que corresponde a cada definición.

Algo o alguien que...

1. no tiene color
2. no termina nunca
3. no puede penetrarse
4. no se puede vencer
5. no cree
6. no se cansa
7. no es seguro (2 adjetivos)
8. no tiene remedio
9. no tiene sentido común
10. no se puede tocar
11. no es apropiado
12. no muere
13. tiene dificultad para tomar decisiones
14. no produce
15. no tiene fidelidad
16. no se puede discutir
17. no se rompe
18. no puede perdonarse
19. es difícil de digerir
20. no está tranquilo

B . Ahora dé Ud. la definición de las siguientes palabras.

1. inaceptable
2. inagotable
3. inconforme
4. indeseable
5. inestable
6. injusto
7. insatisfecho
8. irreverente
9. irreal

C . Complete de manera original, usando una forma verbal de la segunda lista que tenga significado contrario al que expresan las palabras en cursiva.

Modelo: *Le puse los zapatos* al niño, y tú... ***lo descalzaste***.

1. *Cargaron* todos los muebles en el camión, y al llegar a la nueva casa...
2. *Tapa* la olla, cocina el arroz quince minutos, y luego...
3. *Abotoné* la blusa de mi sobrinita, pero ella...
4. *Armaron* a los hombres, pero al terminar la revolución...
5. El paquete *estaba envuelto* en papel de regalo y...
6. La plancha *está enchufada*, no olvides...
7. *Cuida* bien tus plantas, porque no tendrás flores si...
8. *Cosí* mal la tela y ahora...
9. A veces, el niño *hace lo que le mandan*, pero otras veces, ...
10. Los camarones *están congelados*, hay que...
11. *Colgué* el cuadro nuevo en la sala y...
12. *Cubrieron* la estatua con una lona y el día de la fiesta...

D . Haga oraciones que contengan formas verbales de los siguientes infinitivos.

1. desanimar
2. desconectar
3. desengañar
4. desinfectar
5. desvestir

Distinciones: Equivalentes españoles de to become

1. Cuando alguien entra en una profesión, oficio o grupo organizado, en español se usa **hacerse** combinado con un nombre. En algunos casos, **hacerse** también se combina con adjetivos, como en las expresiones **hacerse rico** y **hacerse famoso.**

Como su novio quiere hacerse médico, ella se ha hecho dentista.	*Since her boyfriend wants to become a doctor, she has become a dentist.*
Mi tío se hizo republicano en el 2004.	*My uncle became a member of the Republican party in 2004.*
Espero hacerme famoso con este invento.	*I hope to become famous with this invention.*

Algunas expresiones comunes con **hacerse** son:

hacerse de noche	*to become (get) dark*
hacerse necesario	*to become necessary*
hacerse tarde	*to become (get) late*
Pronto se hará de noche, así que se hace necesario que regresemos a casa.	*It will soon get dark and so it becomes necessary for us to return home.*

2. **Ponerse** + adjetivo significa *to become, to take on a certain condition or state.* Esta expresión se refiere frecuentemente a una reacción involuntaria o accidental que, en el caso de personas, tiene motivos sicológicos.

Al oír la noticia, se pusieron muy serios.	*Upon hearing the news they became very serious.*
Cada vez que veía a la niña, Pedrito se ponía colorado.	*Every time he saw the girl, Pedrito blushed (became or turned red).*
Luisa se puso muy delgada en los últimos meses de su enfermedad.	*Luisa became very thin in the last months of her illness.*
Mi blusa blanca se puso amarilla cuando la lavé.	*My white blouse became (turned) yellow when I washed it.*

3. Cuando **become** significa *to change or turn into,* su equivalente en español es **convertirse en** + nombre.

Esta polilla se convertirá en mariposa.	*This moth will become a butterfly.*
Él se convertía en hombre lobo en las noches de luna llena.	*He became a werewolf on nights when there was a full moon.*
El agua de la fuente se convierte en hielo en invierno.	*The water in the fountain turns into ice in winter.*
Ese chico se ha convertido en un problema últimamente.	*That boy has become a problem lately.*

En las oraciones anteriores, puede también usarse **volverse** + nombre. Pero el uso más frecuente de **volverse** es en frases hechas, como **volverse loco.**

4. Cuando *become* se refiere a un cambio que tarda mucho tiempo en realizarse o que es el producto de una larga serie de sucesos, su equivalente en español es **llegar a ser**. Observe que **llegar a ser** nunca se usa en el caso de cambios rápidos o repentinos.

Si practicas a diario la natación, llegarás a ser campeón algún día.	*If you practice swimming daily you will become a champion some day.*
Aunque al principio se odiaban, llegaron a ser grandes amigos.	*Although they hated each other at first, they got to be good friends.*
Esa mujer nació pobre, pero llegó a ser muy poderosa.	*That woman was born poor but she became (got to be) very powerful.*

5. Si el propósito de *to become* es averiguar lo que le pasó o pasará a alguien o algo, se usan **hacerse** o **ser de**.

¿Qué fue (¿Qué se hizo) de aquel amigo tuyo?	*What became of that friend of yours?*
¿Qué será de nosotros?	*What will become of us?*

6. Meterse a + nombre tiene generalmente un sentido despreciativo, y se usa cuando una persona se dedica a una profesión u oficio para el cual no está capacitada.

Mi amiga se metió a actriz, pero no tenía ningún talento dramático.	*My friend became an actress but she didn't have any dramatic talent.*
Mi primo Claudio no tenía trabajo y se metió a carpintero.	*My cousin Claudio didn't have a job and became a carpenter.*

7. *To become* es equivalente de **quedarse** + adjetivo en algunas expresiones. Las más comunes de éstas son: **quedarse calvo** (*to become bald*), **quedarse ciego** (*to become [go] blind*), **quedarse solo** (*to be left alone*), **quedarse sordo** (*to become deaf*), **quedarse viudo/a** (*to become a widower/widow*). Observe que todas estas expresiones tienen en común la idea de pérdida.

Algunos hombres se quedan calvos antes de los treinta años.	*Some men become bald before they are thirty.*
Si sigues oyendo tanto rock pronto te quedarás sordo.	*If you continue to listen to so much rock you will soon become deaf.*

APLICACIÓN

A. ¿Qué ha sido de ellos? Imagine que han pasado unos años y Ud. encuentra a un amigo a quien no ha visto desde su graduación. Él le pregunta qué ha sido de varios de sus compañeros de estudios. Explíquele a su amigo lo que fue de ellos, usando equivalentes de *to become* y basándose en los siguientes datos. Trate de elaborar explicaciones originales.

1. Andrés Pérez es ahora médico.
2. Andrés y Cuquita Gómez son novios desde el mes de junio.
3. Luis Quirós no tiene pelo.
4. Lolita Ruiz pesa 200 libras.

5. Vicente Guzmán está en un manicomio.

6. Saturnino Rovira es presidente de una compañía.

7. Emilio Arteaga es rico.

8. Marta Salazar es policía.

9. El hermano de Marta está casi sordo.

10. Nicolás Ríos es cantante, pero canta muy mal.

B. Complete los pasajes de la columna izquierda con expresiones de la columna derecha.

1. Juan leía constantemente con muy mala luz. Creo que por eso...	**a.**	¿Qué sería de ellos?
2. Ernesto la amaba mucho, pero después que ella lo engañó con su mejor amigo, su amor...	**b.**	meterme a carpintero
3. Es un niño con gran talento. Un líder genuino. Algún día...	**c.**	se le hacía tarde
4. Hablaba solo, y discutía en voz alta con personas imaginarias. Todos pensábamos que...	**d.**	llegaron a ser amigos
5. Dejamos el helado fuera del refrigerador y al poco rato...	**e.**	se hizo metodista
6. Mi gato y mi perro se odiaban al principio, pero con los años...	**f.**	se convirtió en antipatía
7. Los padres de Lilí la han llevado al médico porque sospechan que tiene anorexia y...	**g.**	se quedó ciego
8. La familia de Orlando es católica, pero él se enamoró de la hija de un ministro y...	**h.**	se ha quedado sola
9. Los amigos de Pepín tuvieron un accidente muy serio. Le dimos la noticia y...	**i.**	se puso muy pálido
10. Los Jiménez ya no viven en este barrio y no los he visto en varios años...	**j.**	se ha puesto muy delgada
11. Yo quería ser profesor de español algún día, pero saqué una F en el curso de composición y he decidido...	**k.**	se puso blando
12. En Hispanoamérica, es muy frecuente el caso de un presidente que después de su primer período de gobierno...	**l.**	iba a volverse loco
13. No quiso almorzar con nosotros. Dijo que tenía que estar en el centro a las tres y...	**m.**	se convierte en dictador
14. Sus padres murieron y no tiene hermanos ni parientes cercanos. La pobre Amelita...	**n.**	llegará a ser presidente

C. Complete con un equivalente de *to become.*

1. Cada día ve peor, el médico dice que _____ ciega.

2. La admiración que sentía por él _____ antipatía.

3. ¿Quieres _____ socio de nuestro club?

4. Mi padre _____ furioso cuando vio la cuenta del teléfono.

5. En el otoño, las hojas _____ primero amarillas y después, de color marrón.

6. Si algún día _____ millonario, espero que te acuerdes de mí.

7. Un refrán dice que el que _____ redentor, termina crucificado.

8. Cuando pregunté qué _____ Paulina, Rodrigo _____ muy nervioso.

9. La tierra _____ lodo cuando llueve mucho.

10. A los dos días de estar en la cárcel, el pelo de Ramiro _____ blanco.

Para escribir mejor

El punto y coma

1. El punto y coma indica una pausa más larga que la indicada por la coma. Por eso muchas veces sustituye a ésta antes de las expresiones que unen dos cláusulas, cuando el hablante haría una pausa marcada.

No tengo nada que decirle; por lo tanto, no lo llamaré.	*I don't have anything to tell him; therefore, I won't call him.*
No quiero hacer negocios con ese señor; sin embargo, escucharé su proposición.	*I don't want to do business with that gentleman; however, I'll listen to his proposition.*

2. El punto y coma separa frases largas dentro de un párrafo. Estas frases tienen generalmente comas que separan sus elementos internos.

La casa de la finca, con su techo de tejas y sus paredes de madera despintadas, se alzaba frente al camino; a un costado de la casa, había un bosquecillo.	*The farmhouse, with its tile roof and its weathered wooden walls, stood facing the road; on one side of the house there was a small forest.*

3. El punto y coma separa los elementos de una enumeración cuando son largos y pudiera haber confusión si se usaran comas.

El primer hombre que llegó a la reunión era de edad madura, un poco calvo; el segundo, era un viejo alto y delgado; el tercero, un caballero elegante, que llevaba un bastón de puño dorado.	*The first man who arrived at the meeting was middle-aged, balding; the second one, was a tall and thin old man; the third one, an elegant gentleman who was carrying a cane with a golden handle.*

APLICACIÓN

En los siguientes pasajes de *Miau* de Pérez Galdós se han suprimido las comas y los puntos y comas. Póngalos.

1. —Me he quedado helado —dijo don Ramón Villaamil esposo de doña Pura el cual era un hombre alto y seco los ojos grandes y terroríficos la piel amarilla toda ella surcada por pliegues enormes en los cuales las rayas de sombra parecían manchas las orejas transparentes largas y pegadas al cráneo la barba corta rala y cerdosa con las canas distribuidas caprichosamente formando ráfagas blancas entre lo negro el cráneo liso y de color de hueso desenterrado como si acabara de recogerlo de un osario para taparse con él los sesos.

2. Aquí mucho gas allí tinieblas acá mucha gente después soledad figuras errantes. Pasaron por calles en que la gente presurosa apenas cabía por otras en que vieron más mujeres que luces por otras en que había más perros que personas.

3. Milagros era la que guisaba solía madrugar más que las otras dos pero la noche anterior se había acostado muy tarde y cuando Villaamil salió de su habitación dirigiéndose a la cocina la cocinera no estaba aún allí.

4. Con otro que no fuera Ponce ya se libraría Cadalso de emplear lenguaje tan impertinente pero ya sabía él con quién trataba. El novio estaba amoscadillo y Abelarda no sabía qué pensar. Para burla le parecía demasiado cruel para verdad harto expresiva.

5. Adiós niño salado diviértete todo lo que puedas no vayas a la oficina más que a cobrar haz muchas conquistas pica siempre muy alto arrímate a las buenas mozas y cuando te lleven a informar un expediente pon la barbaridad más gorda que se te ocurra.

Hombres y mujeres, vestidos con ropa típica, bailan bailes gauchos tradicionales. Fíjese en que hombres y mujeres bailan separados. (©Hideo Haga/HAGA/The Image Works)

TRADUCCIÓN

Another Story by Viana

As soon as I finished reading *El tiempo borra*, I remembered another story by Viana about a gaucho, so that tomorrow, when my Spanish professor asks us to write a composition (as he usually does), I'm going to write about it. If the professor should say that this theme is inappropriate for this chapter, I would insist, even though it might seem discourteous on my part.

The story about which I decided to write is entitled *Demasiado tarde*, a title that would also be fitting for *El tiempo borra*. As in the latter narrative, the action takes place in the region of Argentina called "Pampa." The characters are Isabel, a gaucho named Diego who is her husband, their daughter, and Isabel's father. As the plot develops, we see that Diego is an incorrigible gambler and a womanizer. In short, he is totally irresponsible. Before they married, he had many unacceptable habits. After they married, Diego became an even worse man. He was unfaithful to his wife and spent days away from home.

Finally, Isabel realized that her husband's behavior was unpardonable and that she no longer loved him. From that moment, she completely ignored Diego's betrayals and concentrated her love on her daughter and her father.

Suddenly, Diego became more homeloving and less egotistical. It was as if the emotional change in Isabel had turned him into another man. When Diego asked Isabel to pardon him and even after he said that he truly loved her, she replied that it was too late. She explained that she was like a certain native plant that flowers only once in its lifetime, meaning by (**con**) this that at one time she had loved Diego, but that his disaffection had caused her love to turn to indifference. According to the social customs of the time and place, they would continue living together, but without their really being husband and wife.

Isabel doesn't name the native plant to which she refers; in case someone may wish to know its name, it is probably the *Agave americana*, one of whose species is the maguey. This plant takes ten years to flower and when its flowers wither, it turns yellow and dies.

If my professor doesn't like my composition, it's too late for me to write another.

TEMAS PARA COMPOSICIÓN

1. **Los gauchos.** Busque información en el Internet o en una enciclopedia sobre el origen del nombre «gaucho», el traje típico del gaucho y sus costumbres, y escriba un informe basado en el resultado de su búsqueda.

2. **El divorcio como solución.** En tiempos de Viana no existía el divorcio en la Argentina. ¿Cambiaría la existencia del divorcio de alguna manera la historia y el desenlace de «El tiempo borra» y «Demasiado tarde»? ¿Es el divorcio una buena solución en su opinión? ¿Siempre o sólo en algunos casos?

3. **Habla la mujer de Indalecio.** Cuente el relato de la lectura en primera persona, desde el punto de vista de la esposa de Indalecio.

4. **Habla Isabel.** Basándose en la información que se da en la traducción, cuente el relato sobre Isabel en primera persona.

5. **El tiempo y sus cambios.** Imagine que Ud. hace un viaje por unos minutos en un cohete a través de la barrera del tiempo, y que cuando regresa, ya han pasado quince años en la Tierra. ¿Qué cambios encontraría? ¿Cómo afectarían su vida esos cambios?

Escena de la película española "Mar adentro", sobre el tema de la eutanasia, que recibió muchos premios, entre ellos el Oscar de la mejor película extranjera en 2005. Aquí vemos a Javier Bardem, en el papel de Ramón Sampedro, y a Belén Rueda como Julia, su cuñada. (©Photofest)

CAPÍTULO 7

Lectura

Introducción

Esta lectura es un ensayo de Pablo J. Ginés, publicado en la revista española *Época*. Como se indica en el preámbulo, el escritor reacciona ante la película «Mar adentro»,* dirigida por Alejandro Amenábar, que es la historia real de Ramón Sampedro, un español paralítico que se suicidó con ayuda de sus amigos. Tanto la película como su protagonista, Javier Bardem, han ganado muchos premios internacionales, como el «León de Plata» en el Festival Internacional de Cine de Venecia, y el «Globo de Oro» y el Oscar a la mejor película extranjera en 2005 en los EE. UU.

Ramón, de 55 años, había tenido un accidente a los 26 que lo dejó paralizado del cuello para abajo. Aunque su familia lo cuidaba con cariño, él quería morir y por años trató de conseguir permiso de los tribunales para que su médico le practicara la eutanasia. Todas sus peticiones fracasaron. Los amigos de Ramón pensaban que él tenía el derecho de morir con dignidad y dejar de ser un problema para su familia, y decidieron ayudarlo a suicidarse.

Once personas participaron en el suicidio y cada uno de los amigos ayudó sólo un poquito en una sección del proceso, para que nadie en especial pudiera ser acusado del crimen. Sólo el amigo once estuvo presente todo el tiempo, pues fue el que filmó la operación. La persona que lo ayudó a beber el cianuro fue su novia, pero ella no lo confesó hasta muchos años después, cuando ya el caso estaba cerrado.

Cuando el video del suicidio fue presentado por televisión, el mundo entero se conmovió, y la película volvió a actualizar el tema en 2005. ¿Debe permitirse la eutanasia? Aunque Ramón y sus amigos pensaban que sí, el autor de la lectura presenta diez fuertes argumentos contra ella.

¿Es justificable la eutanasia?

El debate sobre la despenalización° de la eutanasia vuelve a estar en el candelero° con el estreno de «Mar adentro», filme de Amenábar en el que Javier Bardem encarna a° Ramón Sampedro, que decidió poner fin a su vida después de permanecer más de 30 años postrado en una cama°.

legalización
en... de moda
encarna... hace el papel de
postrado... *bedridden*

DIEZ ARGUMENTOS CONTRA LA EUTANASIA

1. Pendiente peligrosa°. La eutanasia legal favorece una «pendiente peligrosa» en contra de la vida en otros campos°. En Holanda, la eutanasia se aplica, no ya a enfermos, sino a gente que no quiere vivir, como el senador socialista octogenario Brongersma, que pidió ser «finalizado», no porque estuviese enfermo o deprimido, sino porque estaba cansado de vivir. Se calcula que en Holanda se deja morir a unos 300 bebés al año por nacer con minusvalías°.

Pendiente...
Slippery slope
casos

handicaps

*La traducción original del título, y la más adecuada, es *Out to Sea*; sin embargo, la película se ha presentado en los EE. UU. con el título *The Sea Inside*.

    2. *Empeora° la relación médico-paciente.* ¿Queda algún margen
para que los enfermos, ancianos o incapacitados° sigan manteniendo
aquella confianza en quienes, hasta ahora, tenían por obligación
—casi sagrada— la sanación° de sus dolencias°? ¿Quién impondrá
a la víctima potencial el deber de confiar en su verdugo°? ¿Y cómo
confiar en que el médico va a esforzarse° por mi vida si mis
parientes presionan en sentido contrario?

    3. *Frena° la investigación en medicina paliativa°.* La eutanasia
desincentiva° la inversión° en cuidados paliativos y en tratamientos
para el dolor. De 1995 a 1998, Holanda apenas invirtió° en cuidados
paliativos; sólo a partir de° 1998 ha invertido en cuidados paliativos,
pero presentados siempre como una alternativa más, siendo la
eutanasia la más apoyada° por las instituciones. Se tiende a pensar
que si tratar el dolor con cuidados paliativos es caro, hay que
fomentar la opción barata: matar al enfermo.

    4. *Elimina al enfermo en lugar de eliminar el dolor.* La
eutanasia pervierte la ética médica que desde Hipócrates se ha
concentrado en eliminar el dolor, no en eliminar al enfermo. Los
facultativos° insisten en que la eutanasia, como el aborto, no es un
acto médico, ya que el fin° de la medicina es curar, y si no se puede
curar, al menos mitigar° el dolor. Es significativo que el primer
régimen° que instaura° la eutanasia después del viejo paganismo
romano es la Alemania nazi.

    5. *No la piden personas libres.* La eutanasia es solicitada casi
siempre por personas deprimidas, mental o emocionalmente
trastornadas°. Cuando uno está solo, anciano, enfermo, paralítico
tras° un accidente, es fácil sufrir de ansiedad o depresión que llevan a
querer morir. En un país sin eutanasia, los médicos y terapeutas se
esfuerzan por curar esta depresión y devolver las ganas° de vivir al
paciente, y casi siempre tienen éxito si el entorno° ayuda. Por el
contrario, en un país con eutanasia, en vez de esforzarse por eliminar
la depresión, se tiende a eliminar al deprimido «porque lo pide».

    6. *No es un derecho humano.* La eutanasia no es un derecho
humano. No está recogida en el Convenio Europeo de Derechos
Humanos, por ejemplo. Según el Tribunal Europeo de Derechos
Humanos en el caso de Dianne Pretty* (2002), no existe el derecho
a procurarse° la muerte, ya sea de manos de un tercero° o con
asistencia de autoridades públicas. El derecho a la autonomía
personal no es superior al deber de los estados° de amparar° la vida
de los individuos bajo su jurisdicción.

    7. *Es contagiosa.* La eutanasia, como el suicidio, es contagiosa.
Una vez que la persona deprimida se suicida, otras personas
deprimidas de su entorno pueden copiar su comportamiento.

---

* Dianne Pretty fue una mujer inglesa paralizada por una enfermedad mortal, que luchó en los tribunales para que le permitieran a su esposo ayudarla legalmente a suicidarse. (En Inglaterra el suicidio es legal, pero es ilegal ayudar a alguien a suicidarse.) Cuando su petición fue negada en Inglaterra, Dianne la presentó ante el Tribunal Europeo de Derechos Humanos, pero este tribunal también la negó. La Sra. Pretty tuvo que sufrir mucho y murió de causas naturales como consecuencia de su enfermedad.

Éste es el verdadero Ramón Sampedro, que se suicidó en 1998 con la ayuda de varios amigos, después de haber pasado 26 años paralítico. El libro que se ve en su cama, *Cartas desde el infierno*, fue escrito por él como parte de su lucha por legalizar la eutanasia. (©Eric Vandeville/Gamma-Presse, Inc.)

8. ¿Qué hacer con los minusválidos? La eutanasia dificulta° el   hace difícil
trabajo de los terapeutas que trabajan con minusválidos, deprimidos,
enfermos. Las personas que ayudan a otras a vivir con una grave°   seria
60   minusvalía o en duras circunstancias, ven su trabajo saboteado por
la otra opción, la eutanasia, que legalizada aparece con atractiva
insistencia como una salida fácil para el enfermo.

9. Eliminará a los más débiles. Como el aborto, la eutanasia
tenderá a hacerse especialmente accesible y promocionada° entre   *advertised*
65   las clases económicamente más débiles, los grupos étnicos
desfavorecidos°, etc. Al desatenderse° los cuidados paliativos, éstos   *disadvantaged /*
serán un lujo, sólo para gente con medios adquisitivos°.   descuidarse
     con... rica

10. Potenciará° los asesinatos indiscriminados. La eutanasia   Hará posibles
legal no impedirá las eutanasias ilegales, sino que las potenciará.
70   Como en el caso del aborto, aprobar una ley que permite la
eutanasia, «con todos los controles que hagan falta», no impedirá
que se extienda el fraude de ley, los permisos escritos sin examinar
al paciente, la laxitud° en la aplicación de la ley y el fraude de ley   excesiva tolerancia
generalizado.

75   Con todo°, el mejor argumento contra la eutanasia siempre será   **Con...** Sin embargo
el testimonio de miles de hombres y mujeres en circunstancias
dificilísimas, que apoyándose° mutuamente, con la ayuda de sus   ayudándose
valores, sus familias, amigos o profesionales, demuestran día a día
que la dignidad del hombre° les lleva a vivir y a enriquecer la vida   ser humano
80   de otros.

APLICACIÓN

A. Vocabulario

Escoja en la lista que se da debajo la palabra que completa correctamente cada oración.

1. Las cosas que me rodean forman mi _____.
2. Si ayudo a alguien digo que lo _____.
3. Un sistema de gobierno es un _____.
4. El hombre que ejecuta una sentencia de muerte es un _____.
5. Si una persona tiene las piernas paralizadas, digo que tiene una _____ y está _____.
6. Un médico es un _____.
7. Luchar por conseguir algo es _____.
8. Un sinónimo de *proteger* es _____ y un sinónimo de *propósito* es _____.
9. Cuando tengo dolores, los _____ con calmantes.
10. Si un enfermo está hoy peor que ayer, se dice que _____.
11. Gastar dinero en una cosa es hacer una _____.
12. Una enfermedad es una _____, y la cura de ésta es una _____.
13. Hacer propaganda de algo o de alguien es _____.
14. Un sinónimo de *descuidar* es _____.

amparar / apoyo / desatender / dolencia / empeoró / entorno / esforzarse / facultativo / fin / incapacitado / inversión / minusvalía / mitigo / promocionar / régimen / sanación / verdugo

B. Comprensión

1. ¿Por qué dice el autor que la eutanasia está otra vez en el candelero?
2. ¿Qué le sucedió al senador holandés Brongersma?
3. ¿Por qué, según el autor, van a perder los pacientes la confianza en su médico si la eutanasia se legaliza?
4. ¿Qué efecto tendrá la eutanasia en las investigaciones sobre medicina paliativa? ¿Por qué?
5. ¿Por qué dice el autor que la eutanasia no es un acto médico?
6. ¿Por qué dice el autor que las personas que piden la eutanasia no son personas libres?
7. ¿Qué piensa el Tribunal Europeo de Derechos Humanos sobre la eutanasia?
8. ¿Por qué la eutanasia va a eliminar a los débiles?
9. Según el autor, ¿qué va a pasar con la ley si se aprueba la eutanasia?

C. Interpretación

1. ¿Ha ido demasiado lejos Holanda en su ley de eutanasia? ¿Por qué (no)?
2. Si la eutanasia fuera legal y Ud. estuviera muy enfermo/a, ¿tendría confianza en su médico? ¿Por qué (no)?
3. El autor dice que si la eutanasia fuera legal, se usaría en vez de paliativos, porque es más barata. ¿Cree Ud. que exagera? ¿Por qué (no)?

4. El autor se opone también al aborto y dice que tampoco es un acto médico. ¿Por qué (no) tiene razón?

5. El autor dice que la eutanasia es contagiosa como el suicidio. ¿Está Ud. de acuerdo? ¿Por qué (no)?

6. ¿Está Ud. de acuerdo con la opinión del autor de que la eutanasia legal dificulta el trabajo de los terapeutas? ¿Por qué (no)?

7. ¿Son convincentes estos diez puntos? ¿Cuáles de los argumentos le parecen más fuertes y cuáles más débiles?

8. ¿Cree Ud. que el autor de los diez puntos está influido por sus creencias religiosas? ¿Qué posición tienen la mayoría de las religiones ante la eutanasia y el aborto?

D. Intercambio oral

1. **El caso de Ramón Sampedro.** En este caso el paciente no estaba en peligro de muerte, por eso no se trata de una eutanasia, sino de un suicidio asistido. *¿Tenía Ramón el derecho a suicidarse? ¿Por qué (no)? Si Ud. fuera uno de los amigos de Ramón, ¿lo ayudaría a suicidarse como hicieron ellos? ¿Por qué (no)?* Los amigos de Ramón no fueron castigados. ¿Por qué (no) está bien esto?

2. **Ramón Sampedro y Terri Schiavo.** Estos dos casos tienen algo en común, pero al mismo tiempo tienen muchas diferencias. ¿Cuáles son las semejanzas y cuáles las diferencias? Muchas personas piensan que quitarle el alimento y el agua a Terri fue un asesinato. ¿Qué piensa Ud.? ¿Hizo bien el esposo o debía haberles cedido su derecho a los padres de ella?

3. **¿Por qué la muerte no es una opción lógica para una persona con minusvalías?** Constantemente vemos personas admirables que han luchado contra la invalidez. Los estudiantes comentarán sobre los discapacitados que hacen actividades normales, practican deportes, usan la boca para escribir y pintar, etc. Coméntese también el caso de Christopher Reeve.

4. **El suicidio de los jóvenes.** Todos sabemos que el suicidio de los jóvenes es un problema hoy en los EE. UU. ¿Se trata de una epidemia? ¿Es o no es contagioso el suicidio? ¿Por qué? ¿Qué razones tienen estos jóvenes para suicidarse? ¿Qué puede hacerse para resolver el problema?

Sección gramatical

Uses of the Definite Article

The definite article is found in both Spanish and English with nouns that are definite or known to the speaker.

> **Siéntate en la silla que está junto a la ventana.**   *Sit on the chair that is next to the window.*

In Spanish, however, the definite article is necessary in many cases when no article is required in English. The rules concerning the definite article in Spanish have many exceptions, and therefore careful observation is recommended. However, the following general guidelines can be helpful.

1 The definite article is needed with nouns referring to concepts and abstract things, as well as with nouns that refer to a group or class in general.

La gente suele pensar que el dinero es muy importante en la vida.	*People usually think that money is very important in life.*
En el mercado abundaban los claveles, pero escaseaban las rosas.	*At the market, carnations were plentiful but roses were scarce.*
Generalmente, las personas que se oponen al aborto se oponen también a la eutanasia.	*Generally, people who oppose abortion are opposed to euthanasia as well.*

When there is an idea of amount (if the words *some* or *any* can be inserted in English), the article is omitted in Spanish.

Conozco gente sin dinero que es feliz.	*I know (some) people without (any) money who are happy.*
Hay niños que siempre comen hortalizas.	*There are (some) children who always eat (a certain amount of) vegetables.*

Note that the verb **haber** always conveys an idea of quantity or amount; therefore, it is not followed by the definite article except in rare regional usage.

2 The definite article is generally used with dates, seasons, meals, centuries, and hours.

En el verano el desayuno se sirve a las ocho; en el invierno, a las ocho y media.	*In the summer breakfast is served at eight; in the winter it is served at eight-thirty.*

This rule, however, is not always followed; in the case of seasons, the article is optional after **de** and **en;** in the case of hours and days of the week, it is often omitted in the expressions **de** + hour/day of the week + **a** + hour/day of the week.

Tanto en invierno como en verano, tenemos el mismo horario de lunes a viernes: desayuno de siete a ocho, almuerzo de una a dos y cena de siete a nueve.	*In winter as well as in summer we have the same schedule from Monday to Friday: breakfast from seven to eight, lunch from one to two, and dinner from seven to nine.*

With the days of the week, the article is omitted after **ser: Hoy es jueves.*** With the year, it is generally omitted, except in the case of abbreviations.**

Eso sucedió en 1999.	*That happened in 1999.*

---

*Note that this rule applies only when you are telling what day of the week it is (was, will be, etc.). When **ser** means *to take place* the article is used.

La reunión es el jueves.   *The meeting will be on Thursday.*

This rule also applies to the year 2000 and beyond, although some native speakers prefer to use the article in this case: **19 de junio de (del) 2007.

But:

Eso sucedió allá por el 99.	*That happened around '99.*

3 The definite article precedes most titles, except when speaking directly to the person. Exceptions to this rule are the following titles: **don, doña, san(to), santa, fray, sor.**

El rey Juan Carlos I es el sucesor del general Francisco Franco.	*King Juan Carlos I is the successor of General Francisco Franco.*

But:

Fray Gabriel Téllez fue el creador de Don Juan Tenorio.	*Fray Gabriel Téllez was the creator of Don Juan Tenorio.*

4 The well-known rule about the definite article preceding parts of the body and garments extends also to some physical and psychological acts and reactions.*

Al oírte no pude contener la risa.	*When I heard you I couldn't hold back my laughter.*
Déjame recobrar el aliento; estoy extenuada.	*Let me catch my breath; I'm exhausted.*

5 The construction **tener** + definite article + part of the body or garment + adjective is the Spanish equivalent of the English possessive + part of the body or garment + *to be* + adjective.

El niño tenía la carita triste.	*The boy's little face was sad.*
La víctima tenía los ojos cerrados y la cara hinchada.	*The victim's eyes were closed and his face was swollen.*
Tienes los pantalones manchados.	*Your pants are stained.*

6 The definite article is used with the words **cama, cárcel, colegio, escuela, guerra, iglesia,** and **trabajo.**

Si Ud. no va a la guerra cuando lo llamen, lo enviarán a la cárcel.	*If you don't go to war when they call you, they'll send you to jail.*
Conocí a Jaime en la iglesia, no en la escuela.	*I met Jaime in church, not at school.*

---

*A reminder: Usually, as the following patterns show, no possessive adjective is needed to identify the possessor. **El alumno levantó** *la* **mano para contestar; Alberto se quitó** *el* **sombrero; Cuando la hijita de Pedro comenzó a llorar, él le cambió** *el* **pañal.** Sometimes, however, the possessive adjective is necessary for clarity or to avoid ambiguity: *Mi* **pelo brilla más que** *el tuyo*; **Ponte** *tu* **camisa, no** *la mía*.

El trabajo y la escuela son las claves del progreso.	*Work and school are the keys to progress.*

Observe that these words fall under rule 1.

7 The definite article has customarily been used with certain geographical names. The most common are: **la Argentina, el Brasil, el Canadá, los Estados Unidos, la Florida, La Habana, la India, el Japón, el Paraguay, el Perú, la República Dominicana, El Salvador**, and **el Uruguay**.

Today, however, the article is often omitted with these names, especially in the press. Two geographical names that have consistently kept the article are **El Salvador** and **La Habana**.

Names of places that are modified by an adjective take the definite article: **la España meridional, el Perú colonial**.

8 Names of sciences, skills, school subjects, and languages fall into rule 1 and require the definite article, except when they are preceded by the verbs **enseñar** or **estudiar** and the prepositions **en** or **de**.

La física es una asignatura interesante, pero prefiero estudiar biología.	*Physics is an interesting subject, but I prefer to study biology.*
El español no es difícil, pero tengo problemas con el alemán.	*Spanish is not difficult, but I have problems with German.*
¿Has visto algún libro de español escrito en alemán?	*Have you seen any Spanish book written in German?*

Exception: the article is used after the preposition in the case of **interesarse en**.

Desde niño, mi hermano se interesó en las matemáticas.	*Since he was a child, my brother was interested in mathematics.*

9 The definite article is omitted before the ordinal numbers in the names of kings, popes, and other rulers: **Carlos Quinto** (*Charles the Fifth*), **Isabel Segunda** (*Elizabeth the Second*).

10 Percentage figures in Spanish are generally preceded by the definite article. So are units of measure (e.g., *hour*, *dozen*, *liter*, etc.) in cases where English uses *a, an*.

Ese candidato tuvo el setenta y cinco por ciento de los votos.	*That candidate had seventy-five percent of the votes.*
La carne estaba a cinco dólares la libra, mientras que la leche estaba a sólo cincuenta centavos el litro.	*Meat was five dollars a pound, while milk was only fifty cents a liter.*
—¿Cuánto cobran por las clases de baile? —Veinte dólares la hora.	*"How much do they charge for dancing lessons?" "Twenty dollars an hour."*

APLICACIÓN

A. **¿Con o sin artículo definido?**   Complete, haciendo contracciones si es necesario.

1. En mi universidad, no hay _____ profesores malos, _____ profesores son en general
excelentes, pero _____ estudiantes no quieren a ninguno tanto como a _____ doctora
Julia Morton. En _____ invierno y en _____ verano, de _____ lunes a _____
sábado, entre _____ siete y _____ ocho, mientras tomo _____ desayuno, veo a
esta señora pasar por _____ calle Laredo, donde vivo. No sé si pasa también _____
domingo, porque ese día voy a _____ iglesia. Aunque nació en _____ Canadá,
_____ profesora Morton comenzó a interesarse en _____ español desde _____
niñez. _____ señora Morton se lleva muy bien con _____ hispanos de todas
_____ nacionalidades. Ella es especialista en _____ cultura azteca. Habla además
_____ francés y _____ portugués.

2. Jesusita fue ayer a _____ mercado porque necesitaba _____ comestibles. _____
huevos estaban a sólo diez pesos _____ docena, pero _____ verduras le parecieron
muy caras. Las compró, sin embargo, porque iba a servir _____ verduras en _____
cena. A Jesusita le encanta _____ pan, no puede concebir una comida sin _____ pan.
Ella no come _____ carne, es vegetariana, pero a su novio le gusta _____ carne, así
que compró _____ pan y también _____ carne.

3. En 1939 volvió _____ paz a España y _____ generalísimo Francisco Franco tomó
_____ poder. Cuando Franco murió, se coronó rey a Juan Carlos _____ Primero, que
es nieto de Alfonso _____ Trece. _____ libertad reina ahora en España, después de
tantos años sin _____ libertad. Más de _____ ochenta por ciento de _____
españoles prefiere _____ monarquía constitucional como sistema de gobierno.

4. Aunque _____ mujeres han sido discriminadas en todos _____ siglos, _____
historia presenta muchos casos de _____ mujeres que se han destacado. Muchas de
estas mujeres se han dedicado a _____ vida religiosa. Por ejemplo, _____
Santa Teresa de Jesús, en _____ Siglo de Oro, _____ Sor Juana Inés de la
Cruz, en _____ México colonial y, en el siglo XX, _____ Madre Teresa en
_____ India.

B. Traduzca.

1. Miss Ruiz came to see us after supper; her face was sad, and she couldn't hold back her tears.
2. Wheat is harvested in Castille, while Southern Spain produces olives.
3. Pepito's mother made him go to bed early because he came from school with mud on his pants.
4. I put roses in Luisa's room because she loves flowers. Roses were fifteen dollars a dozen, but I bought them anyway.
5. Last Tuesday was election day, but forty percent of the people didn't vote.
6. The girl I met at work was born in Havana; she has black hair and green eyes.

Uses of the Indefinite Article

The indefinite article **(un, una, unos, unas)*** is used in Spanish much less than its counterpart in English, so most rules about its use really deal with cases in which the indefinite article is omitted in Spanish while it is used in English.

1 The indefinite article is omitted in Spanish in the following cases:

    a. After the verb *to be* when referring to professions, trades, nationalities, ranks, and affiliations.

Su madre soñaba con que él fuese médico, pero él quería ser basurero.	*His mother dreamt of his being a doctor, but he wanted to be a garbage collector.*
No sabía que la novia de Blas era argentina.	*I didn't know Blas's girlfriend was an Argentinian.*
La madre de Purita es católica, pero ella es budista.	*Purita's mother is a Catholic, but she is a Buddhist.*

Note that in this type of classification the word following **ser** really functions as an adjective in Spanish. When this word is modified the classification becomes individualized and the indefinite article is used to nominalize it. **Ser médico, ser argentina**, and **ser católica** are general classifications; however, **ser un médico famoso, ser una argentina muy simpática**, and **ser una católica muy devota** refer to personal characteristics of the individual that make him or her stand out from the rest of the group.

    The indefinite article can also be added for emphasis even when the noun is not modified. This happens mostly in exclamations.

¡Es un varón!	*It's a boy!*
¡Juanita es una actriz!	*Juanita is (quite) an actress!*

But:

No sé si el bebé es varón o hembra.	*I don't know whether the baby is a boy or a girl.*
Juanita es actriz.	*Juanita is an actress.*

---

*The definite article **la** becomes **el** before feminine nouns beginning with stressed **a** or **ha**. Popular usage has extended this rule to the indefinite article: **un asa, un hacha**, but **una habitación**.

b. Before **otro/a** (*another*), **cien, ciento** (*a hundred*), **mil** (*a thousand*), **cierto/a** (*a certain*); and after **medio/a** (*half a*) and **tal** (*such a*). The indefinite article is also omitted in the expression: **¡Qué** + noun + **tan (más)** + adjective! (*What a* + adjective + noun!).

¡Tenía tal apetito! Se comió media libra de pan y más de cien cerezas.	*He had such an appetite! He ate half a pound of bread and more than a hundred cherries.*
Cierta persona me dijo que Ramírez tuvo otro ataque recientemente.	*A certain person told me that Ramírez had another attack recently.*
Te he explicado esto mil veces y no quiero explicarlo otra vez.	*I have explained this to you a thousand times and I don't want to explain it again (another time).*
¡Qué día tan (más) hermoso!	*What a beautiful day!*
¡Qué situación tan (más) embarazosa!	*What an embarrassing situation!*

Exception: **Un(a) tal**, before a proper name, means *one, a certain, a person by the name of*. **Un(a) cierto/a** can also be used with a similar meaning, but it is less common.

Una tal Dolores Cisneros reclamó la herencia.	*Some woman by the name of Dolores Cisneros claimed the inheritance.*

c. With unmodified nouns preceded by the verbs **tener, poseer, llevar,** and **usar.** Also, with unmodified nouns preceded by the prepositions **con** and **sin.**

El hombre llegó al hotel sin reservación. Tenía fiebre y también tenía dolor de estómago. Aunque era invierno, no llevaba abrigo. Había venido a pie, porque no había conseguido taxi.	*The man arrived at the hotel without a reservation. He had a fever and he also had a stomachache. Although it was winter, he was not wearing a coat. He had come on foot because he hadn't been able to get a taxi.*
Pocas personas usan dedal cuando cosen.	*Few people use a thimble when they sew.*
Nadie me espera en casa; no tengo familia ni tampoco tengo perro.	*Nobody is waiting for me at home; I don't have a family and I don't have a dog either.*

Note that these nouns refer to things that the subject would normally have (wear, use) only one at a time. Since **un, una** also have a numerical meaning (*one*), using **un, una** would be redundant. However, if the concept of number is emphasized, the article is retained.

¡Tantas cuentas que pagar, y yo sin un centavo!	*So many bills to pay and I don't have a (single) cent!*
Cuando tengo mucho frío no llevo un suéter, sino dos.	*When I am very cold I don't wear one sweater but two.*

The indefinite article is also retained when the noun is modified. In that case, the emphasis is on the individuality of the noun, which is distinguished by the adjective from others of its kind.

El hombre tenía una fiebre muy alta y un dolor de estómago terrible.	*The man had a very high fever and a terrible stomachache.*
Mi madre siempre usa un dedal de plata.	*My mother always uses a silver thimble.*
La actriz, que llevaba un abrigo de visón, hablaba con un acento muy desagradable.	*The actress, who was wearing a mink coat, spoke with a very unpleasant accent.*

   d.   In many proverbs and adages.

A caballo regalado no se le mira el colmillo.	*Never look a gift horse in the mouth.*
Ojos que no ven, corazón que no siente.	*Out of sight, out of mind.*
Casa que se blanquea, inquilinos quiere.	*A house that gets whitewashed wants tenants.*

2 Special meanings of **unos, unas**.

The plural forms **unos, unas** are equivalents of *some* when *some* expresses quantity or degree, or when it means *a number of, a few*, or *about*.

Vivimos unos años en aquel edificio.	*We lived in that building for some (a number of) years.*
Tengo unos pesos que puedo prestarte.	*I have some (a few) pesos that I can lend you.*
Unas doce personas presenciaron el suicidio de Ramón.	*Some (About) twelve people witnessed Ramón's suicide.*

Unos, unas often equals *a pair*.

unas piernas perfectas	*a perfect pair of legs*
unos brazos fuertes	*a strong pair of arms*
unos ojos preciosos	*a beautiful pair of eyes*
unas manos hábiles	*a pair of capable hands*
unas tijeras	*a pair of scissors*
unos alicates	*a pair of pliers*
unas tenazas	*a pair of tongs*

SECCIÓN GRAMATICAL **179**

APLICACIÓN

Complete las siguientes narraciones con el artículo indefinido cuando sea necesario.

1. **Pablito.** ¡Qué _____ suerte! Pablito encontró en la acera _____ billete de _____ cien dólares y, exactamente _____ media cuadra más allá, _____ otro billete, esta vez de cinco. Y eso, a pesar de que era _____ poco miope y andaba sin _____ lentes.

   Pablito era _____ verdadero pícaro. No tenía _____ trabajo y se pasaba el día en la calle. Gracias a _____ manos hábiles, ganaba a veces _____ dólares jugando a las cartas. Tenía _____ barba y _____ bigote y, en invierno y en verano, llevaba _____ chaqueta vieja de cuero. Pocas personas sabían que Pablito tenía _____ familia y que era _____ familia de prestigio. Su padre era _____ catedrático y su madre _____ pianista famosa. Pero el pobre Pablito era _____ alcohólico y este vicio había arruinado su vida.

   En la calle Independencia, Pablito se encontró con su mejor amigo, _____ tal Rata, y le contó su hallazgo. Rata era _____ mecánico, pero tampoco trabajaba. Felicitó a Pablito y los dos se fueron, abrazados, a celebrar lo sucedido con _____ tragos en _____ taberna.

2. **El novio de Violeta.** El novio de Violeta es _____ soldado y siempre lleva _____ uniforme cuando sale con ella. Ayer estaba lloviendo y vino sin _____ paraguas. ¡Qué _____ tonto! Se le mojó el uniforme. Violeta es _____ prima mía; por eso le presté a su novio _____ pantalones. También le presté _____ paraguas para el regreso a su casa, porque seguía lloviendo y yo no tengo _____ carro. Además, le aconsejé que la próxima vez averiguara si iba a llover. «_____ hombre precavido vale por dos», dice el refrán.

3. **Un mal día.** ¡Qué _____ día tuve ayer! Cuando intenté abrir la puerta del dormitorio, descubrí que no tenía _____ llave. Tampoco llevaba _____ identificación. Llamé a _____ policía, pero él no creyó que yo era _____ estudiante, aunque soy _____ conocido líder estudiantil. ¡Jamás me había pasado tal _____ cosa! Finalmente, resolví el problema cuando _____ otro estudiante que es mi amigo me identificó.

4. **Mi vecina Rosa.** ¿Te acuerdas de Rosa, aquella vecina nuestra que tenía _____ piernas preciosas y _____ ojos muy expresivos? Me dijeron que está comprometida con _____ tal Jesús, que es _____ venezolano. Yo no sabía que Rosa tenía _____ novio, porque no lleva _____ anillo. Pero parece que aunque Jesús es _____ buen joyero, no ha podido conseguir trabajo y no tiene _____ peso. Por eso no ha podido darle _____ anillo a Rosa.

The So-Called Neuter Article lo

1 **Lo** + the masculine singular form of an adjective functions as an abstract noun. **Más** or **menos** may precede the adjective. The words *thing* or *part* are usually present in the equivalent English expression.

No me gusta lo viejo, prefiero lo nuevo.

I don't like old things, I prefer new things.

Lo más atractivo de ese viaje es el precio.

The most attractive thing about that trip is the price.

Lo malo de pagar los boletos para el concierto con tarjeta de crédito será recibir la cuenta un mes después.

The bad part about paying for the concert tickets with a credit card will be receiving the bill one month later.

APLICACIÓN

Comentarios sobre una película. Descríbales a sus compañeros los aspectos positivos y negativos de una película que vio combinando **lo** y los adjetivos que se indican. Use también **más/menos** en algunos casos. Si ha visto la película «Mar adentro», refiérase a ella.

Modelo: triste → ***Lo más triste*** *de la película fue el final.*

1. asombroso
2. desagradable
3. emocionante
4. divertido

5. positivo
6. triste
7. increíble

8. interesante
9. malo
10. mejor

2 In Spanish, **lo** combined with an adjective or adverb can be the equivalent of *how* + adverb or *how* + adjective in English.

a. When **lo** is combined with an adjective in this case, the adjective agrees in gender and number with the noun it describes.

Imagínate lo violenta que fue la discusión.

Imagine how violent the argument was.

Yo no sabía lo buenas que eran esas actrices.

I didn't know how good those actresses were.

Mi amigo me advirtió lo malos que son esos programas.

My friend warned me about how bad those programs are.

b. Lo + adverb means *how* + adverb. The Spanish adverb, of course, doesn't change its ending.

La mujer se quejó de lo poco que le pagaron.

The woman complained about how little they paid her.

Nos sorprendió lo bien que ellas bailan merengue.	*We were surprised at how well they dance the merengue.*
No exagerabas cuando comentaste lo claramente que tu profesor lo explica todo.	*You weren't exaggerating when you commented on how clearly your professor explains everything.*

Muchas personas discapacitadas viven vidas útiles y productivas. Aquí vemos a varios atletas que participaron recientemente en un maratón de 21 km. a través de las calles de Bogotá, Colombia. (©AP/Wide World Photos)

APLICACIÓN

Cosas que me sorprenden. Invente oraciones combinando *lo* con los adjetivos y adverbios que se dan. Recuerde que en el caso de los adjetivos, la terminación concuerda con el nombre, y en el caso de los adverbios, no cambia.

Modelo: corto → Me sorprende lo corta que es esta lección.
rápidamente → Me sorprende lo rápidamente que comprendí esta lección.

1. complicado	**5.** barato	**9.** fácilmente
2. aburrido	**6.** simpático	**10.** bien
3. mal	**7.** despacio	**11.** violentamente
4. amablemente	**8.** viejo	**12.** pobre

Prepositions 1

SIMPLE PREPOSITIONS IN SPANISH			
a	*to, at, in, for, upon, by*	**hacia**	*toward*
ante	*before*	**hasta**	*until, as far as, up to*
bajo	*under*	**para**	*for, to, on, by*
con	*with*	**por**	*for, by, in, through, because of, around, along*
contra	*against*	**según**	*according to*
de	*of, from, to, about*	**sin**	*without*
desde	*since, from*	**sobre**	*on, about, over*
en	*in, into, at, on*	**tras**	*after, behind*
entre	*between, among*		

Se presentaron ante el juez para protestar contra nosotros.	*They went before the judge to protest against us.*
Elena se inscribió bajo un nombre supuesto.	*Elena registered under a fictitious name.*
Él llegó hasta la esquina y se escondió tras un árbol.	*He went as far as the corner and hid behind a tree.*
Caminaron hacia la calle que está entre el parque y la iglesia.	*They walked toward the street that is between the park and the church.*
Según Conchita, hablaron mucho sobre el asunto sin tomar ninguna decisión.	*According to Conchita, they talked a lot about the matter without making any decision.*

APLICACIÓN

¿Culpable o inocente? Complete la siguiente narración, usando las preposiciones españolas equivalentes a las preposiciones que se dan en inglés.

La versión (*of*) el policía (*about*) el incidente fue que el auto estaba estacionado (*on*) la avenida Malpaso (*between*) las calles Fresno y Asunción, (*at*) las 10 (*in*) la mañana. El auto estaba justamente (*under*) un letrero que prohibía estacionarse (*in*) la mañana (*from*) las 8 (*to*) las 12. Así lo declaró el policía (*before*) el juez. (*According to*) el automovilista, sin embargo, él estaba (*in*) el coche cuando vio que el policía caminaba (*toward*) allí y, (*without*) decir una palabra, ponía un papel (*on*) su parabrisas. El chofer explicó que había dado vueltas (*around*) las calles (*in*) ese barrio (*for*) una hora (*without*) poder encontrar estacionamiento. Había ido (*as far as*) el parque, pero inútilmente. Entonces había decidido detenerse (*in order to*) esperar (*until*) que se fuera otro coche. Estaba allí, (*according to*) él, (*since*) las nueve y media. Añadió que, cuando vio que el policía le ponía una multa, salió (*of*) el coche y fue (*after*) él, tratando de explicarle que no había hecho nada (*against*) la ley, porque un auto (*with*) el chofer dentro no se considera estacionado. ¿Está Ud. (*with*) el chofer o (*against*) él? ¿Qué decidiría (*in*) este caso si fuera el juez?

USES OF *A*

1 A before the direct object.

a. The preposition **a** precedes the direct object when the latter is a *definite* person or personified thing. Pronouns like **alguien, nadie**, and **quien**, which refer to people, are usually preceded by **a**.

La mujer acusó a su marido de haberle pegado.	*The woman accused her husband of having hit her.*
El niño besó a su madre y abrazó a su tía.	*The little boy kissed his mother and hugged his aunt.*
—¿A quién viste? —No vi a nadie.	*"Whom did you see?" "I saw no one."*
Todos debemos defender a nuestra patria.	*We all should defend our homeland.*
Brasil (el equipo de Brasil) venció a México (al equipo de México) en el campeonato de fútbol.	*Brazil (Brazil's team) defeated Mexico (Mexico's team) in the soccer championship.*

A is not used with an inanimate, non-personified object, nor when the noun object refers to an indefinite person or to a group of people in which individuals are de-emphasized.

El nuevo propietario arregló el techo de la casa, levantó las cercas y plantó flores.	*The new owner repaired the roof of the house, put up the fences, and planted flowers.*
Diógenes quería encontrar un hombre honrado.	*Diogenes wanted to find an honest man.* (Any man, not a specific one.)
La compañía importó obreros extranjeros para construir el puente.	*The company imported foreign workers to build the bridge.* (Individuals are de-emphasized; they imported workers as they would import machinery.)

b. **A** is omitted after the verb **tener** when it means *to possess*: **Tengo dos hermanos (un novio muy guapo, varios profesores excelentes).**

However, when **tener** means *to hold* or *to be*, **a** is used before definite animate direct objects.

La madre tenía a su bebé en los brazos.	*The mother was holding her baby in her arms.*
Tenemos a nuestro padre en el hospital.	*Our father is in the hospital.*

c. If the subject of the sentence is nonhuman and the direct object is a definite animal, rules given in (a) and (b) for persons apply and **a** generally precedes the direct object, even in the case of lower species like insects.

La vaca lamía a su ternerito.	*The cow was licking her calf.*
Las ratas transportan a sus crías con la boca.	*Rats transport their offspring with their mouths.*
Cientos de hormigas atacaron al pobre gusano.	*Hundreds of ants attacked the poor caterpillar.*
La araña atrapó a la mosca en su tela.	*The spider trapped the fly in its web.*

But:

Las serpientes comen ratones.	*Snakes eat mice.* (Individuals are de-emphasized; mice are only food here.)

Use of **a** with animal direct objects when the subject is human is very subjective. Most people would use it with pets and animals of the higher species. (This is especially true in the case of animal lovers.) In general, if the speaker attaches importance to the animal, **a** is used; on the other hand, if the animal is treated like a *thing*, the **a** is omitted.*

El chico salvó a la abeja de morir ahogada.	*The boy saved the bee from drowning.*
Carlos ensartó a la pobre mariposa con un alfiler grande.**	*Carlos skewered the poor butterfly with a large pin.*

But:

La cocinera espantó las moscas que volaban sobre el pastel.	*The cook shooed away the flies that were flying over the pie.*

2 **A** precedes the indirect object.

A mi tío Pascual le encantaban las películas de ciencia ficción, y cuando murió, le dejó su dinero a una compañía de películas en vez de dejármelo a mí.	*My uncle Pascual loved science-fiction movies and when he died, he left his money to a movie company instead of leaving it to me.*

Some verbs like *to buy, to borrow, to rob* (*steal*), and *to take away* are followed by the preposition *from* in English. In Spanish the person or entity from whom the subject borrows, buys, etc., is the indirect object and **a** is used.***

El joven le pidió prestados unos pesos a su amigo para comprarle flores a la viejecita.	*The young man borrowed a few pesos from his friend to buy flowers from the old lady.*
Si le quitas 15 a 50 te quedan 35.	*If you take 15 away from 50 you have 35 left.*
En vez de pedirle prestado el dinero al banco, Daniel se lo robó a su padre.	*Instead of borrowing the money from the bank, Daniel stole it from his father.*

---

*For some examples of the use of **a** with animals, see García Márquez, in *El amor en los tiempos del cólera*; «[...] tratando de asustar **al** loro [...] cuando se dieron cuenta de que no alcanzarían **al** loro [...] extendió la mano para atrapar **al** loro [...]»; Carpentier in *Los pasos perdidos*: «El graznido de un pájaro despierta **a** las chicharras del techo [...] un cargo de perrero para que arrojara **a** los perros del templo [...]»; Gregorio López Fuentes in *El indio*: «El triunfo soliviantó más **a** la manada (de jabalíes) [...] era que uno de los perros había levantado **al** ciervo [...] (el cazador) no podía abandonar **a** sus cachorros.»

**Note that although Carlos treats the butterfly like a thing, the speaker doesn't, as shown by the use of *poor*.

***This special use of the indirect object was presented in Chapter 3.

3 A follows verbs that express motion, whether this motion is physical or figurative. It is also used after verbs of beginning. In these categories are: **acercarse a, arrojarse (lanzarse) a, bajar a, caer a, comenzar (empezar) a, echarse a, ir(se) a, llegar a, ponerse a, salir a, subir(se) a, tirar a, venir a, volver a.**

El suicida se arrojó (se lanzó) al abismo.	*The suicidal man threw himself into the abyss.*
Cuando salió a la calle, el joven se sentía tan alegre que comenzó (empezó) (se puso) a cantar.	*When he went out to the street, the young man felt so happy that he began to sing.*
Cuando Margarita oyó que la llamaban, bajó al primer piso.	*When Margarita heard them calling her, she went down to the first floor.*
—¡Vete a la cama, Pablito! —gritó la madre.	*"Go to bed, Pablito!" yelled the mother.*
El criminal siempre vuelve a la escena del crimen.	*The criminal always returns to the scene of the crime.*

Note that some of these verbs do not require a preposition in English.

El forastero se acercó a la casona desierta.	*The stranger approached the imposing, deserted house.*
Después de nadar mucho rato, el náufrago llegó a la orilla.	*After swimming for a quite a while the shipwrecked man reached the shore.*

4 A follows verbs that refer to a teaching-learning process. It is also used after verbs that express the subject's intention to engage in some activity or to have someone else do so. In these categories are: **aprender a, convidar (invitar) a, consagrarse (dedicarse) a, enseñar a, forzar (obligar) a, impulsar a, incitar a.**

—¿Quién le enseñó a manejar? Maneja Ud. bastante mal.	*"Who taught you how to drive? You drive rather badly."*
Mi madre siempre me obligaba a comer hortalizas.	*My mother always forced me to eat vegetables.*
Después que murió su esposa, Tomás se dedicó a cocinar.	*After his wife died Tomás devoted himself to cooking.*
Os invitaremos a cenar con nosotros.	*We will invite you to have dinner with us.*

5 A expresses the manner in which an action is performed.

«Irse a la francesa» significa en español irse sin despedirse.	*"To leave French-style" (to take French leave) means in Spanish to leave without saying good-bye.*
«A mi manera» es una canción que me gusta mucho.	*"My Way" is a song I like very much.*
Mi madre me enseñó a coser a mano y también a coser a máquina.	*My mother taught me to sew by hand and also to sew with a sewing machine.*
Sirvieron en la cena bisté a la parrilla y manzanas al horno.	*At dinner they served grilled steak and baked apples.*
¿Hiciste el viaje a caballo o a pie?	*Did you make the trip on horseback or on foot?*

Many adverbial expressions of manner take the preposition **a**.

a ciegas	*blindly*	**a tontas y a locas**	*without thinking*
a escondidas	*behind someone's back, secretly*	**gota a gota**	*drop by drop*
a la fuerza	*against one's will, by force*	**paso a paso**	*step by step*
a lo loco	*in a crazy way*	**poco a poco**	*little by little*
a oscuras	*in the dark*	**uno a uno,**	*one by one*
a propósito	*on purpose*	**uno por uno**	
a sabiendas	*knowingly*		

Sus padres se oponían a sus relaciones y ellos se veían a escondidas.	*Their parents were opposed to their relationship, and they met secretly.*
Él no obró a ciegas, actuó a sabiendas.	*He didn't act blindly, he acted knowingly.*
No me gusta hacer las cosas ni a lo loco ni a la fuerza.	*I don't like to do things in a crazy way or by force.*
«Paso a paso se va lejos» y «Gota a gota se llena la copa» dicen dos refranes.	*"Little by little one goes far" and "Drop by drop the glass gets filled" say two proverbs.*
Fueron saliendo uno a uno, y poco a poco se vació la sala.	*They left one by one, and the room emptied little by little.*
La Sra. Guillén nos dejó a oscuras sobre ese asunto a propósito.	*Mrs. Guillén left us in the dark about that matter on purpose.*

6 A expresses a point in time.

Pasan mi telenovela favorita a las nueve.	*They show my favorite soap opera at nine.*
Al salir de la casa vi al cartero.	*Upon leaving the house I saw the mailman.*
A principios (fines) de mes te enviaré el cheque.	*At the beginning (the end) of the month I will send you the check.*

A + definite article + period of time = period of time + *later*.

Al poco tiempo (a los pocos días, a la semana, al mes, al año, a los cinco minutos) eran grandes amigos.	*A little while (a few days, a week, a month, a year, five minutes) later they were great friends.*

7 A often precedes measurements and prices.

Dicen que la temperatura estará mañana a 40° centígrados.	*They say the temperature will be 40° centigrade tomorrow.*
Es ilegal correr a cien kilómetros por hora en este pueblo.	*It is illegal to go one hundred kilometers per hour in this town.*
¿A cómo compraste las toronjas? Están a tres por un dólar en la esquina.	*How much did you pay for the grapefruits? They are three for a dollar at the corner.*

SOME COMMON VERBS FOLLOWED BY *A*

acostumbrar a	*to be accustomed to*	**esperar a**	*to wait to*
arriesgarse a	*to risk + -ing*	**jugar a**	*to play*
asistir a	*to attend*	**limitarse a**	*to limit oneself to*
aspirar a	*to aspire to*	**negarse a**	*to refuse to*
atreverse a	*to dare to*	**oler a**	*to smell of, like*
ayudar a	*to help*	**parecerse a**	*to resemble*
comprometerse a	*to promise to*	**renunciar a**	*to give up*
condenar a	*to condemn to*	**resignarse a**	*to resign oneself to*
contribuir a	*to contribute to*	**responder a**	*to answer, respond to*
dar a	*to face (toward), look out on*	**saber a**	*to taste of, like*
		salir a	*to take after*
decidirse a	*to decide to*	**traducir a**	*to translate into*

José acostumbra a criticar a todo el mundo, pero cuando se atrevió a criticar abiertamente a su jefe, se arriesgó a perder su empleo.

José is accustomed to criticizing everybody, but when he dared to criticize his boss openly he risked losing his job.

Miguel no asistió a sus clases ayer, pero no estaba enfermo; lo vi jugando a las cartas con sus amigos.

Miguel didn't attend his classes yesterday, but he wasn't sick; I saw him playing cards with his friends.

Rosita aspira a ser presidenta de los estudiantes, por eso se comprometió a ayudar a organizar la fiesta.

Rosita aspires to be student president that's why she promised to help organize the party.

Los antecedentes penales del hombre contribuyeron a la decisión del juez de condenarlo a cadena perpetua.

The criminal record of the man contributed to the judge's decision to condemn him to life in prison.

Me decidí a alquilar el apartamento porque da al parque.

I decided to rent the apartment because it faces the park.

El señor Ortiz se negó a pagarles y se limitó a firmar un pagaré.

Mr. Ortiz refused to pay them and he limited himself to signing an I OU.

Mi hija no se parece a mí en el temperamento, salió a su padre.

My daughter doesn't resemble me in her temperament, she took after her father.

Blanca no se resigna a renunciar a su hijo.

Blanca doesn't resign herself to giving up her child.

Mi amiga no ha respondido al cuestionario, porque espera a que yo lo traduzca al español.

My friend hasn't answered the questionnaire because she is waiting for me to translate it into Spanish.

Ella preparó una bebida extraña. Olía a café, pero sabía a chocolate.

She prepared a strange drink. It smelled like coffee but it tasted like chocolate.

APLICACIÓN

A. Decida si debe ponerse **a** o no en cada caso. Haga contracciones con el artículo cuando sea necesario.

1. **Noche de insomnio.**

   Tengo _____ tantos vecinos desconsiderados, que no puedo dormir. Anoche, por ejemplo, ya tarde, oía _____ el loro de los Mendoza, que gritaba pidiendo _____ galletas. Los Mendoza tienen _____ su loro en una jaula, pero no cubren _____ la jaula por la noche y el animal piensa que es de día. En el jardín, un gato llamaba _____ su novia. Me enloquecía la guitarra de Víctor, el chico del tercer piso, que tocaba _____ rock. La música despertó _____ mi perro y le inspiró _____ una serie de aullidos haciéndole coro. Sobre mi cabeza, sentía _____ los pasos enérgicos de la señora Vidal, que esperaba _____ su esposo. Él llegó por fin, y por un gran rato los oí _____ los dos discutir a gritos. Me parecía ver _____ Juana Vidal, que agarraba _____ la escoba y atacaba _____ su marido. ¡No soporto _____ esa pareja! Pensé en llamar _____ la policía, pero me contuve y traté de concentrarme en la lectura de un libro. Entonces, vi _____ una cucaracha en un rincón del cuarto y me levanté a buscar _____ el insecticida. ¡Detesto _____ las cucarachas! Después que eliminé _____ la cucaracha, me fui a la ventana y contemplé _____ la calle. Veía _____ los coches y oía _____ su estruendo, aun con el cristal cerrado. Desesperada, decidí que si no podía hacer desaparecer _____ mis vecinos ni dejar de escuchar _____ sus ruidos, sí podía crear _____ mis propios ruidos. Busqué _____ un casete de un compositor _____ quien admiro mucho, Wagner, y puse _____ el casete en mi casetera con el volumen máximo.

2. **La finca de mis tíos.**

   Cuando era niña, siempre pasaba las vacaciones con mis tíos en su finca. Mis tíos tenían _____ tres hijas y yo quería mucho _____ la menor, que era de mi edad. Mi tío tenía _____ mucho ganado en sus potreros. Me encantaba observar _____ los peones cuando, por la tarde, metían en el corral _____ las vacas que ordeñarían por la madrugada. Hacían esto todos los días porque en los climas tropicales no tienen _____ el ganado permanentemente en un establo como sucede en invierno en los países fríos.

   Las reses no son animales estúpidos como cree la gente. Yo he visto _____ las vacas cuidar con mucho amor _____ los terneritos y reconocer _____ las personas que las han tratado bien.

Mis tíos no compraban _____ carne para comer; comían _____ animales de la finca. Cada quince días, los peones mataban _____ una vaca o _____ un ternero. Esto me impresionaba mucho, porque los otros animales olían _____ la sangre y mugían en el potrero. Eran mugidos muy tristes, como si las reses supieran que habían perdido _____ uno de los suyos.

B. **Una película muy movida.** Complete la siguiente narración de manera original.

Creo que las películas de violencia no son buenas, porque enseñan a los niños a... e incitan a los jóvenes imaginativos a... Pero mi amiga Paulita acostumbra a... y cuando me invitó anoche a... no pude negarme. En estas películas, es obligatoria una escena de persecución, casi siempre al final. Pero en la que vi anoche, la escena estaba al...

El bandido estaba dentro de un edificio; salió a..., se acercó a... y lo golpeó en la cabeza; le quitó a... las llaves de su coche y arrancó en él. Iba muy rápido, probablemente a... Los policías lo vieron y empezaron a... en su coche patrullero. Hacía frío, la temperatura debía de estar a... y el pavimento estaba resbaladizo. Al llegar a... el bandido intentó doblar a..., las ruedas chirriaron y el coche se subió a..., chocando contra un poste. El bandido volvió a... El coche patrullero se acercaba a... cada vez más. Los perseguidores querían bloquear al otro coche para forzarlo a... De repente, el fugitivo detuvo su carro, salió de él y echó a... Los policías también habían dejado su auto y lo perseguían a... A las pocas cuadras, el hombre cayó a..., pero se levantó al... Al final, llegó a... sobre un río, que tenía paredes de concreto a los lados. El hombre se subió a... y comenzó a... insultando a los policías. Éstos empezaron a... y una de las balas hirió al... en un hombro. Los policías volvieron a..., pero estas balas no dieron en el blanco. El hombre trató de bajar a... poco a... por uno de los pilares del puente, pero no pudo y, desesperado, se arrojó a...

C. Haga comentarios basándose en las siguientes oraciones y usando expresiones adverbiales con la preposición **a**.

Modelo: Rosa tiene que escribir una carta y su impresora está rota.
           → *Va a tener que escribir la carta a mano.*

1. Era una noche sin luna y teníamos que avanzar muy despacio.

2. No debes hablar sin saber lo que dices.

3. No fue un accidente. Lo hizo intencionalmente.

4. El niño cogió el pedazo de pastel sin que nadie lo viera.

5. No te obligaré a hacer nada contra tu voluntad.

6. No sabía lo que hacía. La ira le impedía ver la verdad.

7. Cada vez que salía un soldado enemigo, nuestras tropas lo mataban.

8. Todo lo haces sin organización ni plan previo.

9. Recibí contestación a mi carta tres días después de escribirla.

10. Invirtió su dinero en aquella compañía y un año más tarde tenía el doble.

D. Traduzca.

1. Although Luis aspires to be a politician like his mother, I think he takes after his father and will be a concert pianist.

2. When we approached the house we saw that it faced a beautiful lake that looked like Lake Tahoe.

3. I'm not opposed to helping Inés translate that poem into Spanish, but I'll limit myself to helping her only at the end of the week.

4. Two friends of mine challenged me to learn to fly an airplane, but so far I haven't made up my mind to do it.

5. This tropical fruit looks like an apple and smells like garlic, but it tastes like ambrosia.

6. I've decided to give up this job and borrow some money from my father in order to devote myself to learning to play the guitar.

7. Before responding to Carlos's questions, Laura waited to hear that he was committing himself to do things her way and to not do anything without thinking. (*No emplee* **pensar**.)

8. I was in the habit of playing tennis every Saturday, but now that my leg is broken I have resigned myself to playing cards.

9. The judge condemned the drunken motorist to spend two months in jail.

10. We wanted to make the trip on horseback, but someone stole the saddles from the farmer and we had to go on foot.

Sección léxica

Ampliación: Prefijos y sufijos de origen griego

La palabra **eutanasia** se compone de dos partículas de origen griego: **eu-**, que significa *bien, bueno/a* y **-tanasia**, derivada de **tanós**, *muerte*. Hay innumerables palabras en español (y también en inglés) que se forman con prefijos y sufijos griegos. La siguiente lista contiene algunos de estos prefijos y sufijos.

Prefijo	Significado	Ejemplo
a-, an-	sin	acéfalo, sin cabeza
dis-	malo, con dificultad	disentería, mal funcionamiento del intestino
hiper-	sobre, exceso de	hipertensión, presión arterial alta
homeo-, homo-	igual, parecido	homófono, que tiene igual sonido
meta-	cambio, más allá	metamorfosis, cambio de forma
micro-	pequeño	microbio, organismo pequeñísimo
mono-	solo, único, unidad	monociclo, bicicleta de una sola rueda
pan-	todo	panacea, algo que lo cura todo
poli-	muchos/as	polifacético, que tiene varias caras, diverso, versátil

Sufijo	Significado	Ejemplo
-algia	dolor	neuralgia, dolor de origen nervioso
-cracia	poder, mando	democracia, sistema en el que el pueblo manda
-filia	amor, simpatía	germanofilia, amor o simpatía por los alemanes
-fobia	odio, miedo	hidrofobia, miedo al agua
-gamia	matrimonio	endogamia, matrimonio entre personas del mismo grupo
-fono	sonido	teléfono, sonido transmitido a distancia
-manía	obsesión, locura	monomanía, obsesión con una sola idea
-oide	parecido a	ovaloide, parecido a un óvalo
-patía	enfermedad	neuropatía, enfermedad de uno o más nervios
-teca	lugar donde se guarda algo	biblioteca, lugar donde se guardan libros
-teo	Dios	ateo, persona que no cree en Dios

APLICACIÓN

A. Las palabras de la lista de la derecha contienen prefijos y sufijos griegos. Encuentre la definición de cada una en la lista de la izquierda.

1. Variedad de colores.
2. Alegría, bienestar, optimismo.
3. Dolor de estómago.
4. Miedo a los espacios abiertos.
5. Exageración
6. Persona que habla varios idiomas.
7. Creencia de que Dios está en todas las cosas.
8. Persona que no sabe leer ni escribir.
9. Aparato que mejora la audición de sonidos.
10. Persona que cree en un solo Dios.
11. Amor a los libros.
12. Hombre que tiene una sola esposa.
13. Colección de cuadros.
14. Miedo a los espacios cerrados.
15. Palabras iguales que tienen significados diferentes.
16. Condición de una persona que tiene la cabeza muy pequeña.
17. Enfermedad del corazón.
18. Temperatura más alta de lo normal.
19. Dolor muscular.
20. Persona inválida.

a. agorafobia
b. analfabeto
c. audífono
d. bibliofilia
e. cardiopatía
f. claustrofobia
g. discapacitado
h. euforia
i. gastralgia
j. hipérbole
k. hipertermia
l. homónimos
m. mialgia
n. microcefalia
ñ. monógamo
o. monoteísta
p. panteísmo
q. pinacoteca
r. policromía
s. políglota

B. Basándose en los significados de los prefijos y sufijos que se han dado, explique en español lo que significan las siguientes palabras. Si no puede inferir el significado, busque las palabras en un diccionario.

anarquía	comunistoide	humanoide	monótono
aristocracia	disparejo	metáfora	panamericano
asimétrico	eufemismo	metaloide	polisílabo
asteroide	hemeroteca	metástasis	psicópata
cleptomanía	homeopático	microcosmos	teocracia

Distinciones: Parecer *y* parecerse a

Tanto **parecer** como **parecerse a** equivalen a *to resemble*, pero no pueden usarse indistintamente. **Parecer** expresa la semejanza del sujeto a un concepto o a una persona, animal o cosa indefinidos. **Parecerse a** expresa la semejanza del sujeto a una persona, animal o cosa definidos.

Las siguientes fórmulas pueden aplicarse a la mayoría de los casos:

Parecer + sustantivo sin artículo.
Parecer + sustantivo precedido del artículo indefinido.
Parecerse a + nombre propio o pronombre.
Parecerse a + sustantivo precedido por un artículo definido, un demostrativo o un posesivo.

Esta tela parece seda.	*This fabric resembles silk.*
Roberto parece un boxeador. (cualquier boxeador, persona indefinida)	*Roberto resembles a boxer.*
Esa mujer parece un loro. (cualquier loro, porque habla sin parar)	*That woman resembles a parrot.*
Tu vestido parece un traje de baño. (cualquier traje de baño, cosa indefinida)	*Your dress resembles a bathing suit.*
Roberto se parece a ese boxeador. (un boxeador determinado)	*Roberto resembles that boxer.*
Con ese peinado, esa mujer se parece a mi loro. (un animal definido)	*With that hairdo that woman resembles my parrot.*
Tu vestido se parece al traje de baño de Lola. (un traje de baño determinado)	*Your dress resembles Lola's bathing suit.*

APLICACIÓN

A. Encuentre en la columna de la derecha la frase que completa correctamente cada frase de la izquierda. Fíjese en el uso de **parecer** y **parecerse a**.

1. Con ese traje de tantos colores...
2. En mi familia...
3. La parálisis de ese hombre...

a. parecían centinelas
b. se parecen
c. parece una epidemia

4.	Los parques de muchas ciudades...	**d.**	se parece a Ramón
5.	En muchos matrimonios viejos, el marido y la mujer...	**e.**	no me parece una buena solución
6.	Muchos me confunden con Julia Roberts porque...	**f.**	pareces una cotorra
7.	El suicidio de los jóvenes...	**g.**	parece muy difícil
8.	Los pinos que había a ambos lados del camino...	**h.**	se parecen a los nuestros
9.	El inglés y el español...	**i.**	todos nos parecemos
10.	En la película «Mar adentro», Javier Bardem...	**j.**	parece permanente
11.	Actuar en una película como una persona paralizada...	**k.**	no se parecen nada
12.	Mi gato... porque los dos son del mismo color.	**l.**	parecen hermanos
13.	La eutanasia...	**m.**	se parece mucho al tuyo
14.	Muchos problemas sociales del mundo hispánico...	**n.**	me parezco a ella

B . Complete, usando la forma apropiada de **parecer** o **parecerse a**. Haga contracciones cuando sea necesario.

1. —¡Qué bonita postal te mandó tu prima de su viaje por Europa; _____ un parque! —Sí, _____ el Parque de Chapultepec de la Ciudad de México.

2. El niño tenía miedo porque, en la oscuridad, las cortinas blancas movidas por el viento _____ fantasmas.

3. El profesor quiere hablarme porque mi composición _____ a la de Yoli.

4. Algunos perros _____ sus amos.

5. Ese joven no _____ un criminal, pero _____ que lo condenarán, porque dos testigos lo acusan.

6. Tu casa _____ un castillo, no _____ la descripción que hiciste de ella.

7. Elisita _____ su abuela; como ella, _____ una muñeca de porcelana.

8. A ese niño le gusta mucho trepar; _____ un mono.

9. Tomé tu abrigo por equivocación, porque _____ el mío.

10. Tino y Tano son gemelos, pero no _____. Tino es muy serio y lleva gafas, _____ un intelectual; Tano es muy guapo, _____ un artista de cine. Mi hermana dice que _____ Brad Pitt.

Para escribir mejor

Otros signos de puntuación

En capítulos anteriores se ha estudiado el uso de la coma y el punto y coma. A continuación se dan los casos más importantes en el uso de otros signos de puntuación.

1. Se usan los dos puntos:

a. Para indicar que sigue una enumeración de lo contenido en la frase precedente.

José tenía dos grandes defectos: era perezoso y mentía constantemente.	*José had two serious defects; he was lazy and he lied constantly.*

b. Cuando se va a citar lo dicho por otra persona.

Cuando los policías lo detuvieron dijo: —Soy culpable.	*When the police arrested him he said, "I'm guilty."*

c. En los saludos de las cartas, aun en las cartas familiares.

Querido Ernesto:	*Dear Ernesto,*

2. Se usan los puntos suspensivos:

a. En una cita, para indicar que se ha omitido parte de la frase original, se usan puntos suspensivos entre corchetes.

[...] y acercó a la niña a su pecho, en un abrazo apretado [...]	*. . . and she held the child to her breast in a tight embrace . . .*

b. Para indicar una pausa de tipo emocional.

Pues, yo no sé... creo que no le diría nada... o tal vez sí...	*Well, I don't know . . . I think I wouldn't tell him anything . . . or perhaps I would . . .*

c. En frases incompletas. También en enumeraciones incompletas, como equivalente de **etcétera**.

Ella tiene las mejores intenciones, pero...	*She has the best intentions, but . . .*
Mis modelos han sido los novelistas realistas: Pereda, Valera, Pérez Galdós...	*My models have been the realistic novel writers: Pereda, Valera, Pérez Galdós . . .*

3. El guión menor (*hyphen*) divide una palabra al final de una línea. También indica palabras compuestas como **socio-económico** e **histórico-político**. En este último caso, el guión se usa en español mucho menos que en inglés.

4. El guión mayor, o raya (*dash*), se usa, lo mismo que el paréntesis, para separar elementos incidentales en la frase, pero el paréntesis hace una separación más marcada.

El hombre de la cámara —un turista seguramente— se detuvo frente a la iglesia.	*The man with the camera—a tourist for sure—stopped in front of the church.*

La raya sirve también para indicar que alguien habla en un diálogo.*

—Y usted, ¿ha viajado mucho?	*"And you, have you traveled a lot?"*
—No, señor, sólo he hecho unos	*"No, sir, I have taken only a few*
cuantos viajes locales.	*local trips."*

5. Las comillas se utilizan:

   a. Para indicar una cita textual.

Martí dijo: «Nuestro vino es agrio,	*Martí said, "Our wine is acidic, but*
pero es nuestro vino».	*it is our wine."*

   b. Para dar énfasis a una palabra o frase o indicar ironía.

Entonces «mi amigo» invitó a mi	*Then "my friend" invited my*
novia a salir con él.	*sweetheart to go out with him.*

   c. Con palabras extranjeras, técnicas o muy familiares.**

Después del último «take» se	*After the last take, attention is*
presta atención al «sound-track».	*given to the sound track.*

APLICACIÓN

Ponga los signos de puntuación que faltan en las siguientes oraciones.

1. El refrán dice Perro que ladra no muerde.

2. La razón de mi negativa es muy simple no quiero colaborar con hipócritas.

3. Pero ¿te vas? Eso no sé me confunde un poco.

4. Y usted, ¿no trabaja? No, yo vivo de mis rentas.

5. Ramón Gómez de la Serna que debe su fama a su humor ingenioso dijo El tornillo es un clavo peinado con la raya al medio.

6. Pusimos las manzanas que recogimos cuatro o cinco docenas en el maletero del carro.

7. ¿Dónde dejaste a los escuincles? dijo el hombre.

8. La guerra entre España y los Estados Unidos se llamó hispano americana.

9. Espera, Gustavo, no te vayas Quiero que sepas.

10. Mi primo trabaja como stunt man en el cine.

11. Dio un concierto de violín maravilloso. Tocó piezas de Chopin, Beethoven, Bach.

12. y salió sin decir una palabra.

13. Juan y Santiago el mismo Santiago de quien te hablé resolvieron el problema.

14. No soy ambicioso. Sólo le pido a Dios dos cosas salud y paz.

15. Sí, él me ayudó, pero a gastar mi dinero. Con ayuda de esa clase, terminaré en la miseria.

---

*A veces también se usan comillas (" ", « »), pero la raya es el signo más común para el diálogo en español.

**También se usa la letra en cursiva para indicar éstas.

Protesta contra la eutanasia de Terri Schiavo en la Florida en el año 2005. Por varios años, el esposo y los padres de ella lucharon en los tribunales por decidir si debían practicarle una eutanasia pasiva. Finalmente, triunfó la voluntad del esposo, se desconectaron los tubos que alimentaban a Terri y la mujer murió días después. (©Matt May/Getty Images)

TRADUCCIÓN

The Right to Die

Euthanasia is one of two hotly debated topics in our time which revolve around personal choices; the other one is abortion. Both issues have entered the political and judicial systems. It is amazing how divided public opinion is on these two topics.

Traditional religion condemns suicide, assisted or not, as well as abortion, arguing that life is a gift from God and should only be ended by God. Life Support groups feel that euthanasia and suicide are morally wrong. In 1997, the United States Supreme Court ruled that the option of assisted suicide is not a right protected by the Constitution.

Anti-euthanasia groups feel that a request for assisted suicide from an individual is really a cry [asking] for help. They say that these people really want attention and are not sure how to get it.

Of course, there are many different situations. Ramón Sampedro, for instance, refused to keep on living in his paralyzed state, being a burden for his family. But the sad part of this is that his life was not in danger since he was in relatively good health. On the other hand, if a patient is suffering terribly and is being kept alive by artificial means, it is understandable that his/her relatives want to pull the plug to end his/her suffering.

Little by little, those who are in favor of assisted suicide have formed Right to Die with Dignity groups. These people believe that free individuals should be able to choose when they want to die. Yet, only one state, Oregon, allows assisted suicide, and only for patients who are terminally ill.

Dr. Jack Kevorkian, nicknamed Dr. Death, is a supporter of euthanasia by lethal injection and has helped dozens of people end their lives. He appeared on television killing a man with advanced Lou Gehrig's disease. He risked going to jail on purpose, because he wanted to prove how sure he was of his actions. There is something weird in this man, who looks like an undertaker. Perhaps he acts out of compassion, but one expects a doctor to save lives, not to end them. It's a matter of taste whom you want to be near you when you die, but having sinister Dr. Kevorkian next to one's bed is not an attractive option. When my time comes, I don't want his help.

TEMAS PARA COMPOSICIÓN

1. **El aborto.** Aunque el aborto es legal en los Estados Unidos, sigue siendo un tema muy discutido. ¿Por qué (no) debe seguir siendo legal? ¿Hasta qué mes debe permitirse? ¿Deben las autoridades notificar a los padres cuando una menor quiere un aborto? ¿Por qué (no)? ¿Por qué (no) tienen derecho los que se oponen al aborto a atacar las clínicas que hacen abortos? ¿Por qué, si consideramos que el feto no es una persona, se condenó a Scott Peterson por doble homicidio por haber matado a su esposa cuando estaba embarazada?

2. **El Dr. Kevorkian.** El llamado «Dr. Muerte» alcanzó una popularidad siniestra ayudando a morir a tanta gente. ¿Por qué lo hizo? ¿Es un loco o un hombre fiel a sus ideas? ¿Cometió él crímenes o fueron actos de piedad? ¿Mereció que lo mandaran a la cárcel? Busque en el Internet información sobre el Dr. Kevorkian y exponga en su composición la información que encontró.

3. **La eutanasia pasiva.** Hoy se practican en los EE. UU. formas indirectas de eutanasia: desconectar al paciente, no revivirlo, dejar de alimentarlo, darle grandes cantidades de calmantes, etc. Por ejemplo, a Terri Schiavo le quitaron el tubo que la alimentaba para que muriera. ¿Son aceptables estos métodos? ¿Los aceptaría Ud. para alguien de su familia o para Ud. mismo/a? ¿Por qué (no)? Comente algunos casos relacionados con estos métodos de eutanasia que han sido noticia recientemente en nuestro país.

4. **La película «Mar adentro»** (*The Sea Inside* en inglés). ¿Se exhibió esta película en teatros cerca de donde Ud. vive? También puede alquilarse en una tienda de videos. Trate de ver esta película y coméntela. Además, puede encontrar críticas e información sobre la película en el Internet, así como información sobre Javier Bardem, el protagonista, y sobre Amenábar, su director.

Hoy en día, las mujeres tienen oficios y profesiones muy variados en todo el mundo, y los países hispánicos no son excepción. La educación le permite a la mujer ser independiente, y esto es la mejor protección contra la violencia doméstica. (©David Young/Getty Images)

Lectura

Introducción

Lidia Falcón, la fundadora del Partido Feminista Español, es además una escritora interesante. La mayor parte de su obra tiene un mensaje social, y éste es el caso de la obra de teatro cuya primera escena reproducimos aquí. La situación extremada que nos presenta, con un inspector de policía más interesado en un partido de fútbol que en una pobre mujer golpeada, es un recurso que utiliza la autora para llamar la atención de la opinión pública hacia la causa femenina.

Las obras teatrales que se desarrollan en una época contemporánea al lector suelen ser fáciles de leer, porque copian el lenguaje de la gente común. Esto se ve claramente en esta escena, donde los personajes son un ama de casa y dos policías.

Esta obra tiene un propósito de denuncia y lleva a cabo este propósito por medio de la exageración y la ironía. Tenga esto en cuenta desde el principio. Algunas frases no tendrán sentido para Ud. a menos que las lea consciente de la intención de burla de la autora; por ejemplo, el hecho de que el inspector diga que la seguridad de la patria está en peligro sólo porque unos bandidos han asaltado un banco y que perdona a Magda por haber hecho la acusación contra su esposo.

No moleste, calle y pague, señora

ESCENA I

Comisaría° de policía. Se levanta el telón° y el inspector está sentado en el estrado°. Una radio de transistores que tiene encima de la mesa retransmite° un partido de fútbol°. Fuma un puro° y se limpia las uñas con un palillo.

5　　Magda entra en la habitación. Es una mujer de mediana edad; vestida con un traje feo y anticuado, zapatos bajos, peinado de peluquería barata; manos de fregar; lleva un ojo morado, arañazos en la cara y un brazo en cabestrillo°; se expresa mal y siempre está a punto de llorar. Se acerca a trompicones° hasta el estrado. Éste, con
10　la mesa, le queda casi a la altura de la cara.

MAGDA.—(*Muy asustada.*) Buenos días...

El inspector no la oye. Se retransmite en ese momento un gol; el inspector ríe y se frota las manos; aplaude entusiasmado. Después, sigue limpiándose las uñas con satisfacción.

15　　MAGDA.—(*Un poco más alto.*) Buenos... buenos días...

El inspector levanta la vista, y mira con sorpresa y desconfianza a la mujer.

INSPECTOR.—¿Qué hace usted aquí?

MAGDA.—El... el policía de la puerta me dijo que pasara...

20　INSPECTOR.—(*Cada vez más irritado.*) ¿Para qué?

MAGDA.—Para presentar una denuncia°...

INSPECTOR.—(*Entre sorprendido y colérico.°*) ¿Una denuncia? ¿Aquí? ¿Hoy?

Estación / cortina de un teatro / plataforma

broadcasts / soccer / tabaco, cigarro (*cigar*)

en... *in a sling*
a... poco a poco, con dificultad

acusación
muy enojado

MAGDA.—(*Asiente con la cabeza cada vez más insegura.*) Sí...

25 INSPECTOR.—(*Ahora realmente sorprendido.*) Pero, ¿por qué?

MAGDA.—(*Balbuceando.*°) Usted... ¿usted es policía? ° *Stammering*

INSPECTOR.—¡Naturalmente! ¿Qué cree que hago aquí si no?

El inspector vuelve a olvidar a Magda. Se limpia las uñas satisfecho, prestando toda su atención al programa de radio.

30 MAGDA.—(*Da un paso hacia la mesa, mira hacia arriba para llamar la atención del policía. No sabe qué hacer. Por fin, como el inspector no se da por aludido*°, *insiste.*) Mi marido me ha pegado... **no...** finge no oír

El inspector la mira con asombro. Deja el palillo y se inclina sobre la mesa para mirarla mejor.

35 INSPECTOR.—Y a mí, ¿qué?° **Y...** *What's that to me?*

MAGDA.—Quería presentar una denuncia...

INSPECTOR.—(*Colérico.*) ¡Denuncia! ¿Será posible? ¿No tiene usted nada mejor que hacer que venir aquí a presentar denuncia porque su marido la ha pegado un domingo por la tarde, mientras

40 retransmiten el partido de fútbol?

MAGDA.—(*Está muy desconcertada e insegura, pero saca valor e insiste.*) Me ha hecho mucho daño... Me ha roto el brazo... y me ha echado de casa. Dice que no me volverá a dejar entrar. Dice que va a meter a los niños en un asilo° para que no le molesten más... ° orfanato

45 El inspector la mira ahora con sorpresa y distracción, como si escuchara un cuento. Hasta parece interesado por el relato°. Baja un ° narración momento el tono de la radio.

INSPECTOR.—¿Por qué?

MAGDA.—(*Más valiente al ver el interés del policía.*) Dice que ya

50 no me quiere, que no le gusto. Dice que los niños y yo le molestamos, que hacemos mucho ruido y que no le dejamos oír el partido...

El inspector da un respingo° al oír esto y pone una expresión feroz. **da...** hace un movimiento

INSPECTOR.—(*Enfadado.*) ¿Y eso es verdad? brusco

Magda lo mira asustada nuevamente, y sin comprender

55 responde...

MAGDA.—Bue... bueno, a veces sí, claro... Los niños son pequeños... Juegan y chillan y yo no puedo...

El resto de la frase se pierde. Magda sigue hablando sin que se la oiga. La radio está más fuerte, se oyen los gritos del campo de fútbol.

60 INSPECTOR.—(*A gritos y muy enfadado.*) ¡Y todavía querrá denunciarlo! ¡Un pobre hombre, cansado de trabajar, que regresa a su casa para disfrutar con el inocente recreo de escuchar un partido de fútbol, y final de la Copa, además, y competición contra el Real Madrid° en su propio campo! ¡Y se encuentra con una mujer llorona ° equipo de fútbol

65 y unos niños gritones que no le dejan oír con tranquilidad!... ¡Pero si es para matarlos a todos! ¡Poco le ha hecho!

Magda se echa a llorar bajito. Entra el subinspector alterado°. ° agitado

SUBINSPECTOR.—¡Inspector! ¡Han atracado° el Banco Requejo! ° asaltado ¡Aquí mismo! ¡Los atracadores están dentro! ¡Han herido al cajero

70 y tienen veinte rehenes°... ° *hostages*

El inspector baja nuevamente el tono de la radio, mientras bufa°, ° gruñe se retuerce en el asiento y se mesa° los cabellos. **se...** se tira de

INSPECTOR.—¡Maldita sea°! ¡Malditos sean todos los terroristas, masones, mafiosos, comunistas, etarras,* macarras°, maricones°,
75 chorizos°!

Maldita... *Damn it!*
pimps / homosexuales
ladronzuelos

La radio grita en ese momento otro gol. El inspector está rojo de ira°. Grita inarticuladamente sin pronunciar palabras. Magda llora. El subinspector asiente con la cabeza, comprensivo de la actitud de su superior.

furia

80 INSPECTOR.—(*Indignado.*) ¡Vaya por Dios°! ¿Todavía sigue usted aquí? ¿No se ha dado cuenta de los graves problemas que tenemos? ¡La seguridad de la patria está en peligro y usted llorando por un bofetón más o menos! Nosotros arriesgándonos la vida por usted, y otros como usted, para defenderlos de
85 criminales, terroristas, chorizos, maricas, y demás ralea°! ¡Y su pobre marido, reventado de trabajar°, sin poder disfrutar del partido!... (*Hace un ademán° con la mano de perdón y olvido, mientras le señala la puerta.*)

Vaya... *Well, for God's sake*

demás... otra gente de esa clase / **reventado...** matándose de tanto trabajar / gesto

¡Ande, váyase! ¡Váyase de una vez, y por ésta se lo perdono...!
90 ¡Pero que no se repita!

Magda sale llorando, apretándose el brazo, por el lateral izquierdo°, por donde ha entrado y salido el subinspector.

el... el lado izquierdo del escenario

El inspector sube el tono de la radio. Enciende otro puro y vuelve a limpiarse las uñas con sonrisa de satisfacción. Se oyen los
95 gritos en el campo al marcar otro gol.

APLICACIÓN

A. Vocabulario

Reemplace las palabras en cursiva con sus equivalentes de la lista que se da debajo.

1. Cuando Magda llega a la *estación de policía* para presentar su *acusación*, el inspector está fumando un *tabaco*.

2. Magda está nerviosa y hace *la narración* de la tragedia familiar *con dificultad*.

3. Su esposo le ha roto un brazo y quiere enviar a sus hijos a un *orfanato*.

4. El inspector está sentado en *una plataforma* y *finge no oír*.

5. Cuando por fin habla, dice: «*Eso no me importa*».

6. El esposo, *exhausto* de tanto trabajar, estaba *agitado* y había *furia* en su voz.

7. El inspector va a exterminar a los terroristas y *otra gente de esa clase*.

8. El inspector está *muy enojado*, *gruñe* y se *tira de* los cabellos.

9. Han *asaltado* un banco y los bandidos tienen veinte *prisioneros*.

10. El inspector hace un *gesto* de perdón mientras cae *la cortina*.

ademán / alterado / asilo / atracado / a trompicones / bufa / colérico / comisaría / demás ralea / denuncia / un estrado / ira / mesa / no se da por aludido / puro / el relato / rehenes / reventado / el telón / y a mí, ¿qué?

---

*Los etarras son miembros de ETA, acrónimo de Euskadi ta Askatasuna (Patria Vasca y Libertad), un grupo terrorista que lucha por la independencia del País Vasco.

B. Comprensión

1. ¿Qué está haciendo el inspector cuando se levanta el telón?
2. ¿Cómo es Magda? ¿Cuál es su estado físico?
3. ¿Para qué se ha presentado Magda en la comisaría de policía?
4. ¿Qué ha hecho su marido, según Magda?
5. ¿Por qué el inspector no quiere prestarle atención a Magda?
6. ¿Cuál es la amenaza del marido respecto a los hijos?
7. ¿Por qué se ha molestado tanto el marido en esta ocasión?
8. ¿Con qué argumentos defiende el inspector la conducta del marido?
9. ¿Qué noticia trae el subinspector?
10. ¿Qué organizaciones maldice el inspector?
11. ¿Con qué pretexto despide el inspector a Magda?
12. ¿A condición de qué «perdona» el inspector a Magda?

C. Interpretación

1. ¿Qué imagen quiere darnos la autora cuando nos dice que el traje de Magda es feo y anticuado y que tiene zapatos bajos, peinado de peluquería barata y manos de fregar?
2. ¿Cómo sabemos que espiritualmente Magda es insegura y tímida?
3. ¿Siente Ud. compasión por Magda? ¿Cómo logra la autora esta reacción?
4. ¿Qué función tiene el estrado en la narración? ¿Tiene algún efecto en la imagen que se presenta de Magda?
5. ¿Qué piensa Ud. del inspector? ¿Con qué detalles logra la autora esta reacción en el lector?
6. ¿Le parece a Ud. exagerada la conducta del inspector? ¿Por qué (no)?
7. ¿Qué clase de persona (de marido, de padre) es el marido de Magda? Explique en qué basa su opinión.
8. El teatro del absurdo deforma la realidad para transmitir su mensaje. ¿Clasificaría Ud. esta escena como teatro del absurdo? ¿Por qué (no)?
9. La autora ha hablado de los mensajes de su obra literaria. ¿Cuál es el mensaje de esta selección?
10. ¿Es universal o local el tema de esta obra? Explique su opinión.

D. Intercambio oral

1. **La presente situación social de la mujer en los Estados Unidos.** ¿En qué difiere de la de hace cien años? ¿En qué sentido es diferente el tratamiento que da nuestra sociedad a hombres y mujeres?
2. **Los movimientos feminista y masculinista.** ¿En qué consisten? ¿Cuál está más justificado? ¿Por qué?
3. **La violencia doméstica.** ¿Cómo puede evitarse? Además de la violencia del hombre contra la esposa, ¿qué otros casos de violencia hay? ¿Qué sucesos reales relacionados con este problema se han publicado en los periódicos recientemente? ¿Debe la policía intervenir en los casos de violencia doméstica? ¿Hasta qué punto? ¿Qué debe hacerse en tales situaciones?

La obsesión del inspector de la lectura por el fútbol es muy común en la mayoría de los países hispánicos. Estos fanáticos de Sevilla ven en una pantalla de televisón gigante un partido de la competencia por la Copa Mundial, y gritan emocionados porque su equipo acaba de hacer un gol. (©AP/Wide World Photos)

4. **La violencia de la policía.** La obra nos presenta a un policía pasivo para cumplir con su deber porque le importa más oír el juego de fútbol por radio. Los policías de los Estados Unidos parecen tener el problema opuesto a esta pasividad: se les ha acusado frecuentemente de reacciones excesivas y muy violentas. ¿Está justificada esta conducta de la policía? ¿Cuál es la causa? ¿Cuál es la solución?

5. **El fanatismo por los deportes.** Este fanatismo puede convertirse en un problema. En los Estados Unidos se habla de «las viudas del fútbol». ¿Por qué algunas personas tienen tal obsesión por los deportes? ¿Cuál es la razón de que el fútbol (*soccer*) tenga tantos fanáticos en todo el mundo y tan pocos en los Estados Unidos?

Sección gramatical

Prepositions II

USES OF *DE*

1 **De** expresses origin, separation, or departure. Some common verbs normally followed by **de** are **abstenerse de, alejarse de, deshacerse de, divorciarse de, huir de, partir de, prescindir de, salir de, separarse de, ser de, surgir de, venir de**.

Magda venía del hospital.	*Magda was coming from the hospital.*
Sin decir palabra, ella se separó de nosotros y salió del cuarto.	*Without saying a word she walked away from us and left the room.*
El médico me dijo que prescindiera del tabaco y me abstuviera de beber.	*The doctor told me to do without tobacco and to abstain from drinking.*
Mi amiga se divorció del mismo hombre dos veces.	*My friend divorced the same man twice.*

No sé de dónde surgió el problema, pero nos va a ser difícil deshacernos de él.	*I don't know where the problem came from, but it is going to be difficult for us to get rid of it.*
Es mejor huir de la tentación que arrepentirse de haber caído en ella.	*It is better to flee from temptation than to repent for having fallen into it.*

2 **De** expresses possession or indicates where someone or something belongs.

El mantel es de mi madre, las servilletas son de Susana y los cubiertos son de mi abuela.	*The tablecloth is my mother's, the napkins are Susana's, and the silverware is my grandmother's.*
Un hombre de mundo y una muchacha de campo no hacen una buena pareja.	*A man of the world and a country girl don't make a good couple.*
Me interesan mucho los problemas de actualidad.	*I am very interested in present-day problems.*
Brasil es el país más grande de la América del Sur.	*Brazil is the biggest country in South America.*

3 **De** is used to form adjectival phrases, many of which are equivalent to a two-noun combination in English. Spanish noun + **de** + noun = English noun + noun.

bebedor de café	*coffee drinker*	**reloj de oro**	*gold watch*
casa de campo	*country house*	**techo de tejas**	*tile roof*
cuentos de hadas	*fairy tales*	**vestido de seda**	*silk dress*
mesa de cristal	*glass table*	**vida de ciudad**	*city life*

4 **De** is equivalent to *with* and *in* when describing or identifying someone or something. When the identification is based on the location, **de** is equivalent to *in*, *on*, or *at*.

El hombre de la barba roja y la mujer del parche en el ojo parecen piratas.	*The man with the red beard and the woman with the patch over her eye look like pirates.*
¿Quién es el joven del uniforme blanco?	*Who is the young man in the white uniform?*
El hombre de la tienda me dijo que él no vivía en el edificio de la esquina, sino en la casa de al lado.	*The man at the store told me that he didn't live in the building on the corner, but in the house next door.*

5 **De** expresses manner. Some common expressions with **de** are **de balde (de gratis)**, *for free*; **de buena (mala) gana**, *(un)willingly*; **de buena (mala) fe**, *in good (bad) faith*; **de memoria**, *by heart*; **de pie**, *standing*; **de puntillas**, *on tiptoe*; **de reojo**, *out of the corner of one's eye*; **de repente**, *suddenly*; **de rodillas**, *on one's knees.*

La vi de casualidad cuando tuve que salir de repente.	*I saw her by chance when I had to go out suddenly.*
Yo era tan pequeñito entonces, que sólo de puntillas alcanzaba a la mesa.	*I was so small then that only on tiptoe did I manage to reach the table.*

En el pasado, los alumnos que no sabían la lección de memoria, debían permanecer de pie o de rodillas en un rincón.	*In the past, pupils who didn't know the lesson by heart had to remain standing or kneeling in a corner.*
Durán actuó de mala fe en ese negocio.	*Durán acted in bad faith in that deal.*
De buena gana le hubiera hablado, pero me limité a mirarla de reojo.	*I would have spoken to her willingly but I limited myself to looking at her out of the corner of my eye.*

6 De expresses cause and, therefore, it follows the verbs **culpar**, *to blame for*; **morir(se)**, *to die of*; **ofenderse**, *to be offended at*; **padecer, sufrir**, *to suffer from*; **quejarse**, *to complain about*; and **reírse**, *to laugh at*.

El enfermo se quejaba de dolores de cabeza y padecía de alergia.	*The patient was complaining of headaches and suffered from an allergy.*
El marido de Magda la culpaba del ruido de los niños.	*Magda's husband blamed her for the children's noise.*
No es educado reírse de la gente.	*It is not polite to laugh at people.*

Morirse de as well as **muerto/a de** are very often used in a figurative manner: **morirse/estar muerto/a de** (aburrimiento, cansancio, calor, dolor, hambre, frío, miedo), *to be* (*dying of boredom, dead tired, extremely hot, in great pain, starving, freezing, half-dead with fright*); **morirse/estar muerto/a de risa**, *to die* (*to crack up*) *laughing*; **morirse/estar muerto/a de** (sed, sueño, tristeza), *to be extremely* (*thirsty, sleepy, sad*); **morirse/estar muerto/a de vergüenza**, *to die of embarrassment* (*shame*).

Enciende el aire acondicionado, por favor, me muero de calor.	*Turn the air conditioning on, please, I am dying of the heat.*
Cada vez que el niño decía una palabrota, su padre se moría de risa, pero yo me moría de vergüenza.	*Every time the child said a dirty word, his father died laughing, but I died of embarrassment.*

Some common expressions that combine past participles and adjectives with **de** to indicate cause are **estar aburrido/cansado de esperar**, *to be bored from/tired of waiting*; **estar** (amarillo de envidia, morado de frío, pálido de miedo, rojo de ira) *to be* (*green with envy, blue with the cold, pale with fear, red with anger*).

Pálidos de miedo, los niños veían a su padre, que estaba rojo de ira, pegarle a su madre.	*Pale with fear, the children watched their father, who was red with anger, hit their mother.*
Hace mucho frío en esta esquina. Estoy morada del frío y cansada de esperar el autobús; llamaré un taxi.	*It is very cold at this corner. I am blue with the cold and tired of waiting for the bus; I'll call a taxi.*

7 Since **de** expresses cause, it is often combined with verbs that express emotion or describe mental states and attitudes. Some verbs of this type are: **alegrarse de, arrepentirse de, asombrarse de, asustarse de, avergonzarse de, cansarse de, compadecerse de, desconfiar de, dudar de, enamorarse de, extrañarse de, sorprenderse de.**

Se arrepentirá Ud. de haberle dado el empleo a Armando.	*You will be sorry you gave Armando the job.*

Debes avergonzarte de haber desconfiado de mí.	*You ought to be ashamed of having mistrusted me.*
La abuela se asombraba de las nuevas modas.	*The grandmother was astonished at the new fashions.*
Don Paco se ha enamorado de Madrid y no se cansa de pasear por sus calles.	*Don Paco has fallen in love with Madrid and he doesn't tire of strolling along its streets.*
Debemos compadecernos de las víctimas del abuso doméstico.	*We should feel pity for the victims of domestic abuse.*

COMMON VERBS FOLLOWED BY *DE*

abusar de	*to abuse, misuse; to impose on*	disfrutar de	*to enjoy*
acordarse de**	*to remember*	encargarse de**	*to take charge (care) of*
agarrarse de (a)	*to seize, clutch*	enterarse de	*to hear, find out (about)*
burlarse de	*to make fun of*	jactarse de**	*to boast about*
cambiar de	*to change*	llenar de	*to fill with*
carecer de	*to lack*	no dejar de*	*not to fail to*
cesar de*	*to cease to*	olvidarse de**	*to forget*
componerse de,	*to consist of*	protestar de	*to protest*
constar de		quejarse de	*to complain about*
darse cuenta de	*to realize*	servir de	*to serve as*
dejar de*	*to cease to, stop*	sospechar de	*to suspect*
depender de	*to depend on*	vestirse de	*to be (get) dressed as, dressed in*
despedirse de	*to say good-bye to*		

---

*These verbs are usually combined with an infinitive.

**These verbs may be combined either with an infinitive or with a noun.

Te jactas de tener buena memoria, pero dijiste que te encargarías de apagar las luces y te olvidaste de hacerlo.	*You boast of having a good memory, but you said that you would take care of turning off the lights and you forgot to do it.*
Al fin se dio Ud. cuenta de que no puede depender de Octavio. Él abusa de sus amigos, se burla de todo y sólo quiere disfrutar de la vida.	*Finally you realized that you can't depend on Octavio. He imposes on his friends, makes fun of everything, and only wants to enjoy life.*
Cuando el ladrón se enteró de que la policía sospechaba de él, se cambió de ropa y se deshizo del revólver.	*When the thief heard that the police suspected him, he changed clothes and got rid of his revolver.*
Mi apartamento se compone de una sola habitación que sirve de sala y dormitorio.	*My apartment consists of only one room, which serves as living room and bedroom.*
Los jóvenes se vistieron de negro para protestar de la dictadura.	*Young men and women dressed in black to protest the dictatorship.*

APLICACIÓN

A. **Hablando de Magda.** Complete las oraciones con el equivalente en español de las palabras entre paréntesis. Haga contracciones cuando sea necesario.

1. La mujer (*with*) el brazo en cabestrillo y un ojo morado (*from*) un golpe se llama Magda.

2. Su marido (*boasts about*) ser muy inteligente y (*he doesn't cease to*) humillarla, llamándola tonta.

3. El hombre quiere (*to enjoy*) su juego de fútbol sin interrupciones y (*complains about*) que hay mucho ruido.

4. En realidad, muchos problemas (*come from*) la obsesión de este hombre por el deporte.

5. Magda (*regrets*) haberse casado con un hombre tan egoísta.

6. El departamento donde viven es pequeño, (*it consists of*) sólo dos habitaciones, y la familia (*lacks*) muchas cosas.

7. Magda (*got tired of*) tantos malos tratos, ahora (*she realizes*) que este hombre (*has abused*) ella.

8. Magda (*willingly*) (*would flee from*) su casa, pero (*she depends on*) su esposo económicamente.

9. El inspector no la apoya, al contrario, (*makes fun of*) ella.

10. Magda necesita (*to change*) vida.

11. Magda debe ir a un abogado (*to find out about*) su situación legal.

12. Si no hay otra solución, Magda debe (*separate from*) su esposo y después (*divorce*) él.

B. Complete usando una expresión adverbial con **de**.

1. El hombre llegó muy tarde a su casa. Para no despertar a su mujer, se quitó los zapatos y caminó...

2. Mi televisor no funciona y no tengo dinero, pero por suerte, mi amigo es técnico en televisores y lo arreglará...

3. Si estoy en un restaurante con un amigo y él me dice que hay un hombre en la otra mesa que parece loco, yo, como soy discreto, no miro de frente, sino...

4. Hacía sol, era una bonita tarde de primavera. Pero el cielo se cubrió de nubes y comenzó a llover...

5. En algunas religiones, la gente reza en la iglesia...; en otras, se reza...

6. Paquita no tiene los teléfonos de sus amigos en su libreta de direcciones porque se los sabe todos...

7. A mi novio no le gusta ir de tiendas; a veces me acompaña, pero sé que va...

8. Perdóname, José. Sé que te hice daño, pero no lo hice a propósito; actué...

C. **Aplicación interactiva.** Un/a estudiante completará la frase adjetival con un sustantivo y escogerá a un/a compañero/a. Su compañero/a hará una oración con la frase adjetival.

1. piso de...	5. copas de...	9. tarima de...
2. tribunal de...	6. profesor de...	10. pasajes de...
3. vestido de...	7. juego de...	11. viaje de...
4. cartas de...	8. clases de...	12. contrato de...

D. Complete de manera original, usando el verbo que se indica en cada caso.

1. Ella es muy caritativa. Siempre ayuda a los pobres. (compadecerse de)

2. El estudiante nuevo no quiso ir a la recepción. (avergonzarse de)

3. El hombre atropelló a un chico con su coche ayer. (culpar de)

4. Los inquilinos del edificio están furiosos y se niegan a pagar la renta. (quejarse de)

5. Me sorprendió la muerte del esposo de María. ¡Parecía tan fuerte y saludable! (padecer de)

6. La señora Perales no quiso darle la llave de su casa a la mujer que va a limpiar los sábados. (desconfiar de)

7. La hermana de Raimundo ha estado varias veces en el hospital recientemente, ¿no? (sufrir de)

8. No sé por qué lo dije. Mis palabras le causaron una mala impresión al profesor. (arrepentirse de)

9. Mi coche está roto, pero mi padre lo va a arreglar. (entender de)

E. **Reacciones personales.**   Colóquese imaginariamente en cada una de las siguientes circunstancias y explique cómo se siente, usando **estar muerto/a de** o **morirse de**.

1. En su casa hay fantasmas.

2. Ud. no ha comido nada en todo el día.

3. En un banquete, Ud. accidentalmente salpica de salsa el vestido de dos señoras muy elegantes.

4. Trabajó doce horas consecutivas hoy.

5. Va caminando por el desierto. (*Dé dos reacciones.*)

6. Ud. está viendo por televisión una comedia de su actor cómico favorito.

7. Hoy se levantó a las seis y ya son las doce de la noche.

8. Ha salido a la calle con ropa ligera y comienza a nevar.

9. El dentista le está arreglando una muela sin anestesia.

10. Acaba de romper con su novio/a.

F. Traduzca.

1. "Cristina's brother is the boy with the guitar." "Which one, the one in the green coat?" "No, the young man in black."

2. When the man with the enormous mustache saw that the two boys were laughing at him he turned red with anger.

3. Of all the paintings in the museum, the one Celia liked best was *The Boy in Blue*. Would you take care of buying a good copy for her? Please, do not fail to do it.

4. The police suspect a man with black hair dressed as a sailor. They know that the victim said good-bye to him before leaving town.

5. If you are Hispanic, you turn yellow with envy and purple with the cold, not green and blue.

6. "These lottery tickets are from Don Pascual's store." "Is that the store next door?" "No, it's the store at the corner."

USES OF *CON*

1 **Con** expresses accompaniment, both physical and figurative, as *with* does in English.

El sábado pasado fui con Josefina a un baile.	*Last Saturday I went with Josefina to a dance.*
Debes definirte: o estás conmigo o estás contra mí.	*You should define your position: either you are with me or against me.*

2 **Con** expresses instrumentality: **con las manos**, *with one's hands*; **con pluma**, *with a pen*; **con una herramienta especial**, *with a special tool.*

3 **Con** is combined with a noun to form adverbial expressions of manner.

No puedo trabajar con cuidado y con prisa al mismo tiempo.	*I can't work carefully and in a hurry at the same time.*
La enfermera hablaba con vacilación y con acento extranjero.	*The nurse spoke hesitantly and with a foreign accent.*

4 The following table includes common verbs that are used with **con**.

SPANISH VERB + *CON* + NOUN OR PRONOUN			
acabar con	*to put an end to, finish off*	**contribuir con (dinero, etc.)**	*to contribute (money, etc.)*
casarse con	*to marry*	**encariñarse con**	*to get attached to*
comparar(se) con	*to compare (oneself) to*	**enojarse con (+ person)**	*to get angry at*
comprometerse con	*to get engaged to*	**soñar con**	*to dream of*
contar con	*to rely on, count on*	**tropezar con**	*to stumble over, run across*

Contamos con Ud. para que acabe con nuestros problemas.	*We count on you to put an end to our problems.*
Lucía se comprometió con Antonio y se casará con él en febrero.	*Lucía got engaged to Antonio and she will marry him in February.*
Mi padre tropezó con los patines y se enojó mucho con mi hermanito.	*My father stumbled over the roller skates and was very angry at my little brother.*
Cuando quise deshacerme del gato ya era tarde; me había encariñado con él.	*When I tried to get rid of the cat it was too late; I had gotten attached to him.*
Bernardo contribuyó con mil dólares a ese programa.	*Bernardo contributed one thousand dollars to that program.*

APLICACIÓN

Complete de manera original.

1. Soy sentimental y me encariño mucho con...
2. A veces me enojo con...
3. Aunque el hombre iba alumbrando el camino con..., la noche era muy oscura y tropezó con...
4. En abril, Yolanda se comprometió con... y ese mismo mes, su hermana se casó con...
5. Nuestro ejército acabó con...
6. Por favor, no me compares con...
7. ¿Podemos contar con... para esta buena obra?
8. Si me saco la lotería, contribuiré con... para obras de caridad.
9. Soy muy optimista, siempre sueño con...
10. En el fútbol se le da a la pelota con...

USES OF *EN*

1 **En** indicates location in time or space, whether it is physical or figurative.

En julio nos quedaremos en un hotel en la playa.	*In July we will stay at a hotel on the beach.*
Liliana dejó la copa en la mesa de centro y se sentó en el sofá.	*Liliana left the glass on the coffee table and sat on the sofa.*
Mi amigo, que en paz descanse, murió en la miseria.	*My friend, may he rest in peace, died in dire poverty.*
Está metido en el tráfico de drogas y terminará en la cárcel.	*He is involved in drug dealing and will end up in jail.*

2 **En** refers to a specialty, expertise, or degree.

Mi tío es doctor en medicina, especialista en enfermedades de la piel y experto en cáncer de la piel.	*My uncle is a doctor of medicine, a specialist in skin diseases, and an expert in cancer of the skin.*
Celestina era muy sabia en asuntos de amor.	*Celestina was very wise in matters of love.*

3 **En** expresses manner or means.

Julia tiene miedo de viajar en avión, prefiere ir en barco.	*Julia is afraid of traveling by plane, she prefers to go by boat.*
A muchos les gustan los libros de español escritos en inglés.	*Many people like Spanish books written in English.*
Entraron en silencio en la funeraria.	*They entered the funeral parlor silently.*
Muchos dicen en broma lo que no se atreven a decir en serio.	*Many people say in jest what they don't dare to say seriously.*
Probablemente no te fijaste en Adela, pero cojeaba al andar y se apoyaba en su esposo.	*You probably didn't notice Adela, but she walked with a limp and was leaning on her husband.*

©Quino

SOME COMMON VERBS FOLLOWED BY THE PREPOSITION *EN*

apoyarse en	*to lean on, upon*	**ingresar en (una sociedad, etc.)**	*to join (an association, etc.)*
confiar en	*to trust, confide in*	**molestarse en**	*to take the trouble to*
convertirse en	*to turn into*	**pensar en**	*to think of***
empeñarse en, insistir en	*to insist on*	**quedar en**	*to agree to, decide on*
entrar en*	*to enter*	**tardar** + period of time + **en**	*to take (person or vehicle) + period of time + to*
fijarse en	*to notice*	**vacilar en**	*to hesitate to*
influir en	*to influence*		

---

*In most Spanish American countries one hears **entrar a** rather than **entrar en**.

Pensar de expresses *to have an opinion about.*

¿Qué piensas de Madonna?   *What do you think about Madonna?*

El examen del lunes va a influir mucho en la nota; cuando pienso en esto, me pongo nerviosa.	*Monday's exam is going to influence the grade a lot; when I think of this I become nervous.*
Pablo y yo quedamos en vernos esta noche.	*Pablo and I agreed to meet tonight.*
Como yo vacilé en acompañarlo, Fernando insistió en entrar solo en el cuarto.	*As I hesitated to accompany him, Fernando insisted on entering the room alone.*
Confío en que esto no se convierta en un problema.	*I trust this won't turn into a problem.*
Tardé más de cinco minutos en encontrar una respuesta apropiada.	*It took me (I took) over five minutes to find a suitable answer.*
No voy a molestarme en pedirle que ingrese en nuestra asociación.	*I won't bother asking him to join our association.*

APLICACIÓN

Complete de manera original.

1. ¿Te fijaste en...?
2. Después de mucha discusión, quedamos en... y confío en...
3. Aunque Josefina tenía una pierna lastimada, se empeñó en... y entró en... caminando con dificultad, apoyada en...
4. Me pasé el día pensando en...
5. Elvis Presley influyó mucho en... y en unos años se convirtió en...
6. Probablemente, tardaré... en..., así que no te molestes en...
7. Me gustaría ingresar en...
8. Por favor, si puedo ayudarlo, no vacile en...

SPANISH VERBS THAT DO NOT REQUIRE A PREPOSITION*

Some Spanish verbs do not require a preposition but their English equivalents do require one. The table contains the most common ones.

acusar	*to tell on*	impedir	*to prevent from*
aprobar	*to approve of*	lograr	*to succeed in*
buscar	*to look for*	pagar	*to pay for*
conseguir	*to succeed in*	presidir	*to preside over*
esperar	*to wait for*	querer	*to care for, feel affection for*

Busco un amigo que apruebe lo que hago, que jamás me acuse y, sobre todo, que me quiera.	*I am looking for a friend who approves of what I do, who never tells on me and, above all, who cares for me.*

---

*Unless, of course, one uses **a** before the direct object, as explained in Chapter 7.

Estrella esperó a su amiga, que es taquillera en el cine, y así consiguió entrar sin pagar el boleto.

Estrella waited for her friend who is a ticket seller at the theater and this way she succeeded in entering without paying for the ticket.

Los enemigos del decano no lograron hacer que lo reemplazaran, pero le impidieron que presidiera la última reunión de profesores.

His enemies didn't succeed in having the dean replaced, but they prevented him from presiding over the last faculty meeting.

APLICACIÓN

A. Traduzca.

1. He prevented her from going because he cares for her.
2. Dr. Torres presided over the meeting.
3. The boys succeeded in taking the laptop without paying for it.
4. When I was waiting for the bus I saw a little girl looking for her mother.
5. I don't approve of what you did, but I won't tell on you.

B. **El asalto al tren.** Complete con la preposición correcta si se necesita una preposición. Haga contracciones con el artículo cuando sea necesario.

El tren partió _____ Aguasclaras a las tres _____ la tarde y, apenas se había alejado unos metros _____ la estación, cuando los bandidos entraron _____ nuestro vagón como surgidos _____ la nada. _____ realidad, habían bajado _____ el techo. El conductor no se dio cuenta _____ que había problemas _____ nuestro vagón. Este asalto puede compararse _____ los que se ven en las películas _____ el oeste, porque los asaltantes estaban vestidos _____ vaqueros.

El pasajero _____ el primer asiento, que era un policía jubilado, se puso _____ pie para tratar _____ tirar _____ el cordón de alarma, pero uno de los bandidos, que tenía una escopeta, lo vio _____ reojo y le pegó _____ la culata _____ el arma. El hombre _____ la escopeta, que parecía ser el jefe, dijo que nuestras vidas dependían _____ nosotros mismos, porque no vacilaría _____ matar a quienes tratasen _____ impedirle _____ realizar el asalto. Nos pidió que nos abstuviésemos _____ gritar y añadió que confiaba _____ nuestro sentido común. Todos estábamos pálidos _____ miedo.

El asaltante, que no cesaba _____ hablar, dijo que todos teníamos que contribuir _____ nuestro dinero a la revolución y que los ciudadanos debían cumplir _____ su deber y acabar _____ los enemigos del pueblo. Insistió _____ que muchos no aprobaban _____ los medios que ellos utilizaban, pero que la violencia era la única manera _____ influir _____ la opinión pública y conseguir _____ ayudar a los pobres.

Cuando estábamos cerca _____ la próxima estación, los asaltantes se despidieron _____ nosotros y nos dijeron que, _____ nuestra contribución, habíamos ingresado _____ el movimiento revolucionario.

Sección léxica

Ampliación: Formación de sustantivos abstractos

En la lectura aparecen varios sustantivos abstractos, la mayoría de ellos combinados con la preposición **con** para describir emociones: **con satisfacción, con sorpresa, con desconfianza, con distracción, con tranquilidad**. Paralelo al *-tion* del inglés, **-ción** es uno de los sufijos más usados en español para formar sustantivos abstractos. Otros sufijos comunes para formar palabras de este tipo (que son todas femeninas) son:

-ancia: abundancia, arrogancia, distancia, importancia, intolerancia, vagancia

-dad: bondad, entidad, humildad, infinidad, intensidad, seriedad

-encia: ausencia, decadencia, decencia, excelencia, paciencia, prudencia

-ez: altivez, delgadez, estupidez, niñez, pesadez, rapidez

-eza: belleza, dureza, extrañeza, firmeza, ligereza, naturaleza, nobleza, pereza, pureza, tristeza

-tud: altitud, inquietud, juventud, lentitud, plenitud, virtud

-ura: blandura, cordura, frescura, gordura, hermosura, holgura, negrura, ternura

APLICACIÓN

A. Diga qué significan en inglés las siguientes palabras.

1. blancura
2. sensatez
3. fragancia
4. solvencia
5. grandeza
6. presteza
7. soledad
8. destreza
9. finura
10. rudeza
11. simpleza
12. altura

B. Reemplace los adverbios terminados en **-mente** con sustantivos abstractos precedidos de **con**.

Modelo: Se comportó sensata* y decentemente.
→ Se comportó con sensatez y decencia.

1. No me dirigí a don Eustaquio arrogantemente. Le pedí humildemente que me ayudara y él reaccionó noble y bondadosamente.
2. ¿Trabajaba lentamente? No, trabajaba rápida, pero eficientemente.
3. Sirvieron vinos y comida abundantemente y, después de comer, nos sentamos perezosamente bajo un árbol.
4. Actuar firmemente no significa actuar duramente ni tampoco intolerantemente.
5. El niño me miró intensa y tristemente y yo lo acaricié tiernamente.
6. Examinemos seriamente el caso, y no lo decidamos ligeramente, sino prudentemente.
7. Aunque el hombre estaba borracho y hablaba pesada y estúpidamente, yo lo escuché tranquila y pacientemente.
8. La señora, que vestía elegantemente y hablaba altivamente, miraba inquietamente hacia la puerta.

---

*sensata = **sensatamente**. Cuando hay dos palabras que terminan en **-mente**, la terminación **-mente** se omite en la primera de ellas.

25 de noviembre de 2005, Día Internacional para la eliminación de la violencia contra las mujeres. Estas españolas protestan contra el maltrato. Mundialmente, una de cada seis mujeres es o ha sido víctima de la violencia. (©REUTERS/Andrea Comas/Landov LLC)

Distinciones: Modismos con la palabra atención

1. **¡Atención!**

   Careful! Look out!

   ¡Atención! Obras en la carretera.

   Careful! Road repairs.

   Atención a la ortografía.

   Watch your spelling.

   ¡(Su) atención, por favor!

   (May I have) your attention, please!

2. **llamar la atención**

   to attract attention, to catch the eye

   Éste fue el modelo que llamó más la atención en la exhibición de autos.

   This was the model that attracted the most attention at the auto show.

3. **Me llama la atención.**

   It surprises me.

   A todos nos llamó la atención que el profesor no estuviera en la fiesta.

   We were all surprised that the professor was not at the party.

4. **llamarle la atención (a uno por algo)**

   to reprimand, to find fault (with somebody over something)

   La jefa le llamó la atención a su secretaria por su falta de puntualidad.

   The boss reprimanded her secretary for her lack of punctuality.

5. **prestar atención**

Magda hablaba, pero el
policía no le prestaba atención.

to pay attention, to listen to

*Magda was talking, but the
policeman wasn't listening to her.*

6. **en atención a esto**

Soy un cliente muy antiguo y,
en atención a esto, espero que
hagan una excepción en mi caso.

in view of this

*I am a very old customer and, in
view of this, I hope you make an
exception in my case.*

7. **atención**

Muy agradecido por su atención,
quedo de Ud. atentamente,

kindness

*Thanking you for your kindness,
I remain, sincerely,*

8. **atenciones**

Nos colmaron de atenciones
cuando estuvimos en su casa.

courtesies

*They went out of their way for us
when we were at their home.*

APLICACIÓN

Para cada situación de la columna izquierda, escoja la expresión correspondiente de la columna derecha.

1. Probablemente no hablaba bien el inglés, porque no abrió la boca en toda la noche.

2. A ella le gusta mucho destacarse y siempre va a las fiestas vestida de rojo.

3. David se pasa la clase hablando con la chica de al lado y no me deja concentrarme.

4. Las instrucciones para el manejo de esta máquina son muy importantes, y un descuido puede causar serios accidentes.

5. Aunque era culpable, el chico era menor de edad y no tenía antecedentes penales.

6. Voy a escribir una carta pidiendo informes sobre esas excursiones.

7. Los esposos Cortés son muy amables.

8. Voy a anunciar los días y las horas de nuestras próximas reuniones.

9. Lo conozco muy bien. Envidia a los que triunfan y habla mal de ellos.

10. Cuando hay mucha gente en las tiendas en Navidad, se multiplica el número de robos.

11. Mi vecino siempre deja su auto en mi espacio en el estacionamiento de mi edificio.

12. Tengo que escribir una carta en español. ¿Qué pongo al final?

a. Mándala a la atención del director del programa.

b. Por eso no me llamó la atención lo que dijo de ti.

c. Nos llamó la atención su silencio.

d. Muy agradecido por su atención.

e. ¡Atención a las carteras!

f. Es un color que llama la atención.

g. Señoras y señores, su atención, por favor.

h. Le pediré al administrador del edificio que le llame la atención.

i. Sí, tuvieron muchas atenciones conmigo.

j. Sí, la profesora Robles le llamó la atención ayer.

k. En atención a esto, le suspendieron la sentencia.

l. Deben Uds. prestar mucha atención a la explicación del técnico.

Para escribir mejor

El diálogo

En un diálogo, la persona que escribe desaparece para que hablen los personajes que ha creado. A veces, un autor expresa sus ideas a través de las palabras de un personaje, pero otras veces, como en el caso de la lectura de este capítulo, los personajes hablan según su carácter, que es muy diferente del carácter de la persona que escribe.

En realidad, el secreto de un buen diálogo es la naturalidad y su correspondencia con los personajes que en él participan. En la lectura, Magda, un ama de casa no muy instruida, tímida, con poca autoestima, muestra todo esto a través de sus palabras balbuceantes y sumisas. El inspector habla como hombre duro, acostumbrado a imponer su autoridad. Su rudeza se refleja en su vocabulario grosero. En la escena hay pasajes narrativos, pero fíjese que en ellos la narradora no hace comentarios de tipo subjetivo, sino que da detalles que contribuyen al trazado de sus personajes. La descripción del inspector, obsesionado con el fútbol que se transmite por radio mientras fuma un gran puro y se limpia las uñas con un palillo, completa la imagen del personaje que sus palabras van a darnos.

Un buen diálogo no debe contener detalles superfluos; tampoco largos parlamentos que parezcan discursos. Un intercambio de frases cortas y preguntas y respuestas produce una conversación viva e interesante.

EL DIÁLOGO EN EL TEATRO

En la escena de la lectura, la señora Falcón utiliza mucha descripción. Esto es característico del «teatro para ser leído», muy común hoy. En el teatro tradicional, sin embargo, el dramaturgo escribe principalmente para representar ante un público y añade las descripciones como una manera de ayudar a los que pondrán la obra en escena, diciéndoles cómo debe ser el decorado, qué gestos deben hacer los personajes, etc. Estas sugerencias del dramaturgo se llaman **acotaciones**. Algunos dramaturgos ponen muchas acotaciones en sus piezas; otros, como Benavente y Unamuno, muy pocas.

EL DIÁLOGO EN CUENTOS, NOVELAS Y RELATOS

El diálogo intercalado dentro de una narración le da vida a ésta. Fíjese cómo el escritor uruguayo Enrique Amorim utiliza el diálogo entre un joven y su prima en este fragmento de su cuento «Miss Violeta March»:

—¡Qué horror! —exclamó mi pequeña prima, sacudiéndose el brazo—. ¡Cómo ganar este tiempo perdido!... —sonrió con malicia—. O perder este maravilloso tiempo ganado contigo...

—¿Estás contenta, primita?

—¡Ay, mucho, mucho! ¡Tanto como quisiera haber nacido en estos campos!

Y corrimos por los senderos dando saltos, contentos de haber nacido en cualquier lado.

—Oye —la detuve—. A ti qué te gusta más, ¿París o Nueva York?

—A mí: ¡París! ¡París! —respondióme llena de gozo.

—Pues escucha. Yo defenderé a la ciudad americana contra tus ataques de entusiasta parisina. Y explicaremos que esta ardua discusión nos ha tomado el tiempo.

—Eso es, eso es lo más atinado —gritó Mila inocentemente—. ¡Qué buena excusa la que se te acaba de ocurrir!...

Esta vez en fila, en la terraza, nos estaban esperando Victoria, la madre y Miss March. No se habían sentado aún a la mesa. Mi tía dijo sentenciosa:

—Siempre el mismo tú. Discutiendo tonterías y el padre, malhumorado en la mesa.

Observe que los buenos escritores no usan constantemente **dijo** para indicar que un personaje ha hablado, sino que utilizan otros verbos que frecuentemente indican el estado anímico del personaje. En este fragmento vemos: **exclamó, sonrió con malicia, la detuve, respondióme llena de gozo, gritó Mila inocentemente, dijo sentenciosa**. Algunos otros verbos que pueden usarse son: **contestar, preguntar, murmurar, replicar, gritar, protestar, insistir, anunciar, quejarse, observar, exclamar, repetir**.

APLICACIÓN

A. Escriba una escena breve con un diálogo de tipo teatral.

B. Escriba un pasaje narrativo corto, intercalando en él un diálogo. Trate de usar otros verbos en vez de **decir**.

TRADUCCIÓN

Conflicting Opinions

Mónica and Teresa are roommates who never cease to argue because the first is an ardent feminist whereas the second is not. Mónica has just finished reading the morning paper when Teresa enters the room.

MÓNICA: I'm furious. In an article, a psychotherapist states that we can't put an end to domestic violence because we can't rely on the truthfulness of women's accusations.

TERESA: I don't doubt the sincerity of your reaction, Moni, but sometimes wives exaggerate. You can't blame only the man for what happens at home.

MÓNICA: Are you now going to defend that Australian we read about yesterday? He got angry at his wife and stabbed her because she refused to change the television channel so that he could watch a soccer game. The poor woman died from the stab wounds.

TERESA: (*Looking at Mónica out of the corner of her eye.*) Remember that they were both drunk, according to the paper.

MÓNICA: So what? I am surprised at your stubbornness. Perhaps when you marry Luis he'll abuse you and you'll stop trusting men and will regret (*no emplee* **sentirás**) having fallen in love with him. If that is the case, I hope you'll have the courage to divorce Luis.

La mujer avanza, pero todavía la detiene la cultura del "machismo"

❑ **La educación le permitirá enfrentar los retos del Siglo XXI**

Este titular con su subtítulo salió en un número reciente del periódico *Prensa Hispana* de Phoenix, Arizona.

TERESA: You have to be kidding me. You can't compare Luis to those brutal men. You should be ashamed of yourself for thinking of such a possibility.

MÓNICA: I realize that he doesn't show any symptoms now, but who knows, sometimes people change suddenly.

TERESA: (*Irritated.*) Let's change the subject. I don't like your talking about Luis this way just because you suspect all men.

MÓNICA: OK. Have you heard that a woman killed her husband because he abused her constantly? She had complained about his abuses to the police several times, but they had not paid attention to her. The swine finally paid for what he did.

TERESA: (*Filling her cup with coffee again.*) Frankly, I don't approve of her conduct and I'm surprised at the insensitivity of your last remark. But I won't take the trouble to show you that your opinion lacks good sense.

MÓNICA: (*Sarcastically.*) Thanks. I can always count on you to say something nice. Notice that I have refrained from insulting you.

TERESA: Well, I didn't like what you said about Luis. Let's try to be more courteous.

MÓNICA: Good idea. But don't fail to think about what I've said concerning men. And don't forget that I've warned you.

Mónica goes off to her psychology class, leaving Teresa half-angry and half-amused.

TEMAS PARA COMPOSICIÓN

1. **Opiniones encontradas.** ¿Está Ud. de acuerdo con Mónica o con Teresa? Comente las opiniones de estas chicas y, basándose en lo que dicen, describa la personalidad de cada una.

2. **Compañeros/as de habitación.** ¿Qué costumbres y defectos de la otra persona hacen difícil la convivencia? ¿Qué hábitos y características personales debe tener un/a compañero/a de cuarto ideal? ¿Qué experiencias personales de convivencia con otra persona tiene Ud.?

3. **Los nuevos oficios y profesiones de la mujer.** El movimiento feminista ha impulsado a la mujer a entrar en profesiones y oficios que antes eran casi exclusivamente para los hombres. Dé su punto de vista sobre esto.

4. **Los matrimonios mal llevados.** ¿Es posible salvar un matrimonio cuando ha habido entre los esposos insultos y hasta golpes por largo tiempo? ¿Es el divorcio una solución? ¿Deben permanecer unidos los esposos por el bien de los hijos? ¿Hasta qué punto afecta a los hijos el fracaso matrimonial de los padres?

La lectura de este capítulo nos describe una vida futura con grandes avances técnicos, uno de ellos, los «cinturones voladores». Autos voladores como éste son también una probabilidad futura, y serían una solución para los problemas del tráfico en las grandes ciudades. (©Coneyl Jay/Stone/Getty Images)

Lectura
«Espejo del tiempo», José María Méndez Calderón

Sección gramatical
Uses of **para**
Uses of **por**
Special Uses of **para** and **por**
Compound Prepositions

Sección léxica
Ampliación: Sustantivos formados con el participio pasivo
Distinciones: Palabras españolas que equivalen a *to take*

Para escribir mejor
La narración

CAPÍTULO 9

Lectura

Introducción

José María Méndez Calderón (1916-2006), el autor de esta lectura, fue un salvadoreño que tuvo una destacada vida pública y sobresalió además en la literatura. Distinguido abogado, José María Méndez fue fiscal, magistrado y miembro de la Corte Suprema de El Salvador. En la Universidad de El Salvador, Méndez ocupó cargos de catedrático, vice-rector y rector.

A lo largo de su vida, José María Méndez acumuló honores, distinciones y premios; muchos, por su carrera jurídica; otros, por su labor literaria, por ejemplo, el haber sido elegido miembro de la Academia Salvadoreña de la Lengua.

José María Méndez incursionó en varios géneros literarios: artículos, novela, teatro breve... pero su género preferido y en el que alcanzó mayor maestría fue el cuento. En 1976, Méndez fue designado Maestro de la Narrativa Centroamericana por haber ganado en tres ocasiones el primer premio del cuento en los Juegos Florales* de Quetzaltenango, Guatemala. Estos premios los obtuvo respectivamente con sus libros *Tiempo irredimible, Espejo del tiempo* y *Tres consejos.*

Méndez muestra un estilo original y frecuentemente narra con humor. En «Espejo del tiempo» se adentra en el terreno de la ciencia ficción. El cuento se desarrolla en el siglo XXII, después de tres guerras atómicas, la última de las cuales destruyó la luna. Los eventos del futuro presentados en la primera parte de la narración tienen su equivalente en sucesos paralelos de nuestro tiempo. El cuento puede tener interpretaciones variadas, pero su mensaje central es bien claro: no importa lo avanzada que esté tecnológicamente la sociedad del futuro, la naturaleza humana no va a cambiar nunca, y nuestros descendientes sentirán celos, odio, amor y todas las pasiones que sentimos nosotros hoy.

Espejo del tiempo

Era posiblemente el hombre más feliz de la tierra. El Gobierno Local le había concedido° dos acres de terreno en usufructo vitalicio° y una pensión progresiva. Tenía ahorrados diez mil bonos del First Vía Láctea° Bank. La Liga Interespacial lo había
5 condecorado°. Era miembro propietario del Consejo de los Quinientos y amigo íntimo del Jefe de la Galaxia.

Su casa estaba cubierta por una campana° atmosférica de nítida° transparencia que impedía el paso° de cuerpos y ruidos extraños; en las paredes de la fachada° se había usado el pórfido° y en los
10 interiores piedra mármol tipo serpentino, traída de Marte; las escaleras de aire congelado eran invisibles a simple vista°, y sólo aparecían tenues, verdes, amarillas o azuladas, cuando él encendía las luces. Tres robots, incluyendo un astronauta, estaban a su servicio.

dado / **en...** para disfrutarlos mientras vivía

Vía... *Milky Way* / **lo...** le había dado una medalla

domo / clara
el... la entrada
facade / jasper

a... *to the naked eye*

---

*Competencias de poesía en que el mejor poeta recibe una flor. Fueron muy populares en el pasado, pero hoy no son tan comunes. A veces, la competencia se extiende a otros géneros literarios, como en este caso, en que se premiaron cuentos.

Era dueño de un computador bibliográfico que él había
contribuido a perfeccionar y que todavía no se construía en serie°,
una especie de° teletipo con cinta° magnetofónica y condensador
de energía mental que transmitía al cerebro° el texto de sus
registros° (setecientos cincuenta mil volúmenes) por medio de
ondas° telepáticas. Poseía un Modigliani*, escaso recuerdo de la era
preatómica. Le permitieron conservar° un ejemplar° de cada una de
las piedras preciosas que descubrió en los siete planetas principales
durante sus atrevidos° viajes de exploración. Su mujer, Elena, se
mantenía ardiente y sumisa, como en los primeros días nupciales.

Aunque tenía obligación legal de declarar sus inventos, guardaba,
pese a° los graves riesgos, tres en secreto: el espejo del tiempo,
negro, cóncavo, imperfecto todavía, porque reflejaba el pasado en
imágenes fieles° y sucesivas, pero aún no revelaba el futuro; el
pulverizador protónico, capaz de° desintegrar la materia por medio
de la condensación de energía estelar en un cono de luz y de reducir
un cuerpo humano, en segundos, a pequeñas partículas de arena que
se disolvían en el aire; y el detector de pensamientos° —disimulado°
en un anillo de amatista— que usaba únicamente en la cátedra° para
determinar el grado de percepción de sus alumnos, y en la ciudad,
mientras la cruzaba en las naves electrónicas, para conocer las ideas
contradictorias de las multitudes. Jamás lo había utilizado
deliberadamente contra persona determinada para conocer sus
íntimos pensamientos.

Estaban en la terraza. Era el cumpleaños de Elena. Él, para
halagarla°, había construido con sus proyectores iónicos, en el lado
izquierdo de la caja de vidrio que guardaba° la terraza, una media
luna que semejaba° estar en el cielo y era exacto recuerdo de la real,
destruida desde la tierra en la tercera y última guerra atómica.

Elena estaba recostada° en un diván°. Un vestido negro, con
lentejuelas de azabache°, acrecentaba° su belleza. Sintió deseos de
besarla. Cuando caminaba hacia ella se vio reflejado en los
ventanales. Coronaban su cabeza los cuernos° de la luna. No percibió
el simbolismo** sino al advertir° que Elena miraba también su
imagen de cuernos amarillos y se sonreía imperceptiblemente, como
si quisiera ocultar un sarcasmo ofensivo. Se detuvo. Volvió a verse de
nuevo. Los paréntesis luminosos le salían de las sienes°. Elena no
lograba extinguir la mirada° burlesca. Pasó revista° a la historia de su
matrimonio. Recordó las frecuentes ausencias de ella, sus inmotivadas
vacilaciones°, sus injustos olvidos°, aquellos gestos° contradictorios
que la revelaban acosada° por recuerdos que desechaba° de modo
súbito°. Estaba siendo víctima de la pasión de los celos que los
sociólogos habían declarado ya extinguida en el género humano.
Debería sobreponerse°, abandonar la idea de iniciar un diálogo sutil
de preguntas capciosas°. Elena podía entender el juego y

no... *wasn't mass produced*
una... *some kind of* / *tape*
brain
archivos
waves
quedarse con / *specimen*

audaces

pese... a pesar de

exactas
capaz... *able to*

thoughts / escondido
las clases que enseñaba

para... *to please her*
protegía
parecía

reclinada / sofá bajo
lentejuelas... *jet stone
sequins* / aumentaba
horns
darse cuenta de que

partes laterales de la frente
look / **Pasó...** *He went
over*
hesitations / *forgetfulness*
/ expresiones
perseguida / rechazaba /
repentino
controlarse
tricky

---

*Amedeo Modigliani (1884–1920) fue un pintor y escultor italiano. Vivió una vida bohemia y loca en París y tiene
influencias en su obra del francés Cézanne y del «período azul» de Picasso.

**En español, cuando uno de los esposos es infiel, se dice que le pone los cuernos al otro.

denunciarlo°. Más peligroso aun sería hacer acusaciones directas. En
el siglo XXII, los celos revelaban un proceso atávico degenerativo,
constituían un índice° sólido para internar al enfermo en las clínicas
de aislamiento° y, cuando el caso era grave, en las de eliminación.
Para no correr riesgos, decidió utilizar el detector de pensamientos;
sin que su mujer se diera cuenta, averiguaría la verdad. Dio una
vuelta° completa a la amatista del anillo. La mente de Elena quedó al
descubierto°. «Pobre Diablo, ignora° que le he puesto los cuernos.»
La verdad le produjo escalofríos°. Aparecieron los síntomas precisos:
personalidad disminuida, evidencias de fracaso, ansias vengativas°,
deseos de conocer el incidente en su totalidad, con los menores
detalles. Dio vuelta de nuevo a la amatista del anillo. Conocer los
pensamientos actuales° de ella no era suficiente. Quería saber con
quién, desde cuándo, dónde y por qué. Utilizaría el espejo del tiempo.
Después cumpliría sus posteriores designios°.

Sobreponiéndose a la tartamudez° que lo dominaba, propuso a
Elena que conociera sus últimos inventos. Cuando ella entró al
laboratorio, la sujetó de los brazos y la colocó violentamente frente
al espejo del tiempo. Apareció Elena, después de diez imágenes
sucesivas, totalmente desnuda en los brazos de su amante. Era el
vecino, el mismo que reparaba los cinturones voladores. Entonces,
sin poderse contener, enloquecido°, disparó el pulverizador
protónico contra ella. Después apuntó° hacia las paredes, hacia el
techo, en un intento de total destrucción que ya no pudo consumar
porque perdió el sentido°.

El diario de mayor circulación de la ciudad donde acaeció el
suceso°, lo relató en su real y exacta medida°.

«Pedro Benavides, de cincuenta años de edad, Doctor en
Ciencias Físicas, profesor jubilado° de la Universidad Central, se
encerró en su casa de habitación° el lunes recién° pasado, echó
llave° por dentro, y en un acceso° de furia, destruyó muebles,
floreros, lámparas. Después se escuchó un inquietante° silencio
que duró tres días. Al cabo de° ese tiempo, la policía, a
pedimento° de los vecinos, allanó° el domicilio. Benavides se
encontraba sobre el piso del dormitorio, desnudo, inconsciente,
empuñando un soplete° con la mano derecha. Cuando volvió en
sí° pronunciaba palabras incoherentes. En las diligencias
instruídas por el juez encargado del sumario°, consta° que el
profesor Benavides perdió la razón° el lunes trece, día del
encierro°, al advertir que su mujer de nombre Elena, se había
fugado° del hogar con Oliverio Ramos, obrero de veinte años que
trabajaba como aprendiz en un cercano taller° de reparación de
bicicletas».

---

acusarlo

un... una indicación
isolation

turn
al... *exposed* / no sabe
chills
ansias... deseos de
venganza

presentes
cumpliría... *he would
execute his subsequent
intentions*
stuttering

insane with rage
he aimed

perdió... se desmayó
acaeció... pasó el hecho
en... con fidelidad

retirado
casa... domicilio / *just* /
echó... cerró con llave
ataque
preocupante / **Al...**
Después de
petición / *broke into*
empuñando... *holding
tightly a blow torch*
volvió... *he regained
consciousness* /
diligencias... *legal
proceedings instituted
by the judge in charge of
the case* / *it is recorded*
perdió... se volvió loco /
del... en que se
encerró con llave
escapado / *shop*

APLICACIÓN

A. Vocabulario

Encuentre en la columna de la derecha la definición o sinónimo de cada palabra de la columna izquierda.

1. acrecentar		**a.**	escapar
2. actual		**b.**	audaz
3. advertir		**c.**	adjetivo para alguien que puede hacer algo
4. aislamiento		**d.**	escondido
5. atrevido		**e.**	complacer
6. capaz		**f.**	proteger
7. denunciar		**g.**	parecer
8. disimulado		**h.**	clase de sofá
9. diván		**i.**	aumentar
10. fugarse		**j.**	darse cuenta de
11. guardar		**k.**	partes laterales de la frente
12. halagar		**l.**	lo contrario de *recuerdo*
13. índice		**m.**	acusar
14. olvido		**n.**	indicación
15. perder el sentido		**ñ.**	lo contrario de *comunicación*
16. perder la razón		**o.**	presente
17. sienes		**p.**	desmayarse
18. semejar		**q.**	volverse loco

B. Comprensión

1. ¿Por qué era este hombre el más feliz de la tierra?

2. ¿Cuál era el propósito de la campana atmosférica?

3. ¿Cómo describe el narrador la casa de este hombre?

4. ¿Cómo era el computador y qué se podía hacer con él?

5. ¿Qué tres inventos guardaba el hombre en secreto?

6. ¿Qué había construido este hombre en la terraza?

7. ¿Qué le había pasado a la luna real?

8. Cuente el episodio de los cuernos.

9. ¿Qué les pasaba en el siglo XXII a las personas celosas si eran denunciadas a las autoridades?

10. ¿Qué descubrió el hombre cuando usó el anillo de amatista? ¿Y el espejo del tiempo?

11. ¿Cuál fue su reacción al descubrir esto?

12. ¿Quién era este hombre según el diario?

13. ¿En qué condiciones estaba cuando lo encontró la policía?

14. ¿Por qué había perdido él la razón?

©Quino

C. Interpretación

1. ¿Lo convenció a Ud. el narrador en la primera parte del cuento de que la historia sucedía en realidad en el siglo XXII? ¿Por qué (no)?

2. La explicación de estos inventos y de su funcionamiento parece casi una caricatura tomada de un programa para niños. ¿Cuál es la razón de esto? ¿Cree Ud. que el autor lo hace a propósito? Si la respuesta es sí, ¿por qué lo hace?

3. Se dice que uno de los robots era un astronauta. ¿Por qué podría necesitar Benavides esta clase de robot?

4. El narrador dice que Elena se mantenía «sumisa», ¿qué indica esto sobre la sociedad del siglo XXII?

5. El narrador dice que la luna fue destruida en la tercera guerra atómica. ¿Cree Ud. que va a haber tres guerras atómicas? ¿Por qué (no)? ¿Qué destrucción causarían éstas?

6. El espejo del protagonista reflejaba el pasado, pero no el futuro. ¿Es más interesante ver el pasado o el futuro? ¿Por qué? ¿Qué le gustaría a Ud. ver en un espejo así?

7. Aunque aparentemente el episodio del presente y el del futuro son similares, tienen una diferencia muy importante en el caso de Elena. ¿Cuál es?

8. Se habla en el cuento del hombre que reparaba los cinturones voladores, pero no se explica qué eran éstos. ¿Cómo imagina Ud. que eran y para qué se usaban?

9. El autor de este cuento es abogado. ¿Cómo se ve esto en la última parte de la narración?

Una calle céntrica de San Salvador, la capital de El Salvador. El edificio que se ve al fondo es el Teatro Nacional. (©Gonzalez/Laif/Aurora Photos)

D. Intercambio oral

1. **El detector de pensamientos.** ¿Por qué (no) le gustaría a Ud. tener un anillo así? ¿Qué pensamientos le gustaría poder leer? ¿Sería bueno que los profesores tuvieran este anillo? ¿Por qué (no)? El profesor Benavides usaba el anillo en clase para saber si sus alumnos comprendían sus explicaciones. ¿Para qué cree Ud. que lo usaría su profesor/a?

2. **La sociedad del futuro.** La sociedad que se describe en este cuento es muy avanzada técnicamente, pero el individuo en ella está controlado y debe informar de sus actos al estado. ¿Será así la sociedad del futuro? O por el contrario, ¿habrá en la sociedad perfecta armonía y total libertad para el individuo? Los estudiantes expondrán sus predicciones.

3. **Los robots.** ¿Llegará el momento en que todos tendremos nuestro propio robot? ¿Qué le gustaría a Ud. que hicieran sus robots? ¿Qué problemas podría haber en un mundo lleno de robots?

4. **El espejo del tiempo.** Este cuento presenta los mismos sucesos básicos en dos planos diferentes. ¿Debemos pensar que todo sucedió en el futuro y que el espejo que el hombre tenía en el siglo XXII lo trasladó al pasado? ¿O que los verdaderos sucesos ocurren en nuestro presente y la locura del hombre los imagina sucedidos en el siglo XXII? ¿Está loco el profesor Benavides?

Sección gramatical

Uses of para

The general concept behind **para** is aim, goal, destination, either real or figurative.
Para is used to express:

1 Purpose, aim (*in order to*).

Mi hermano estudia para ingeniero.	*My brother is studying to be an engineer.*
El profesor Benavides usaba el anillo para asegurarse de que sus estudiantes lo comprendían.	*Professor Benavides used the ring to make sure that his students understood him.*
Benavides construyó una campana especial para proteger su casa.	*Benavides built a special dome to protect his house.*
No hay que ser rico para ser feliz.	*It is not necessary to be rich in order to be happy. (You don't have to be rich...)*

2 Motion toward a specific destination.

Parto para el Brasil esta tarde.	*I am departing for Brazil this afternoon.*
La ambulancia acababa de salir para la casa de Benavides.	*The ambulance has just left for Benavides's house.*
Las mujeres iban para el mercado con grandes cestas.	*The women were on their way to the market with large baskets.*

3 Use or suitability. Also for whom or for what something is meant.

Te olvidaste de poner en la mesa copas para vino.	*You forgot to put wineglasses on the table.*
Éste es el mejor remedio para el dolor de cabeza.	*This is the best remedy for headaches.*
Hay una venta especial de llantas para nieve.	*There is a special sale of snow tires.*
Benavides había traído mármol de Marte para su casa.	*Benavides had brought marble from Mars for his house.*
Benavides construyó la luna artificial para Elena.	*Benavides built the artificial moon for Elena.*

4 Deadlines or a definite point in time.

El carpintero tendrá la mesa lista para la semana que viene.	*The carpenter will have the table ready by next week.*
Temo que para el siglo XXII ya no existirá la Tierra.	*I am afraid that by the 22nd century the Earth will no longer exist.*
Este reporte es para el primero de diciembre.	*This paper is due on December the first.*
—¿Qué hora es? —Faltan diez minutos para las tres.	*"What time is it?" "It is ten minutes to three."*

5 *Compared with, considering (that).*

Esta casa es demasiado grande para una familia tan pequeña.	*This house is too large for such a small family (considering that the family is so small).*
Hoy hace mucho calor para noviembre.	*Today it is very warm for November.*
El espejo del tiempo era peligroso para Elena.	*The time mirror was dangerous for Elena. (It wouldn't necessarily be dangerous for someone else.)*
Ella tiene ya sesenta años pero se ve joven para su edad.	*She is already sixty but she looks young for her age (considering her age).*

6 *To be about to, to be on the verge of.* * **Listo para** means *ready to.*

Estaba muy nerviosa y le faltaba poco para echarse a llorar.	*She was very nervous and she was about to start crying.*

---

*In many Spanish American countries, and especially in Mexico, **estar por** is used instead of **estar para** to express *to be about to, to be on the verge of.*

Llevaré paraguas porque está por llover.	*I'll carry an umbrella because it is about to rain.*
Espera a Juan, está por llegar.	*Wait for Juan, he'll be arriving at any minute. (He is about to arrive.)*

In some countries, especially in the Caribbean, **estar al** is the expression commonly used in this case:

Llevaré paraguas porque está al llover.

Espera a Juan, está al llegar.

Hay muchas nubes negras en el cielo. Está para llover.	*There are many black clouds in the sky. It is about to rain.*
Los plátanos vienen congelados y listos para freír.	*The plantains come frozen and ready to be fried.*
Estábamos para salir cuando oímos la explosión.	*We were about to go out when we heard the explosion.*

APLICACIÓN

A. Explique el uso de los siguientes objetos usando la preposición **para** en su respuesta.

¿Para qué se usa/n...?

1. el líquido corrector
2. unos anteojos oscuros
3. la guía de teléfonos
4. las toallas de papel
5. un monedero
6. el jabón

B. Dé una fecha futura —exacta o probable— para cada pregunta.

¿Para cuándo...?

1. terminará este curso
2. te graduarás de la universidad
3. piensas casarte
4. cambiarás el coche que tienes por uno nuevo

C. Identifique al destinatario de cada acción usando **para**.

¿Para quién/es...?

1. explica el profesor la lección
2. compras tú flores a veces
3. son la mayoría de las cartas que llegan a tu casa
4. compras regalos de Navidad

D. Conteste las preguntas explicando el propósito de las acciones.

¿Para qué...?

1. lavas tu ropa
2. cierras a veces las cortinas
3. estudias
4. ahorras dinero
5. vas al cine
6. llamas por teléfono a tus amigos

E. Establezca comparaciones usando **para** y basándose en la información que se da en cada caso.

Modelo: Esta casa tiene cinco dormitorios. En mi familia hay sólo tres personas.
   → *Esta casa es demasiado grande para mi familia.*

1. El coche costaba $5.000. Yo sólo había ahorrado $3.000.
2. La temperatura del horno es de 450°. El pastel hay que hornearlo a 350°.
3. Nenita sabe resolver ecuaciones de álgebra. Nenita tiene sólo diez años.
4. Peso ciento veinte libras. Mido seis pies de estatura.
5. Hoy la temperatura es de 50°. Estamos en el mes de junio.

Uses of por

There are two basic concepts behind **por**. One involves the subject's feelings and explains the motivation or reasons for an action; the other deals with the physical aspects of an action and introduces details such as approximate time, approximate location, as well as means or manner of performing the action, agent of an action, etc.

Por is used to express:

1 Motivation, reasons, compulsion (*because of, out of, for, on behalf of, on account of*).

No pudimos ir por el mal tiempo.	*We couldn't go because of the bad weather.*
Benavides actuó de esa manera por celos.	*Benavides acted that way out of jealousy.*
Gonzalo hace muchos sacrificios por sus hijos.	*Gonzalo makes many sacrifices for his children.* (for their sake)
El abogado rogó al juez por su cliente.	*The lawyer pleaded with the judge on behalf of his client.*
El Papa recibió el Premio Nobel por su labor por la paz.	*The Pope received the Nobel Prize on account of his work for peace.*

2 Feelings or attitudes of the subject toward a person or thing; also *to be for, to be in favor of.*

Siento gran admiración por ese autor.	*I feel great admiration for that author.*
Su odio por aquel hombre no podía describirse con palabras.	*His hatred for that man could not be described with words.*
María siempre vota por los candidatos republicanos.*	*María always votes for the Republican candidates.*
Estoy cien por ciento por esa ley.	*I am one hundred percent for that law.*

3 The object of an errand, usually with verbs like **ir, venir, mandar, enviar.**

Vine por el libro que dejé aquí ayer.	*I came for the book that I left here yesterday.*
Como no quería cocinar, envié al robot por comida al restaurante.	*As I didn't want to cook, I sent the robot to the restaurant for food.*
Mi esposa se siente muy mal. Voy por el médico.	*My wife feels very sick. I am going for the doctor. (I'm going to get the doctor.)*

4 Approximate location or time; place of transit (*around, in, by, through, throughout, along*).

El explorador dijo que había piedras preciosas por ahí.	*The explorer said that there were precious stones around there.*

---

*In Spain, **votar** is used as a transitive verb: **En 2004 la mayoría de los españoles votó a Rodríguez Zapatero y en 2005 votó la constitución europea.**

Nos gustaría viajar por España.	*We would like to travel around Spain.*
La Alhambra se comunica con el Generalife por un túnel.	*The Alhambra is connected with the Generalife through a tunnel.*
—¿Por dónde se sale de este edificio?	*"How does one get out of this building?"*
—Por aquí.	*"This way."*
Pasó por mi lado sin verme.	*He passed by my side without seeing me.*
El día está precioso. Demos un paseo por la avenida.	*The day is very beautiful. Let's stroll along the avenue.*

5 Duration of an action. **Por** is frequently omitted in this case.

Nos quedaremos en la ciudad (por) una semana.	*We will stay in the city (for) a week.*
Estuvo discutiendo con el vendedor (por) dos horas.	*He was arguing with the salesman for two hours.*
Estuvimos sin vernos (por) un mes.	*We didn't see each other in a month.*

6 Substitution, exchange, price.

No creo lo que dices. ¿Me tomas por tonta?	*I don't believe what you are saying. Do you take me for a fool?*
Mi amigo está enfermo, ¿puedo examinarme por él?	*My friend is sick, may I take the exam for him (in his place)?*
Como el novio vive en Europa, se casarán por poder.	*Since the bridgegroom lives in Europe, they will be married by proxy.*
Un inversionista me ofreció mucho dinero por este cuadro.	*An investor offered me a lot of money for this painting.*

Sustituir por does not mean *to put (be) in the place of* but *to replace with*. Note that the elements involved are inverted in the Spanish sentence.

Sustituya los nombres por pronombres.	*Substitute pronouns for the nouns (Replace the nouns with pronouns.)*
Sustituiré el azúcar por sacarina.	*I will substitute saccharin for sugar. (I will replace sugar with saccharin.)*

To substitute for in the sense of one person taking the place of another, is **sustituir a**.

Ayer el profesor Padilla sustituyó a nuestro profesor, que estaba enfermo.	*Yesterday Professor Padilla substituted for our professor, who was sick.*

7 Percentage, rate, multiplication. Frequent English equivalents: *per, by.*

Con el cinturón volador, una persona podía recorrer dos millas por minuto.	*With the flying belt a person could go two miles per minute.*
Tres por cuatro son doce.	*Three times four is twelve. (3 × 4 = 12)*

¿Trabajas por hora o trabajas a destajo?	*Do you work by the hour or do you work on a piecework basis?*
El cuarenta por ciento de los habitantes del país son analfabetos.	*Forty percent of the inhabitants of the country are illiterate.*

8 Means, manner, instrument, agent.

Echaron a los huelguistas por la fuerza.	*They threw the strikers out by force.*
Usando mi calculadora resolví la ecuación como por arte de magia.	*Using my calculator I solved the equation as if by magic.*
Me dieron todas las instrucciones por teléfono.	*They gave me all the instructions by telephone.*
La terraza estaba protegida por una campana aisladora.	*The terrace was protected by an isolating dome.*
Las piedras del río habían sido redondeadas por el agua.	*The rocks in the river had been rounded by the water.*

9 Incompleteness (*yet to be done, yet to be finished*).

El puente está por terminar.	*The bridge is yet to be finished.*
Hay todavía muchos inventos por perfeccionar.	*There are still many inventions to be perfected.*

APLICACIÓN

A. Complete de manera original.

1. Siento gran simpatía por...
2. En las próximas elecciones votaré por...
3. Siempre hago lo que puedo por...
4. Pagué... por...
5. Treinta y seis es el resultado de multiplicar...
6. Me gusta mucho pasear por...
7. Camino de mi casa, paso por...
8. Siento amor por...
9. Entré en esta habitación por...
10. El salario mínimo en nuestro país es... por...

B. Conteste, fijándose en el uso de **por**.

1. ¿Has dicho a veces cosas desagradables por celos? ¿Por otra razón? ¿Cuál?
2. ¿Te han tomado alguna vez por otra persona? ¿Por quién?
3. ¿Vives por aquí o vives lejos de aquí?
4. ¿Nacieron todos Uds. por la misma época?

5. ¿Tienes algún trabajo por hacer? ¿Cuál?

6. ¿Te gustaría que otra persona pudiese tomar tus exámenes por ti? ¿Quién?

7. ¿Conoces a alguien que se haya casado por poder?

8. ¿Te comunicas con tus amigos ausentes por correo tradicional o por correo electrónico?

9. Más o menos, ¿qué por ciento de hispanos hay en esta región?

10. ¿Sientes mucha admiración por tu profesor/a de español?

11. Si no puedes devolver un libro de la biblioteca personalmente, ¿por quién lo envías?

12. ¿Cuánto hay que pagar generalmente por una entrada para un concierto?

C. Exprese las siguientes oraciones de manera diferente, usando **sustituir**.

Modelo: No usaré más mi automóvil. Usaré en cambio una bicicleta.
→ *Sustituiré mi automóvil **por** una bicicleta.*

1. A nuestra juventud no le gusta la seda. Todos prefieren el algodón.

2. No quiero este café. Prefiero que me traiga un té.

3. Mi gato Quiqui se murió. Ahora tengo otro gato llamado Pomponio.

4. Echaron a la Srta. Robles de su empleo y contrataron al Sr. Martín.

5. Antes comía mantequilla, pero el médico me ordenó que comiera margarina.

6. El ladrón se llevó las monedas de oro. Dejó en su lugar dinero falso.

7. Por favor, tráigame maíz en vez de berenjena.

8. Íbamos a leer *Doña Perfecta* en ese curso, pero el profesor prefirió que leyéramos *Misericordia*.

9. El sofá de la sala era muy viejo y mis padres compraron un sofá nuevo.

10. Antes usaba un reloj despertador para despertarme, pero ahora uso un radio reloj.

IDIOMATIC PHRASES WITH *POR*			
al por mayor	*wholesale*	**por eso**	*for that reason*
al por menor	*retail*	**por gusto**	*unnecessarily, for the fun of it*
por adelantado	*in advance*	**por las nubes**	*sky-high* (price or praise)
por ahora	*for the time being*	**por lo general**	*as a general rule*
por casualidad	*by accident*	**por lo menos**	*at least*
por completo	*completely*	**por lo tanto**	*consequently, therefore*
por consiguiente	*therefore*	**por lo visto**	*apparently*
por decirlo así	*so to speak*	**por ningún motivo**	*under no circumstances*
por desgracia	*unfortunately*	**por otra parte**	*on the other hand*
por Dios	*for heaven's sake*	**por regla general**	*as a (general) rule*
por encima	*hastily, cursorily*	**por suerte**	*luckily*
por entero	*entirely*	**por supuesto**	*of course*
por escrito	*in writing*	**por... vez**	*for the... time*

Examples:

Por casualidad vi el anuncio de ese apartamento en el periódico. *Por regla general*, no leo el periódico, pero ayer lo leí *por encima*. *Por lo visto* era mi día de suerte. *Por lo tanto*, decidí ir inmediatamente a ver el lugar. Visitaba ese barrio *por primera vez*. La casera puso el apartamento *por las nubes*, añadiendo que acababan de pintarlo *por completo*. También dijo que esperaba que yo no la hubiese molestado *por gusto*, y que tenía que pagar dos meses *por adelantado* para que me dieran un contrato *por escrito*. ¡*Por Dios*! Yo gano muy poco. *Por consiguiente*, he decidido que no puedo alquilar ningún apartamento *por ahora*. *Por lo menos*, puedo vivir con mis padres, y ellos no me echarán *por ningún motivo*. ¡Soy un tipo que nació de pie, *por decirlo así*!

By accident *I saw the ad for that apartment in the newspaper.* As a rule *I don't read the newspaper but yesterday I read it* hastily. Apparently *it was my lucky day.* Consequently, I *decided to go immediately to see the place. I was visiting that neighborhood* for the first time. *The landlady praised the apartment* to the skies *adding that it has just been* completely *repainted* (*they had just painted it* completely). *She also said that she hoped I had not bothered her* unnecessarily *and that I had to pay two months* in advance *in order for them to give me a* written *lease.* For Heaven's sake! *I earn very little.* Therefore, *I have decided that,* for the time being, *I can't rent any apartment.* At least *I can live with my parents, and they won't throw me out* for any reason. *I am a guy who was born lucky,* so to speak!

COMMON VERBS FOLLOWED BY *POR*			
acabar por	*to end up by*	**morirse por**	*to be dying to*
brindar por	*to drink to*	**optar por**	*to choose to*
esforzarse por	*to strive to, for*	**preguntar por**	*to inquire about, to ask for*
interesarse por	*to be interested in; to inquire about*	**preocuparse por**	*to worry about*
luchar por	*to struggle to, for*	**trepar por**	*to climb up*
		votar por	*to vote for*

Aunque Peralta se esforzó mucho por vender su invento al principio, acabó por abandonar el proyecto.

Although Peralta strived a lot to sell his invention at the beginning, he ended up by abandoning the project.

Brindemos por los que luchan por la libertad.

Let's drink a toast to those who struggle for freedom.

Me moría por conocer al nuevo huésped, pero opté por ser discreta.

I was dying to meet the new guest, but I chose to be discreet.

Si deseas causar una buena impresión, debes preguntar por la salud de su madre.

If you wish to make a good impression, you should inquire about his mother's health.

Las ratas treparon por la soga para subir al barco.

The rats climbed up the rope to get on the ship.

APLICACIÓN

A. Haga un comentario original en cada caso, usando la expresión que se da entre paréntesis.

1. La semana pasada robaron tres coches de los estacionamientos de la universidad. (por eso)

2. Quisiera un empleo mejor que el que tengo, pero es difícil encontrar un buen trabajo en estos tiempos. (por ahora)

3. Mi amiga tiene sesenta gatos y quince perros. ¡Gasta una fortuna en comida de animales! (al por menor / al por mayor)

4. La vocación de Alberto por la música es increíble. (por entero)

5. No sé el significado del verbo «conchabarse». ¿Lo sabes tú? (por primera vez)

6. Si va Ud. de noche por una calle oscura y ve que atacan a alguien, ¿huye del lugar o acude a ayudar a la víctima? (por supuesto)

7. Muchos piensan que los hijos adoptivos tienen derecho a saber quiénes son sus padres naturales. (por otra parte)

8. Tengo que escribir un informe para mi clase del Siglo de Oro, pero el profesor no dijo si debe ser extenso o puede ser corto. (por lo menos)

9. Cuando el carpintero comenzó a hacerme el armario en julio, le pagué el costo total, y tardó tres meses en terminar el trabajo. (por adelantado)

10. He buscado la llave de mi casa por todas partes, pero no la encuentro. (por suerte)

11. Mi compañero de apartamento es muy desordenado, no lava los platos que usa, ni siquiera hace su cama. (por consiguiente)

12. Muchas personas aprovechan la mañana del domingo para dormir, otras hacen ejercicio, otras van a la iglesia. ¿Qué haces tú? (por lo general)

B. Escoja la expresión de la columna derecha que completa correctamente cada espacio en blanco.

1. Fernando y yo no nos veíamos mucho, pero fuimos

   al mismo colegio de niños y éramos amigos,

   ———. ———, me alegré cuando lo vi parado

   en la esquina. Hacía mal tiempo; era uno de esos

   días en que uno no sale ———, sino por

   obligación. Comenzó a llover. Casi nunca llevo el

   paraguas cuando salgo, pero esta vez lo traía

   ———, y ofrecí compartirlo con Fernando. «No

   compartas tu paraguas con otra persona ———,

   me dijo, trae mala suerte». ———, Fernando es

   muy supersticioso.

por casualidad
por decirlo así
por desgracia
por encima
por escrito
por gusto
por las nubes
por lo tanto
por lo visto
por ningún motivo

(continued)

2. Los precios de los mecánicos están _____. Mi mecánico

me dio un presupuesto _____ para reparar mi auto; lo miré

_____ y me pareció razonable. Pero ahora he leído la letra

pequeña y, _____, el arreglo va a costarme un dineral.

C. Complete de manera original.

1. El ladrón entró en el banco trepando por...

2. Si me quieres como dices, debes interesarte más por...

3. Todos discutían. Juanito y Rosa querían ir a bailar, Pablo y Lucía insistían en ir al cine, y Humberto y Marta preferían ir al bingo. Yo opté por...

4. Si una persona inventa una mentira y la repite un número infinito de veces, acaba por...

5. Durante la recepción, todos levantaron las copas y brindaron por...

6. Hace un calor horrible. Me muero por...

7. Cuando te dije que debías trabajar más y dormir menos, no fue por interferir en tu vida, sino porque me preocupo por...

8. Él se llama Federico, pero todos lo conocen por Freddy. Cuando llegues a la residencia estudiantil, pregunta por... y no por...

9. Las notas son muy importantes en el expediente de un estudiante, debes esforzarte por...

10. El insecto había caído en un vaso de agua y luchaba por...

Special Uses of para and por

Sometimes the difference between **para** and **por** is quite subtle and either one may be used depending on whether the speaker wishes to stress (a) the purpose or goal of an action, or (b) its motivation. Such is the case in the following sentences.

Ernesto se casó con la viuda para apoderarse de su dinero.	*Ernesto married the widow to get her money.*
Ernesto se casaría con la viuda por apoderarse de su dinero.	*Ernesto would marry the widow because he wants to get her money.*

Also compare the following:

1 **Trabajar para** (*to be employed by*) and **trabajar por** (*to work on behalf of*).

El tío de Ramón trabaja para la Compañía de Electricidad.	*Ramón's uncle works for the Electric Company.*
El tío de Ramón ha trabajado mucho por los pobres.	*Ramón's uncle has worked a lot for the poor.* (on their behalf)

2 **Hacer... para** (*to make . . . for*) and **hacer... por** (*to do . . . for*).

Hice esto para ti.	*I made this for you.* (A material object to give to you.)
Hice esto por ti.	*I did this for you.* (For your sake, on your behalf.)

3 **Luchar para** and **luchar por** both mean *to struggle to*. The use of **para** emphasizes the goal and implies that the subject not only struggled to achieve something, but succeeded in achieving it. **Por**, on the other hand, focuses on the struggle and is not concerned with the results.

Luché mucho para abrirme paso.	*I struggled a lot to get ahead.* (And I succeeded.)
Luché mucho por abrirme paso, pero fracasé.	*I struggled a lot to get ahead, but I failed.*

4 **Para** + personal pronoun or noun expresses an opinion.

Para mí, (que) el asesino fue el camarero.	*In my opinion, the murderer was the waiter.*

Por + personal pronoun is used to indicate a person's indifference toward something.

Por mí, puedes hacer lo que te parezca.	*For all I care (As far as I am concerned) you may do whatever you please.*

APLICACIÓN

A. Complete los espacios en blanco, decidiendo entre **para** y **por**.

1. Mi examen médico.

Todos debemos hacernos un examen médico _____ año, pero yo había aplazado el mío _____ mucho tiempo _____ indolencia. _____ fin, el sábado le pedí un turno _____ teléfono al doctor Bisturí _____ hacerme un examen, y ayer fui a su consulta. Bisturí me hizo pasar _____ un túnel extraño mientras él, en la habitación contigua, me veía _____ televisión. También me sacó sangre _____ enviarla al laboratorio. Me dijo que yo estaba en condiciones físicas bastante malas _____ mi edad. (Tengo sólo veinticinco años.) Al final no me recetó nada, sólo me aconsejó que dejara de fumar. «Es muy malo _____ la salud —añadió—. Sus pulmones están afectados _____ el cigarro. Estoy seguro de que Ud. tiene cierta dificultad _____ respirar». Pagué cien dólares _____ este consejo tan original, y prometí que haría lo posible _____ seguirlo.

2. Viaje a Iquitos.

Salimos _____ Iquitos al amanecer. La navegación _____ el río iba a durar _____ varias horas y llevábamos refrescos y provisiones _____ comer durante el recorrido. Mi esposo hacía este viaje _____ placer, porque siempre le ha fascinado la selva; yo iba _____ acompañarlo y no quedarme sola en casa. _____ mí era el primer viaje a esa región; mi esposo había estado allí antes, porque trabaja _____ una compañía exportadora y va al Perú frecuentemente _____ asuntos de negocios.

Pronto fuimos atacados _____ millares de mosquitos, que volaban _____ todas partes y esperaban a que estuviésemos descuidados _____ acribillarnos con sus picadas. Los indígenas nos dieron ramas _____ espantarlos. _____ la prisa al salir, habíamos olvidado en el hotel el repelente _____ mosquitos. Otro problema era que a veces teníamos que utilizar la mímica _____ comunicarnos con los indígenas, porque no nos entendían bien.

La selva es impresionante. _____ un pintor de paisajes debe ser el paraíso. Daría cualquier cosa _____ saber pintar _____ copiar la luz que se filtra _____ los árboles de hojas gigantescas.

3. **Un turista y un guía.**

El turista caminaba _____ una calle del puerto, asediado _____ los vendedores de «souvenirs», mientras se esforzaba _____ descifrar un mapa que llevaba en la mano. Cuando me vio, se me acercó _____ preguntarme _____ una dirección que llevaba apuntada en un papel. _____ ser extranjero, hablaba bastante bien el español. Me dijo que tenía que estar de regreso en el puerto _____ las cuatro, porque su barco zarpaba esa tarde _____ la Florida, y me preguntó si dos horas eran suficiente tiempo _____ hacer un recorrido breve _____ la ciudad. Añadió que tenía mucho interés _____ conocerla. La dirección que él buscaba queda _____ la parte sur, lejos de los muelles. _____ llegar a ese sitio había que tomar un taxi. Como soy muy servicial, me ofrecí _____ acompañarlo. Siento gran cariño _____ mi ciudad y me gusta mostrarla y hablar de ella. Tomamos un taxi y _____ el camino le fui explicando lo que sabía sobre los lugares _____ los que pasábamos. Cuando llegamos a la dirección que él buscaba, me dio las gracias _____ todo y quiso compensarme _____ mi servicio. _____ supuesto, rehusé enérgicamente el dinero que me daba, diciéndole que yo no hacía estas cosas _____ dinero y que _____ mí era un placer ayudar a un visitante. Me pidió perdón _____ su falta de tacto y me explicó que, _____ saber yo tanto de la historia de mi país, me había tomado _____ un guía profesional. Me dio su dirección _____ escrito y me prometió hacer _____ mí lo mismo que yo había hecho _____ él si algún día visitaba la Florida.

B. Haga un comentario original basado en cada una de las siguientes situaciones y usando las expresiones explicadas en *Special Uses of* **para** *and* **por** (páginas 236–237).

1. Ud. planea un viaje con dos amigos. Cada uno de ellos tiene un hotel favorito y quiere hacer reservaciones en él, pero Ud. no tiene preferencia por ningún hotel en especial y les dice a sus amigos:...

2. Era muy difícil entrar en el estadio el sábado por la noche, porque iba a cantar Enrique Iglesias y había cientos de personas tratando de entrar al mismo tiempo.

    a. Ud. se cansó de los empujones y el tumulto y decidió irse a su casa en vez de seguir tratando de entrar. Al llegar a su casa, le explicó a su madre:...

    b. Ud. persistió y, por fin, consiguió entrar. Una vez dentro del estadio, encontró a un amigo y le explicó que no había sido fácil la entrada diciéndole:...

3. Tomás Minaya tiene un empleo como inspector en el gobierno municipal. Hablando de Minaya y su empleo, Ud. dice:...

4. Su madre es una mujer maravillosa. El Día de las Madres Ud. le envía una tarjeta agradeciéndole todos sus sacrificios. Ud. escribe:...

5. Lisa ha faltado mucho a sus clases este semestre y está estudiando muy poco. Ud. expresa una opinión pesimista sobre las notas que recibirá Lisa:...

6. Es el cumpleaños de su novio/a y Ud. ha hecho un pastel en su honor. Ud. le entrega una caja con el pastel dentro y le explica su contenido, diciéndole:...

7. Ud. admiraba mucho la labor de la Madre Teresa y explica el motivo de su admiración diciendo:...

Compound Prepositions

In Spanish two or more words are often combined to form compound prepositions. Sometimes one or more of the components of a compound preposition serves no other purpose than to intensify the meaning of the verb that accompanies it. The sentence **¡Qué mal educado! Pasó por delante de nosotros sin saludar** (*What an impolite man! He passed in front of us without saying hello.*) also could be expressed without **por**, but using **por** stresses the idea of movement in the verb **pasó**.

    Many compound prepositions establish spatial relationships and can be grouped in pairs of opposite meaning, as shown in the following chart.

al lado de, junto a	*by, next to*	**separado/a de**	*separated from*
alrededor de	*around*	**a través de**	*through*
arriba de, encima de	*on, over, on top of*	**debajo de**	*under, beneath*
cerca de	*near*	**lejos de**	*far from*
delante de*	*before, in front of*	**detrás de**	*behind*
frente a, enfrente de*	*facing, in front of*	**de espaldas a**	*with one's back toward*
fuera de	*outside (of)*	**dentro de**	*inside (of)*

***Frente a**, **enfrente de**, and **delante de** are often interchangeable, but you cannot use the first two unless the person or thing that is in front of you is facing you.

En esta aula, el profesor está *frente a* (*delante de*) **los estudiantes, y los estudiantes que están sentados en la primera fila están** *delante de* **los que están sentados en la segunda.**	*In this classroom the professor is in front of the students, and the students who are seated in the first row are in front of those who are seated in the second row.*
La cola *frente al* (*delante del, enfrente del*) **teatro era larga; había más de veinte personas** *delante de* **mí.**	*The line in front of the theater was long; there were more than twenty people in front of me.*

Other common compound prepositions include:

a causa de	*on account of, because of*	**a pesar de**	*in spite of*
acerca de	*about, concerning*	**con respecto a**	*in regard to, with respect to*
además de	*besides*	**después de**	*after*
a excepción de	*with the exception of*	**en contra de**	*against*
a fuerza de	*by + -ing, by dint of*	**en cuanto a**	*as for*
antes de	*before* (time or order)	**en lugar de, en vez de**	*instead of*

Examples:

En cuanto al viejo, que andaba con dificultad *a causa de* su artritis, era malicioso *además de* avaro. *A pesar de* haber nacido muy pobre, había conseguido amasar una fortuna *a fuerza de* ser ahorrativo. Vivía en una choza *junto al* río *en vez de* vivir en el pueblo, *cerca de* sus hijos. Nadie lo visitaba, *a excepción de* su nieto.

As for the *old man, who walked with difficulty* because of *his arthritis, he was cunning* besides *being a miser.* Despite *having been born very poor, he had succeeded in amassing a fortune* by (dint of) *being thrifty. He lived in a hut* by *the river* instead of *living in town,* near *his children. Nobody visited him* with the exception of *his grandson.*

Note that often one of the components of a compound preposition is an adverb that can be used alone.

Trajeron antes los bocaditos; el champán lo sirvieron después.

They brought the appetizers first; the champagne was served later.

Si dejas tu bicicleta fuera, se oxidará.

If you leave your bicycle outside, it will get rusty.

APLICACIÓN

Dé el equivalente en español de las palabras entre paréntesis.

1. **La reunión del lunes.**

Nos reunimos el lunes (*before*) la clase para hablar (*with respect to*) la nueva cafetería y también (*about*) los problemas de estacionamiento. Sólo (*by dint of*) paciencia o de mucha suerte consigue uno estacionarse aquí. (*In spite of*) la fuerta lluvia, todos estábamos en la reunión, (*with the exception of*) Alejandro y Eduardo. Alejandro avisó que no asistiría (*on account of*) el mal tiempo; (*as for*) Eduardo, (*instead of*) llamar, envió una nota, que llegó dos días (*after*) la reunión. Siempre está (*against*) todo, pero no coopera con nadie.

2. **Mi cuarto.**

No tengo baño (*inside*) mi cuarto; en mi apartamento hay un solo baño, que está (*near*) la cocina, (*next to*) la habitación de mi compañero. Mi cuarto no es muy grande, y parece más pequeño porque las cosas están frecuentemente (*outside*) el ropero: hay zapatos (*under*) la cama, ropa (*on top of*) las sillas, libros (*behind*) la puerta. A veces, cuando me paro (*in front of*) el espejo, no puedo verme porque tengo montones de discos (*on top of*) la cómoda (*in front of*) mí. Pero, (*in spite of*) tanto desorden, me siento bien en mi cuarto. Miro (*through*) la ventana y veo los arbustos que hay (*around*) el edificio. También veo a varios niños que juegan (*far from*) la calle, en un patio.

Sección léxica

Ampliación: Sustantivos formados con el participio pasivo

Tanto en inglés como en español, muchos participios pasivos se usan como adjetivos, pero en español, además, los participios, igual que los adjetivos en general, hacen muchas veces el oficio de nombres sustantivos.

Participios como adjetivos:

El profesor Benavides hizo atrevidos viajes de exploración.	*Professor Benavides made daring exploration trips.*
Él nunca había usado el detector de pensamientos con una persona determinada.	*He had never used the thought detector against a specific person.*

Participios como nombres sustantivos.*

El espejo del tiempo reflejaba el pasado en imágenes fieles.	*The time mirror reflected the past with exact images.*
El parecido de la luna artificial con la real era asombroso.	*The similarity of the artificial moon and the real one was amazing.*

---

*En el habla popular de algunos países y especialmente de México, algunos participios pasivos adquieren significados interesantes al sustantivarse.

Es un *mantenido*. (Un hombre que no trabaja y vive de su mujer.)

Esa chica es una *igualada*. (Es poco respetuosa y se comporta como si fuera igual a sus superiores.)

Aquella mujer era la *entretenida* **del general**. (Era su amante.)

Sabes que eres mi *consentido*. (Eres mi favorito.)

No soy una *ofrecida*. (Una mujer «fácil».)

El marido de Inés es un *desobligado*. (Una persona irresponsable, que no cumple con sus obligaciones.)

La siguiente lista contiene algunos participios communes y sus significados adjetivales y nominales.

	COMO ADJETIVO	COMO NOMBRE SUSTANTIVO
acusado/a	*accused*	*defendant*
alumbrado/a	*lit*	*lighting, illumination (m.)*
arrepentido/a	*repentant, regretful*	*repentant person*
atrevido/a	*daring*	*insolent person*
bordado/a	*embroidered*	*embroidery, needlework (m.)*
caído/a	*fallen*	*fallen person, fall (f.)*
casado/a	*married*	*married person*
condenado/a	*condemned, convicted*	*convict*
desconocido/a	*unknown*	*stranger*
detenido/a	*detained; under arrest*	*detainee*
dicho/a	*said*	*saying (m.)*
divorciado/a	*divorced*	*divorced person; divorcée*
empleado/a	*employed*	*employee*
enamorado/a	*in love*	*lover, suitor*
escrito/a	*written*	*writing, text (m.)*
fracasado/a	*failed*	*failure, person who fails*
graduado/a	*graduated*	*graduate*
hecho/a	*made; done*	*fact; happening (m.)*
herido/a	*wounded*	*wounded person; wound (f.)*
impreso/a	*printed*	*printed matter (m.)*
impuesto/a	*imposed*	*tax (m.)*
invitado/a	*invited*	*guest*
lavado/a	*washed*	*washing (m.)*
parecido/a	*similar*	*likeness, similarity (m.)*
pedido/a	*requested, ordered*	*request, order (m.)*
presumido/a	*vain, conceited*	*conceited person*
prometido/a	*promised; engaged*	*fiancé; fiancée*
querido/a	*dear, beloved*	*lover, mistress*
reservado/a	*reserved*	*private room or compartment (m.)*
tejido/a	*woven, knitted*	*weave; knit; tissue (anat.) (m.)*
vencido/a	*beaten, defeated; expired* (medicine, permit, etc.)	*defeated one, loser*
zurcido/a	*darned, mended*	*mend, darn, patch (m.)*

APLICACIÓN

A. Diga qué nombre se le da a la persona o personas que...

1. recibió una sentencia de cárcel.
2. detuvo la policía.
3. tiene esposo/a.
4. ha dicho cosas ofensivas.
5. acusan de un crimen.
6. tiene una idea exagerada de su valer.
7. no ha triunfado en la vida.
8. ha venido a la fiesta que Ud. da.
9. ama a otra.
10. trabaja en una compañía.
11. rompió legalmente su matrimonio.
12. no se conoce.
13. ha recibido heridas.
14. tienen relaciones extramatrimoniales.
15. acaba de terminar sus estudios.

B. Diga qué nombre se le da a...

1. la mercancía que pedí porque la quiero comprar.
2. el sistema de luces de la ciudad.
3. lo que alguien escribió.
4. la labor que estoy bordando.
5. los papeles que se imprimieron.
6. el trabajo de lavar la ropa.
7. el por ciento del sueldo que se le da al gobierno.
8. un remiendo que puse en unos pantalones rotos.
9. una sección privada en un restaurante.
10. una tela que alguien tejió.
11. el acto de caer.
12. un proverbio o expresión de uso popular.

C. Exprese en español.

1. an embroidered blouse
2. my beloved relatives
3. an expired license
4. her dead children
5. a knitted cap
6. my divorced friend
7. the beaten team
8. the merchandise requested
9. the fallen trees
10. an unknown fact
11. a daring act
12. the badly lit streets
13. similar problems
14. repentant sinners
15. reserved seats
16. married people

Distinciones: Palabras españolas que equivalen a to take

1. **tomar** = *to take (in one's hand; to take notes* [tomar apuntes], *a medicine; to drink a beverage)*

   Toma el dinero que te debo.   *Take the money I owe you. (Generally said while handing the money to the person.)*

   El doctor me dijo que tomase las pastillas tres veces al día.   *The doctor told me to take the pills three times a day.*

2. **coger*** = *to take or grab an object; to take a vehicle*

   Si cogemos el tren de las cuatro llegaremos a tiempo.   *If we take the four o'clock train we will get there on time.*

   El policía logró coger a la suicida por los cabellos.   *The policeman succeeded in grabbing the suicidal woman by the hair.*

---

*En la Argentina, el Uruguay y el Paraguay, **coger** tiene un sentido obsceno y ha sido sustituido por **agarrar** y **tomar**. En México, por el mismo motivo, se prefiere el verbo **tomar**, aunque **coger** se oye a veces.

3.   **llevar** = *to take (to carry, transport, accompany someone or something; to lead* [said of a road])

Yo llevaba varios libros pesados, pero por suerte él me llevó a casa en su coche.	*I was carrying several heavy books but luckily he took me home in his car.*
El niño no va nunca solo a la escuela; su madre lo lleva.	*The boy never goes to school alone; his mother takes him.*
¿Adónde me lleva este camino?	*Where will this road take me?*

4.   **llevarse** = *to take (to steal)*

—¡Nos han robado! —¿Qué se llevaron?	*"We've been robbed?" "What did they take?"*

OTROS EQUIVALENTES DE *TO TAKE*

1.   **quitar** = *to take (to remove from); to take away*

Quita esa caja de la cama; está sucia.	*Take that box off the bed; it's dirty.*
Si quitas tres dólares, nos quedan siete.	*If you take away three dollars we will have seven left.*

2.   **quitarse** = *take off* (clothing)

Él entró en el agua sin quitarse los zapatos.	*He went into the water without removing his shoes.*

3.   **despegar** = *to take off* (said of a plane)

El avión despegará en unos minutos.	*The plane will take off in a few minutes.*

4.   **sacar (tomar) una fotografía** = *to take a picture*

En el zoológico sacaremos fotos de los monos.	*At the zoo we will take pictures of the monkeys.*

5.   **hacer un viaje** = *to take a trip*

¿Te gustaría hacer un viaje a Italia el próximo verano?	*Would you like to take a trip to Italy next summer?*

6.   **dar un paseo, una vuelta** = *to take a walk, a stroll; to go for a ride*

Es muy agradable dar un paseo al atardecer.	*It is very pleasant to take a walk at dusk.*

7.   **sacar** = *to take out*

Abrió el armario y sacó dos copas y una botella.	*He opened the cabinet and took out two wineglasses and a bottle.*

8.   **dormir (echar) una siesta** = *to take a nap*

En el verano me gusta echar una siesta bajo los árboles.	*In the summertime I like to take a nap under the trees.*

9. **tomarse (cogerse) unas vacaciones** = *take a vacation*

    tomarse (cogerse) un descanso = *to take time off*

Ud. se ve cansado. Debe tomarse un descanso (unas vacaciones).	*You look tired. You ought to take some time off (a vacation).*

APLICACIÓN

A. Complemente cada frase de la columna izquierda con la frase más apropiada de la columna de la derecha.

1. ¿Puedes prestarme tu libro?
2. Es bueno caminar después de comer.
3. Tu primo no está en estas fotos.
4. Hace mucho color en esta habitación.
5. ¿Duerme Ud. a veces por la tarde?
6. Necesito ir de compras, pero mi coche está roto.
7. Un ladrón entró en nuestra casa.
8. Estoy extenuada, necesito descansar.
9. No sé adónde va este camino.
10. Marta se queja de que su marido siempre sale solo.
11. El avión todavía está en la pista porque hay una tormenta de nieve.
12. No tengo espacio para escribir, hay muchos libros sobre la mesa.
13. ¿Qué instrucciones to dio el doctor?
14. Siento haber llegado tan tarde.

a. Quítalos y ponlos en el estante.
b. Pues, te llevo en el mío.
c. Yo sí, lleva al pueblo de San José.
d. No pude coger el autobús de las tres.
e. No podrá despegar hasta mañana.
f. Es verdad. Él no la lleva a ninguna parte.
g. Es que tienes el abrigo puesto. Quítatelo.
h. Que tome la medicina una vez al día.
i. Tómate unas vacaciones.
j. Es que no le gusta que le saquen fotografías.
k. Por supuesto, aquí está, tómalo.
l. Se llevó todas las joyas.
m. Vamos a dar un paseo por el parque.
n. Sí, echo una siesta si tengo tiempo.

B. Complete de manera original, fijándose en los equivalentes de *to take*.

1. Se necesita sacar una licencia para...
2. El niño lloraba porque le quitaron...
3. Con mi comida, siempre tomo...
4. En esta clase es importante que tomes...
5. La madre llevaba a la niñita...
6. El platillo volador despegó...
7. Nunca he estado en Europa y me gustaría hacer...
8. Mi novio tiene un coche nuevo, pero no puede llevarme... y tengo que tomar...
9. El médico me dijo que siempre lleve... y que tome...
10. Después de almorzar, algunas personas echan...
11. Mi amiga sacó... y me dijo: «Toma...»
12. Esta carretera lleva a...

Para escribir mejor

La narración

Es difícil enseñar a narrar por tratarse de un arte muy personal, pero hay pautas generales que ayudarán al estudiante a mejorar su técnica narrativa.

RECOMENDACIONES GENERALES

Narrar es, básicamente, contar acciones y hechos ocurridos. La narración necesita movimiento, porque los sucesos y hechos forman parte de una progresión que va hacia un desenlace. El relato no tiene que ser cronológico, puede comenzar en el momento presente e ir hacia atrás, lo cual probablemente aumentará el interés del lector. Pero, cronológica o no, la narración debe ser ordenada.

Es importante comenzar bien. Abra con un párrafo sencillo, que presente datos o personajes importantes para la historia que va a contarse. Observe que «Espejo del tiempo» comienza con una sencilla afirmación rotunda: «Era posiblemente el hombre más feliz de la tierra» y a continuación, nos va presentando al protagonista a través de sus éxitos y expone las circunstancias de su vida que explican por qué es tan feliz.

Es necesario estar familiarizado con el ambiente en que se desenvuelve la acción. Si Ud. inventa un lugar imaginario, básese al hacerlo en un lugar que conozca bien, o combine elementos de varios lugares que conozca. Si va a narrar sobre una época pasada, busque información sobre las costumbres y la vida de la época. Los personajes deben encajar en el ambiente por su personalidad y comportamiento. Si va a narrar sobre el futuro, como se hace en la lectura, utilice su fantasía, pero evite el absurdo; su narración debe ser siempre verosímil dentro del marco en que se desenvuelve.

MANERAS DE ANIMAR EL RELATO

Su narración será más interesante si Ud. describe el ambiente y los personajes además de enumerar los sucesos. Pero evite el detallismo excesivo. Un narrador que da demasiados detalles es aburrido, tanto si está narrando oralmente para sus amigos en la vida real, como si está escribiendo. No olvide lo que dijimos en el capítulo 8 al referirnos al diálogo: un diálogo breve intercalado en la narración le da vida a ésta.

El elemento humano es importante. Aunque los sucesos que se cuentan sean comunes o triviales, resultarán interesantes si hay en ellos interés humano.

Una buena manera de animar el relato es «dramatizándolo», es decir, separándolo mentalmente en secciones que formen episodios o pequeños actos. También se anima creando cierto suspenso y evitando que el lector pueda adivinar el desenlace antes del final, como hace Méndez en «Espejo del tiempo».

Los personajes son muy importantes en la animación del relato. Preséntelos como seres vivos, con características físicas y espirituales parecidas a las de personas que Ud. ha encontrado en la vida real. Ser buen observador ayuda mucho en esto. Identifíquese con sus criaturas y trate de pensar como ellas pensarían.

No sea prolijo al informar al lector sobre el carácter de los personajes. Es mejor que ellos mismos se vayan revelando, a medida que avanza la narración, a través de sus palabras, sus actos y sus reacciones. Observe que a lo largo del cuento nos damos cuenta de qué clase de persona es Elena sin que el narrador nos lo diga ni ella hable.

PLANOS NARRATIVOS

Puede narrarse en primera o en tercera persona. En el caso de esta última, hay varios subplanos, los más importantes de los cuales son el de narrador omnisciente y el de narrador-testigo presencial. El narrador omnisciente sabe todo lo que pasó y puede hasta entrar en la conciencia de los personajes y saber lo que sienten. El narrador-testigo presencial cuenta en tercera persona, pero a veces se mete en la narración con un «yo» ficticio o auténtico.

APLICACIÓN

A. Divida el cuento «Espejo del tiempo» en episodios o actos breves e invente un título apropiado para cada uno.

B. Escoja el tema **Viaje al pasado** que se sugiere en los Temas para composicion al final del capítulo (p. 249) y escriba una narración siguiendo las recomendaciones que se han dado.

TRADUCCIÓN

The World of Tomorrow

The idea of traveling through time and visiting the past and the future has captured people's imagination for many centuries. The future, especially, is fascinating on account of its mystery, since we already know the past through history books. Novels, movies, and TV programs show us visions concerning life in the future. As a general rule, these visions may be too optimistic; technological advances develop much slower in real life than in the realm of fantasy. For instance, the year 2001 has passed and we still don't have the advances presented in 1968 by the movie *2001: A Space Odyssey*. There isn't an intelligent and malignant robot like Hal, neither are there spaceships for passengers, nor can people travel in space in a vegetative state and wake up upon arriving at their destination.

Nowadays, one hears many predictions of the advances that there will be by 2100 but, apparently, as in the case of the movie *2001: A Space Odyssey*, most of the predictions won't come true by then. The substitution of robots and humanoids for human workers, the underground cities built to escape environmental contamination and protected by a transparent dome, throw-away clothes, the cloning of humans, a cure for all illnesses, the possibility of looking forever young, are not near us yet.

In the field of computers, many predict a solution for the lonely, who will be able to hold intelligent conversations with them. Also, a miniature computer which, placed in the ear, may allow us to understand and speak any language. This last prediction is a bad piece of news for your Spanish professor, since it won't be necessary to study Spanish any more.

But those who dream of a perfect future, full of all kinds of advances and discoveries should examine first the many problems that remain to be solved on our planet. There are only a handful of developed countries and they don't do enough for the very numerous third-world countries. An enormous number of people starve to death every day. Poor countries struggle to survive but, unfortunately, the difference between the rich and the poor increases instead of decreasing through

Esta pequeña casa modelo tiene un domo protector similar al que se describe en el cuento «Espejo del Tiempo». ¿Habrá casas así antes que termine el siglo XXI? (©Paul Taylor/The Image Bank/Getty Images)

the years. We live in a world torn by wars and terrorism, with threats of nuclear arms everywhere. The best future would be a future without violence where there would be (**hubiera**) freedom and enough food for everybody.

«Espejo del tiempo» predicts three atomic wars for the 21st century and a moon destroyed by the last war. For the sake of the human race, let's hope these predictions don't come true.

TEMAS PARA COMPOSICIÓN

1. **El mundo del mañana.** ¿Cómo lo imagina Ud.? Trasládese el número de años que prefiera hacia el futuro y cuente lo que ve su imaginación. ¿Qué adelantos hay? ¿Qué problemas? ¿Son mejores o peores los seres humanos? ¿Tienen los humanos del futuro las mismas pasiones y defectos que nosotros? ¿Cómo es la sociedad?

2. **Viaje al pasado.** ¿Preferiría Ud. trasladarse al pasado? ¿Qué época le parece más interesante? ¿Qué momento histórico le gustaría presenciar? Supongamos que es posible ir hacia atrás y cambiar el curso de la historia: ¿qué suceso histórico va a cambiar Ud.?

3. **Los problemas de nuestro mundo.** ¿Cuáles, en su opinión, son los más importantes? ¿Cuál es su causa? ¿Cómo pueden resolverse? ¿Hay algunos que no tienen solución? ¿Se van a prolongar estos problemas al futuro? ¿Habrán desaparecido o por lo menos mejorado muchos de los problemas en los próximos cien o doscientos años?

4. **La historia de Elena.** De Elena sólo sabemos que es la esposa del profesor Benavides y que le fue infiel con el hombre que reparaba los cinturones voladores (en el siglo XXII) o las bicicletas (en nuestra época). Invente una historia para Elena, quién era, cómo era, por qué se había casado con Benavides, cómo era la relación entre los esposos, por qué ella no lo amaba, por qué lo engañó con otro hombre.

La región española de La Rioja, donde tiene lugar el cuento de Matute, es famosa por sus vinos. En la foto se ve un extenso cultivo de viñedos en la época de la recolección. (© Javier Larrea/Age Fotostock America, Inc.)

Lectura

Introducción

Esta lectura es un cuento de Ana María Matute, una conocidísima escritora española contemporánea. Matute vivió de niña en casa de sus abuelos en el campo, en la región de La Rioja. Este lugar es escenario de muchas de sus narraciones, bajo el nombre inventado de Artámila. La escritora nos pinta un mundo de gente pobre, endurecida en sus sentimientos por la vida difícil que lleva, y de niños prematuramente maduros por el sufrimiento. Estos niños le inspiran gran ternura a la autora.

Matute ha escrito varias novelas de calidad, como *Fiesta al noroeste*, pero lo mejor de su obra son sus cuentos.

Esta narración se puede dividir en tres partes. En la primera, que termina en la línea 52, conocemos a Lope y a su primo Emeterio, que es alcalde del pueblo, y el chico se va a trabajar de pastor a las tierras de su primo. La intervención del maestro, al final de esta parte, sirve para informarnos que Lope es un jovencito inteligente que tendría éxito si pudiera estudiar.

La segunda parte cubre cinco años y Ud. verá en ella la dura vida de Lope en el campo, con la única compañía de un hombre que es casi un retrasado mental.

En la tercera parte (que comienza en la línea 74), Lope baja al pueblo y va a casa de Emeterio después de cinco años. En la plaza del pueblo se encuentra con un antiguo compañero de escuela, que es ahora un joven fino, estudiante de derecho. Este encuentro marca el contraste entre los dos antiguos compañeros, contraste que es producto de la falta de educación de Lope y de la vida aislada y dura que ha llevado en el campo. El encuentro es el punto decisivo de la historia y da lugar a la violenta reacción de Lope y al trágico final.

Pecado de omisión

A los trece años se le murió la madre, que era lo último que le quedaba. Al quedar huérfano, ya hacía lo menos tres años que no acudía a la escuela, pues tenía que buscarse el jornal° de un lado para otro. Su único pariente era un primo de su padre llamado Emeterio
5 Ruiz Heredia. Emeterio era el alcalde y tenía una casa de dos pisos asomada° a la plaza del pueblo, redonda y rojiza bajo el sol de agosto. Emeterio tenía doscientas cabezas de ganado paciendo por las laderas° de Sagrado, una hija moza, bordeando los veinte, morena, robusta, riente y algo necia. Su mujer, flaca y dura como un
10 chopo°, no era de buena lengua° y sabía mandar. Emeterio Ruiz no se llevaba bien con aquel primo lejano, y a su viuda, por cumplir, la ayudó buscándole jornales extraordinarios. Luego, al chico, aunque lo recogió una vez huérfano, sin herencia ni oficio, no le miró a derechas°. Y como él, los de su casa. La primera vez que Lope
15 durmió en casa de Emeterio, lo hizo debajo del granero°. Se le dio cena y un vaso de vino. Al otro día, mientras Emeterio se metía la camisa dentro del pantalón, apenas apuntado° el sol en el canto de

buscarse... ganarse la vida	
frente	
slopes	
clase de árbol / **no...** hablaba mal de la gente	
no... lo ignoró	
pequeña edificación para almacenar los granos	
comenzaba a salir	

los gallos, le llamó por el hueco de la escalera, espantando a las
gallinas que dormían entre los huevos:

20 —¡Lope!

Lope bajó descalzo, con los ojos pegados de legañas°. Estaba *secretion*
poco crecido para sus trece años y tenía la cabeza grande, rapada°. afeitada

—Te vas de pastor a Sagrado.

Lope buscó las botas y se las calzó. En la cocina, Francisca, la
25 hija, había calentado patatas con pimentón°. Lope las engulló° de *paprika* / tragó
prisa, con la cuchara de aluminio goteando a cada bocado.

—Tú ya conoces el oficio. Creo que anduviste una primavera por
las lomas de Santa Áurea, con las cabras de Aurelio Bernal.

—Sí, señor.

30 —No irás solo. Por allí anda Roque el Mediano. Iréis juntos.

—Sí, señor.

Francisca le metió una hogaza° en el zurrón°, un cuartillo° de pan grande / mochila /
aluminio, sebo° de cabra y cecina°. recipiente / grasa /
carne seca

—Andando —dijo Emeterio Ruiz Heredia.

35 Lope le miró. Lope tenía los ojos negros y redondos, brillantes.

—¿Qué miras? ¡Arreando°! ¡Andando!

Lope salió, zurrón al hombro. Antes, recogió el cayado°, grueso y bastón de pastor
brillante por el uso, que aguardaba, como un perro, apoyado en la
pared.

40 Cuando iba ya trepando por la loma de Sagrado, lo vio don
Lorenzo, el maestro. A la tarde, en la taberna, don Lorenzo lió° un enrolló
cigarrillo junto a Emeterio, que fue a echarse una copa de anís.

—He visto al Lope —dijo—. Subía para Sagrado. Lástima de
chico.

45 —Sí —dijo Emeterio, limpiándose los labios con el dorso de la
mano—. Va de pastor. Ya sabe, hay que ganarse el currusco°. **el...** el pan de cada día

—Lo malo —dijo don Lorenzo rascándose la oreja con su uña larga
y amarillenta— es que el chico vale°. Si tuviera medios° podría tiene buenas cualidades /
sacarse partido de él°. Es listo. Muy listo. En la escuela... recursos / **podría...**
one could get some
good from him
50 Emeterio le cortó, con la mano frente a los ojos:

—¡Bueno, bueno! Yo no digo que no. Pero hay que ganarse el
currusco. La vida está peor cada día que pasa.

Lope llegó a Sagrado, y voceando° encontró a Roque el Mediano. llamando a gritos
Roque era algo retrasado° y hacía unos quince años que pastoreaba retardado
55 para Emeterio. Tendría cerca de cincuenta años y no hablaba casi
nunca. Durmieron en el mismo chozo de barro°, bajo los robles°. En **chozo...** *mud shelter* / *oaks*
el chozo sólo cabían echados y tenían que entrar a gatas°, medio **a...** *on all fours*
arrastrándose, pero se estaba fresco en el verano y bastante abrigado
en el invierno.

60 El verano pasó. Luego el otoño y el invierno. Los pastores no
bajaban al pueblo, excepto del día de la fiesta.*

Cada quince días un zagal° les subía la «collera»°: pan, cecina, muchacho / comida
sebo, ajos. A veces, una bota de vino°. Las cumbres de Sagrado eran **bota...** *small wine skin*
hermosas, de un azul profundo, terrible, ciego. El sol, alto y
65 redondo, como una pupila impertérrita°, reinaba allí. imperturbable

---

*Se refiere a la fiesta del santo patrón del pueblo, una vez al año.

En la neblina del amanecer, cuando aún no se oía el zumbido° de las moscas ni crujido alguno°, Lope solía despertar, con la techumbre° de barro encima de los ojos. Se quedaba quieto un rato, sintiendo en el costado el cuerpo de Roque el Mediano, como un
70 bulto alentante°. Luego, arrastrándose, salía para el cerradero°. En el mismo cielo, cruzados como estrellas fugitivas, los gritos se perdían, inútiles y grandes. Sabría Dios hacia qué parte caerían. Como las piedras. Como los años. Un año, dos, cinco.
...Cinco años más tarde, una vez, Emeterio le mandó llamar por
75 el zagal. Hizo reconocer a Lope por el médico, y vio que estaba sano y fuerte, crecido como un árbol.
Francisca se había casado y tenía tres hijos pequeños, que jugaban en el portal° de la plaza. Un perro se le acercó con la lengua colgando. Tal vez le recordaba. Entonces vio a Manuel Enríquez, el
80 compañero de la escuela que siempre le iba a la zaga°. Manuel vestía un traje gris y llevaba corbata. Pasó a su lado y les saludó con la mano. Francisca comentó:
—Buena carrera, ése. Su padre lo mandó a estudiar y ya va para abogado.
85 Al llegar a la fuente volvió a encontrarlo. De pronto, quiso llamarle. Pero se le quedó el grito detenido, como una bola, en la garganta.
—¡Eh! —dijo solamente. O algo parecido.
Manuel se volvió a mirarle, y le conoció°. Parecía mentira°; le
90 conoció. Sonreía.
—¡Lope! ¡Hombre, Lope...!
¿Quién podía entender lo que decía? ¡Qué acento tan extraño tienen los hombres, qué raras palabras salen por los oscuros agujeros de sus bocas! Una sangre espesa iba llenándole las venas,
95 mientras oía a Manuel Enríquez.
Manuel abrió una cajita plana°, de color de plata, con los cigarrillos más blancos, más perfectos que vio en su vida. Manuel se la tendió°, sonriendo.
Lope avanzó su mano. Entonces se dio cuenta de que era áspera°,
100 gruesa. Como un trozo de cecina. Los dedos no tenían flexibilidad, no hacían el juego°. Qué rara mano la de aquel otro: una mano fina, con dedos como gusanos grandes, ágiles, blancos, flexibles. Qué mano aquélla, de color de cera, con las uñas brillantes, pulidas. Qué mano extraña; ni las mujeres la tenían igual. La mano de Lope
105 rebuscó°, torpe°. Al fin, cogió el cigarrillo, blanco y frágil, extraño, en sus dedos amazacotados°, inútil, absurdo, en sus dedos. La sangre de Lope se le detuvo entre las cejas. Aplastó el cigarrillo en los dedos y se dio media vuelta°. No podía detenerse, ni ante la sorpresa de Manuelito, que seguía llamándole:
110 —¡Lope! ¡Lope!
Emeterio estaba sentado en el porche, en mangas de camisa, mirando a sus nietos. Sonreía viendo a su nieto mayor, y descansando de la labor, con la bota de vino al alcance de la mano.
Lope fue directo a Emeterio y vio sus ojos interrogantes y grises.
115 —Anda, muchacho, vuelve a Sagrado, que ya es hora...

buzzing
ni... *nor any rustling sound* / techo

bulto... *breathing bundle* / *sheep stable*

arcade

le... estaba menos avanzado que él

reconoció / *increíble*

flat

extendió
rough

no... no funcionaban bien

buscó y buscó / *clumsily* pesados

se... *turned around*

En la plaza había una piedra cuadrada, rojiza. Una de esas piedras grandes como melones que los muchachos transportan desde alguna pared derruida°.

en ruinas

Lentamente, Lope la cogió entre sus manos. Emeterio le miraba, reposado, con una leve curiosidad. Tenía la mano derecha metida entre la faja° y el estómago. Ni siquiera le dio tiempo de sacarla; el golpe sordo°, el salpicar de su propia sangre en el pecho, la muerte y la sorpresa, como dos hermanas, subieron hasta él, así, sin más.

sash
sin ruido

Cuando se lo llevaron esposado°, Lope lloraba. Y cuando las mujeres, aullando como lobas°, le querían pegar e iban tras él, con los mantos alzados° sobre las cabezas, en señal de duelo°, de indignación, «Dios mío, él que le había recogido°, Dios mío, él que le hizo hombre. Dios mío, se habría muerto de hambre si él no le recoge». Lope sólo lloraba y decía:

handcuffed
aullando... *howling like wolves* / levantados / dolor / **le...** *had taken him in*

—Sí, sí, sí...

Un pastor español vigila sus ovejas, lo mismo que el protagonista de «Pecado de omisión». Los pastores hacen un trabajo muy difícil y viven además una vida primitiva y solitaria. (©Anthony Cassidy/Stone/Getty Images)

APLICACIÓN

A. Vocabulario

Escoja las palabras apropiadas de la lista que se da debajo, para reemplazar las palabras en cursiva.

1. Sintió gran *dolor* por la muerte de su madre, pero reaccionó y comprendió que no tenía *posibilidades* de estudiar y que tenía que *ganarse la vida*, por eso le pidió trabajo a su único pariente.

2. El chico tenía mucha hambre y *tragó el pan grande. Levantado* el mantel, fue hacia la ventana y pasó mucho rato *frente* a ella. De vez en cuando, pensativo, se pasaba la mano por la cabeza *afeitada*.

3. Cuando el sol *comenzaba a salir*, el pastor oyó que *decían a gritos* su nombre, pero permaneció *imperturbable*, sentado en una pared *en ruinas*, con el *bastón* y *la mochila* a su lado, mientras *enrollaba* un cigarrillo con sus dedos *pesados*.

4. Parecía *increíble*, pero después de tantos años, Manuel, el compañero de escuela que siempre *estaba menos avanzado que él*, lo *conoció*.

alzado / amazacotados / apuntaba / asomado / buscarse el jornal / cayado / derruida / duelo / engulló / impertérrito / la hogaza / le iba a la zaga / liaba / medios / mentira / rapada / reconoció / voceaban / el zurrón

B. Comprensión

Complete cada frase con sus propias palabras, basándose en la información que se da en la lectura. Dé toda la información que pueda en cada caso.

1. Emeterio Ruiz Heredia...
2. La familia de Emeterio...
3. Don Lorenzo dijo...
4. Roque el Mediano...
5. En Sagrado, Lope...
6. El médico...
7. La hija de Emeterio...
8. Manuel Enríquez...
9. Las manos de Manuel... y las manos de Lope...
10. Emeterio estaba...
11. Lope cogió una piedra...
12. Cuando se llevaron a Lope esposado...

C. Interpretación

Conteste.

1. ¿Qué es un «pecado de omisión»? ¿Por qué se llama así el cuento?
2. ¿Qué imagen de Lope nos da la autora al principio de la historia?
3. ¿De qué manera consigue la autora darnos una imagen negativa de Emeterio?
4. ¿Qué datos da la autora para presentar la vida en Sagrado de manera negativa?
5. La autora dedica unas cuantas líneas a describir la mano de Manuel Enríquez y la de Lope. ¿Por qué es muy importante esta descripción?
6. ¿Por qué reaccionó Lope ante Manuel Enríquez de la manera que lo hizo y huyó de él?
7. ¿Por qué mató Lope a su primo? En su opinión, ¿fue lógica la reacción de Lope o fue exagerada? ¿Por qué piensa Ud. así?
8. ¿Tienen razón las mujeres en lo que dicen al final? ¿Por qué (no)?
9. La palabra «sí» puede significar muchas cosas, dependiendo del tono con que se pronuncie. A veces puede ser irónica o puede tener un sentido similar al «*yeah, right*» del inglés. ¿Qué significa, en su opinión, el «Sí, sí, sí» con que termina el cuento?

D. Intercambio oral

1. **Los pecados de omisión.** Hay muchas clases de pecados de omisión y frecuentemente los cometemos, al dejar de hacer cosas que deberíamos hacer. Hagan listas de «pecados» de esta clase y comenten sobre ellos.

2. **La influencia del medio.** ¿De qué manera influye el medio en un individuo y su comportamiento? ¿Es la educación decisiva para tener un futuro brillante o puede triunfar fácilmente una persona que se ha criado en un ambiente malo y que no ha estudiado?

3. **La caridad.** ¿En qué consiste la verdadera caridad? ¿Qué debería haber hecho un hombre rico, alcalde del pueblo, como Emeterio, por el chico huérfano? ¿Tienen obligación los ricos de ayudar a los pobres? ¿De qué manera?

4. **El juicio de Lope.** Distribúyanse los papeles de Lope, el juez, el abogado defensor, el fiscal y los testigos, que pueden ser el maestro, la viuda de Emeterio, su hija, Manuel, o cualquier otra persona del pueblo. Representen el juicio en clase y decidan el veredicto. Aunque en España no hay jurados, pueden tener uno en clase, al estilo norteamericano, si lo desean.

Sección gramatical

Placement of Descriptive Adjectives

Limiting adjectives (those indicating number or quantity) are placed in Spanish before the noun. So are demonstratives, indefinites, and possessives in their unstressed form. The problem of placement concerns only descriptive adjectives since they can either precede or follow the noun. The rules concerning the position of descriptive adjectives are very flexible. Good writers use adjective position to attain certain effects, taking into consideration such elements as rhythm and sound. There are, however, some general guidelines that can help inexperienced writers to place adjectives correctly.

1 Descriptive adjectives follow the noun when they are differentiating, that is, when they distinguish between one noun and others of its kind. Adjectives that refer to color, size, shape, condition, nationality, group, or any type of classification are differentiating adjectives. (In English, since all adjectives precede the noun, differentiating adjectives are distinguished by vocal stress: The *blond* child was the one who said that.)

Por favor, pon la mesa *redonda* frente al sillón *azul*, y la alfombra *grande* en mi habitación.	*Please put the* round *table in front of the* blue *chair, and the* large *rug in my bedroom.*
Cambié el curso de química *orgánica* por uno de sicología *aplicada*.	*I changed the course on* organic *chemistry for one on* applied *psychology.*

The adjectives **buen(o)** and **mal(o)** may precede or follow the noun.

Después de un día *malo*, se necesita un *buen* descanso.	*After a* bad *day one needs a* good *rest.*

2 Since past participles used as adjectives normally express a condition, they have a differentiating function and follow the noun in most cases.

En el nido *caído* había un pajarito con un ala *rota* y un pajarito *muerto*.	*In the* fallen *nest there was a bird with a* broken *wing and a* dead *bird.*

3 Adjectival phrases (those formed with **de** + noun) always follow the noun. So do descriptive adjectives when modified by an adverb.

Javier hablaba con una chica *bastante bonita***, que llevaba un traje** *de noche***.**	*Javier was talking to a* rather pretty *girl who was wearing an* evening *gown.*

4 A descriptive adjective following a noun is as important as the noun. When the descriptive adjective precedes the noun, it becomes nondifferentiating; in other words, its importance is minimized and it functions as an ornament or to add color.

An easy way to decide whether or not an adjective is nondifferentiating is to try to eliminate it. If the adjective can be omitted without a loss in meaning, it is probably nondifferentiating and should be placed before the noun. In the sentence *His father gave him a beautiful clock for his birthday*, the word *beautiful* can be omitted without great loss in meaning. In the sentence *His father gave him an alarm clock for his birthday*, omitting *alarm* would leave the meaning incomplete. So we say **un hermoso reloj** and **un reloj despertador**.

5 There are three main types of nondifferentiating descriptive adjectives.

a. Adjectives that express qualities inherent in the noun and, therefore, form a concept with it. One says **La fría nieve cubría el campo, Un violento huracán destruyó la cosecha**, and **El ágil atleta saltó los obstáculos**. These are expected adjectives. One expects snow to be cold, a hurricane to be violent, and an athlete to be agile. Note that all these purely ornamental adjectives could be omitted without loss of meaning in the sentences. However, if one says **No me gusta la sopa fría, Juan es un hombre violento**, and **Necesitan una chica ágil**, it is evident that **fría, violento**, and **ágil** cannot be eliminated. **No me gusta la sopa** would have a different meaning while **Juan es un hombre** and **Necesitan una chica** would have little meaning or no meaning at all.

Study the following quotations from a description of the town of Málaga by Rubén Darío.

> «**Los hombres pasan con sus trajes** *nuevos***, los sombreros** *grises cordobeses***, los zapatos** *de charol***...**».

Note that all the adjectives here follow the noun because they have a differentiating function: they are describing what kind of suits, hats, and shoes those men are wearing.

> «**Sol** *andaluz***, que vieron los** *primitivos* **celtas, que sedujo a los** *antiguos* **cartagineses, que deslumbró a los navegantes** *fenicios***, que atrajo a los** *brumosos* **vándalos, que admiró a los romanos...**».

The adjectives **andaluz** and **fenicios** geographically distinguish the sun and the navigators respectively and, therefore, they follow the noun. **Primitivos, antiguos** and **brumosos** are used to refer to three of the ancient peoples that colonized the Iberian Peninsula. Anybody who knows the history of Spain would expect these adjectives to be used with reference to these peoples. Furthermore, they could be omitted without the meaning of the sentence being affected.

> «**Junto a las** *doradas* **naranjas** *dulcísimas***, se ve la** *americana* **chirimoya**».

Doradas precedes **naranjas** because it is an adjective one expects to be applied to oranges. **Dulcísimas** follows because it has a differentiating quality; it is telling us what kind of oranges these are. The position of **americana** preceding **chirimoya** is an interesting case, since adjectives of nationality rarely precede the noun. But the **chirimoya** (a tropical fruit unknown in the United States) is not a Spanish fruit. **Americana** (here meaning *from the New World*) is "expected" and nondifferentiating in this case since there are no **chirimoyas** except the ones from America.

b. Subjective adjectives are also nondifferentiating. Complimentary statements, like those found in the social pages of the newspapers, belong to this category.

La *linda* señorita Marieta Camejo, hija
de la *elegante* dama Lucía Cortés viuda
de Camejo, se casará el sábado
próximo con el *distinguido* abogado
Pablo Enrique Castillo Vergara.

Pretty *Miss Marieta Camejo,*
daughter of the elegant *lady Lucía Cortés*
widow of Camejo, will marry the
distinguished *lawyer Pedro Enrique*
Castillo Vergara next Saturday.

c. Adjectives that normally would be differentiating are often placed before the noun in poems or in written descriptions that have a poetic tone.*

A la *solitaria* mansión de *esbeltas*
y *elegantes* columnas, se llegaba
por un *retorcido* sendero.

One reached the lonely *mansion*
with its slim *and* elegant *columns*
by a winding *path.*

6 Other cases of a descriptive adjective preceding the noun.

a. In some set phrases.

a corto (largo) plazo	*short (long) term*
Bellas Artes	*Fine Arts*
La Divina Comedia	The Divine Comedy
libre pensador (librepensador)	*freethinker*
mala hierba**	*weed*
mala suerte	*bad luck*
(la) pura verdad	*(the) real truth*
el Santo Padre	*the Holy Father*
(hacer) su santa voluntad	*(to do) as one pleases*
una solemne tontería	*a very foolish thing*

b. In exclamations.

¡Qué hermoso día!   *What a beautiful day!*
¡Increíble suceso!   *An unbelievable incident!*

---

*In Spanish, an adjective placed before the noun has a more elegant tone than one that follows.

Mala hierba is used also in a figurative sense to refer to people:

Esa chica es mala hierba, no quiero que mi
hija ande con ella.

That girl is a bad influence; I don't want my
daughter to go around with her.

APLICACIÓN

A. ¿Antes o después?   Coloque los adjetivos en el lugar apropiado.

1. Bailes mexicanos.

El Palacio de (*Bellas*) _____ Artes _____ de la (*hermosa*) _____ ciudad _____ de México es un (*suntuoso*) _____ edificio _____ de (*blanco*) _____ mármol _____, situado en una (*céntrica*) _____ sección _____ de la (*populosa*) _____ capital _____. Allí suele presentarse el (*folklórico*) _____ ballet _____, un (*maravilloso*) _____ espectáculo _____ de (*regionales*) _____ trajes _____ y (*típicos*) _____ bailes _____.

2. La niña vuelve a casa.

Aquél era en verdad un (*miserable*) _____ barrio _____. Los (*decadentes*) _____ edificios _____ se agrupaban como buscando (*recíproco*) _____ apoyo _____. Un (*flaco*) _____ gato _____ hurgaba en los (*atestados*) _____ cubos de basura _____. Media docena de (*semidesnudos*) _____ chiquillos _____ saltaban rientes frente a una (*abierta*) _____ toma de agua _____ para refrescarse con el (*fresco*) _____ chorro _____. El agua corría veloz hacia la alcantarilla, dejando a su paso (*pequeños*) _____ charcos _____ en el (*irregular*) _____ pavimento _____. Dos (*raquíticas*) _____ palomas _____ hundían con ansia el pico en uno de los charcos.

—Aquí es —dijo la niña desde el (*mullido*) _____ asiento _____ del (*elegante*) _____ coche _____ con una (*tímida*) _____ vocecita _____. El señor que conducía y su esposa intercambiaron (*compasivas*) _____ miradas _____. Una (*gorda*) _____ mujer _____ de (*canoso*) _____ pelo _____ estaba sentada a la puerta del (*ruinoso*) _____ edificio _____. Llevaba un (*desteñido*) _____ vestido _____. La mujer dirigió al coche una (*curiosa*) _____ mirada _____. La (*trasera*) _____ puerta _____ se abrió y la (*frágil*) _____ chiquilla _____ saltó a la acera y corrió hacia la (*sorprendida*) _____ mujer _____.

3. Visita a una mina.

Cuando llegaron a la (*angosta*) _____ entrada _____ de la mina, José Asunción, un (*flaco*) _____ minero _____, entró delante para guiar a los (*impresionados*) _____ turistas _____. Caminaron todos despacio por el (*oscuro*) _____ túnel _____, guiándose por la (*débil*) _____ luz _____ de la linterna que llevaba el minero.

4. **Una tormenta en el mar.**

Era una (*tropical*) _____ tormenta _____. El (*pesquero*) _____ barco

_____ en que íbamos se movía como un juguete de las (*furiosas*) _____ olas

_____. El (*fuerte*) _____ viento _____ azotaba la cubierta de la

(*desamparada*) _____ embarcación _____. Debajo se agrupaban los (*temerosos*)

_____ pasajeros _____. María, que era una (*religiosa*) _____ mujer

_____, rezaba en (*alta*) _____ voz _____.

B. Imagine que Ud. es un/a cronista social que describe un acto para un periódico. Para cada nombre en cursiva, escoja uno de los adjetivos que se dan, adaptando su terminación. No use el mismo adjetivo dos veces. (Observe que, en este caso, la mayor parte de los adjetivos son adornos.)

activo	emocionante	memorable
adornado	estupendo	multicolor
alegre	fino	nuevo
ancho	gentil	obligado
antiguo	grande	principal
aristocrático	hermoso	querido
azul	honorable	recién construido
bello	ilustre	remodelado
bien coordinado	importante	rojo
bonito	inolvidable	romántico
caluroso	inspirado	simpático
de seda	inteligente	solemne
distinguido	interesante	tan conocido
divertido	joven	típico
eficiente	límpido	vivo
elegante	lujoso	valiente

La inauguración del Parque de la Constitución

La *ceremonia* de inauguración del *Parque* de la Constitución, contó con la asistencia de *funcionarios* de la ciudad. El *señor* alcalde asistió, acompañado de su *esposa* y su *hija*. También vimos allí, en un *palco* destinado a las *autoridades*, al *jefe* de policía y a tres de nuestros *concejales*. La *música* estuvo a cargo de la *banda municipal*, que tocó *marchas* y *canciones*. Poco antes de que comenzaran los *discursos*, la *esposa* del alcalde cortó la *cinta* que sujetaba más de cien *globos*. Fue un *espectáculo* verlos cubrir el *cielo* de esta *tarde* de agosto.

C. Añada adjetivos originales a las siguientes descripciones, tratando de usar un tono poético. Puede cambiar un poco las oraciones si así lo desea.

1. Las nubes avanzaban acumulándose hasta formar una especie de maraña. Eran grises, casi negras. Se veía que se acercaba un chubasco. De pronto, se oyó un trueno a lo lejos. Hilos de agua comenzaron a caer oblicuamente, empapando la hierba y los matorrales. La luz de los

relámpagos atravesaba el cielo. Todo duró menos de media hora. El sol salió cuando menos se esperaba. El campo olía a limpio, y los pajaritos, saliendo de Dios sabe dónde, cantaban en las ramas de los árboles.

2. Cuando salimos al campo empezaba a amanecer. Todos dormían todavía. La tranquilidad del paisaje invitaba a la meditación. Vi en lontananza unas lomas, casi cubiertas por la niebla. Parecían gigantes. Después fuimos viendo señales de vida. Por un puente pasaba una recua de mulas. Rebaños de ovejas subían por la falda de una loma, y en el prado, un grupo de palomas volaba sobre el techo de un caserón. Yo iba en un caballo y los demás en mulas. Cuando pasábamos cerca de alguna casa, los perros nos perseguían ladrando.

DIFFERENCES IN THE MEANING OF ADJECTIVES ACCORDING TO POSITION*

	BEFORE THE NOUN	AFTER THE NOUN
antiguo	*former, of long standing, ex-*	*very old, ancient*
cierto	*certain*	*sure, definite*
diferente	*various*	*different*
medio	*half*	*average*
mismo	*same, very*	*-self*
nuevo	*another*	*brand-new*
pobre	*poor (unfortunate, pitiful)*	*penniless, needy*
propio	*own* (used as an intensifier)	*own* (of one's ownership)
puro	*sheer*	*pure*
raro	*rare (few)*	*strange, odd, uncommon*
simple	*just, mere*	*simple-minded*
único	*only, single*	*unique*
viejo	*old* (of long standing)	*old* (in years)

*This list is based on general usage. However, the use of position to express differences in meaning is not a practice followed rigidly by native speakers; sometimes context and not position determines the meaning.

Examples:

La *pobre* Ana Montejo era una persona *rara*. A la muerte de sus padres, se había mudado a un edificio *viejo*, no lejos de su *antigua* casa. Salía en *raras* ocasiones y había acumulado, en el *único* dormitorio de su departamento, un montón de cachivaches *antiguos* que le daban a la habitación un aspecto *único*.

Poor *Ana Montejo was an* odd *person. On her parents' death, she moved into an* old *building, not far from her* former *house. She went out on* rare *occasions and she had accumulated, in the* only *bedroom of her apartment, a lot of very* old *stuff which gave the room a* unique *look.*

Lo vi todo con mis *propios* ojos.

I saw everything with my very own *eyes.*

No vivo con mis padres sino en mi *propio* apartamento, pero algún día quiero tener casa *propia*.

I don't live with my parents but rather in my own *apartment but I want to own a house* of my own *some day.*

APLICACIÓN

Coloque los adjetivos en el lugar apropiado.

1. La (*única*) _____ medicina _____ que le recetó el médico fue que respirara (*puro*) _____ aire _____.

2. En mi (*antiguo*) _____ barrio _____ la mayoría de las familias eran de (*media*) _____ clase _____.

3. (*Cierta*) _____ señorita _____ Pardo llamó para interesarse por el (*antiguo*) _____ espejo _____ que quieres vender. Le expliqué que tenía un (*raro*) _____ marco _____ y que era una (*vieja*) _____ pieza _____.

4. Ésta no es la (*misma*) _____ foto _____ de la actriz, sino una (*diferente*) _____ foto _____. La (*misma*) _____ actriz _____ me la envió firmada por su (*propia*) _____ mano _____.

5. Don Jorge era un (*simple*) _____ hombre _____ y (*raras*) _____ veces _____ comprendía mis razonamientos.

6. Por (*pura*) _____ suerte _____ conseguí localizar a Ernesto y fui con él a ver al (*pobre*) _____ Rodrigo _____, que estaba muy enfermo. Rodrigo se emocionó al ver a sus (*viejos*) _____ compañeros _____.

7. Sirvieron (*diferentes*) _____ frutas _____, pero yo sólo comí (*media*) _____ naranja _____.

8. Debes hacer ese negocio, es un (*cierto*) _____ éxito _____ y una (*única*) _____ oportunidad _____.

9. Mi amigo Juan no tiene un (*nuevo*) _____ coche _____, éste es el (*mismo*) _____ coche _____ que tenía, pero (*mismo*) _____ Juan _____ lo pulió y está muy brillante.

10. Era un (*pobre*) _____ joven _____ y comenzó siendo un (*simple*) _____ empleado _____, pero ahora tiene (*propio*) _____ negocio _____ y es rico.

POSITIONING TWO OR MORE DESCRIPTIVE ADJECTIVES

1 Very often a noun is modified by two or more descriptive adjectives. The first thing to do in this case is to decide whether all these adjectives are of the same type. There are three possible combinations:

a. nondifferentiating adjective + noun + differentiating adjective

Su madre siempre nos preparaba deliciosos postres cubanos.	*Her mother always prepared delicious Cuban desserts for us.*

Deliciosos is far more subjective than **cubanos**. Of the two adjectives, **deliciosos** is the one that could be omitted without a loss in meaning.

When one of the adjectives is an adjectival phrase, the other adjective, whether nondifferentiating or not, is often placed before the noun to provide some kind of stylistic balance for the adjectival phrase. This is true especially if the adjective is somewhat subjective. In the following examples, **costoso** and **lejano** may be relative terms depending on who is saying them.

Marta llevaba un costoso traje de noche.	*Marta was wearing an expensive evening gown.*
Siempre pasan las vacaciones en un lejano pueblo de pescadores.	*They always spend their vacation in a distant fishing town.*

But:

Aurelio compró un traje de lana gris.	*Aurelio bought a gray wool suit.*

Gris, being an objective, differentiating adjective here, cannot precede **traje**.

b. noun + differentiating adjectives

Lope era un joven sensible, tímido e inteligente.	*Lope was a sensitive, shy, and intelligent young man.*

Sensible, tímido, and **inteligente** are adjectives of the same kind; all are part of Lope's description. Note that in Spanish the first two adjectives are separated by a comma and the second and third by a conjunction.

c. nondifferentiating adjectives + noun

Acabo de leer *Lo que el viento se llevó*, una larga e interesante novela sobre la Guerra Civil.	*I have just read* Gone with the Wind, *a long and interesting novel about the Civil War.*

Larga and **interesante** are two adjectives one expects to be applied to *Gone with the Wind*. They are nondifferentiating. Note also that these adjectives could be omitted.

2 There is a preference in the order of two or more differentiating descriptive adjectives: the adjective considered most important is placed closest to the noun.

Mi prima se especializa en literatura española medieval.

My cousin specializes in medieval Spanish literature.

The speaker considers **española** to be the more important word of the classification and **medieval** to be a subdivision. But it is also possible to say **Mi prima se especializa en literatura medieval española**. In this case, the speaker's cousin specializes in medieval literature, and within this specialization, **española** is considered a subdivision.

APLICACIÓN

Coloque cada par de adjetivos junto al nombre en cursiva, en la posición más apropiada. Los adjetivos se dan en orden alfabético; es posible que sea necesario invertir el orden y también usar **y** en algunos casos.

1. (azul / tibia) Todo sucedió en una *mañana* del mes de abril.
2. (vasta / verde) Los caballos galopaban por la *llanura*.
3. (tropical / violenta) Una *tormenta* destruyó la cosecha.
4. (enormes / puntiagudos) Cuando el cazador vio los *colmillos* del jabalí, tuvo tanto miedo que no pudo disparar.
5. (aterciopelados / fragantes) Deshojó uno por uno los *pétalos* de la rosa.
6. (blanco / inalámbrico) Le regalé a mi madre un *teléfono*.
7. (desierto / oscuro) Era una noche sin luna, y nadie los vio escaparse por el *camino*.
8. (de noche / pequeño) La chica llevaba un *bolso* en la mano.
9. (modernos / pedagógicos) Mi profesor es un admirador de los *sistemas*.
10. (blancos / escasos) El viejo se peinaba los *cabellos*.
11. (fiel / viejo) Gracias a la amistad de mi *amigo* Miguel, resolví el problema.
12. (huérfana / pobre) Anita me da lástima porque es una *niña*.
13. (inmenso / familiar) El caballero vivía solo en el *caserón*.
14. (cálidas / transparentes) Me encantan las *aguas* de las playas del Caribe.
15. (complicados / matemáticos) ¡Es un genio! Resolvió esos *problemas* en un minuto.

Special Forms of the Absolute Superlative

An absolute superlative is an intensifier that expresses a very high degree of a quality without establishing a comparison. The most common ways to form an absolute superlative are (a) by using **muy**, and (b) by dropping the last vowel of the adjective—if there is one—and adding **-ísimo, -ísima, -ísimos, -ísimas.** *

---

*Remember that **-z** changes to **-c: feliz** > **felicísimo**; **-c** to **-qu: blanco** > **blanquísimo**; **-g** to **-gu: largo** > **larguísimo**; and **-ble** to **-bil: notable** > **notabilísimo**.

However, **muy** is not the only adverb that may intensify an adjective. Possible substitutes include **absurdamente, astronómicamente, atrozmente, bien, harto, especialmente, excepcionalmente, extraordinariamente, extremadamente (en extremo), enormemente, excesivamente, incalculablemente, increíblemente, terriblemente, sumamente.**

Soy bien tímido y me pongo sumamente nervioso cuando hablo con una persona a quien considero excepcionalmente inteligente.	*I am very shy and I become extremely nervous when I am talking to a person whom I consider to be exceptionally intelligent.*

It is also possible to use the prefixes **extra-** and **super-**.

Esa máquina es superrápida, pero Ud. debe ser extracuidadoso al usarla.	*That machine is extremely fast, but you should be extra careful when you use it.*

In the case of the **-ísimo** adjectives, especially in the written language, there are (a) some alternate forms, and (b) some special words. Important examples:

(a) alternate forms		(b) special words	
buenísimo	= **bonísimo, óptimo**	célebre > **celebérrimo**	
fuertísimo	= **fortísimo**	libre > **libérrimo**	
grandísimo	= **máximo**	mísero > **misérrimo**	
malísimo	= **pésimo**	sabio > **sapientísimo**	
pequeñísimo	= **mínimo**		
pobrísimo	= **paupérrimo**		

APLICACIÓN

Reemplace **muy** y los adjetivos terminados en **-ísimo/a/os/as** y sus variantes con adverbios, prefijos o palabras de las listas anteriores.

1. Cuando oí las palabras muy alentadoras del señor Cruz, me sentí felicísimo. No solamente me ofrecía un puesto muy importante en una compañía conocidísima, sino además un sueldo muy alto. A mí, que me crié en una familia pobrísima, este éxito me producía un orgullo grandísimo y una satisfacción muy especial.

2. Fue un partido emocionantísimo. Nuestro equipo es muy célebre, pero el equipo rival era muy agresivo y por un tiempo larguísimo pareció que los nuestros sufrirían una derrota humillantísima. Pero nuestro entrenador es muy sabio y usó estrategias habilísimas. Al final, nuestros buenísimos jugadores quedaron a la altura de su merecidísima reputación.

3. El cuarto que nos destinaron en el hotel era malísimo, muy oscuro y de dimensiones pequeñísimas. La cama era muy incómoda y estaba habitada por unas chinches ferocísimas que daban unas picadas muy dolorosas. Por supuesto, nuestra estadía en aquel hotel fue brevísima: a la mañana siguiente, furiosísimos, nos marchamos.

Sección léxica

Ampliación: Formación de adjetivos

En la lectura aparecen los adjetivos derivados **rojiza** y **amarillenta**. Como éstos, muchos adjetivos se forman por derivación, al añadir uno o más sufijos a un sustantivo o adjetivo. Algunos de estos sufijos son:

1. -ado

colcha	**acolchado**	óvalo	**ovalado**
corazón	**acorazonado**	perla	**perlado**
cuadro	**cuadrado**	rosa	**rosado**
naranja	**anaranjado**	sal	**salado**

2. -(i)ento

amarillo	**amarillento**	grasa	**grasiento**
avaro	**avariento**	hambre	**hambriento**
calentura	**calenturiento**	polvo	**polvoriento**
ceniza	**ceniciento**	sed	**sediento**

3. -ino

alabastro	**alabastrino**	muerte	**mortecino**
cristal	**cristalino**	púrpura	**purpurino**
daño	**dañino**		

Este sufijo se combina frecuentemente con nombres geográficos e históricos.

los Andes	**andino**	el rey Alfonso	**alfonsino**
capital	**capitalino**	la reina Isabel	**isabelino**

4. -izo

cobre	**cobrizo**	paja	**pajizo**
enfermo	**enfermizo**	plomo	**plomizo**
huida	**huidizo**	rojo	**rojizo**
olvido	**olvidadizo**		

5. -oso

cariño	**cariñoso**	lluvia	**lluvioso**
chiste	**chistoso**	moho	**mohoso**
engaño	**engañoso**	orgullo	**orgulloso**

fango	**fangoso**	pasta	**pastoso**
fatiga	**fatigoso**	tierra	**terroso**
lujo	**lujoso**	trampa	**tramposo**

6. También se forman adjetivos combinando sufijos con otras partes de la oración.* Por ejemplo, **-ón** forma adjetivos de mucho uso en la lengua oral, pero se combina con verbos, no con sustantivos. Algunos de los adjetivos formados con **-ón** son despectivos.

adular	**adulón**	jugar	**juguetón**
burlar	**burlón**	llorar	**llorón**
criticar	**criticón**	mandar	**mandón**
comer	**comilón**	preguntar	**preguntón**
dormir	**dormilón**	responder	**respondón**

APLICACIÓN

A. Busque el significado de los adjetivos de las listas anteriores que no conozca. Después use los más apropiados para reemplazar las partes en cursiva de las siguientes oraciones. A veces deberá añadir también la forma correcta de **ser** o **estar**.

1. Yo *tenía mucha sed* y ese arroyo *que parecía un cristal* invitaba a beber.

2. *A mi perro le gusta mucho dormir*, pero también *le gusta mucho jugar y comer*.

3. Hay caras *en forma de corazón* y caras *semejantes a un cuadro*, pero según los estetas, la cara ideal debe *tener forma de óvalo*.

4. Era un tipo muy repulsivo. Tenía los dientes *casi amarillos* y el pelo *con mucha grasa*.

5. Como eran *de la capital*, no podían adaptarse a la vida *de los Andes*.

6. El camino antes *tenía mucho polvo*, pero después de la lluvia se puso peor, porque *se llenó de fango*.

7. *Hay engaño en ese negocio* porque *a Jiménez le gusta mucho hacer trampa*.

8. La lámpara *tenía mucho moho* y había perdido su hermoso brillo *de cobre*.

9. Ella se pintó las uñas con un esmalte *con tonos de perla* muy bonito, pero el contraste entre el color *púrpura* de sus labios y su tez *como el alabastro*, le daba aspecto *de enferma*.

10. Me gustan las personas *que dicen chistes* y también las *que me demuestran cariño*. Detesto a las *que me adulan* y también a las *que son avaras*.

11. ¡Qué matrimonio! La mujer es *la que manda* y el marido *critica siempre a todo el mundo*.

12. Las frutas verdes *hacen daño*, no las comeré aunque *tenga mucha hambre*.

---

*En *Ampliación* del Capítulo 9 se explicó el uso del participio pasivo en **-ado, -ido** para formar adjetivos. En el Capítulo 13 se explicará el uso del pasivo de presente y otras terminaciones frecuentes que equivalen a *-ing*.

B. ¿Cómo calificaría Ud. a una persona que...?

1. lo olvida todo

2. tiene calenturas

3. tiene mucho orgullo

4. nunca se queda callada cuando alguien dice algo

5. disfruta burlándose de todo

6. pregunta demasiado

C. ¿Qué adjetivo aplicaría Ud. a algo (o a alguien) que...?

1. es de lujo

2. parece una pasta

3. se parece a la tierra

4. causa fatiga

5. pertenece a la época de la reina Isabel

6. tiene el color de la ceniza

7. parece estarse muriendo

Distinciones: Equivalentes en español de to grow y to raise

TO GROW

1. *To grow*, **crecer**, es un verbo intransitivo en español y significa **hacerse más grande**. Puede usarse para personas, animales o cosas.

Lope creció sin padres.	*Lope grew up without parents.*
Lo malo de los gatitos es que crecen y se convierten en gatos.	*The bad thing about kittens is that they grow and become cats.*

2. *To grow plants* equivale a **cultivar**.

En la región de La Rioja se cultiva el trigo.	*In the region of La Rioja they grow wheat.*

3. *To grow a beard (a mustache)* es **dejarse crecer la barba (el bigote)**. Esta expresión se usa también para el pelo y las uñas.

El actor se dejó crecer el bigote y la barba para hacer el papel de pirata.	*The actor grew a mustache and a beard to play the role of a pirate.*

TO RAISE

1. Cuando *to raise* es sinónimo de *to grow* (*vegetables, flowers, trees, etc.*) su equivalente en español es **cultivar**; cuando es sinónimo de *to bring up* (tratándose de personas o animales), su equivalente es **criar**.

Emeterio cultivaba trigo y criaba ovejas.	*Emeterio raised wheat and sheep.*
Es difícil para una mujer criar a un niño sola.	*It is difficult for a woman to raise a child by herself.*

2. *To raise* como sinónimo de *to lift up* es **levantar**. **Levantar** se usa también en expresiones como **levantar la voz** y **levantar una estatua** (**un edificio, una pared**, etc.).

El albañil levantó el brazo para indicar hasta qué altura pensaba levantar el muro.	*The mason raised his arm to indicate up to what height he was planning to raise the wall.*

3. *To raise* como sinónimo de *to increase in price* es **subir**. *To raise one's salary* es **subir(le)/aumentar(le) (a uno) el sueldo**. *To raise* (*to collect*) *money* es **recoger (recaudar) dinero**.

Cuando el casero supo que me habían aumentado el sueldo, me subió el alquiler.	*When the landlord learned that they had raised my salary, he raised my rent.*
Recaudamos mucho dinero para las víctimas del ciclón.	*We raised a lot of money for the victims of the hurricane.*

Lo mismo que el triunfador del cual se habla en la traducción (pp. 272–273), estos trabajadores migratorios mexicanos realizan un trabajo duro y tedioso en los campos de cultivo. En este caso, se trata de un campo de cebollas que hay que limpiar de hierbas malas. En vez de arrodillarse, los trabajadores trabajan inclinados, pues esto les permite hacer su labor más rápidamente. (© Syracuse newspapers/ The Image Works)

APLICACIÓN

Complete con la palabra apropiada.

1. Me gusta mucho el campo porque (*I grew up*) _____ en el rancho de mis abuelos.

   Mis dos hermanos y yo quedamos huérfanos de pequeños y mis abuelos nos (*brought up*)

   _____. El abuelo (*had raised*) _____ con sus propias manos la casa.

   Mi abuelo (*raised*) _____ vacas y caballos en la finca. También (*grew*) _____

   algunas legumbres, pero en pequeña escala, porque necesitaba el terreno para pasto del ganado.

   Cuando mi abuela murió, el abuelo se encerró en su habitación. No hablaba con nadie y

   (*he grew*) _____ la barba. Estuvo muy triste por varios meses.

2. Los obreros que están (*raising*) _____ el edificio junto a mi casa utilizan un ascensor

   especial para (*raise*) _____ los materiales. Mi barrio (*is growing*) _____ de

   manera asombrosa: además de este edificio, se están construyendo muchos otros. Esto va a

   (*raise*) _____ el valor de la propiedad, pero también va a (*raise*) _____ los

   alquileres en esta zona.

3. Niño, voy a enseñarte a respetarme y a no (*raise*) _____ la voz cuando te regaño; quiero

   que cuando (*you grow up*) _____ todos digan que (*I brought you up*) _____ bien.

4. Si podemos (*raise*) _____ suficiente dinero, le organizaremos un gran homenaje a

   nuestro profesor y le (*will raise*) _____ una estatua en el recinto universitario.

5. (*They have raised*) _____ tanto el precio de las verduras en los últimos tiempos, que he

   decidido (*to grow*) _____ mis propias verduras.

Para escribir mejor

La descripción

Una descripción es la representación de una escena, persona, animal o cosa por medio de palabras. A veces el escritor es como una cámara fotográfica y trasmite al lector una imagen objetiva de la realidad; otras veces, es más como un pintor y da al lector la imagen de la realidad tal como él la ve.

En una descripción objetiva, es decir, de cámara fotográfica, no suele haber toques personales ni metáforas, sólo los adjetivos necesarios para que el lector pueda «ver» los objetos. Esta clase de descripción se encuentra, principalmente, en escritos de carácter técnico o científico.

En una descripción subjetiva, por el contrario, hay generalmente comparaciones, metáforas y abundancia de adjetivos puramente decorativos, porque el escritor no quiere simplemente que «veamos» los objetos, sino además compartir con nosotros sus sentimientos o reacciones hacia ellos. La mayor parte de las descripciones que encontramos en obras literarias son subjetivas, aunque algunas lo son mucho más que otras.

DESCRIPCIONES DE LUGARES

El siguiente ejemplo está tomado de *Camino de perfección*, del español Pío Baroja, y se distingue por su subjetivismo extremo.

> Aquel anochecer lleno de vaho, de polvo, de gritos, de mal olor; con el cielo bajo, pesado, asfixiante, vagamente rojizo; aquella atmósfera, que se mascaba al respirar; aquella gente endomingada, que subía en grupos hacia el pueblo, daba una sensación abrumadora, aplastante, de molestia desesperada, de malestar, de verdadera repulsión.

Aquí el novelista al describir se concentra en las sensaciones que la escena despierta en el protagonista y no en la escena en sí. Observe el uso de adjetivos como **asfixiante, abrumadora, aplastante**, que dan idea de la opresión que siente el personaje.

La descripción anterior nos presenta una escena que se mueve ante un personaje inmóvil. En el próximo ejemplo, también de *Camino de perfección*, tanto el personaje como la escena se mueven, y tenemos la impresión de estar viendo una película.

> Volvíamos andando por la Castellana hacia Madrid. El centro del paseo estaba repleto de coches; los veíamos cruzar por entre los troncos negros de los árboles; era una procesión interminable de caballos blancos, negros, rojizos, que piafaban impacientes; de coches charolados con ruedas rojas y amarillas, apretados en cuatro o cinco hileras, que no se interrumpían; los lacayos sentados en los pescantes con una tiesura de muñecos de madera.

La sensación de movimiento se obtiene aquí por medio de la enumeración rápida de los carruajes.

RECOMENDACIONES GENERALES

El primer paso para una buena descripción es la observación de un sujeto (ya sea real o ya sea creado en la mente del escritor, combinando elementos reales). Esta observación no tiene que ser sólo visual, puede contener elementos apreciados con los otros sentidos. Baroja, por ejemplo, en su primera descripción, menciona gritos y mal olor.

El segundo paso es sumamente importante, consiste en ordenar y seleccionar los detalles que van a escribirse. Como se aconsejó en el caso de la narración, debe evitarse el detallismo excesivo, pues una enumeración demasiado completa o minuciosa resulta aburrida.

Al llegar al tercer paso, que es el acto de escribir, deben escogerse con cuidado los adjetivos para que produzcan en el lector el efecto que se desea. Deben también evitarse las palabras demasiado comunes y los verbos de significado general o vago, como ser, haber, hacer y tener.

EL RETRATO

Uno de los retratos más famosos de la literatura castellana es el que hace don Miguel de Cervantes de sí mismo:

> Éste que veis aquí, de rostro aguileño, de cabello castaño, frente lisa y desembarazada, de alegres ojos y de nariz corva, aunque bien proporcionada, las barbas de plata, que no ha veinte años fueron de oro, los bigotes grandes, la boca pequeña, los dientes ni menudos ni crecidos, porque no tiene sino seis, y ésos mal acondicionados y peor puestos, porque no tienen correspondencia los unos con los otros; el cuerpo entre dos extremos, ni grande ni pequeño, la color viva, antes blanca que morena, algo cargado de espaldas y no muy ligero de pies; éste digo que es el rostro del autor de *La Galatea* y de *Don Quijote de la Mancha*.

Este autorretrato —puramente físico— de Cervantes es tan preciso, que un artista podría dibujar al escritor tal como era guiándose sólo por su descripción.

RETRATOS DE ANIMALES

Casi tan famoso como el autorretrato de Cervantes, es el retrato del burro Platero que hace Juan Ramón Jiménez en *Platero y yo*.

> Platero es pequeño, peludo, suave; tan blando por fuera, que se diría todo de algodón, que no lleva huesos. Sólo los espejos de azabache de sus ojos son duros cual dos escarabajos de cristal negro...
>
> Es tierno y mimoso igual que un niño, que una niña...; pero fuerte y seco por dentro, como de piedra. Cuando paso sobre él, los domingos, por las últimas callejuelas del pueblo, los hombres del campo, vestidos de limpio y despaciosos, se quedan mirándolo.
>
> —Tien' asero...
>
> Tiene acero. Acero y plata de luna, al mismo tiempo.

Observe que el poeta no hace una descripción minuciosa, sino que ha escogido los aspectos que él aprecia más en su burro: la suavidad de su piel, la cual lo hace parecer hecho de algodón, y la dureza de sus ojos, como escarabajos de cristal negro. Estos ojos duros no son un signo negativo, al contrario, indican entereza de carácter, hecho que se confirma más adelante, cuando la gente comenta que el burrito «tiene acero». El retrato no es solamente físico; el escritor nos habla de su carácter: es tierno, mimoso y al mismo tiempo fuerte y seco por dentro.

APLICACIÓN

A . Escoja una de las descripciones de lugares que se dan como modelo e imítela. Explique las impresiones que Ud. trata de dar al lector.

B . Describa un lugar que Ud. haya visitado o que desee visitar.

C . Basándose tanto como sea posible en el autorretrato de Cervantes, descríbase a sí mismo/a. La descripción puede ser idealizada.

D . ¿Tiene Ud. un animalito? Descríbalo, indicando sus rasgos físicos más característicos, y dé también algún detalle que informe al lector sobre su carácter.

TRADUCCIÓN

A Winner's Humble Background

The life of Lope in a poor, rural area of northern Spain is a very sad (*do not use* **muy**) and tragic story. A certain wise and kindhearted teacher in Lope's village saw the possibility of a successful future for the boy. However, his own relative, Emeterio, a selfish, mean-spirited man, took in Lope, who had been left an orphan, and forced him to live in an isolated, desolate place where he had to work as a sheepherder. This decision of Emeterio prevented (*use* **impedir que** + subjuntivo) the intelligent youth from continuing to go to school. After several years of this extremely difficult life, Lope turned into a rough and ignorant young man.

An interesting case that I read recently in a local newspaper contrasts with Lope's depressing life. The protagonist of this heartwarming real-life story, which takes place in the western part of the United States, is a humble farmworker. Instead of using his true name as it appears in the report, I'll call him Ignacio.

This, then, (**pues**) is the extraordinary story of Ignacio, a bright, ambitious Hispanic immigrant who eventually becomes a prominent executive. He began his working life at the early age of 14 in the agricultural fields of the fertile Central Valley of California at the beginning of the 1970s. He would get up at five in the morning and spend long hours carrying out exhausting tasks. Along with his loving parents and his two hard-working brothers, Ignacio picked peaches, grapes, cotton and sugar beets, and he also did all the other jobs that are necessary to obtain bountiful crops. He recalls that the worst thing was putting on high rubber boots in the 108-degree summer heat and walking through the extensive fields of safflowers, whose sharp thorns caused him painful scratches.

Ignacio and his family made innumerable sacrifices so that he would be able to pursue his studies and, unlike Lope, he had the good luck to receive an excellent education. Ignacio graduated from prestigious Stanford University and is now president of Bank of America Corporation in Arizona.

TEMAS PARA COMPOSICIÓN

1. **La historia de Lope.** Vuelva a contar «Pecado de omisión», esta vez en primera persona y desde el punto de vista de Lope.

2. **La vida de campo.** ¿Qué desventajas tiene sobre la vida de ciudad? ¿Tiene ventajas? ¿Qué diferencias hay en la vida campestre según el país, el clima, la región, etc.? ¿Hay vidas campestres mejores que otras? ¿Por qué (no)?

3. **Otro caso que conozco de un triunfador de origen humilde.** Hay muchos casos similares al de Ignacio, tanto en el presente como en el pasado. Hable de uno que conozca directa o indirectamente.

4. **Los inmigrantes indocumentados en los Estados Unidos.** ¿Está Ud. de acuerdo con la amnistía para los inmigrantes sin papeles? ¿Por qué (no)? En general, ¿son estas personas beneficiosas o perjudiciales para nuestro país? Explique.

Por medio de la educación, estos niños hispanos, que ya manejan computadoras desde pequeños, podrán triunfar un día en los EE.UU., y no correrán la suerte de Lope. (©Michael Newman/PhotoEdit)

Tres generaciones de una familia hispana en su rancho de Nuevo México. El hijo y el nieto probablemente continuarán la labor del abuelo administrando sus tierras. (©Bonnie Kamin/PhotoEdit)

Lectura

Introducción

Sabine Ulibarrí, el autor de este cuento, nació en Tierra Amarilla, Nuevo México, en 1919, y es uno de los más destacados escritores nuevomexicanos. Aunque ha escrito varios volúmenes de poesía, debe su fama a sus cuentos. Sus colecciones, algunas de ellas publicadas en forma bilingüe, incluyen: *Tierra Amarilla: Cuentos de Nuevo México, Mi abuela fumaba puros* y *Primeros encuentros*. A esta última colección pertenece «Adolfo Miller».

En los cuentos de *Primeros encuentros*, Ulibarrí regresa al mundo de su niñez y frecuentemente nos presenta la interacción entre hispanos y anglos vista a través de sus ojos de niño.

En la actualidad, Sabine Ulibarrí es Profesor Emérito de la Universidad de Nuevo México y vive en Albuquerque.

«Adolfo Miller» tiene lugar en Tierra Amarilla, un pueblo cerca de Chama, ciudad que también se menciona en el cuento. Ambos están al norte del estado, casi en la frontera con Colorado.

Gran parte de los hispanos que viven en Nuevo México (un 43% de la población total) son descendientes de los españoles que comenzaron a llegar a finales del siglo XVI. La tradición cultural de este estado puede considerarse mestiza pues es, como muchos de sus habitantes, mezcla de los españoles y los indígenas de la región: navajos, apaches y, sobre todo, pueblos.

Las familias hispanas de Nuevo México han conservado de manera muy firme la religión y la lengua de sus antepasados. Su español es sencillo y un poco arcaico.

Al leer este cuento, observe que el autor usa pocas oraciones subordinadas y prefiere las frases cortas. Su estilo es conciso y la narración sigue la norma de «escribo como hablo», para dar la impresión de una historia trasmitida de una generación a otra dentro de la misma familia.

La historia que nos relata el autor tiene como centro a la familia de Francisquita, la esposa de su tío Víctor, y presenta la interacción de esta familia con un gringo joven que da título al cuento. La fuerza de las tradiciones y la lengua española en este pueblo va a verse en el hecho de que Adolfo Miller no «americaniza» a la familia con su presencia, sino al contrario, es él quien aprende a hablar bien el español y se «hispaniza».

La narración termina de manera abierta, con muchas interrogantes, para que el lector saque sus propias conclusiones de lo sucedido, y esto la hace más interesante.

Adolfo Miller

Don Anselmo y doña Francisquita tuvieron sólo una hija. La hija se llamaba Francisquita también. A su debido° tiempo y por debidas razones esa hija se casó con mi tío Víctor. A través de este parentesco° conozco la historia que voy a contar.

5   En la vida apacible° de Tierra Amarilla apareció un día un rubio gringuito mostrenco°. Nadie sabía de dónde venía, si tenía familia o qué quería. Lo único que se supo es que allí estaba. Dijo que se llamaba Adolfo Miller.

    Dormía quién sabe dónde, comía quién sabe qué. Su ropa era 10 vieja y rota. El pobre no tenía ni en qué ni dónde caer muerto°.

apropiado

relación de familia

tranquila
sin hogar

ni... ni un centavo

El chico era listo. Era amable. Tenía una sonrisa que deshacía° los corazones. Poco a poco se fue ganando las simpatías de todos. Hablaba un español macarrón°. Dondequiera que iba dejaba risas y sonrisas. Él se reía más que nadie.

15 Se acercó a la tienda de don Anselmo a pedir trabajo. Don Anselmo lo empleó. Le dio pequeñas tareas: barrer el piso, alzar° cosas, hacer entregas. Adolfo se echó cuerpo y alma° en su trabajo. Pronto se ganó la buena voluntad y la confianza de don Anselmo.

Después de poco tiempo se lo llevó a casa y le dio más
20 quehaceres: asistir° los animales, ordeñar° las vacas, limpiar las caballerizas. Adolfo ahora se pasaba el tiempo correteando° entre la tienda y la casa. Se le arregló un dormitorio bien cómodo en la caballeriza. Comía con la familia.

Entretanto Adolfo se hacía más hispano cada día. Casi podía
25 decirse que era más hispano que los hispanos. Ahora hablaba un español perfecto. Su manera de ser° era la nuestra. La gente lo tomaba ya como hijo de don Anselmo.

Adolfo era guapo. Francisquita era linda. Pudo haber nacido entre los dos algo. Él lo quiso. Ella también lo quiso. Hubo miradas entre
30 ellos que lo decían todo. Hubo instancias en que él le guiñó el ojo° y ella le correspondió. Hubo ocasiones cuando él entró con un cubo de agua a la cocina. Se encontraron solos. Un momento. Nada. La vigilancia de doña Francisquita y el recio carácter° de don Anselmo siempre estaban entre medio°. Nunca pudo pasar nada. Los nietos
35 de don Anselmo pudieron haber sido Millers pero no fue así.

Adolfo ahora se ocupaba de los más serios problemas de don Anselmo. Él se encargaba de ir a Chama todos los días a hacer depósitos en el banco. Administraba el rancho en la Ensenada. Apartaba° el ganado para vender. Contrataba y despedía peones para
40 la casa y para el rancho. Don Anselmo tenía el hijo que siempre había querido. Adolfo quizás había encontrado el padre que había perdido.

Pero Adolfo tenía otras facetas. Era el macho más pendenciero°, el más atrevido, en los bailes los sábados por la noche. En muchas
45 ocasiones don Anselmo tuvo que ir a sacar a Adolfo de la cárcel. No creo que esto molestara al viejo. Creo que acaso Adolfo estaba haciendo lo que el viejo quiso hacer y nunca hizo. Parecía que don Anselmo se sentía orgulloso de su protegido.

Así andaban las cosas cuando volvió mi tío Víctor de la
50 universidad. Vino elegante, culto° y arrogante. En las reuniones sociales pronto se dio cuenta de° Francisquita. Era ella la más bella, la más atractiva en todo sentido, de todo ese valle. Se quisieron, se enamoraron, se casaron. Mi tío Víctor le cambió el nombre a Frances.

55 Las cosas cambiaron. Don Anselmo le pasó al nuevo yerno la administración de sus negocios. El yerno era orgulloso, galán° y acaso vanidoso. Adolfo, por fuerza°, tuvo que pasar a segundo lugar.

Adolfo ya no tenía quince años. Se había acostumbrado a ser el hijo predilecto°, casi el dueño, casi el señor. Ahora de pronto valía
60 menos. Un señorito salido de la universidad° viene con las manos

---

melted

incorrecto

pick up
se... *put his heart and soul*

cuidar a / *milking*
corriendo

manera... idiosincrasia

le... *winked at her*

recio... temperamento fuerte
entre... *in the way*

Separaba

quarrelsome

cultivado
se... se fijó en

gallant
por... necesariamente

favorito
un... *a college boy*

limpias a tomar el lugar que él ganó con sacrificio y dedicación.
Viene a quitarle la mujer que él se merece y que le quiere como él la
quiere a ella.

65 Adolfo se aguantó°. Se calló. No dijo nada. Siguió las
instrucciones que su nuevo jefe le dio. Sereno, callado y serio seguía
haciendo sus quehaceres como antes. Excepto que ya no era lo
mismo. La sonrisa, la risa, la amabilidad desaparecieron. Las peleas
y las borracheras° los sábados por la noche también desaparecieron.
Adolfo era Adolfo, pero ya no era el mismo. Allí detrás del
70 ombligo° llevaba un hondo y violento resentimiento.

Por muchos años don Anselmo se había encargado de la venta de
becerros° de toda la familia. En muchos casos se aceptaban becerros
de amigos de la familia. Se llevaba el ganado a Chama, se
alquilaban el número indicado de carros de ferrocarril, con arreglos
75 para pastura° en determinadas paradas del tren. Cuando
la embarcadura° llegaba a Denver se vendía el ganado a subasta°.
Este procedimiento era mucho más práctico y más económico.
Los ganaderos° ganaban más si vendían directamente. De otra
manera, el comprador se llevaba la ganancia°.

80 Ya por varios años Adolfo había hecho este viaje y esta aventura.
De pronto, Víctor es el encargado. Adolfo es el asistente.

Llegan a Denver. Venden el ganado. Serían mil cabezas. Serían
treinta mil dólares. Buena venta. Contentos. Satisfechos.

Se van al Brown Palace, el hotel más elegante de Denver. Allí
85 están. Víctor, el nuevo dueño. El nuevo esposo. Adolfo, el viejo jefe.
El nuevo soltero. El trabajo ha sido pesado. Están cansados.

Víctor dice: —Voy a darme un baño.

Adolfo dice: —Voy por cigarros y una botella de whiskey.

Víctor se baña. Adolfo se va. Se va para siempre. Y nunca vuelve.
90 Y se lleva los $30.000.

Ya todos los participantes de este drama han muerto. Pero todo el
mundo se acuerda. Don Anselmo tuvo que pagar de su propia
cuenta° la parte que le tocaba a cada quien. Adolfo Miller
desapareció para siempre.

95 ¿Quién puede saber el porqué de todo esto? Uno se pregunta,
¿por qué lo hizo? ¿Es que Adolfo se tragó su propia saliva°
cuando Víctor le quitó a Francisquita, y le cambió el nombre a
Frances? Nadie sabe cuánto le pagaba don Anselmo a Adolfo.
Quizás no mucho. ¿Y es que Adolfo estaba cobrando lo que
100 honradamente se le debía°? ¿Es que era un gringo fregado° y
aprovechado° que esperó y buscó su oportunidad? ¿Es que fueron
unos nuevomexicanos fregados que supieron aprovecharse de un
noble, gentil° y hermoso gringo? ¿O es que, como dijeron muchos,
que uno cría cuervos para que le saquen los ojos°?

105 Yo no sé, pero me pregunto. Me supongo que mi tía
Francisquita recordó y lloró en silencio un gran amor que pudo
ser y nunca fue. Creo también que don Anselmo recordó siempre
el hijo que nunca tuvo, y un día tuvo, y otro día perdió para
siempre. No tengo la menor idea de qué pensó o qué creyó mi tío
110 Víctor. Él no dijo nada nunca.

---

se... toleró la situación

boozing

detrás... *deep down*

calves

feeding
shipment / a... at auction

dueños de ganado
profit

de... *out of his own pocket*

se... *swallowed his pride*

cobrando... *collecting*
what was rightfully
his / conniving /
oportunista

gallant
que... *that there are those*
who bite the hand that
feeds them

APLICACIÓN

A. Vocabulario

Escoja en la lista que se da debajo la palabra que completa correctamente cada oración.

1. Don Anselmo tenía una finca grande con muchas vacas. Era un _____ importante en la región.

2. Si quieres beber leche en esta finca, tienes que levantarte temprano y _____ las vacas.

3. Mi tía quiere dominar a todo el mundo, tiene un carácter muy _____.

4. Sé que José lleva el mismo apellido que Armando, pero no sé exactamente qué _____ tienen.

5. No perdí dinero en el negocio, por el contrario, tuve buenas _____.

6. Mi amigo es muy _____, anoche en la fiesta, comenzó a pelear con otro hombre y yo los tuve que _____.

7. Todos mis profesores son buenos, pero mi profesor de español es mi maestro _____.

8. No debes actuar precipitadamente, debes hacer las cosas a su _____ tiempo.

9. Yo estaba furiosa por lo que había dicho mi amiga e iba a insultarla, pero me _____.

10. En este pueblo nunca pasa nada. La vida aquí es muy _____.

11. Víctor era _____ y por eso le gustó a Francisquita.

12. Es muy posible que Adolfo fuera un _____ que abusó de la confianza de todos.

aguanté / apacible / apartar / aprovechado / debido / galán / ganadero / ganancias / ordeñar / parentesco / pendenciero / predilecto / recio

B. Comprensión

Conteste, basándose en el texto de la lectura.

1. ¿Quiénes eran los miembros de la familia de don Anselmo?
2. ¿Quién era Adolfo Miller?
3. ¿Qué buenas cualidades y qué malas cualidades tenía Adolfo?
4. ¿Dónde comía y dónde dormía Adolfo antes que don Anselmo le diera trabajo? ¿Y después?
5. ¿Qué datos da el autor para indicar que había cierta atracción entre Adolfo y Francisquita?
6. ¿Qué responsabilidades y cargos tuvo Adolfo después de cierto tiempo?
7. ¿Qué pasó cuando llegó Víctor?
8. ¿De qué manera cambió la situación de Adolfo con el matrimonio de Francisquita?
9. ¿Cómo reaccionó Adolfo después del matrimonio?
10. ¿Qué procedimiento seguía don Anselmo para vender su ganado?
11. ¿Qué pasó en Denver después que Víctor y Adolfo vendieron el ganado?
12. ¿Cómo piensa el autor que reaccionaron don Anselmo y Francisquita?

C. Interpretación

1. ¿Hay en este cuento un protagonista o hay protagonistas múltiples? Explique en qué basa su opinión.

2. En su opinión, ¿qué sentimientos había entre Francisquita y Adolfo?

3. ¿Por qué cree Ud. que Francisquita se casó con Víctor?

4. ¿Cree Ud. que don Anselmo hubiera permitido que su hija se casara con Adolfo Miller? ¿Por qué (no)?

5. Adolfo es un personaje enigmático. En su opinión, ¿por qué se llevó el dinero?

6. El autor pregunta al final si el aprovechado era Adolfo o eran los nuevomexicanos. ¿Qué piensa Ud.?

7. ¿Qué pensaría realmente Francisquita cuando supo lo que había hecho Adolfo?

8. ¿Qué cree Ud. que habrá pensado Víctor?

9. El autor no dice si don Anselmo hizo o no algo contra Adolfo al final. ¿Qué habría hecho Ud.? ¿Lo habría denunciado a la policía? ¿Por qué (no)?

D. Intercambio oral

1. **Teorías sobre la vida anterior de Adolfo.** ¿Quiénes serían sus padres? ¿De dónde vendría? ¿Por qué no tendría hogar?

2. **La expresión «más hispano que los hispanos».** ¿Es esto posible o se trata de una exageración? ¿Qué significa ser «hispano» y qué hace una persona para «hispanizarse»? ¿Qué significa ser norteamericano y qué hace una persona para «americanizarse»?

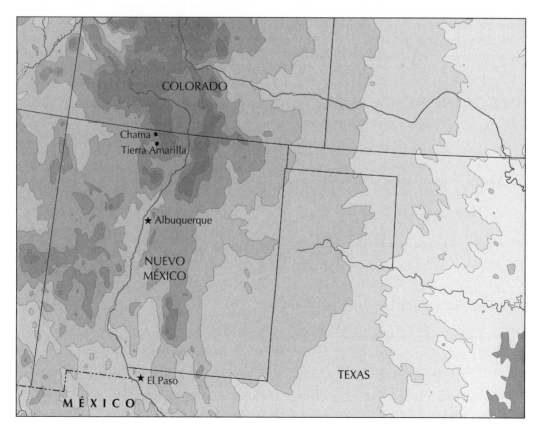

3. **Los triángulos amorosos.** Francisquita parece amar a Adolfo y también a Víctor. ¿Es posible estar enamorado/a de dos personas al mismo tiempo? ¿Por qué (no)? Los estudiantes ilustrarán su opinión con casos de la vida real.

4. **Los matrimonios arreglados.** En la época en que sucede este cuento, era común que los padres escogieran el esposo o la esposa para sus hijos. ¿Sería éste el caso de Francisquita? Hoy todavía esto sucede en otras culturas, pero no es común en los Estados Unidos. Aunque parezca extraño, las estadísticas demuestran que los matrimonios «arreglados» tienen un porcentaje más grande de éxito que aquellos en que la persona elige a su pareja sin ninguna presión de los padres. ¿Cómo se explica esto?

Sección gramatical

Ways to Express Conjecture and Probability in Spanish

In English, when a speaker is uncertain about the facts of a situation, he or she can express conjecture or probability in several ways. For example, if uncertain about the whereabouts of a wallet, one can say: "I wonder where my wallet is" or "Where can my wallet be?" One can also speculate: "It must be in my desk" or "It's probably in my desk." In this chapter, we shall study the various ways in which conjecture and probability are expressed in Spanish and the various verb forms that are involved.

As the Spanish future and conditional tenses play an important role in these matters, it will be useful to review briefly their other uses as well.

USES OF THE FUTURE TENSE

1 First of all, Spanish and English share the following characteristics:

a. Each has a future tense.

Adolfo y Víctor venderán el ganado.	*Adolfo and Víctor will sell the cattle.*

b. Each has a common substitute.

Adolfo y Víctor van a vender el ganado.	*Adolfo and Víctor are going to sell the cattle.*

c. Each may use a present tense as a substitute to convey an idea of certainty, this usage being even more frequent in Spanish than in English.

Esta noche salen para Denver.	*Tonight they leave for Denver.*

d. Each may use the future tense as a command.

Luisito, comerás las espinacas quieras o no.	*Luisito, you will eat your spinach, whether you want to or not.*

2 However, there are some important cases in which the languages do not match.

    a. When *will* is used in English to ask a person to do something, **querer**, and not the future, is used in Spanish.

Necesitamos más sobres, ¿quieres traerlos?	*We need more envelopes. Will you bring them?*
¿Quieres cargarme este paquete, por favor?	*Will you carry this package for me, please?*

Likewise, unwillingness to do something is indicated in Spanish by **no querer**.

¿Qué hago ahora? Luisito no quiere comerse las espinacas.	*What will I do now? Luisito will not eat his spinach.*
Sergio nos invitó al concierto, pero mi novio no quiere ir.	*Sergio invited us to the concert, but my boyfriend will not go.*

    b. When *will* is used in English in a tag question meant to corroborate a previous statement, **¿verdad?** is used in Spanish.

Estudiarás conmigo para el examen, ¿verdad?	*You will study with me for the exam, won't you?*
No vas a fallarme, ¿verdad?	*You won't fail me, will you?*

    c. In English, *will* is often used to express a customary action or an ongoing situation. In this case, the equivalent in Spanish is the present tense.

Siempre pueden ocurrir accidentes.	*Accidents will happen.*
Una persona que es capaz de hacer eso, es capaz de todo.	*A person who will do that will do anything.*
Este coche hace 40 millas por galón.	*This car will do 40 miles per gallon.*

    d. Unlike English, the future tense is very frequently used in Spanish to express probability or conjecture with respect to present time.

—Llaman. ¿Quién será?	*"Someone's at the door. I wonder who it is."*
—Será Felipa. La estamos esperando.	*"It's probably Felipa. We're expecting her."*

(Note that the English concepts *I wonder* and *probably* are contained in the Spanish verb forms.)

—¿Dónde estarán mis lentes? No puedo leer sin ellos.	*"Where can my glasses be? I can't read without them."*
—Estarán donde los dejaste.	*"They must be where you left them."*
—¡Muy gracioso!	*"Very funny!"*

The common expression *God knows* is rendered in Spanish with the future of probability: **Sabrá Dios**.

Sabrá Dios lo que pasó por la mente de don Anselmo cuando supo lo sucedido.	*God knows what went through Don Anselmo's mind when he learned what happened.*

Often the Spanish future progressive (future of **estar** + **-ndo** form of main verb) is preferred to the simple future in order to avoid possible ambiguity.

¿Qué estarán haciendo en esa tienda?	*I wonder what they are doing in that store.*

¿Qué harán en esa tienda? might be ambiguous since it could also mean *What will they do in that store?*

APLICACIÓN

A. **Las peticiones de doña Ana.** Doña Ana tiene dificultades para moverse por su artritis, y les pide a varias personas que la ayuden. Formule peticiones originales en cada caso, usando el verbo **querer** y basándose en las claves que se dan. No repita los verbos.

Modelo: A su sobrino Agustín / cartas
   → *¿Quieres echarme estas cartas en el buzón?*

1. A su amiga Ernestina / el supermercado
2. A Rosa, la señora que la cuida / un vaso de leche
3. A su médico / una receta
4. A su sobrina Luisita / las zapatillas
5. A su esposo Alejandro / la tapa de la medicina
6. A su nieto Gustavito / el bastón

B. Hágase preguntas originales a Ud. mismo/a basándose en las siguientes situaciones.

Modelo: Es medianoche y está sonando el teléfono.
   → *¿Quién llamará a estas horas?*

1. Ud. no sabe la dirección de Isabel y ella no quiso dársela.
2. Ha perdido sus llaves.
3. Tocan a la puerta.
4. Ella gana muy poco y paga un alquiler altísimo.
5. Ud. no sabe el nombre del nuevo compañero.
6. Lilita le dijo que tenía que contarle algo muy importante.
7. Estas cortinas son muy elegantes, pero aquí no dice el precio.
8. El problema es serio y Ud. no encuentra una solución.

C. **Hablando de Adolfo Miller.** Escoja la expresión apropiada de la columna derecha que responda a la pregunta o frase de la izquierda.

1. ¿Qué le dijo don Anselmo a Adolfo cuando le dio trabajo?
2. Y después que le arregló a Adolfo el dormitorio en la caballeriza, ¿qué le dijo don Anselmo?
3. Nadie sabe el origen de este gringuito.
4. ¿Por qué Adolfo no habla de su familia?
5. Adolfo y Francisquita se gustaban mucho, pero nunca expresaban su amor.
6. Víctor se casó con Francisquita y ahora Adolfo actúa muy raro.
7. Víctor llama Frances a su esposa.
8. Víctor iba a llevar el Ganado a Chama. ¿Qué le dijo don Anselmo a Adolfo?
9. ¿A qué ciudad fue Adolfo cuando huyó con el dinero?
10. Adolfo ha desaparecido con el dinero. ¿Va a llamar don Anselmo a la policía?

a. ¿De dónde vendrá?
b. Qué extraño, ¿verdad?
c. Tendrá celos.
d. Sabrá Dios adónde fue.
e. No le gustará el nombre de Francisquita.
f. Ayudarás en lo que sea necesario.
g. No tendrá familia.
h. No, no quiere.
i. ¿Quieres ir con Víctor a llevar el ganado?
j. Comerás con la famiia.

USES OF THE CONDITIONAL/OTHER EQUIVALENTS OF *WOULD* OR *WOULD NOT*

1 In both Spanish and English, the conditional expresses an event that would (or would not) take place subsequent to a *past* reference point.

Adolfo dijo que compraría cigarros.	*Adolfo said that he would buy cigarettes.*

You have learned that the present of **ir** + **a** + infinitive is an alternate for the future tense. Likewise, the imperfect of **ir** + **a** + infinitive can be used as an alternate for the conditional.

Adolfo dijo que iba a comprar cigarros.	*Adolfo said that he was going to buy cigarettes.*

2 In Chapter 1, p. 17, you learned that unwillingness to perform an action in the past is expressed with the preterite of **no querer**.

Les pedí a mis amigos que me ayudaran, pero no quisieron.	*I asked my friends to help me, but they wouldn't.*

3 In Chapter 1, pp. 8–9, you also learned that the Spanish equivalent of *would* when it means *used to* is the imperfect tense, not the conditional.

Cuando yo era niña, mi padre preparaba el desayuno los domingos y después toda la familia iba la iglesia.	*When I was a child, my father would prepare breakfast on Sundays and, afterward, the whole family would go to church.*

4 In Chapter 6, p. 154, you learned that in order to indicate an unlikely or contrary-to-fact situation in Spanish, the imperfect subjunctive is used in the **si** (*if*) clause and the conditional in the conclusion.

Si fuera rica, bebería champán con todas mis comidas.	*If I were rich I would drink champagne with all my meals.*

5 The conditional is used with verbs such as **deber, desear, gustar, poder, preferir,** and **querer** to convey politeness or to soften a suggestion. Note that the English conditional can be used similarly.

¿Podrían Uds. traer a Adolfo a mi casa? Me gustaría ayudarlo.	*Could you bring Adolfo to my house? I would like to help him.*
No deberías dejar que Francisquita hablara tanto con Adolfo.	*You shouldn't allow Francisquita to talk so much with Adolfo.*

6 Just as the future tense may express probability or conjecture with respect to the present, so the conditional may express probability or conjecture with reference to the past.

¿Se casaría realmente Francisquita con Víctor por amor?	*I wonder if Francisquita really married Víctor for love.*
No oirían el teléfono porque estarían en otra habitación.	*They probably didn't hear the telephone because they were probably in another room.*

As seen earlier regarding the future tense, the Spanish conditional progressive (conditional of **estar** + **-ndo** form of main verb) is often preferred to the simple conditional in order to avoid possible ambiguity.

¿Qué estarían buscando en la biblioteca?	*I wonder what they were looking for in the library.*

¿Qué buscarían en la biblioteca? might be ambiguous since it could also mean *What would they look for in the library?*

APLICACIÓN

A. **Las promesas de Miguel.** Ud. y su compañero/a conocen a Miguel, un chico que nunca cumple sus promesas. Su compañero/a dice que Miguel va a hacer algo y Ud. le explica que él prometió hacer algo diferente. La promesa debe ser original.

Modelo:　Miguel va a... llevar a su novia a la playa el sábado.
→ *Pero él prometió que iría conmigo al pueblo.*

Miguel va a...

1. alquilar una película de horror.

2. comer en casa de Armando.

3. ir al cine con dos amigos.

4. ver televisión toda la tarde.

5. jugar al tenis con su hermano.

6. bailar en la discoteca.

B. **En un restaurante.** Un/a compañero/a comenta lo que pasó en el restaurante y Ud. hace conjeturas originales para explicar la causa.

Modelo:　Alicia comió muy poco.
→ *No tendría apetito.*

1. Una señora entró caminando muy despacio.

2. A mí y a mis amigos nos dieron una mesa muy mala.

3. Alicia no pidió carne.

4. Había una señora que no podía leer el menú.

5. Pepe pidió una gaseosa de dieta.

6. El camarero cambió un vaso de la mesa contigua a la mía.

7. Un joven estaba traduciéndole al camarero lo que decía un cliente.

8. Mi amigo Pepe intentó pagar con un cheque.

9. Uno de los clientes llamó al gerente.

10. En una mesa, un niño estaba llorando.

C. Su compañero/a de apartamento es muy directo/a, pero Ud. es una persona muy diplomática. Cambie las palabras en cursiva al condicional, para expresar de manera más suave lo que él/ella le dice a su casero (*landlord*) en la siguiente nota.

Señor Valdés: Le escribo para informarle que el horno de nuestro apartamento no funciona. Ud. *puede* reparar este horno, pero nosotros *preferimos* tener un horno nuevo. *Queremos* una cocina más moderna; por eso *deseamos* un horno de microondas. Ud. *debe* comprar uno, porque no *vale* la pena gastar en reparar un horno viejo.

USING THE FUTURE PERFECT AND THE CONDITIONAL PERFECT TO EXPRESS PROBABILITY OR CONJECTURE

The future perfect and the conditional perfect may also express probability or conjecture with relation to present perfect and past perfect time, respectively.

Future perfect:

Nadie contesta. ¿Se habrán ido ya?	*Nobody answers. I wonder if they have already left.*
Adolfo se habrá llevado el dinero.	*Adolfo probably has taken the money.*

Conditional perfect:

Nadie contestaba. ¿Se habrían ido ya?	*Nobody answered. I wondered if they had already left.*
Todos se preguntaban por qué Adolfo se habría llevado el dinero.	*They all wondered why Adolfo had taken the money.*

APLICACIÓN

A. Las preguntas de don Abelardo. Don Abelardo vive en un pueblo pequeño y es muy curioso. Exprese las preguntas que se hace don Abelardo sobre sus vecinos usando el futuro perfecto.

Modelo: ¿Quién marcaría sus iniciales en este árbol?
 → *¿Quién habrá marcado sus iniciales en este árbol?*

1. ¿Se mudarían ya los Pérez del rancho «Las azucenas»?
2. ¿Cuánto le costarían a doña Asunción los muebles que compró?
3. ¿Se casaría la hija de Jiménez que fue a estudiar a la ciudad?
4. ¿Se pelearía Jesusita con su novio?
5. ¿Perdería su casa la viuda de Domínguez?
6. Y si la perdió, ¿decidiría mudarse con sus hijos?
7. ¿Quién robaría el dinero del banco?
8. ¿Quién cortaría las flores del parque?

B. Impresiones de viaje. Un viajero que recorrió en automóvil varias regiones rurales de Sudamérica, anotó en su diario las cosas que le parecían extrañas. Exprese esas preguntas, usando el condicional perfecto de los infinitivos que se dan.

1. En aquel pueblecito no había escuela, pero los doce hijos de Tomás sabían escribir. Me pregunté dónde (enseñarles).
2. Cuando la mujer de Tomás estuvo enferma, él la había llevado al hospital de la ciudad. ¡Eran tan pobres! ¿Cómo (pagar) el viaje?

3. La semana anterior, Tomás había vendido varias mantas en el mercado. Me preguntaba cuánto (ganar).

4. Un día, fui con Tomás al mercado y lo oí hablar unas palabras en inglés con los turistas. ¿Cómo (aprender) inglés en aquel lugar remoto?

5. En el mercado vi a dos jóvenes campesinos con camisetas que decían «New York». ¿Dónde (comprarlas)?

6. Todas las familias del pueblecito vivían muy pobremente. Me pregunté por qué el gobierno no (hacer) ya algo por ellos.

DEBER DE AND *HABER DE* TO EXPRESS CONJECTURE AND PROBABILITY

There are two other ways of conveying suppositions and approximations in Spanish.

1. **deber de***

Adolfo llegó solo al pueblo. No debía de tener familia.	*Adolfo arrived in town alone. He probably didn't have a family.*
Debe de haberse perdido en la ciudad.	*He must have got lost in the city.*

2. **haber de****

Francisquita ha de haberse casado con Víctor por complacer a sus padres.	*Francisquita must have married Víctor to please her parents.*
Mi compañero de cuarto ha de estar durmiendo, porque se oyen ronquidos.	*My roommate must be sleeping because you can hear snoring.*

APLICACIÓN

Traduzca sin usar ni **probablemente** ni **me pregunto**.

Juan y María, two gossips, have just attended the second marriage of a famous American actress and a European politician.

JUAN: I wonder if she's already expecting.

MARÍA: She probably is. (*Emplee* **deber de**.)

JUAN: I wonder how they met.

MARÍA: It must have been during his recent visit to Hollywood.

JUAN: No, they had probably met before, while he was still married.

MARÍA: Your friend Gertrudis probably told you that. She must be the biggest gossip in town. (*Emplee* **haber de**.)

---

*In modern Spanish the **de** is sometimes omitted.

**This usage is common in Spanish America, especially in Mexico.

Sección léxica

Ampliación: Vocabulario comercial

En vista de que la sección *Para escribir mejor* trata de cartas tanto personales como comerciales, conviene repasar con anticipación el vocabulario relacionado con los negocios. Las listas que se dan a continuación contienen palabras de uso muy común en los bancos y en el mundo comercial en general. Aprenda las que no sepa, y luego aplíquelas en los ejercicios que siguen.

El banco

el balance	*balance*
la banca	*banking* (as an institution)
el billete	*bill* (*bank note*)
el/la cajero/a	*teller*
el capital	*principal; capital*
la cifra	*figure, number*
la compañía	*company*
cotizarse	*to be quoted*
la cuenta corriente (de cheques)	*checking account*
la cuenta de ahorros	*savings account*
el cheque	*check*
la chequera	*checkbook*
el cheque sin fondos (sobregirado)	*overdrawn check*
el crédito	*credit*
la fianza	*guarantee*
el efectivo; en efectivo	*cash; in cash*
el endoso	*endorsement*
el giro	*draft*
la hipoteca	*mortgage*
el interés	*interest*
la inversión	*investment*
la letra	*draft*
la mensualidad	*monthly payment*
la moneda	*currency; coin*
la operación	*transaction*
el pagaré	*I.O.U.*
la planilla	*application* (*form*)
el préstamo	*loan*
la quiebra; declararse en quiebra	*bankruptcy; to declare bankruptcy*

el saldo	*balance*
el sobregiro	*overdraft*
la sucursal	*branch* (*commercial*)
el tipo de cambio	*exchange rate*

El comercio en general

la acción	*stock*
el/la accionista	*stockholder*
a plazos	*in installments, on time*
el/la apoderado/a	*manager; person with power of attorney*
la bolsa	*stock exchange*
la caja chica (de menores)	*petty cash*
el/la comerciante	*tradesman, tradeswoman, merchant*
el/la consumidor/a	*consumer*
al contado	*in cash* (as opposed to *in installments*)
el/la contador/a público/a	*public accountant*
la contribución, el impuesto	*tax*
el contrato de arrendamiento	*lease*
el/la corredor/a de bienes raíces	*real estate broker*
la empresa	*company*
la firma	*signature; commercial firm*
la ganancia	*gain, profit*
el inventario	*inventory*
el mercado; comercializar	*market; to market*
la mercancía	*merchandise*
el/la notario/a público/a	*notary public*
el pago adelantado	*advance* (*payment*)
la pérdida	*loss*
el plazo	*deadline*
el seguro	*insurance*
la sociedad anónima	*corporation* (*Inc.*)
el/la socio/a	*partner, associate*
el sueldo	*salary*
el/la tenedor/a de libros	*bookkeeper*
vencer	*to expire; to fall due*
el/la vendedor/a	*salesperson*

APLICACIÓN

A. **Conversaciones que se oyen en un banco.** Complete con las palabras apropiadas para que los diálogos tengan sentido.

1. JUANITO: Quiero solicitar un _____ para comprar un automóvil.

EMPLEADO: ¿Tiene trabajo fijo y crédito establecido? Si no, necesitará darnos una _____ o conseguir una persona que lo garantice.

JUANITO: Tengo trabajo y crédito. Además, mi padre puede firmar si es necesario. Él ha hecho varias _____ de negocios con este banco, pero no aquí, sino en la _____ de la calle de Atocha.

EMPLEADO: Muy bien. Puede llenar esta _____.

JUANITO: Si pido cincuenta mil pesos, ¿de qué cantidad será la _____ que tendré que pagar?

EMPLEADO: De unos $1.700. Parte de esa cantidad es para los intereses, y la otra parte cubre el _____.

2. SR. SMITH: Para enviar dinero a España necesito hacer un _____, ¿verdad?

CAJERO: Sí, es la mejor manera.

SR. SMITH: ¿Podría decirme cuál es la _____ de España, y a cómo se _____ en dólares?

CAJERO: El euro. La cotización ahora es de _____ por dólar.

3. SRTA. CORTÉS: Quisiera abrir dos cuentas: una _____ y otra de _____.

EMPLEADA: En seguida, señorita. Llene Ud. esta _____ con sus datos.

SRTA. CORTÉS: ¿Qué _____ pagan Uds. por los ahorros?

EMPLEADA: El uno por ciento si la _____ del _____ es menor de $5.000.

SRTA. CORTÉS: Voy a depositar este cheque de $200 en la cuenta de ahorros. El depósito de la cuenta corriente será en _____. Aquí tiene Ud. $500 en cinco _____ de a cien.

EMPLEADA: El cheque no tiene _____ detrás. Fírmelo, por favor. Después vaya al _____ de la izquierda. Él se ocupará de sus depósitos.

SRTA. CORTÉS: Tengo una pregunta. Mis cheques... ¿podrían ser rosados? Me gustaría una _____ rosada también.

EMPLEADA: Lo siento, señorita, sólo puede Ud. escoger entre el azul y el gris.

4. JACINTO: ¡Pobre Martínez! Ha perdido mucho dinero, porque ha hecho varias
_____ malas últimamente.

    MAURICIO: Sí, oí decir que tiene varios _____ vencidos y no ha podido pagarlos. Ha
dado además varios cheques sin _____.

    JACINTO: Me dijeron también que piensa hacer una segunda _____ sobre su casa.

    MAURICIO: Ésa sería una solución para no tener que declararse en _____.

B. Identifique la palabra a que se refiere cada una de las siguientes definiciones.

1. persona que garantiza que la firma de un documento es auténtica

2. antónimo de _pérdida_

3. manera de pagar poco a poco una deuda

4. documento que firmo cuando alquilo un apartamento

5. inversión con la que varios individuos participan en una compañía

6. persona que representa a otra legalmente

7. dinero que recibe periódicamente un empleado por sus servicios

8. compañía formada por accionistas

9. lista de la mercancía que hay en un negocio o tienda

10. persona que vende casas y edificios

C. Escoja diez palabras de la lista de _El comercio en general_ (página 288) y defínalas en español. Puede utilizar un diccionario como ayuda, pero trate de usar sus propias palabras.

_____

Distinciones: Distintos significados y usos de la palabra cuenta

En la lectura aparecen **darse cuenta de** y **de su propia cuenta** y en la _Ampliación_ hay otros casos del uso de **cuenta**, como **cuenta corriente** y **cuenta de ahorros.** A continuación examinaremos los usos más comunes de esta palabra.

1. Algunos significados del sustantivo **cuenta.**

    a. **cuenta** = _account_

Quiero abrir una cuenta de ahorros en este banco.	_I want to open a savings account at this bank._
Cárguelo todo a mi cuenta.	_Charge everything to my account._

b. **cuenta** = *check; bill*

El camarero nos traerá la cuenta.	*The waiter will bring us the check.*
No hemos pagado la cuenta del teléfono.	*We haven't paid the phone bill.*

c. **cuenta** = *count*

El estudiante se equivocó tanto, que el profesor perdió la cuenta de sus errores.	*The student made so many mistakes that the professor lost count of his errors.*
La cuenta atrás del satélite ya ha empezado.	*The countdown of the satellite has now begun.*

d. **cuenta** = *bead*

Le regalé a mi abuela un collar muy bonito con cuentas de cristal.	*I gave my grandmother a very beautiful necklace with glass beads.*

2. Algunas expresiones con **cuenta(s):**

a. **a (por) cuenta y riesgo de uno** = *at one's own risk*

Si inviertes tu dinero en esa empresa, va a ser a tu cuenta y riesgo.	*If you invest your money in that company, it's going to be at your own risk.*

b. **a fin de cuentas** = *after all*

A fin de cuentas, ellos saben lo que hacen.	*After all, they know what they're doing.*

c. **ajustarle las cuentas a alguien** = *to give someone a piece of one's mind*

¡Qué lástima! Don Anselmo nunca pudo ajustarle las cuentas a Adolfo.	*What a pity! Don Anselmo was never able to give Adolfo a piece of his mind.*

d. **caer en la cuenta (de)** = *to realize, to catch on*

Cuando caí en la cuenta de que me habían mentido, era demasiado tarde.	*When I realized that they had lied to me, it was too late.*

e. **darse cuenta de** = *to realize, to notice, to be aware of*

Nos damos cuenta de lo importante que es la lengua española.	*We are aware of how important the Spanish language is.*

f. **en resumidas cuentas** = *in short*

En resumidas cuentas, tendremos que tener paciencia.	*In short, we'll have to have patience.*

g. **hacer (de) cuenta que** = *to pretend*

Haz de cuenta que no los viste.   *Pretend that you didn't see them.*

h. **más de la cuenta** = *too much, too many, too long*

Voy a tener problemas con el dinero a   *I'll have money problems at the end*
fin de mes, porque he gastado más de   *of the month because I have spent*
la cuenta.   *too much.*

i. **por (de) cuenta de uno** = *on one (at one's expense)*

Esta comida corre por mi cuenta.   *This meal is on me.*
Generalmente, los gastos de boda son   *Usually, the wedding expenses are paid*
de cuenta del padre de la novia.   *by the father of the bride.*

j. **presentar las cuentas del Gran Capitán*** = *to pad a bill or one's expense account*

Cuando mi tío volvió de su viaje de   *When my uncle returned from his*
negocios, presentó las cuentas del   *business trip, he padded his expense*
Gran Capitán y lo despidieron.   *account and was fired.*

k. **sacar la cuenta** = *to make the calculation*

No sé cuánto te debo. Tendremos   *I don't know how much I owe you. We'll*
que sacar la cuenta.   *have to figure it out (add it up, work it out).*

l. **tener (tomar) en cuenta** = *to bear in mind*

Ten en cuenta que muchos de los   *Bear in mind that many of the calves*
becerros no eran de don Anselmo.   *weren't Don Anselmo's.*

m. **trabajar por cuenta de uno** = *to be self-employed*

—¿Para qué compañía trabajas?   *"For what company do you work?"*
—No trabajo para una compañía;   *"I don't work for a company; I'm*
trabajo por mi cuenta.   *self-employed."*

---

*Se dice que Gonzalo Fernández de Córdoba (conocido como «el Gran Capitán») les presentó a los Reyes Católicos una lista falsa de sus gastos durante una expedición.

APLICACIÓN

Complete de manera original, usando las palabras **cuenta/cuentas**.

1. Como uso mucho el aire acondicionado, mi _____ de electricidad es siempre muy alta.

2. El joven llegó a su casa borracho y el padre lo estaba esperando para _____.

3. Eres demasiado inocente y crédula. Inés te dijo varias mentiras y tú no _____.

4. Hay mucha nieve y el camino está muy peligroso. Si sales en el auto, lo harás _____.

5. Tuve que comprar una llanta nueva, cargar el acumulador y arreglar los frenos; _____ gasté mucho dinero.

6. Alberto es muy aburrido y habla demasiado. Por eso, cada vez que lo veo en la calle, _____ que no lo vi.

7. Sé cuál es el problema de Laura, pero no te lo digo porque vas a contárselo a todo el mundo. Tú hablas _____.

8. Mi novio repara computadoras, pero no está empleado en una empresa, él trabaja _____.

9. —Brenda y yo acordamos que yo pagaría la mitad de sus gastos, pero me presentó _____ tratando de cobrarme una suma astronómica. —¿Y tú le pagaste? —No, yo _____ otra vez, y el total correcto era la mitad de lo que ella quería cobrarme.

10. Si hay estudiantes hispanos en esta clase, el profesor debe _____ que para ellos estos ejercicios son más fáciles que para los estudiantes que no son hispanos.

11. —Le he repetido a Ernesto las instrucciones muchas veces, tantas que ya he perdido _____. —Pues no debes repetírselas más; _____, él tiene un manual y puede leerlas él mismo.

12. No me gustan los collares de _____ muy grandes.

13. Tengo _____ abierta en esta tienda, pero prefiero pagar al contado.

14. En España, muchos restaurantes incluyen la propina en _____.

15. No te preocupes si no tienes dinero; los gastos de esta noche corren _____.

Para escribir mejor

Las cartas

CARTAS COMERCIALES

1. *El formato*

Igual que en inglés, las cartas comerciales en español tienen dos posibles formatos, según donde comiencen las líneas y los párrafos: estilo bloque y estilo semibloque.

Estilo bloque   Estilo semibloque

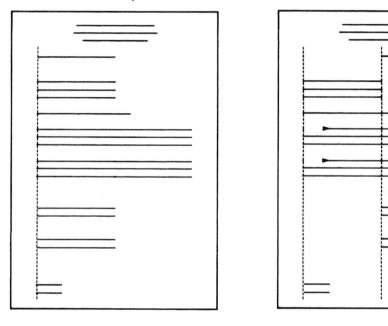

En las cartas en español, es común que el margen de la izquierda sea más ancho que el de la derecha o igual a éste, pero no más estrecho. A diferencia de lo que sucede en inglés, el margen de la derecha se trata de mantener en español lo más parejo posible. Esto es fácil de hacer hoy gracias a la computadora, que «justifica» los espacios si uno lo desea. Si Ud. no quiere «justificar» las líneas de su carta, tenga presente que frecuentemente deberá dividir las palabras para que el margen no quede muy disparejo y que, si la división en sílabas no es su fuerte, debe repasarla.

2. *Partes de una carta*

a. *La fecha*

Se escribe de cuatro a ocho líneas más abajo del membrete, según la longitud de la carta. Incluye lugar, día, mes y año, pero si el lugar se indica en el membrete, no es necesario repetirlo aquí. Recuerde que en español el día se pone antes del mes (**4 de junio, 2007**) y que los números ordinales no se usan en las fechas, con excepción del primero de mes, abreviado **1°** o **1ero: 1° de abril, 2007.**

En muchas ciudades hispánicas se ven buzones poco comunes, como el que aparece en esta foto. (©Peter Menzel)

b. *El nombre y la dirección*

Son los mismos del sobre. En España, es común usar **D., Dña. (don, doña)** además de cualquier otro título: **Sr. D. José Guzmán Landívar, Sra. Dña. Esperanza Barnet Vda. de Rondón.** Algunas abreviaturas comunes que se usan en los títulos son:

Admor.	administrador
Arq.	arquitecto
Cía.	compañía
D.	don
Dña.	doña
Dr., Dra.	doctor, doctora
Ema.	eminencia
Excmo.	excelentísimo
Genl.	general
Hno., Hna.	hermano, hermana
Hon. Sr. Pdte.	honorable señor presidente
Ilmo. (Ilo.)	ilustrísimo
Ing.	ingeniero
Ldo., Lda. (Lcdo., Lcda.)	licenciado, licenciada
Mons.	monseñor
Pbro.	presbítero
Rdo. P. (R. P.)	reverendo padre

Rda. M. (R. M.)	reverenda madre
S. E.	su excelencia
Sr., Sres.	señor, señores
Sra., Sras.	señora, señoras
Srta., Srtas.	señorita, señoritas
S. Sa.	su señoría (*for some dignitaries, like judges*)
Supertte.	superintendente
S. A.	sociedad anónima (*Inc., in English*)
S. de R. L.	sociedad de responsabilidad limitada (*Limited Liability Co.*)
Vda.	viuda

Algunas abreviaturas usadas en las direcciones son:

Avda., Av.	avenida	**E.P.M.**	en propia mano (*hand delivered*)
Apdo.	apartado (de correos)*	**izqo., izqa.**	izquierdo/a
dcho., dcha.	derecho/a	**No.**	número
Dpto.	departamento	**Prova.**	provincia

c. *La línea de atención*

Se coloca generalmente debajo de la dirección, y se usa cuando la carta va dirigida a una compañía, pero su contenido interesa a una persona en especial. Su abreviatura es **Atn.**

d. *La línea de referencia*

Va a la derecha, entre la dirección y el saludo. Se abrevia **Ref.**

e. *El saludo*

El saludo se escribe dos líneas después de la dirección. En inglés, las cartas informales utilizan una coma en el saludo; en español, se usan dos puntos siempre.

Algunas fórmulas comunes de saludo son:

Estimado/a/os/as + título

Apreciado/a/os/as + título

Distinguido/a/os/as + título

Honorable + título (para un presidente u otro dignatario)

El saludo tradicional **Muy Sr. (Sres.) mío(s) (nuestro[s])** todavía se usa, pero la tendencia moderna es de reemplazarlo por uno de los de la lista anterior.

f. *El cuerpo de la carta*

Una carta de respuesta comienza con un acuse de recibo. Algunas fórmulas tradicionales de acuse de recibo, que equivalen más o menos a *to be in receipt of*, son:

Acuso recibo de su atta. del 28 del mes pdo. ... (atta. = atenta carta; pdo. = pasado)

Recibí su atta. de fecha 15 del cte. ... (cte. = **corriente**, refiriéndose a este mes)

Acabo (Acabamos) de recibir su carta del 14 de octubre...

---

*En algunos países de Sudamérica se usa la palabra **casilla**.

Otros principios comunes, equivalentes a *in reply to your letter,* son:

> **En contestación a su carta del mes de enero p. pdo. ... (p. pdo. = próximo pasado).**
>
> **Me apresuro a contestar su carta de ayer 3 de febrero...**

Estas fórmulas pueden resultarle muy útiles si no sabe cómo comenzar, pero hoy en día se da preferencia a un estilo más personal. Es mejor comenzar indicando las razones por las que se escribe e introducir el acuse de recibo de modo casual en las primeras líneas.

> **Siento mucho no poder enviarle los informes que solicita en su carta del 6 de septiembre...**
>
> **Los libros que les pedí por correo el pasado mes de julio, han llegado a mi poder en malas condiciones...**
>
> **Estoy interesado en el empleo que Uds. anuncian en *El Sol* del pasado domingo...**
>
> **Tenemos el gusto de informarle que el crédito que solicitó en su carta del 10 de mayo...**

g. *La despedida o cierre*

Algunas expresiones tradicionales que su utilizan para terminar:

> **Muy agradecido/a por su atención, quedo de Ud(s). atte. (atentamente), S. S. (Su servidor/a),**
>
> **En espera de sus gratas noticias, quedo de Ud(s). atentamente,**
>
> **De Ud. atto/a. (atento/a) y S.S.,**
>
> **Quedamos de Ud(s). atte.,**
>
> **En espera de su contestación, me reitero su atto/a. S.S.,**
>
> **Sin más por ahora,**
>
> **Sin otro particular por el momento, quedo de Ud(s). S.S.,**
>
> **Respetuosamente, S.S.S., (Su seguro/a servidor/a),**
>
> **Queda suyo/a afmo/a. (afectísimo/a),**

h. *Iniciales, anexos o adjuntos y copias*

Las iniciales del que firma la carta y las del que escribe se colocan juntas en la parte inferior izquierda del papel, separadas por una raya diagonal. Dos espacios más abajo van los **anexos**, si los hay. Si se envían copias de la carta a otra(s) persona(s), el/los nombre(s) se escribe(n) al final, precedido(s) de **c.c. (con copia).**

Las iniciales **P.S. (post-scriptum)** usadas en inglés, pueden usarse también en español. Es más común, sin embargo, usar las iniciales **P.D. (posdata).**

i. *Recomendaciones generales*

Sea conciso y claro. Trate de ser amable y fino, aun cuando se trate de una carta de queja. Al final de este capítulo encontrará Ud. varios modelos de cartas, pero es imposible incluir un modelo para cada circunstancia que pueda presentarse en la vida real. Así que practique escribiendo el mayor número de cartas posible. La única manera de aprender a escribir buenas cartas, es escribiendo muchas.

¿Ha escrito Ud. alguna vez a una revista o periódico? La revista colombiana «Cromos» lo invita a expresar sus opiniones. ¿Sobre qué tema escribiría Ud. a esta revista?

CARTAS PERSONALES

El formato de las cartas personales es, obviamente, mucho más flexible que el de las cartas de negocios. Sin embargo, las siguientes listas de saludos y despedidas pueden resultar útiles.

Saludos:

(Muy) Estimado/Querido Fernando:	*Dear Fernando,*
Queridísima (Adorada) mamá:	*Dearest Mother,*
Amor mío:	*My love,*
Mi vida:	
Mi cielo:	

Las expresiones **Mi vida** y **Mi cielo**, muy comunes entre enamorados, no pueden traducirse al inglés. Por otra parte, no hay equivalentes en español para palabras como *Honey, Sweetheart, Darling,* etc.

En algunos países y sobre todo en el Caribe, las palabras **negro/a, negrito/a, chino/a, chinito/a** se usan como formas de tratamiento. Estas palabras expresan cariño y no tienen nada que ver con la raza de la persona.

Despedidas:

Afectuosamente,	*Affectionately,*
Cariñosamente, Con cariño,	*Fondly,*
Recibe el cariño de	*With love,*
Te besa y abraza	*A kiss and a hug,*
Muchos abrazos de	*Hugs from*
Siempre tuyo/a,	*Yours forever,*
Se despide de ti,	*Good-bye now,*
Tu novio/a que te adora,	*Your sweetheart who adores you,*
Recibe el eterno amor de	*With the eternal love of*
Con mucho amor de	*Much love,*

APLICACIÓN

A. Decida qué afirmaciones son ciertas y cuáles son falsas y corrija las falsas.

1. En español se usa una coma después del saludo en las cartas de tipo más familiar.

2. El margen de la derecha no debe ser más ancho que el margen de la izquierda.

3. Si la ciudad se indica en el membrete, no es necesario repetirla en la línea de la fecha.

4. Lo mismo que en inglés, *atención* se abrevia en español *Att.*

5. El saludo más usado hoy es *Muy Sr. mío.*

6. Una carta debe imitar la manera en que se hablaría a la persona.

7. La abreviatura *p. pdo.* significa *por pedido.*

8. En español nunca se escriben dos títulos seguidos antes del nombre.

9. Cuando se incluye algún otro papel adicional en una carta, se escribe la palabra *Anexo* en la esquina inferior izquierda.

10. No es recomendable explicar inmediatamente el motivo de la carta.

B. Identifique las abreviaturas.

1. R. P. Mendía
2. Valdés y Cía, S. A.
3. Estimado Sr. Admor.
4. P. D.
5. Hon. Sr. Pdte.
6. Recibí su atta. del 3 del cte.
7. Quedo afmo. S.S.S.
8. Hno.
9. Avda.
10. E.P.M.
11. Me reitero su atto. S. S.
12. Quedamos de Uds. atte.
13. Distinguida Lcda. Castillo
14. Apreciado Ing. Gutiérrez
15. S. E.
16. R. M. Mónica Pérez Gil
17. c.c.
18. No.
19. Prova.
20. Apdo.

C. Practique los saludos y despedidas de las cartas personales, escribiendo una breve carta a un amigo o familiar querido, a su novio/a, etc.

MODELOS DE CARTAS

Lea con cuidado los siguientes modelos de cartas. Los ejercicios de la página 305 y algunos de los *Temas para composición*, se basan en ellas.

1. **Modelo de carta comercial (de negocio a negocio)**

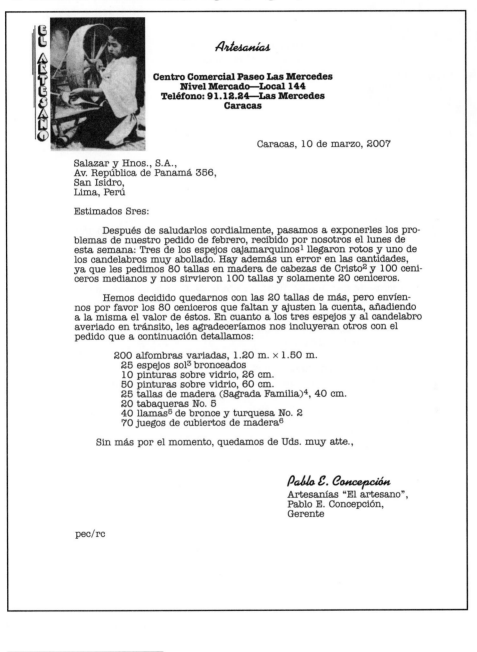

Artesanías

Centro Comercial Paseo Las Mercedes
Nivel Mercado—Local 144
Teléfono: 91.12.24—Las Mercedes
Caracas

Caracas, 10 de marzo, 2007

Salazar y Hnos., S.A.,
Av. República de Panamá 356,
San Isidro,
Lima, Perú

Estimados Sres:

Después de saludarlos cordialmente, pasamos a exponerles los problemas de nuestro pedido de febrero, recibido por nosotros el lunes de esta semana: Tres de los espejos cajamarquinos[1] llegaron rotos y uno de los candelabros muy abollado. Hay además un error en las cantidades, ya que les pedimos 80 tallas en madera de cabezas de Cristo[2] y 100 ceniceros medianos y nos sirvieron 100 tallas y solamente 20 ceniceros.

Hemos decidido quedarnos con las 20 tallas de más, pero envíennos por favor los 80 ceniceros que faltan y ajusten la cuenta, añadiendo a la misma el valor de éstos. En cuanto a los tres espejos y al candelabro averiado en tránsito, les agradeceríamos nos incluyeran otros con el pedido que a continuación detallamos:

200 alfombras variadas, 1.20 m. × 1.50 m.
25 espejos sol[3] bronceados
10 pinturas sobre vidrio, 26 cm.
50 pinturas sobre vidrio, 60 cm.
25 tallas de madera (Sagrada Familia)[4], 40 cm.
20 tabaqueras No. 5
40 llamas[5] de bronce y turquesa No. 2
70 juegos de cubiertos de madera[6]

Sin más por el momento, quedamos de Uds. muy atte.,

Pablo E. Concepción
Artesanías "El artesano",
Pablo E. Concepción,
Gerente

pec/rc

---

[1]Espejos típicos de la zona de Cajamarca en Perú.

[2,4]Los motivos religiosos son comunes en las artesanías hispanas.

[3]Espejos típicos peruanos con adornos que imitan rayos de sol.

[5]La llama, animal originario del Perú y Bolivia, es también un motivo común en la artesanía de estos países.

[6]Tenedor y cuchara grandes, propios para servir ensaladas.

2. Modelo de carta comercial (de negocio a cliente)

Metrocentro Sur 1240
San Salvador, El Salvador C.A.
Tel. 20 45 18

12 de diciembre de 2006

Sr. Luis Monteblanco
Cuscatancingo Calle Central
Casa #21
San Salvador

Ref.: Factura No. 397

Estimado señor:

Por tercera vez nos han devuelto, por falta de fondos, un cheque suyo por $8,000.00[1], que es el saldo que arroja su cuenta. Dicha devolución, unida a su silencio, empeora su situación y varía por completo la opinión que teníamos formada de Ud., como un buen cliente que siempre cumplía con sus obligaciones.

En vista de las circunstancias, nos vemos obligados a poner el caso en manos de nuestros abogados, para que ellos adopten las medidas pertinentes.

Le aclaramos que a su deuda de $8,000.00 hemos agregado la cantidad de $400.00, importe del cinco por ciento de interés por demora en el pago de la misma.

Atentamente,

Mueblería Imperial

Carmen Méndez Vda. de Fonseca
Carmen Méndez Vda. de Fonseca
Propietaria

CMF/ala

---

[1]El dólar americano es la moneda oficial de El Salvador desde 2001. Observe que en El Salvador, a diferencia de lo que sucede en la mayoría de los países hispanos, se escriben las cantidades igual que en los Estados Unidos, con una coma indicando los miles y un punto indicando los decimales.

3. Modelo de carta para solicitar empleo

Robert T. Williams
7507 Bender Dr.
Austin, Texas 78749
Fax (512) 999-4504

3 de mayo de 2007

Sr. Emilio García Soto,
Joyería *Miraflor*,
Avenida Morelos 25,
México, D.F.

Distinguido señor:

Por medio de su sobrino Pablito Guzmán, que es viejo amigo mío, he sabido que, a partir del próximo mes de septiembre, va a necesitar Ud. un tenedor de libros que trabaje por las tardes en su establecimiento, y deseo ofrecerle mis servicios.

Seguramente le sorprenderá que le escriba desde Texas. Permítame explicarle que pienso instalarme en México a mediados de junio. Voy a matricularme en dos cursos universitarios para extranjeros, pero como las clases son por la mañana, estaré libre para trabajar a partir del mediodía.

Como puede Ud. ver por esta carta, escribo bien el español. Lo hablo también bastante bien y, como pienso permanecer en México por lo menos un año, lo hablaré todavía mejor en el futuro.

Le incluyo mi hoja de vida. Como verá en ella, voy a graduarme este semestre de Bachiller en Administración de Negocios, con especialidad en Contabilidad. Si Ud. lo desea, puedo hacer además que una compañía local donde he trabajado le envíe una carta de recomendación.

Quedo en espera de su apreciable respuesta.

Afmo. y S.S.

Robert T. Williams
Robert T. Williams

Anexo: Hoja de vida

4. Modelo de carta personal

Boston, 12 de abril de 2008

Sra. Encarnación Camargo de Armas,
(Personal)
Financiera Bolívar, S.A.,
Calle 93A No. 18-20,
Bogotá, Colombia

Queridísima mamá:

Siento mucho no haber escrito en tres semanas, pero he tenido algunos problemas. Sé que le extrañará a Ud.[1] que le escriba a la dirección de la oficina y no a casa, pero no quiero que papá vea esta carta hasta que Ud. hable con él de lo que voy a contarle.

Como sabe, papá se oponía a que yo comprara carro cuando vine a estudiar a los Estados Unidos, por considerar que era peligroso. Pues tenía razón.

He tenido un accidente. No se asuste, no fue grave, aunque el carro quedó en bastante mal estado. Yo, gracias a Dios, no necesité quedarme en el hospital. Fue un milagro. Sólo me rompí dos dientes delanteros con el golpe, pero ya me los están arreglando. Por cierto, necesito $950 para el dentista. ¡Cómo se va a poner papá!

El otro problema que tengo se refiere al chofer del otro carro, que quedó destrozado, aunque el hombre solamente se partió un brazo. Ahora va a ponerme pleito, porque afirma que fue mi culpa, que la luz estaba en verde de su lado y que tengo que pagarle una indemnización grande, más el costo de su automóvil. Estará Ud. pensando que el seguro cubre todo esto. ¡Aquí es donde está verdaderamente el problema, pues se me olvidó pagarlo! Esto me tiene desesperado. No sé qué hacer. Por favor, mami, explíqueselo todo a papá con dulzura, porque se va a poner como un energúmeno.

Por lo demás, todo anda bien, incluyendo mis estudios. Le volveré a escribir pronto, informándole sobre la situación con el otro chofer. O tal vez es mejor que me llame Ud.

La quiere mucho su hijo,

Jairo

P.D. No es verdad lo de la luz, pero no puedo probarlo.

---

[1]En Colombia es común el uso de **Ud**. entre padres e hijos. El **tú** lo usan generalmente los jóvenes sólo con sus amigos de la misma edad.

APLICACIÓN

A. Escriba una carta similar a la número 3, dirigida a un negocio o compañía en un país hispano, donde Ud. ofrece sus servicios para trabajar por unos meses.

B. Conteste una de las cartas modelo como si Ud. fuera el/la destinatario/a.

C. Escriba una carta basándose en la siguiente situación:

Ud. acostumbra comprar por catálogo. Recibió su pedido equivocado y lo devolvió, pero la segunda vez volvieron a enviarle la mercancía que no era. Ud. escribe una carta de queja a la compañía.

D. Un amigo o una amiga suya va a casarse y Ud. está invitado/a a la boda, pero no puede asistir. Escriba una carta personal breve, excusándose y acompañando un regalo.

©Quino

TRADUCCIÓN

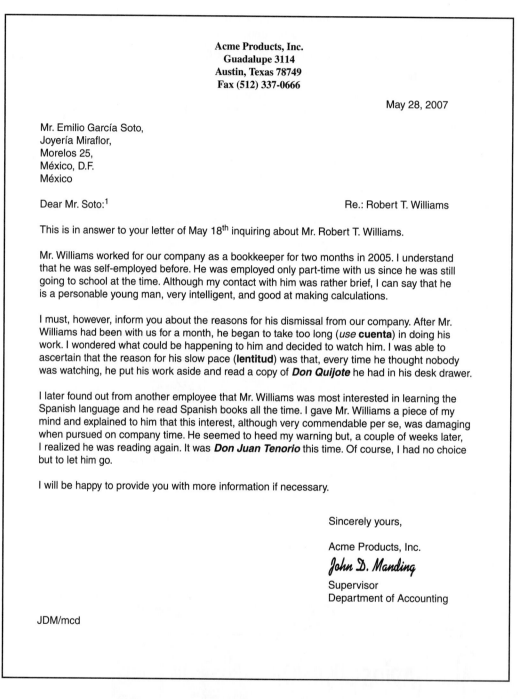

Acme Products, Inc.
Guadalupe 3114
Austin, Texas 78749
Fax (512) 337-0666

May 28, 2007

Mr. Emilio García Soto,
Joyería Miraflor,
Morelos 25,
México, D.F.
México

Dear Mr. Soto:[1]   Re.: Robert T. Williams

This is in answer to your letter of May 18th inquiring about Mr. Robert T. Williams.

Mr. Williams worked for our company as a bookkeeper for two months in 2005. I understand that he was self-employed before. He was employed only part-time with us since he was still going to school at the time. Although my contact with him was rather brief, I can say that he is a personable young man, very intelligent, and good at making calculations.

I must, however, inform you about the reasons for his dismissal from our company. After Mr. Williams had been with us for a month, he began to take too long (*use* **cuenta**) in doing his work. I wondered what could be happening to him and decided to watch him. I was able to ascertain that the reason for his slow pace (**lentitud**) was that, every time he thought nobody was watching, he put his work aside and read a copy of *Don Quijote* he had in his desk drawer.

I later found out from another employee that Mr. Williams was most interested in learning the Spanish language and he read Spanish books all the time. I gave Mr. Williams a piece of my mind and explained to him that this interest, although very commendable per se, was damaging when pursued on company time. He seemed to heed my warning but, a couple of weeks later, I realized he was reading again. It was *Don Juan Tenorio* this time. Of course, I had no choice but to let him go.

I will be happy to provide you with more information if necessary.

Sincerely yours,

Acme Products, Inc.

John D. Manding

Supervisor
Department of Accounting

JDM/mcd

---

[1]Como el remitente de esta carta es norteamericano, no sabe que el apellido paterno de don Emilio no es Soto. Use el apellido correcto en su versión española.

TEMAS PARA COMPOSICIÓN

1. **La carta del Sr. Manding.** ¿Cree Ud. que hizo bien él en escribir esta carta? ¿Hizo bien Robert Williams en pedirle a Manding una recomendación? ¿Deben ser completamente sinceros los que escriben una carta de recomendación? ¿Empleará el propietario de la Joyería Miraflor a Williams? ¿Lo emplearía Ud.?

2. **Un buen jefe o una buena jefa.** Explique lo que Ud. considera un buen jefe o una buena jefa. ¿Preferiría Ud. que su jefe fuera hombre o mujer? ¿Por qué? Explique lo que debe y lo que no debe hacer un buen empleado.

3. **El diálogo entre la señora de Armas y su esposo.** Lea otra vez la carta que aparece en la página 304 y escriba un diálogo entre la madre y el padre de Jairo, basándose en su contenido. La madre tratará de defender a su hijo, pero... ¿y el padre? ¿Cómo reaccionará cuando ella le cuente lo sucedido?

4. **La vida futura de Adolfo.** Haga conjeturas sobre lo que hizo Adolfo después de huir con el dinero. ¿Adónde fue y cómo vivió? ¿Tendría problemas con la ley? ¿Volvería a robar? Explique si sus conjeturas tienen alguna base.

5. **La confesión de Adolfo.** Imagine que Adolfo se siente mal por haber sido ingrato y decide confesarle a don Anselmo los verdaderos motivos de su actuación. ¿Por qué habrá robado ese dinero? ¿Cómo reaccionaría don Anselmo en un caso así? ¿Perdonaría a Adolfo? ¿Por qué (no)?

Día de mercado en Guatemala. Éste es uno de los mercados que se describen en la lectura, donde miles de personas se reúnen muy temprano para comprar y vender una inmensa variedad de mercancías. (©Paul Edmondson/Stone/Getty Images)

Lectura

Introducción

Este artículo, de Cristina Morató, se publicó en la sección de viajes del periódico español *El Mundo*. La autora nos describe los mercados de Guatemala, llenos de color, y nos habla también de las costumbres indígenas, que unen las ceremonias católicas con los antiguos ritos de la religión maya. En el artículo se describen además los hermosos paisajes de ese país montañoso y volcánico.

La lectura termina de manera abierta, en un pueblecito montañoso y poco conocido, y la autora afirma que es entonces que ha llegado al verdadero corazón maya.

La autora menciona en su artículo el *Popol Vuh*, llamado «Biblia de los mayas», cuyos manuscritos fueron destruidos por los conquistadores, quienes querían borrar el pasado para convertir más fácilmente a los indígenas al catolicismo.

Irónicamente, fue un sacerdote, Francisco Ximénez, quien en 1702 encontró una copia del *Popol Vuh* escrita en quiché y la tradujo al español. A través de los años, la traducción de Ximénez ha pasado por muchas manos, y en la actualidad se encuentra en la Biblioteca Newberry, en Chicago.

La llamada «Biblia maya» está dividida en tres partes. En la primera parte se explica el origen del hombre, cuya carne los dioses formaron con maíz. Los dioses hicieron tres intentos, y fue sólo en el cuarto que consiguieron crear al ser humano. El novelista guatemalteco Miguel Ángel Asturias se inspiró en este episodio para su novela *Hombres de maíz*. La segunda parte del *Popol Vuh* trata del tiempo anterior a la creación y narra las aventuras míticas de dos dioses gemelos: Hunahpú y Xbalanqué. La tercera parte es una historia del pueblo quiché (maya) hasta la llegada de los conquistadores.

La ruta de los mercados mayas

En el interior de la iglesia de Santo Tomás Chichicastenango, Guatemala, una anciana maya cubre el suelo con ramas de pino y se dispone a orar° a sus santos protectores. Enciende varias velas de distintos colores, al pie del altar deposita panochas° de maíz
5 y una botella de aguardiente° al tiempo que murmura° una oración en lengua quiché. Fuera, en las escalinatas°, los líderes espirituales de los indígenas, llamados chuchkajaues, balancean interminablemente sus incensarios de copal°, mientras recitan ensalmos° en honor del antiguo calendario maya y de sus
10 antepasados enterrados bajo el suelo de la iglesia.

Pero los empinados° escalones° de piedra de Santo Tomás sirven también como escenario de uno de los mercados más concurridos y coloristas de Guatemala. Todos los jueves y domingos, la plaza central de esta aldea del Quiché se llena de improvisados tenderetes°.
15 Chichicastenango, encaramado° sobre la ladera de una colina, es uno de los pueblos más activos del Altiplano° y tiene una masiva afluencia° de turistas. Su nombre en quiché significa lugar

Glosses (right margin):
rezar
mazorcas
licor fuerte, hecho generalmente con caña de azúcar / *whispers*
escaleras exteriores
resina de un árbol
spells

steep / steps

puestos (*stands*)
subido
high plateau
abundancia

de los chichicastes, que es una variedad de ortigas° muy
urticantes° que se encuentran en esa región y con las que es mejor
no tropezarse. A sus habitantes se les apoda «mashenos» y
mantienen con orgullo sus tradiciones y ritos ceremoniales. Este
pueblo de montaña, fundado por los españoles en 1540 con la
ayuda de los misioneros dominicos, conserva aún buena parte de
su encanto colonial.

Las estrechas callejuelas empedradas° convergen en una amplia
plaza custodiada° por la iglesia de Santo Tomás y la capilla° del
Calvario. Para los quichés, Chichicastenango es su ciudad sagrada,
porque fue donde se encontró el manuscrito del *Popol Vuh*, la Biblia
de los mayas, que narra cómo el hombre fue creado a partir del
maíz. Las autoridades eclesiásticas permiten que todavía hoy se
sigan practicando en la iglesia de Santo Tomás —construida sobre
las ruinas de un antiguo templo— las ceremonias que datan del
siglo XVI y cuyo origen se debe al sincretismo de las religiones
católica y maya.

Es día de mercado en Chichi° y los comerciantes, desde primeras
horas de la madrugada, ocupan toda la plaza central y sus calles
adyacentes con sus pesados fardos°. Lentamente extienden en el
suelo frutas y verduras como un auténtico arco iris°, mientras en los
tenderetes otros indígenas instalan las artesanías tan apreciadas por
los turistas: las máscaras rituales de madera, los textiles elaborados
a mano, las mantas° de lana, los chales° de seda, se amontonan°
entre cientos de antigüedades, imágenes de santos y piezas
precolombinas. Al mediodía, el mercado es ya un hervidero° de
gente dedicada con fervor al arte del regateo°, única manera de
sentar° la base de los precios. Es pues el momento de buscar refugio
en los frescos patios de algunos de sus hoteles coloniales y
aprovechar para degustar° los deliciosos platillos locales, como el
popular lomito° de ternera a la barbacoa acompañado de frijoles.

Desde Chichicastenango, rumbo° al norte, la ruta de los
mercados conduce a la región Quiché, habitada en su mayoría por
población indígena. En medio de una impresionante geografía de
valles solitarios, suspendidos a más de 3.000 metros de altitud,
campos de maíz y colinas tapizadas° de pinos, aparecen casas de
adobe y techo de paja°. Los mayas actuales°, descendientes de
aquellos sabios que predecían los eclipses, son un pueblo que ha
sido capaz de conservar sus lenguas, parte de sus costumbres y
rituales, así como su vestimenta° cargada° de simbolismo. En estas
latitudes es frecuente ver a las mujeres sentadas frente a sus rústicos
telares° mientras sus hijas hilan° a mano el algodón con el típico
huso de malacate°.

La ciudad de Quetzaltenango, fundada en 1524 por Pedro de
Alvarado, es el punto de partida para visitar los mercados más
interesantes, como el de San Francisco el Alto y Momostenango.
Cada viernes, mestizos° e indígenas llegan de las más remotas
aldeas para ofrecer e intercambiar sus productos como hicieron
antaño° sus antepasados. Poco conocido por los turistas, este

---

Líneas 18–19: *nettles* / *that produce a rash*

Líneas 25–26: pavimentadas con piedra / protegida / iglesia pequeña

Líneas 35–36: abreviatura de Chichicastenango

Línea 37: bultos o sacos

Línea 38: *rainbow*

Línea 41: *blankets / shawls / pile up*

Líneas 43–44: muchedumbre ruidosa / *haggling* / establecer

Líneas 47–48: probar / *loin* / con dirección

Líneas 53–54: cubiertas / *straw* / de hoy

Líneas 57–58: ropa / llena

Líneas 59–60: *looms / spin* / **huso...** *type of spindle*

Líneas 64–66: personas que son mezcla de indio y español / en el pasado

1. Celebración de la Semana Santa en la ciudad de Antigua, Guatemala, a 45 [...]e cubren de hermosas alfombras como ésta, hechas con gran paciencia y arte[...] de muchos colores. Observe a los hombres vestidos de guerreros romanos qu[...] procesión. (©ORLANDO SIERRA/AFP/Getty Images News and Sport)

2. Chac, el dios maya de la luvia, tiene una antorcha en a mano como símbolo de su poder. Esta estatua está en las ruinas de Copán, en Honduras, consideradas por la UNESCO patrimonio universal. ©Robert Francis/Robert Harding World Imagery/Getty Images)

3. [...]
gra[...]
Tika[...]
esc[...]
mu[...]
(©D[...]
Ima[...]

4. Esta figura de terracota guatemalteca pertenece al período clásico maya (300–900). Se usaba para quemar incienso. (©Museo Nacional, Guatemala City, Central America/The Bridgeman Art Library/Getty Images)

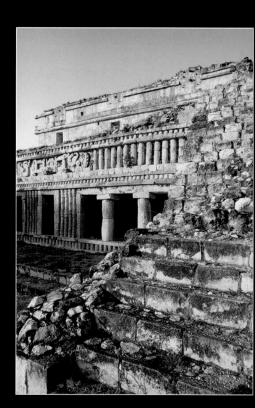

5. Ruinas del Palacio de Sayil, Yucatán. (©Michael Townsend/Photographer's Choice/Getty Images)

6. Plaza de las Monjas y Pirámide del Mago en las ruinas mayas de Uxmal, México. (©altrendo travel/Getty Images.)

mercado, distante sólo 20 kilómetros de la ciudad, es el más grande
del Altiplano y uno de los más reputados de América Central. El
pueblo descansa a 2.610 metros de altura, rodeado de cerros°   montañas pequeñas
70 abruptos y montañas, donde abundan las cascadas. Desde la plaza
central en un día claro se divisan° como telón de fondo° los   **se...** se pueden ver /
majestuosos volcanes de Santa María y Cerro Quemado. La bruma°   **telón...** *background*
envuelve de madrugada sus calles adoquinadas°, al tiempo que los   niebla / *paved with*
primeros vendedores llegan de sus respectivas aldeas a pie, cargando   *cobblestones*
75 en sus espaldas pesados sacos de azúcar y maíz, o caminando junto a
sus cabras y cerdos, que llevan atados de un cordel.
    En San Francisco el Alto aún se practica el trueque° y los   *barter*
vendedores hablan en términos de onzas y libras*. El mercado rodea
la iglesia colonial y cada producto ocupa su parcela° precisa: aquí los   espacio de terreno
80 panes° de sal o de azúcar (panelas), más allá las flores, el incienso y   bloques o barras
las especias (achiote°, canela, pimientos frescos y desecados). En las   bija (*annatto*)
mesas centrales se amontonan pilas de telas, y detrás de la iglesia
estalla° el colorido de los puestos de frutas y verduras. Sin embargo,   *bursts out*
lo más tradicional de San Francisco el Alto es su curioso mercado de
85 animales, que tiene lugar ese mismo día en una gran explanada. Aquí
se pueden comprar desde gatos y perros, hasta bueyes, vacas, mulas y
hermosos pavos en un ambiente de lo más° festivo. No muy lejos, el   **de...** muy
mercado de Momostenango es conocido por sus excelentes artesanías
de lana que se elaboran como en tiempos de la conquista. Son
90 famosos sus ponchos, alfombras, mantas, tapices° y bufandas que se   *tapestries*
ponen a la venta los miércoles en su plaza central.
    Más al norte, la ruta se hace cada vez más difícil, y en la época de
lluvias, es sólo apta para vehículos de doble tracción. Aun así,
merece° la pena visitar uno de los pueblos más fascinantes de esta   vale
95 región: San Mateo Ixtatán. En esta apartada aldea habitan los
indígenas chuj, que trabajan desde tiempos inmemoriales la sal. Su
pequeño mercado permite conocer la original vestimenta de las
mujeres, que lucen°, como verdaderas reinas, largas túnicas de   llevan de manera elegante
algodón bordadas° en su parte central con motivos geométricos en   *embroidered*
100 forma de sol. Hemos llegado al auténtico corazón maya.

APLICACIÓN

A. Vocabulario

Complete las oraciones escogiendo la palabra apropiada de la lista que se da debajo.

1. Para llegar al templo había que subir más de cien _____. Era difícil subir, pues además,

   la escalinata era muy _____.

2. Desde temprano, la plaza es un _____ de gente y están instalados los _____ donde se

   venden variadas mercancías.

---

*La escritora, una española, se sorprende de que en los mercados no se usen kilogramos como en España. Pero lo cierto es
que en muchos países hispanoamericanos se pesa por libras, aunque se miden las distancias en kilómetros.

3. Los pobres vendedores bajan de los _____ cargando _____ muy pesados.

4. Muchas veces, los indígenas no usan dinero para comprar, pues practican el _____, o sea, intercambian mercancías.

5. En el pueblo hay una iglesia principal y varias _____, y los indígenas mayas todavía _____ a sus dioses en ellas, como se hacía _____.

6. En el puesto compré un _____ para la sala y un _____ para mi esposa, y después de mucho _____, los conseguí a muy buen precio.

7. En nuestro viaje _____ las montañas, podíamos _____ las casas de los campensinos, con paredes de adobe y techo de _____.

8. Después de la lluvia, se veía en el cielo un _____.

9. _____ en unas piedras, un vendedor gritaba, anunciando su mercancía.

10. Las mujeres hilaban en _____ con _____ y llevaban _____ con motivos geométricos.

11. Aunque muchos de los vendedores eran indios puros, había también _____.

12. Cuando hace frío, es conveniente tener una _____ de lana.

antaño / arco iris / bordado / capillas / cerros / chal / divisar / empinada / encaramado / escalones / fardos / hervidero / husos / manta / mestizos / oran / paja / regatear / rumbo a / tapiz / tenderetes / telares / trueque / vestimentas

B. Comprensión

1. ¿Qué hace en la iglesia la anciana maya?

2. ¿Qué hacen en el exterior de la iglesia los líderes espirituales de los indígenas?

3. ¿Qué hay los jueves y domingos en la plaza central de Chichicastenango?

4. ¿Qué otros mercados guatemaltecos modestos y remotos se mencionan?

5. ¿Por qué se llama así Chichicastenango?

6. ¿Por qué es Chichicastenango una ciudad sagrada?

7. ¿Cuáles son algunas de las cosas que se venden en el mercado de Chichicastenango?

8. ¿Qué es apropiado hacer al mediodía?

9. ¿Cómo son las casas de los mayas actuales?

10. ¿Qué han conservado los mayas de hoy?

11. ¿Qué llevan los vendedores al mercado de Quetzaltenango?

12. ¿Qué cosas se pueden comprar en el mercado de San Francisco el Alto? ¿Qué animales?

13. ¿Por qué es conocido el mercado de Momostenango?

14. ¿Cómo se visten las mujeres de San Mateo Ixtatán?

C. Interpretación

1. ¿Por qué es importante el primer párrafo? ¿Qué aprendemos a través de él de los mayas y sus costumbres?

2. ¿Cuál es la ventaja de que los días de mercado sean diferentes según el pueblo?

3. En su opinión, ¿qué influencia ha tenido la afluencia de tantos turistas en el mercado de Chichicastenango?

4. ¿Qué es sincretismo de religiones? ¿Cómo se ve este sincretismo en Guatemala?

5. En todos los mercados se practica el regateo. ¿Favorece esto al comprador, al vendedor o a ambos?

6. Desde el punto de vista humano, ¿qué impresión recibimos cuando leemos que los vendedores llegan a pie, cargando pesados sacos de azúcar y maíz?

7. ¿Por qué dice al final la autora: «Hemos llegado al auténtico corazón maya»?

D. Intercambio oral

1. **Los mayas de hoy.** El tiempo parece haberse detenido para los indígenas de Guatemala. ¿Es esto bueno o malo? ¿Viven estos indígenas una vida fácil o difícil? ¿Por qué? ¿De qué manera cambiaría Ud. la situación de ellos? ¿Qué cosas cambiaría si pudiera? ¿Por qué (no) las cambiaría?

2. **Los turistas.** Los turistas pueden clasificarse en diferentes grupos, por ejemplo, según los sitios que prefieren visitar. Hay turistas interesados en la historia y el arte, los hay compradores, los hay que lo comparan todo con su país de origen, etc. Los estudiantes comentarán las diferentes clases de turistas. ¿Por qué tienen tan mala fama muchos turistas norteamericanos?

3. **Preferencias personales al viajar.** ¿Es mejor visitar lugares exóticos y poco conocidos o visitar grandes centros turísticos y capitales? ¿Por qué? ¿Qué ventajas y desventajas hay en cada caso? ¿Qué inconveniente tiene visitar un país cuyo idioma no se conoce?

4. **Los compradores compulsivos.** ¿Cuáles son sus características? ¿Qué problemas tienen ellos? ¿Cuándo puede considerarse que el comprar es una adicción? ¿Son más compradores los hombres o las mujeres? ¿Compran los hombres y mujeres adictos a las compras diferentes clases de mercancía? ¿Se ha arrepentido Ud. alguna vez de haber comprado algo? ¿Qué cosa y por qué?

Vista panorámica de la ciudad de Guatemala. Al fondo se ven las montañas. (©Jorgen Schytte/Peter Arnold, Inc.)

Sección gramatical

Verbs Used Reflexively

Before discussing the passive voice later in this chapter, it will be helpful to examine the concept of *reflexive* verbs and verbs used *reflexively*.* Remember that a very common way to express the passive voice in Spanish is with a *reflexive* construction.

A verb is said to be reflexive when its action is directed back on the grammatical subject. (A simpler definition states that a Spanish verb is reflexive when it is used with an object pronoun—**me, te, se, nos, os, se**—of the same person as the subject of the verb.)

The principal reflexive uses of verbs are described below. Bear in mind that some of the subtleties of the reflexive can only be learned through years of experience with the language.

1 Some verbs are always used reflexively in Spanish.

arrepentirse (de)	*to repent, be sorry about (regret)*
atreverse (a)	*to dare*
jactarse (de)	*to boast*
quejarse (de)	*to complain*
Miguel se jacta de que no hay nada que él no se atreva a hacer.	*Miguel boasts that there is nothing that he doesn't dare to do.*
La turista se quejaba de que no tenía dinero, y se arrepentía de haber gastado tanto en el mercado.	*The tourist complained that she had no money and regretted having spent so much at the market.*

2 Transitive verbs are often used reflexively.

a. Many of these verbs show the following pattern: If the subject performs the act on someone else, the reflexive pronoun is not used (column **a**); if the subject is the person affected, the reflexive pronoun is used in Spanish, even though it may not be used in English (column **b**). Observe that the English translation differs in columns **(a)** and **(b)**.

(a)		**(b)**	
acostar	*to put to bed*	**acostarse**	*to go to bed*
divertir	*to amuse*	**divertirse**	*to have a good time, enjoy oneself*
llamar	*to call*	**llamarse**	*to be named*
sentar	*to seat*	**sentarse**	*to sit down*
Gloria sentó al nene en la mecedora y luego se sentó en el sillón cercano.		*Gloria sat the child in the rocker and then she sat down in the nearby armchair.*	
A veces los cómicos divierten al público pero ellos mismos no se divierten.		*Sometimes comedians amuse the public but they themselves do not have a good time.*	

---

*We retain the traditional terms *reflexive* and *reflexively* although in some cases they are less precise than *pronominal* and *pronominally*, translations of the Spanish **pronominal** and **pronominalmente**.

b. Often a Spanish transitive verb requires the reflexive pronoun when no other direct object is expressed.* Observe that in the following cases, the English translation is the same.

derretir(se)	*to melt*		**extender(se)**	*to extend*
detener(se)	*to stop*		**secar(se)**	*to dry*

Para hacer esa salsa, debe Ud. derretir la mantequilla primero.	*To make that sauce you should melt the butter first.*
Hacía mucho calor y el helado se derritió.	*It was very hot and the ice cream melted.*
El ranchero extendió el brazo para señalar el límite de sus tierras, que se extendían hacia el oeste.	*The rancher extended his arm to indicate the limit of his land, which extended toward the west.*
Si la ropa no se seca pronto, tendré que secarla en la secadora.	*If the clothes don't dry soon, I'll have to dry them in the dryer.*
Cuando detuve el coche en el paso a nivel, vi que un tren se detenía para no atropellar una vaca.	*When I stopped the car at the crossing, I saw that a train was stopping in order not to run over a cow.*

3 Numerous verbs—transitive and intransitive—acquire different meanings when used reflexively.

comer	*to eat*		**comerse**	*to eat up*
dormir	*to sleep*		**dormirse**	*to fall asleep*
ir	*to go*		**irse**	*to go away, go off*
llevar	*to carry*		**llevarse**	*to carry off*

Antonio se comió todos los frijoles.	*Antonio ate up all the beans.*
A Cristina le gusta dormir, pero con frecuencia le cuesta trabajo dormirse.	*Cristina likes to sleep, but frequently she has a hard time falling asleep.*

In other cases, the shift of meaning may not be translatable and/or may vary from one Spanish-speaking area to another. Some verbs that are not reflexive in Spain are used reflexively in Spanish America.

desayunar(se)	*to have breakfast*		**enfermar(se)**	*to get sick*
despertar(se)	*to wake up*		**morir(se)**	*to die*

(Me) desperté a las ocho y a las ocho y media desperté a mi hermanito.	*I woke up at eight o'clock and at eight-thirty I woke up my little brother.*

If we examine some of the differences between **morir** and **morirse**, the complexity of this problem becomes evident. **Morir** often refers to a death that occurs in an accident or under violent circumstances.

Muchos soldados murieron en la batalla.	*Many soldiers died in the battle.*
El niño murió en el incendio.	*The child died in the fire.*

---

*Recall what was said in Chapter 3 about the use of the *dative of interest* with verbs used reflexively.

Morirse expresses the idea *to die* (of natural causes), *to be dying, to be moribund.*

Hace días que el enfermo se muere.	*The sick man has been dying for days.*

Both **morir** and **morirse** can be used figuratively; the latter is found most often with human subjects.

A medida que mueren las costumbres viejas, nacen las nuevas.	*As old customs die, new ones are born.*
Nos morimos por ir a ese concierto.	*We are dying to go to that concert.*
Durante el espectáculo, Mariano se moría de (la) risa.	*During the show Mariano was dying of laughter.*

4   Many verbs are used reflexively when referring to actions that involve a part of the body or an article of clothing of the grammatical subject.

Al quitarse las botas, Enrique se lastimó el tobillo izquierdo.	*On removing his boots, Enrique hurt his left ankle.*

Note that the reflexive pronoun is not used when the action is purely voluntary and no external instrumentality (including another body part) is involved.

El niño cerró los ojos y extendió la mano para recibir el regalo de sorpresa.	*The child closed his eyes and extended his hand to receive the surprise gift.*

5   A number of verbs may acquire a causative meaning when used reflexively.

cortarse el pelo	*to have one's hair cut*
empastarse una muela (un diente)	*to have a tooth filled*
retratarse	*to have one's picture taken*
sacarse una muela (un diente)	*to have a tooth extracted*
Ayer Manuel se cortó el pelo porque iba a retratarse.	*Yesterday Manuel got a haircut because he was going to have his picture taken.*

APLICACIÓN

A. Añada un pronombre reflexivo si es necesario.

1. Con este calor, la nieve que cayó anoche _____ derretirá rápidamente.

2. Cuando los heridos _____ abrieron los ojos, vieron que estaban en el hospital.

3. Mi mamá me dijo que _____ acostara a mi hermanito.

4. Ellos siempre _____ arrepienten de sus malas acciones después de hacerlas.

5. Cuando el aire acondicionado no funciona bien, _____ quejamos.

6. Fui al dentista para empastar _____ un diente.

7. Después de comer _____, ella _____ puso el sombrero y _____ fue de la casa.

8. Si _____ comes todos esos bombones, vas a enfermar _____.

9. Cuando llegó el médico, el paciente ya _____ moría.

10. Ella es siempre la primera en levantar _____ la mano para contestar.

11. Si el profesor es aburrido, los alumnos _____ dormirán.

12. Antes de volar, el águila _____ extendió las alas.

B. **La visita de mis amigos.** Traduzca.

Last night I was dying to go to bed early because I had had a tooth extracted in the afternoon. However, when I was about to put on my pajamas, some friends arrived, explaining that they wanted to amuse me with several new jokes, so I didn't dare say anything. How could I complain in a case like this? I didn't get to sleep until after midnight, and my friends drank up all the beer and soda that I had in the house. They also took a gallon of ice cream, saying that they didn't want it to go to waste during my "illness."

IMPERSONAL USE OF *SE*

Se is found with the third-person singular of the verb (used intransitively) to mean *one, they, people, you* (indefinite).* This construction is similar to the reflexive substitute for the passive discussed on page 321, but is much less common.

Hoy día se habla mucho de los problemas sicológicos.	*Nowadays people talk a lot about psychological problems.*
En el campo se vive mucho más tranquilamente que en la ciudad.	*In the country one lives much more peacefully than in the city.*

In order to use a reflexive verb impersonally, one must add **uno/a** or **una persona**.

Si uno (una persona) se alaba constantemente, se aburren sus oyentes.	*If a person praises himself constantly, his listeners get bored.*

---

*It should be noted that the indefinite or impersonal English *you* is sometimes expressed in Spanish by **tú**, especially in the spoken language. Occasionally **usted** is also used in this way.

A veces en la vida (tú) trabajas mucho y no tienes éxito.	*Sometimes in life you work hard and you're not successful.*

APLICACIÓN

Actividades del fin de semana. Haga un comentario en cada caso usando oraciones impersonales con **se**. Añada **uno/a** si es necesario.

Modelo: *Nos divertimos* mucho en la boda de Pepe, pero *bebimos* demasiado.
   → *En las bodas **uno se divierte** mucho, pero a veces **se bebe** demasiado.*

1. Los sábados por la mañana, mi hermano y yo *nos entretenemos* cortando la hierba del jardín.

2. Otras veces, *vamos* de compras al supermercado.

3. Los sábados por la noche *me reúno* con amigos y *bailo* en la discoteca.

4. Como los sábados *me acuesto* después de medianoche, los domingos *me levanto* mucho más tarde que en los días de semana.

5. *Todos* en casa *comemos* mucho en el desayuno los domingos.

6. Mi familia es tradicional, por eso después del desayuno *todos asistimos* a los servicios religiosos.

7. Cuando *salimos* de la iglesia *conversamos* un rato con los vecinos.

8. Los domingos *almorzamos* en un restaurante.

9. Por la tarde, *mis hermanos y sus amigos juegan* al fútbol en el parque.

10. *Yo, si estoy* cansada, *me quedo* en casa; *duermo* la siesta o *me siento* a leer.

The Passive Voice

Speakers of Spanish and English have at their disposal two voices, or ways, to indicate the relation of the subject of the verb to the action expressed by the verb. In the active voice, the subject *performs* the action.

El Padre Francisco Ximénez tradujo el Popol Vuh.	*Father Francisco Ximénez translated the Popol Vuh.*

On the other hand, in the passive voice the subject is the *recipient* of the action.

El Popol Vuh fue traducido por el Padre Francisco Ximénez.	*The Popol Vuh was translated by Father Francisco Ximénez.*

The passive voice may be expressed in Spanish by means of various constructions.

THE TRUE PASSIVE (*SER* + PAST PARTICIPLE)

When an agent (performer) is expressed or strongly implied, **ser** is used with the past participle in Spanish, much as the verb *to be* is used in English with the past participle.

Esa profesora es admirada por casi todos sus estudiantes.	*That professor is admired by almost all her students.*

Me consta que ese batería será muy aplaudido por el público en su primer concierto.	*I'm sure that percussionist will be much applauded by the public in his first concert.*
En aquella época fueron construidas todas las casas de la cuadra.	*At that time all the houses on the block were built.*
Aquellos árboles han sido plantados en la última semana.	*Those trees have been planted during the last week.*

Observations:

1. The foregoing construction, which so closely parallels English usage, is much less frequently used in Spanish. Much preferred are the active and/or reflexive structures discussed below. The overuse of the true passive is regarded as a stylistic defect. Especially frowned upon is the use of the present progressive of **ser** + present participle, e.g. **El edificio está siendo construido por una empresa extranjera**. It is much better Spanish to say **Una empresa extranjera construye (está construyendo) el edificio**.

2. You must not use the true passive in Spanish when the English subject is an indirect object. In the sentence *We were given the bad news yesterday*, it is clear that *we* is an indirect object if the sentence is converted to the active voice: *They gave the bad news to us yesterday*. One should say either **Nos dieron la mala noticia ayer** or **Se nos dio la mala noticia ayer**.

THE INDEFINITE THIRD-PERSON PLURAL OF THE ACTIVE VERB

When the agent is not expressed or strongly implied, a very common equivalent of the English passive voice is the indefinite third-person plural of the active verb.*

In this construction, the subject in Spanish is not **ellos** or **ellas** but an unexpressed indefinite *they*. The English subject becomes the direct object in Spanish.

Admiran mucho a esa profesora.	*That professor is much admired. (They admire that professor a lot.)*
Me consta que aplaudirán mucho a ese batería en su primer concierto.	*I'm sure that percussionist will be much applauded in his first concert. (I'm sure that they will applaud that percussionist a lot in his first concert.)*
En aquella época construyeron todas las casas de la cuadra.	*At that time all the houses on the block were built. (At that time they built all the houses on the block.)*
Han plantado aquellos árboles en la última semana.	*Those trees have been planted during the last week. (They have planted those trees during the last week.)*

---

*The active structure exists in English, but is not used nearly so often as in Spanish. In the following examples, observe how the active voice is preferred in Spanish, whereas the passive is used in English.

A Maruja no le gusta que la critiquen.	*Maruja doesn't like to be criticized.*
Seguramente esta tarde echarán al correo los dos paquetes.	*The two packages will definitely be mailed this afternoon.*
Y ¿piensas tú que cuando nos morimos no nos piden cuenta de nuestras acciones? (Galdós, *Miau*, cap. 27)	*And do you think that when we die we are not asked for an account of our actions?*

THE APPARENT PASSIVE (*ESTAR* + PAST PARTICIPLE)

In English, the isolated sentence *Mario was wounded* can be interpreted two ways: (a) it could refer to an action in which someone wounded Mario or (b) it could refer to the state or condition that Mario was in as a result of the fact that someone wounded him.*

In Spanish, the first meaning is expressed by **ser** + past participle: **Mario fue herido**. The second meaning is not really a passive because no action is expressed and therefore **estar** + past participle is used: **Mario estaba herido**.

Cuando yo me mudé a esa cuadra, ya todas las casas estaban construidas.	*When I moved to that block all the houses were already built.*
Ya están plantados los árboles, ¿verdad?	*The trees are already planted, aren't they?*
El delincuente estuvo encarcelado de 1995 a 2005.	*The criminal was locked up from '95 to '05.*

Carefully observe the resultant states expressed in the following sentences.

El agua está compuesta de oxígeno e hidrógeno.	*Water is composed of oxygen and hydrogen.*
México está limitado al norte por los Estados Unidos y al sur por Guatemala.	*Mexico is bordered on the north by the United States and on the south by Guatemala.*
Las montañas estaban cubiertas de nieve.	*The mountains were covered with snow.*

In none of the above cases does the verb **estar** express an action taking place at the time indicated by the tense, which is a function of **ser** + past participle. In short, these examples only *look like* the passive voice.

APLICACIÓN

A. Vuelva a escribir los siguientes pasajes, formando oraciones de voz pasiva con los verbos que se indican.

Modelo: *Las campañas electorales fueron iniciadas* por los candidatos políticos hace varios meses.

1. Los candidatos políticos *iniciaron* las campañas electorales hace varios meses. Ya *han visitado* muchas ciudades y *visitarán* muchas más. Todos los días sus partidarios los *alaban*, mientras que sus adversarios los *condenan*. En algunos lugares, los ciudadanos los *han aplaudido* y, en otros, los *ha abucheado* el público. Muchos periódicos *recomiendan* a los candidatos preferidos, pero frecuentemente el público no *sigue* tales recomendaciones. Al final, los ganadores *celebrarán* su triunfo con grandes fiestas.

Modelo: *La telenovela que estoy viendo es transmitida* por el canal 47.

2. La telenovela que estoy viendo la *transmiten* por el canal 47. Se llama «Kassandra» y la *produjeron y filmaron* en Venezuela, aunque el guión lo *escribió* una escritora cubana. A esta señora, Delia Fiallo, la *conocen* mucho los hispanohablantes de los Estados Unidos porque es

---

*Some grammarians of English use the term *statal passive*, which corresponds to **estar** + past participle, and *actional passive*, which corresponds to **ser** + past participle.

autora de la mayoría de las telenovelas que se *importan* de Venezuela. Kassandra era una bebé de familia rica, pero la *robaron* de su cuna y la *cambiaron* por una niña gitana que había muerto. A Kassandra la *criaron* los gitanos. Ahora Kassandra es una joven muy hermosa y todos *admiran* su belleza. Un gitano de su tribu la *ama*, pero ella no *corresponde* al amor del hombre. Cuando el circo regresa a la ciudad natal de Kassandra, una criada de la familia *reconoce* a la joven a causa de su gran parecido con su madre. La novela no ha llegado a su final, pero estoy segura de que su familia le *devolverá* a Kassandra su fortuna y su nombre y de que la justicia *castigará* a la mujer culpable de que los gitanos la *hayan robado*.

B. En un mercado maya.   Exprese el estado resultante de los verbos de las siguientes oraciones. Observe que la mayoría de los verbos tienen complemento directo, pero algunos son reflexivos.

Modelo: La anciana colocó ofrendas al pie del altar.
→ *Las ofrendas estaban colocadas al pie del altar.*
Los domingos, los mercados se llenan de gente.
→ *Los domingos, los mercados están llenos de gente.*

1. La anciana cubrió el suelo con ramas de pino.
2. La anciana se arrodilló ante el altar.
3. La iglesia de Santo Tomás custodia la plaza.
4. Las autoridades eclesiásticas permiten el sincretismo de las religiones católica y maya.
5. Los comerciantes ocupan toda la plaza central.
6. Las mercancías se amontonan en el suelo.
7. El camarero ya sirvió los frijoles.
8. La población indígena habita la región de Quiché.
9. Las mujeres hilaron a mano las mantas.
10. Cerros y montañas rodean el pueblo.
11. Varios vendedores se sentaron en los escalones de piedra.
12. Las mujeres bordaron sus túnicas con motivos geométricos.

The Reflexive Substitute

In this construction, there are two different structures: one for things, animals, and groups of persons; another for individualized persons. Usually the agent is not expressed nor strongly implied.

1 Things, animals, and groups of persons

In this case, the English subject becomes the subject of the Spanish active verb used with **se**. If the subject is singular, the verb is singular; if the subject is plural, the verb is also plural.*

En aquella época se construyeron todas las casas de la cuadra.	*At that time all the houses on the block were built.*
Ese árbol se plantó el verano pasado.	*That tree was planted last summer.*
Se llevaron al laboratorio las ratas que se habían comprado el lunes.	*The rats that had been bought on Monday were taken to the laboratory.*

---

*When a group of persons is the subject, some grammarians apply the term **cosificación** to this structure.

Se seleccionarán varias jóvenes para una prueba de cine.	*Several young women will be selected for a screen test.*
Los maestros recién graduados se enviaron a la nueva escuela.	*The recently graduated teachers were sent to the new school.*
No se permiten niños pequeños en el hospital.	*Small children are not allowed in the hospital.*

Observations:

In this construction, the verb most often precedes the subject. However, the subject may precede if it is modified by a definite article, a demonstrative, or a possessive. Thus it is correct to say **Las casas se construían con madera** (but not **Casas se construían con madera**); **Aquellos árboles se han plantado recientemente** (but not **Árboles se han plantado recientemente**).

Occasionally the agent may be expressed with the reflexive passive as it is with the true passive.

Estos libros se venden por todos los libreros.	*These books are sold by all booksellers.*

2   Individualized person(s)

When the English subject is an individualized persons, the reflexive passive permits the use of **se** + third-person singular of the verb only and the English subject becomes the Spanish direct object.

Se admira mucho a esas dos profesoras.	*Those two professors are much admired.*
Se aplaudirá a ese batería.	*That percussionist will be applauded.*

Note the use of the personal **a** in the preceding examples.

   a.   If direct object pronouns are required, the preferred forms of the third person are **le, les, la, las**. However, many native speakers, especially in Spanish America, avoid the construction involving reflexive and feminine direct object pronouns.

Se la admira mucho.	*She is much admired.*
Se le aplaudirá mucho.	*He will be much applauded.*

   b.   If a direct object noun precedes **se**, a redundant pronoun is added between **se** and the verb. Again the third-person pronouns used are **le, les, la, las**.

A Andrés se le castigará por haber tomado el auto sin permiso.	*Andrés will be punished for having taken the car without permission.*
A Sarita se la premió por haber salvado al niño que se ahogaba.	*Sarita was rewarded for having saved the drowning boy.*

RECAPITULATION

1   If the subject is thing(s), animal(s), or group(s) of persons, use **ser** + past participle if the agent is expressed or strongly implied.

Esas canciones fueron compuestas por el cantautor José Feliciano.	*Those songs were composed by the singer-composer José Feliciano.*

If the agent is not expressed or strongly implied, use

    a. the reflexive substitute with agreement of subject and verb,

Se compusieron esas canciones el año pasado.	*Those songs were composed last year.*

    b. or, the impersonal third-person plural of the active verb.

Compusieron esas canciones el año pasado.	*They composed those songs last year.*

2 If the subject is an individualized person or persons, use **ser** + past particle if the agent is expressed or strongly implied:

Esos dos senadores no serán invitados a la Casa Blanca por el presidente.	*Those two senators will not be invited to the White House by the president.*

If the agent is not expressed or strongly implied, use

    a. the impersonal third-person plural of the active verb,

No invitarán a esos dos senadores a la Casa Blanca.	*They won't invite those two senators to the White House.*

    b. or, less frequently, the reflexive substitute with **se** + third-person singular of the active verb.

No se invitará a esos dos senadores a la Casa Blanca.	*Those two senators won't be invited to the White House.*

APLICACIÓN

A. Transforme las oraciones de la voz pasiva a la activa, como se hace en el modelo.

Modelo: La carta fue echada al correo por Gustavito.
           → *Gustavito* **echó** *la carta al correo.*

1. La moción había sido adoptada por los congresistas en la sesión anterior.
2. El turista fue recibido amablemente por los nativos.
3. La operación fue hecha con mucha destreza por el cirujano.
4. El premio es concedido por un jurado muy distinguido.
5. El problema fue resuelto en 2004 por un profesor suizo.
6. Es probable que ese loco sea enviado a un manicomio por las autoridades.
7. Salvador Dalí es muy admirado por los amantes de la pintura.
8. El puesto era atendido personalmente por el dueño.
9. Este cuento ha sido estudiado por muchos críticos.
10. La iglesia de Santo Tomás fue construida por los españoles sobre un antiguo templo.
11. El conferencista fue interrumpido por los gritos del público.
12. Me dijeron que la joven sería empleada por una casa de modas.

B. Transforme las oraciones de la voz pasiva con **ser** a la pasiva refleja, como se hace en el modelo.

Modelo: Los paquetes serán enviados mañana.
→ *Se enviarán los paquetes mañana.*
El libro fue vendido ayer.
→ *Se vendió el libro ayer.*

1. Esa calle fue empedrada recientemente.
2. Docenas de soldados eran reclutados todos los días.
3. Todos los chicos del pueblo ya fueron vacunados.
4. El café es cultivado en esa región.
5. Las medicinas fueron distribuidas entre los pobres.
6. Las ortigas serán exterminadas con un líquido especial.
7. Esas artesanías han sido exhibidas en muchos museos.
8. La iglesia será decorada con muchas flores.
9. Los niños no son admitidos en las ruinas.
10. El copal es quemado en un incensario.

C. Cambie las siguientes oraciones de voz pasiva a una construcción con **se**. Observe que todos los sujetos son personas definidas, y que por lo tanto, el verbo será siempre singular y se necesita la preposición **a**.

Modelo: Su hija fue contratada hace dos semanas.
→ *Se contrató a su hija hace dos semanas.*

1. Los prisioneros serán juzgados por el delito de robo.
2. De repente, el turista es sorprendido robando artesanías.
3. Dudo que el inspector haya sido enviado a la urbanización.
4. El gobernador fue elegido en las elecciones de 2006.
5. Todos los estudiantes van a ser llamados por orden alfabético.
6. Varios policías fueron golpeados durante los disturbios.
7. El director dijo que esa estudiante sería premiada.
8. El hombre había sido herido con un machete.
9. El médico mandó que los heridos fueran conducidos inmediatamente al hospital.
10. La cantante no es aplaudida con entusiasmo.

D. Reemplace ahora con pronombres las personas de las transformaciones que hizo en el ejercicio anterior.

Modelo: Se contrató a su hija hace dos semanas.
→ *Se la contrató hace dos semanas.*
Castigarán a los niños desobedientes.
→ *Se les castigará.*

E. **Anuncios en el periódico.** Cambie las oraciones que tienen **yo** o **Ud.** como sujeto, a oraciones de pasiva refleja.

Modelo: Alquilo una habitación moderna y bonita.
   → *Se alquila...*

1. Vendo auto Chevrolet del 2000 y garantizo que está en buenas condiciones. Puede Ud. verlo en Santa Rosa 315. Pido una cantidad moderada y doy facilidades de pago.

2. Necesito operarias para taller de costura. Pago buen salario y ofrezco además vacaciones y seguro de salud. Favor de no llamar si Ud. no tiene experiencia. Exijo también buenas referencias. Ud. debe ser residente legal de este país.

F. **Terrorismo en el aeropuerto.** Cambie las construcciones de pasiva refleja a construcciones de tercera persona del plural impersonal en el siguiente pasaje.

En la noche del viernes se colocó una bomba en una de las salas de espera del aeropuerto internacional. Se sospecha que los culpables pertenecen a un grupo terrorista al que se persigue en varios países. No hubo muertos, pero sí heridos, que se transportaron inmediatamente al hospital. Se dice que se vio a una mujer sospechosa, vestida de negro, pero los testigos que se entrevistaron no pudieron dar muchos informes.

Sección léxica

Ampliación: La contribución de las lenguas indígenas al español

Cuando los españoles llegaron al Nuevo Mundo, encontraron gente, objetos, animales y plantas que no conocían, y aprendieron los nombres nativos de esas cosas, pues no había nombres en español para ellas. La lengua taína y otras lenguas menores de las islas del Caribe dieron más palabras al español que las lenguas del continente (tales como el nahuatl, hablado por los aztecas, y el quechua, hablado por los incas) pues el Caribe fue la región donde los conquistadores llegaron primero. Cuando los españoles pasaron al continente americano, llevaron las palabras que ya habían aprendido en el Caribe, y éstas frecuentemente predominaron sobre el vocabulario local.

La lengua quiché, hablada por los mayas, dio muy pocas palabras al español, probablemente porque en la región se hablaban, además del quiché, muchas otras lenguas indígenas.

APLICACIÓN

A. En la lectura se explica que Chichicastenango significa «lugar de los chichicastes». Basándose en esto, ¿puede Ud. decir qué significa Quetzaltenango?

B. A continuación se dan 44 palabras, agrupadas según su origen. Ud. probablemente sabe el significado de muchas de ellas. (Algunas han pasado también al inglés con ciertas modificaciones). Diga qué significan. Si no lo sabe, búsquelas en el glosario al final del libro.

1. *Taíno y otras lenguas del Caribe:* ají / barbacoa / bohío / butaca / cacique / canoa / carey / ceiba / chapapote / cocuyo / comején / enagua / guayaba / hamaca / huracán / maguey / maíz / mamey / papaya / piragua / sabana / tiburón / yuca

2. *Nahuatl:* aguacate / cacahuate / camote / chicle / chocolate / galpón / hule / jícara / sinsonte / tamal / tomate / zopilote

3. *Quechua:* alpaca / cancha / coca / cóndor / mate / pampa / papa / vicuña / yapa (ñapa)

C. Complete con palabras apropiadas de la lista que se da debajo.

1. Era peligroso viajar por el mar Caribe en _____ y en _____, porque había muchos

_____ en esas aguas.

2. Siempre me siento a estudiar en una _____ cómoda.

3. Me gusta poner _____ y _____ en mis ensaladas.

4. A Moctezuma le servían el chocolate en una _____.

5. El maní se llama _____ en México.

6. El _____ es un ave pequeña que canta y el _____ y el _____ son aves de rapiña.

7. En Sudamérica, el _____ es frecuentemente el sustituto del café.

8. La _____ y la _____ son animales de la familia de los camellos.

9. El _____ se usa para asfaltar las calles.

10. El _____ que tanto nos gusta mascar es producto de un árbol de la selva amazónica.

11. El _____ donde vivía el jefe o _____ era más grande que los otros y tenía una

_____ donde él dormía.

12. En ese hotel hay dos _____ de tenis.

13. El _____ es una clase de tortuga.

14. Los utensilios de trabajo de la finca se guardan en un _____.

15. En la finca, tengo árboles frutales de _____ y de _____ y árboles que no producen

frutas como la _____.

16. La _____, el _____ y la _____ son raíces comestibles.

17. La _____ es un regalo que me hace un comerciante cuando compro algo.

18. Cuando no había plásticos, se usaba el _____ como material impermeable.

19. Una _____ es un terreno llano y extenso.

20. En algunos países, la palabra _____ es sinónimo de «falda».

aguacate / ají / alpaca / bohío / butaca / cacahuate / cacique / camote / canchas / canoas / carey / ceiba / chapapote / chicle / cóndor / enagua / galpón / guayaba / hamaca / hule / jícara / mamey / mate / papa / piraguas / sabana / sinsonte / tiburones / vicuña / yapa / yuca / zopilote

Distinciones: To get

Pocos verbos ingleses cuentan con tan extensa variedad de significados como el verbo *to get* (pretérito: *got;* participio pasivo: *got, gotten*). A continuación se presenta una muestra de los muchos usos de este verbo junto con sus equivalentes en español.

1. Los equivalentes españoles de *to get* en el sentido de *to become* se han tratado en el capítulo 6. Es conveniente que los repase.

2. En el inglés informal especialmente, el verbo *to get* reemplaza frecuentemente a *to be* en la voz pasiva para recalcar el resultado más que la acción. El equivalente más común en español es una construcción reflexiva.

No sabemos cómo se rompió la ventana.	*We don't know how the window got broken.*
A veces el portero no puede abrir las puertas porque se pierden las llaves.	*Sometimes the janitor can't open the doors because the keys get lost.*

3. Algunos significados básicos de *to get.* Cuando *to get* quiere decir:

a. *to obtain* = **obtener, conseguir, lograr**

Si Alfonso se gradúa, conseguirá un empleo mejor.	*If Alfonso graduates, he will get a better job.*
Luis siempre logra lo que quiere.	*Luis always gets what he wants.*

b. *to buy* = **comprar**

Los Sánchez compraron un coche nuevo la semana pasada.	*The Sánchez family got a new car last week.*

c. *to catch (an illness)* = **coger, pescar**

Dolores ha cogido (pescado) un resfriado.	*Dolores has got a cold.*

d. *to understand* = **comprender, entender**

Verónica contó un chiste pero yo no lo entendí.	*Verónica told a joke but I didn't get it.*

e. *to fetch, go and bring, bring* = **buscar, ir a buscar, traer; llamar, ir por**

Traigan (busquen, vayan a buscar) sus libros y podremos estudiar juntos.	*Get (go and get) your books and we'll be able to study together.*
Hay que ir por el médico inmediatamente.	*It's necessary to get the doctor at once.*

f. *to arrive (at), reach* = **llegar**

Acabamos de llegar a casa.	*We just got home.*
¿A qué hora llegarán a San José?	*What time will they get to San José?*

g. *to receive* = **recibir, tener**

Ayer los señores Alvarado recibieron varias cuentas.	*Yesterday Mr. and Mrs. Alvarado got several bills.*
Me encanta la vocecita de mi computadora que dice: «Tienes carta».	*I love the little voice on my computer that says: "You've got mail."*

4. *To get* se usa también en numerosas expresiones idiomáticas cuyos equivalentes españoles tienen que aprenderse uno por uno. A continuación se enumeran algunas de las expresiones más comunes.

a. *to get along with* = *to be compatible* = **congeniar con, llevarse (bien)**

Algunos jóvenes no se llevan bien con sus padres.	*Some young people don't get along with their parents.*

b. *to get back at (even with) for* = **desquitarse de (por)**

Emilita se desquitará con sus enemigos por esa mala jugada.	*Emilita will get even with her enemies for that dirty trick.*

c. *to get off (vehicle), to descend from* = **apearse (de), bajar(se) (de)**
   to get off (clothes) = *to take off* = **quitar(se)**

(Nos) bajaremos del tren en la próxima parada.	*We'll get off the train at the next stop.*
Me cuesta trabajo quitarme estas botas.	*It's hard for me to get these boots off.*

d. *to get on (vehicle)* = **subir a, montar (en) (a)**
   to get on (clothes) = *to put on* = **poner(se)**

Subamos a este tren.	*Let's get on this train.*
No puedo ponerle este vestido a Mercedes; le queda chico.	*I can't get this dress on Mercedes; it's too small for her.*

e. *to get out* = *to go out, to go away* = **salir**

La mujer les dijo a los chicos que saliesen de su jardín.	*The woman told the kids to get out of her garden.*

f. *to get out* = *to take out* = **sacar**

El joven sacó una tarjeta de crédito y pagó la cuenta.	*The young man got out a credit card and paid the bill.*

g. *to get rid of* = **deshacerse de, salir de**

Tenemos que salir (deshacernos) de este auto; no sirve para nada.	*We have to get rid of this car; it's no good at all.*

APLICACIÓN

A. Complete las narraciones con los equivalentes de las palabras entre paréntesis.

1. **Los consejos obvios de mi tía.**

El año pasado, pasé las Navidades con mi tía, que es viuda y vive en Madrid. Apenas (*I got*) _____ a Madrid, quise ver la ciudad. Mi tía me hizo las siguientes recomendaciones, que me parecieron innecesarias: «Si vas a caminar por la ciudad, (*get on*) _____ tus zapatos más cómodos. Si tomas un autobús, (*don't get on*) _____ si no estás muy seguro de que va a donde tú quieres ir, y asegúrate antes de (*getting off*) _____ de que ésa es tu parada». Y terminó (*getting out*) _____ del fondo de un baúl un abrigo viejo de mi tío mientras me decía: «Hace frío; ponte este abrigo para que no (*get*) _____ un resfriado».

2. **Mi fiesta de cumpleaños.**

Muchos amigos vinieron a mi fiesta de cumpleaños, pero (*I got*) _____ pocos regalos. (*I don't get it*) _____. Tal vez algunos no tenían dinero o tal vez quisieron (*to get even*) _____ porque (*I didn't get them*) _____ nada a ellos en su cumpleaños. La fiesta estuvo tan buena, que muchos no querían irse al final, y me costó trabajo (*to get rid*) _____ de ellos. Tuve que (*get angry*) _____ y decirles: «Por favor, (*get out*) _____ de mi casa; es tarde y tengo mucho sueño».

3. **¡Voy a Guatemala!**

Ayer al (*get on*) _____ al metro, vi que mi amiga Cristina iba en el mismo vagón. Apenas me vio, me mostró un pasaje que llevaba en su bolsa y me dijo: «Mira lo que (*I just got*) _____. Voy a Guatemala en julio. ¿Quieres ir conmigo?» Cristina y yo (*get along very well*) _____, por eso dije que sí. «(*Go get*) _____ tu tarjeta de crédito y (*get*) _____ el pasaje hoy mismo para que puedas (*get*) _____ un asiento junto al mío» —me dijo Cristina. «Cuando (*we get*) _____ a Guatemala tenemos que (*get*) _____ un mapa en la oficina de turismo, porque no quiero (*get lost*) _____».

B. Traduzca.

1. I hope she doesn't get rid of the dog I got her.
2. I always get nervous before getting on a plane.
3. She wanted to play another game to get even with her opponent.
4. The man was talking in a low voice and I couldn't get what he was saying.
5. They told me your mother got pneumonia in the hospital.
6. I got in late because my keys got lost.
7. We got an e-mail from Sophia yesterday.
8. According to Federico's cousin, he doesn't get along with his neighbors.
9. I can't get this ring off; it's too tight.
10. Get off the elevator when it gets to the fifth floor.

Para escribir mejor

El informe

Un escritor escribe por muchos motivos, y los principales son: (a) para crear una obra literaria, (b) para expresar lo que siente y piensa, (c) para proporcionar información al que lee (*escritos expositivos*) y (d) para exponer tesis o teorías y convencer al lector de que acepte y apoye su punto de vista (*escritos persuasivos*). Los informes que escriben los estudiantes pertenecen a las clases (c) (*expositivos*) y (d) (*persuasivos*). Aquí nos concentraremos en el informe clase (c), que presenta datos obtenidos de una investigación previa y que es el más común.

El estudiante va a proporcionar con su trabajo información a un lector que, en este caso, es su profesor/a. Este lector será el juez del estudiante, y tiene suficientes conocimientos y práctica para distinguir un trabajo serio y bien investigado de uno escrito con precipitación y un mínimo de esfuerzo. Es, por lo tanto, importante que Ud. planee con tiempo su informe y dedique varias semanas al proyecto.

Algunas personas suponen que un buen escritor puede sentarse frente a un papel en blanco o una computadora y crear, por arte de magia, un trabajo perfecto. Nada más lejos de la verdad. Escribir es un *proceso* con diferentes pasos: el plan general, la búsqueda y organización del material, el borrador, la revisión y la versión terminada.

Una buena manera de planear un trabajo es ir de lo general a lo específico. Supongamos que una estudiante, Carmen, debe escribir un informe para su clase de Civilización Hispanoamericana y ha decidido explorar el tema de las culturas precolombinas. Éstas son demasiado numerosas para agruparlas en un simple informe, así que Carmen limita el tema a una de las más importantes: la azteca. El tema, en este punto, es todavía demasiado amplio. Una visita de Carmen a la biblioteca o una exploración del Internet le demuestran que hay una extensa bibliografía sobre los aztecas, tanto en español como en inglés. La lectura del índice de algunos de estos libros la hace interesarse en un enfoque: *costumbres y vida diaria*. Carmen recuerda entonces que en el libro de texto del curso de civilización se habla de Hernán Cortés y de Bernal Díaz del Castillo, y de la impresión que ambos recibieron al ver a Tenochtitlán, la capital mexicana. Carmen tiene una idea: ¿por qué no buscar datos sobre Tenochtitlán? De aquí surge la idea central del trabajo: *Tenochtitlán, centro de la cultura azteca*.

Una vez enfocado el tema, Carmen comienza a leer o a sacar datos del Internet y a tomar apuntes. Al compilar la información, la organiza en torno a varias preguntas: ¿Quiénes eran los aztecas? ¿En qué época se desarrolló su civilización? ¿Qué costumbres, tipo de gobierno, religión, tradiciones, tenía este pueblo? ¿Cómo era su capital? ¿En qué sentido era similar o diferente a las ciudades europeas de la época? ¿Cómo era la vida diaria de los habitantes de Tenochtitlán?

Es muy importante comenzar un escrito con un pasaje corto que capte la atención del lector e indique la intención y el enfoque del trabajo. Carmen tiene aquí muchas opciones, como se verá en los siguientes comienzos que ella prepara:

Principio 1
El tema de este trabajo son las costumbres, religión y tradiciones de los aztecas y la vida en Tenochtitlán, su capital.

Principio 2
Los aztecas eran un conjunto de siete tribus o pueblos diferentes, que compartían la creencia de haber surgido de cuevas en la isla mítica de Aztlán, en medio de un lago. Los mexicas, fundadores de Tenochtitlán, eran una de esas tribus.

Principio 3

El escudo de armas de la moderna República de México tiene un águila posada sobre un cacto o nopal, con una serpiente en la boca. Esta figura ilustra el mito de la fundación de Tenochtitlán, la capital azteca.

Principio 4

Tenochtitlán, la capital azteca, tenía menos de doscientos años de fundada cuando fue conquistada en 1521 por Hernán Cortés y sus hombres.

El principio 1 es sensato, pero demasiado común. Los principios 2 y 3 son mejores, pero contienen demasiados datos y no van a hacer impacto en la persona que comienza a leer. Carmen decide que estos pasajes son más apropiados para colocarlos más adelante, y utiliza el pasaje número 4 como principio, continuando con el pasaje 2. Su próximo paso será hablar de la peregrinación de los mexicas hasta encontrar el águila y el lago que señalaban el sitio donde debían fundar su ciudad.

Como Carmen ha organizado sus datos desde el principio en torno a ciertas preguntas, le resulta fácil ahora hacer subdivisiones en el tema y desarrollar sus ideas en el borrador de su trabajo. A lo largo de éste, debe evitar el plagio, presentando con sus propias palabras la información obtenida. Si considera que algo resultará más interesante citándolo textualmente, lo hará así, pero no olvidará las comillas y un número correspondiente con el que va a indicar la fuente en la nota al pie de la página. Para evitar el plagio involuntario, es conveniente usar comillas desde el principio, al obtener los datos, en aquellos pasajes que se han copiado textualmente.

Es importante utilizar fuentes variadas para obtener información, y seleccionar entre las fuentes las que parezcan más objetivas. Además, Carmen misma debe tratar de ser objetiva en su presentación, y darse cuenta de la connotación de cada palabra que utiliza. Por ejemplo, antes de calificar de horribles, crueles y barbáricos los sacrificios humanos de los aztecas, tiene que considerar que estos sacrificios eran parte de un rito, y se justificaban dentro de la religión de este pueblo, porque el sol debía alimentarse diariamente con sangre para no perecer. Del mismo modo, Carmen debe abstenerse de usar adjetivos demasiado duros y negativos para calificar la conducta de los españoles. Los hechos deben evaluarse dentro de su marco histórico, y todas las conquistas de la historia han sido crueles. Esta regla del objetivismo no significa, por supuesto, que no se puedan incluir opiniones personales en el informe que se escribe, sino que toda opinión debe explicarse y justificarse, basándola en datos concretos.

Una vez terminado el borrador, Carmen lo revisa, leyéndolo varias veces y haciendo los cambios, adiciones y supresiones que se requieran. Consulta un diccionario para asegurarse de que usó las palabras correctamente y de que las escribió bien, con los acentos requeridos. Carmen ha sabido utilizar bien las palabras de enlace presentadas en el capítulo 4, y por eso sus párrafos tienen la coherencia necesaria.

Al pasar su trabajo en limpio, Carmen debe seguir las normas de la *Modern Language Association (MLA)*, ya que el hacerlo le dará a su informe el requerido toque profesional. Estas normas indican cómo y dónde poner las notas, cómo preparar la bibliografía, qué subrayar, etc.

Una vez que el escritor posee el dominio de la materia, resulta fácil encontrar un título. Éste puede ser descriptivo y repetir la idea central: «Tenochtitlán, centro y reflejo de la civilización azteca», o puede ser creativo: «Tenochtitlán, la Venecia del Nuevo Mundo», «El lago del águila y la serpiente», etc.

Ya tiene Ud., a través del informe de Carmen, un proceso práctico para escribir un informe. Por supuesto, existen otros procedimientos, y la práctica le enseñará a personalizar estos consejos y crear su sistema propio.

APLICACIÓN

A. Busque en periódicos y revistas, preferiblemente en español, un ejemplo de un artículo persuasivo y un ejemplo de un artículo expositivo, y explique por qué los clasifica Ud. de esta manera.

B. Imite el procedimiento que siguió Carmen en el caso de Tenochtitlán. Escoja un tema general, redúzcalo hasta llegar a un punto específico y prepare después preguntas para organizar la información que se necesitaría para escribir un informe sobre ese tema. Puede usar, si lo prefiere, uno de los temas que se dan en la siguiente lista.

1. el amor
2. la guerra contra el terrorismo
3. las computadoras
4. la vida en un pueblo pequeño
5. los gordos
6. la comercialización de las fiestas tradicionales

TRADUCCIÓN

The Mayas

(Use la voz pasiva (**ser** + p. p.) sólo si es absolutamente necesario.)

The Mayan culture was formed by 28 ethnic groups, each with its own language, and these 28 languages are still spoken today by some six million people. The most important of these languages is "quiché." The territory occupied by the Mayas covered what today is southern Mexico, Guatemala, Belize, and parts of Honduras and El Salvador.

The Mayas were never a true urban culture; the urban centers built by them were almost entirely used as religious centers for the rural population. The Mayas lived in a tropical rain forest and the land was very bad for agriculture. Maize was the principal food of the Mayas and also the reason for their concern with the concept of time. Agriculture in such a poor soil required that time would be predicted accurately.

The main basis of Mayan religion is that human acts have to be accomodated to the cycles of the universe. For this reason, Mayas were obsessed with time, since the cycles had to be calculated with great accuracy. They had several calendars that, when combined, were more exact than ours.

Religious ceremonies involved several activities like dances, competitions, prayers, and sacrifices. The gods required nourishment, and voluntary blood-letting by a priest or a nobleman was one form of offering, the other one being hearts extracted from living victims. These hearts were burned immediately.

The Mayas believed that the world had been created five times and had been destroyed four times. They also believed in an elaborate afterlife, but heaven was reserved for those who had been hanged or sacrificed or died in childbirth; all others went to "xibal" or hell, which was ruled over by the Lords of Death.

Mayas had a peculiar sense of beauty. Like the "Carib" Indians, they prized a long, backward sloping forehead and this look was obtained by binding infants' skulls between two boards. Cross eyes were also considered beautiful and objects were dangled constantly in front of infants' eyes so that the children would become permanently cross-eyed.

La civiización maya no se concentró en lo que hoy es Guatemala, sino que se extendió por México y Honduras. En la foto se ve el Templo de los Guerrreros en las ruinas mayas de Chichén Itzá, México. (©Andrea Pistolesi/The Image Bank/Getty Images)

This amazing civilization had its Classic Period from 300 to 900 A.D. After this date, the urban centers were abandoned for unknown reasons. When the Spaniards arrived, the Mayas had been joined by the Toltecs migrating from the north. Mayan religion and customs were adopted by the Toltecs.

TEMAS PARA COMPOSICIÓN

1. **Las religiones precolombinas.** Estas religiones compartían ritos comunes, como el de los sacrificios humanos. Algunas se centraban en el culto del sol. Busque información y hable de las creencias de las civilizaciones precolombinas.

2. **¿Qué es la belleza?** Nuestra cultura considera feas las características que los mayas consideraban bellas. Esto pasa también en otras culturas. Hable de las deformaciones que se hacen en muchos países en nombre de la belleza. Describa lo que es para Ud. una persona bella. ¿Le da nuestra sociedad demasiada importancia a la belleza física?

3. **Los efectos de la lectura.** El artículo que leímos en este capítulo apareció en la sección de viajes de un periódico. El principal propósito de esta clase de artículos es informar y atraer a posibles viajeros. ¿Cree que este artículo cumple bien su propósito de atraer turistas? ¿Por qué (no)? ¿Se sintió Ud. atraído/a por las descripciones que contiene? ¿Qué cosas le parecieron más (menos) interesantes? ¿Por qué (no) le gustaría a Ud. visitar Guatemala?

4. **Un país que visité/que me gustaría visitar.** ¿Ha visitado Ud. otros países? ¿Le gustaron? ¿Cómo es allí la vida? Hable de sus experiencias. Si no ha viajado nunca al extranjero, busque información sobre uno o más países, visítelos en su imaginación y diga lo que piensa de ellos. ¡Feliz viaje!

Nueva York - El desfile anual del Día de Puerto Rico se celebra en junio y miles de puertorriqueños acuden a la Quinta Avenida para verlo y alzan sus banderas para mostrar que están orgullosos de su origen. (©Stephen Chernin/Getty Images)

CAPÍTULO 13

Lectura

Introducción

El siguiente artículo se publicó en el periódico *La Nación* de Buenos Aires. Su autor, Claudio Iván Remeseira, es corresponsal de *La Nación* en los Estados Unidos.

El autor reacciona ante un ensayo del conocido sociólogo norteamericano Samuel P. Huntington, titulado «El desafío hispano» (*The Hispanic Challenge*). El ensayo de Huntington es, a su vez, una condensación del libro *Who Are We?*, que publicó en 2004 y en el cual expone las mismas ideas.

Como Ud. verá en la lectura, Huntington quiere que los Estados Unidos sea fiel al legado de nuestros Padres Fundadores, que consiste, según él, en mantener el inglés como idioma único, además de los valores de la religión protestante y los conceptos ingleses de ética y trabajo.

Huntington piensa que la identidad americana se está perdiendo porque en una gran sección del país se habla español y predominan las costumbres hispanas. Para Huntington, los inmigrantes hispanos de hoy son diferentes de la inmigración europea del siglo XIX. El Sr. Remeseira no está de acuerdo con todo lo anterior y explica sus razones, reforzándolas con las opiniones de otros escritores presentes y pasados.

La amenaza latina

Por Claudio Iván Remeseira

En su ensayo «El desafío hispano» (*The Hispanic Challenge*) Samuel P. Huntington, el mundialmente famoso autor de *El choque° de civilizaciones*, nos entrega la más articulada, fervorosa° y frágil defensa del racismo anglosajón surgida° en mucho tiempo.

Clash
fervent
aparecida

5 La tesis central del ensayo es que la inmigración latinoamericana amenaza con dividir a los Estados Unidos en dos pueblos, dos culturas y dos lenguas distintas e incompatibles. A diferencia de las olas migratorias del pasado, dice Huntington, los latinoamericanos no se asimilan al «mainstream» estadounidense, forman sus propios 10 enclaves lingüísticos y rechazan los valores protestantes, que son la esencia del sueño americano. El autor no hace distinciones entre países de origen, pero pone énfasis en los mexicanos, que junto con sus descendientes constituyen el 60 por ciento de la población hispana local.

15 Huntington describe un fenómeno que nadie discute: la creciente latinización de los Estados Unidos. En la última década del siglo XX, la diáspora latinoamericana se convirtió en la mayor corriente migratoria llegada a esta nación en toda su historia. Los hispanos alcanzan casi los 40 millones, desplazando° ligeramente a los 20 afroamericanos como primera° «minoría». Se estima que en 2050, el 25 por ciento de los habitantes de los Estados Unidos será hispano.

quitándoles su lugar
top

Este aluvión° demográfico, afirma el autor, es la mayor amenaza que hoy se cierne sobre° la identidad estadounidense. Dicha° identidad, explica, se basa en «el credo americano», el conjunto de valores e instituciones surgido del legado° de los Padres Fundadores. Las claves de este credo son «el idioma inglés, el cristianismo, los conceptos ingleses del imperio° de la ley y los valores protestantes del individualismo, la ética del trabajo y la creencia en la capacidad y el deber de los seres humanos de intentar crear un cielo° en la tierra».

El autor concede que las olas migratorias del pasado, incluyendo las asiáticas, modificaron la cultura protestante (aunque ésta siguió siendo la columna vertebral° de la identidad nacional), pero cree que la inmigración latinoamericana es esencialmente distinta de las anteriores. Una serie de factores explica esa diferencia: la magnitud y frecuente ilegalidad del flujo° migratorio; la tasa° de fertilidad de las mujeres hispanas, superior a la de las no hispanas; la concentración de hispanos en el Sudoeste del país y los supuestos derechos históricos de México a esa región; la contigüidad° entre México y los Estados Unidos, que facilita el contacto entre los inmigrantes y sus comunidades de origen y debilita su lealtad° hacia el país anfitrión°; y la expansión del castellano y de un bilingüismo hostil a la hegemonía° del inglés en todo Estados Unidos.

Huntington teme que dichos factores estén incubando una explosión de violencia racial. «Las pérdidas reales o supuestas de poder y estatus de cualquier grupo étnico, racial o económico, producen una reacción», dice Huntington. Signos tempranos de esa reacción fueron el referéndum de 1994 que restringía° el acceso de los hijos de inmigrantes ilegales a los servicios sociales en California y el éxodo de blancos de ese estado. Pero lo peor estaría aún por venir.

Huntington advierte el posible auge° de un movimiento antihispano, antinegro y antiinmigratorio entre varones° blancos de clase trabajadora y clase media, hombres enardecidos° por la pérdida de trabajos y la marginación° de su cultura y su idioma. Al igual° que negros e hispanos crearon organizaciones étnicas para luchar por sus intereses, estos «nativistas blancos» podrían crear nuevas versiones del Ku Klux Klan. El lema° de la República —e pluribus unum, «de muchos, uno»— perdería todo sentido, y el sueño americano se trocaría° en pesadilla°.

La mayor debilidad del ensayo es que no puede explicar el éxito alcanzado por latinos en todos los estratos de la vida estadounidense: de Jennifer López al gobernador de Nuevo México Bill Richardson, pasando por millones de trabajadores, profesionales y artistas, la lista de ejemplos es abrumadora°.

Richard Alba, profesor de SUNY-Albany, y coautor con Victor Lee de *Remaking the American Mainstream* (Harvard University Press, 2003), agrega que el grueso° de la evidencia disponible contradice a Huntington. «La mejor prueba de la asimilación de los latinos es el abandono del español por el inglés —dice—. La regla

flood
se... *hangs over* / *The said*

legacy

rule

heaven

columna... *backbone*

flow / *rate*

cercanía

loyalty
host
predominio

restricted

apogeo
hombres
exaltados
aislamiento
Al... Lo mismo

motto

convertiría / *nightmare*

overwhelming

bulk

histórica, que también se cumple en este caso, es que la tercera
generación de inmigrantes pierde la lengua de sus ancestros.»

Alba, que es descendiente de italianos, destaca° que Huntington   enfatiza
retoma muchos argumentos esgrimidos° por la literatura xenófoba   usados
del siglo XIX, cuando la masa extranjera venía de Europa. «Los
'nativistas' norteamericanos de entonces decían que la marea° de   *tide*
italianos pobres, incultos y delincuentes que estaba inundando el
país terminaría por ahogar demográficamente a la población
anglosajona», señala. Otro tanto° se había dicho antes de los   **Otro...** Lo mismo
irlandeses.

La mayoría de los mexicano-americanos no siente ningún
conflicto de lealtades. «La ley de doble nacionalidad, sancionada°   aprobada
durante la presidencia de Zedillo*, establece en efecto, que los hijos
de emigrantes pueden recuperar la nacionalidad de sus padres, pero
quienes lo han hecho son muy pocos», dice Paloma Ojeda, jefa de
prensa del consulado mexicano en Nueva York.

Huntington dedica también unos párrafos a los cubanos, y pone a
Miami como ejemplo de lo que les espera a los Estados Unidos ante
la avalancha latina: una ciudad en la que el español ha desplazado al
inglés como lengua de los negocios, la política y la vida cotidiana°.   diaria
«La realidad es que la lengua dominante diaria en la mayoría de los
cubano-americanos de segunda y tercera generación es el inglés
—replica° la periodista e inmigrante costarricense Naomi   *replies*
Daremblum—, y los cubanos en general están tan integrados a este
país que fijan° la política exterior de éste hacia América Latina».   determinan

La herencia hispana

Pero no siempre la actitud hacia los hispanos ha sido negativa. La
generación romántica de Washington Irving, Henry Longfellow y
Walt Whitman (la primera generación que se hizo la pregunta que
desvela° a Huntington: ¿qué es ser americano?) miró a España y a   quita el sueño (preocupa
América Latina de otra manera. Ellos sabían muy bien que la   mucho)
cultura de los Estados Unidos tiene raíces en el pasado inglés, pero
también reivindicaron° sus raíces indígenas y españolas.   *vindicated*

La herencia hispánica es particularmente notoria en Texas y en
los estados del Sudoeste —los primeros cowboys fueron los
vaqueros criollos° y mestizos que empezaron a colonizar esa región   nativos
veinte años antes de que los Peregrinos chocaran con° Plymouth   **chocaran...** *llegaran* a
Rock—, pero los rastros° del pasado español se encuentran también   vestigios
en otras partes del país, como Nueva Orleáns, el valle del Misisipí y
Nueva York. Después de todo, casi dos tercios del actual territorio
de los Estados Unidos pertenecía a la corona° española apenas° una   *crown / only*
década antes de la Declaración de Independencia.

Walt Whitman —el descendiente de puritanos Walt Whitman, el
epítome de la americanidad Walt Whitman— fue quizá quien mejor
expuso° la importancia de ese legado. En una carta de 1883,   explicó
publicada en sus *Obras completas* bajo el título «El elemento
hispánico en nuestra nacionalidad», el bardo° de Brooklyn   poeta
aprovechó una invitación a los festejos° del 333 aniversario de Santa   fiestas

---

* Ernesto Zedillo fue presidente de México de 1994 a 1997.

120   Fe, capital de Nuevo México, para reivindicar enérgicamente la
tradición hispánica (a la que según la costumbre de la época llama
española) de los Estados Unidos. Sus palabras fulminan° con la   *strike*
contundencia° profética del *Canto a mí mismo*, la *hybris*°   fuerza / *hubris* (orgullo
anglosajona de Huntington: «La identidad americana del futuro   desmedido)
125   estará compuesta por muchos elementos; algunos de los más
importantes serán aportados° por lo español».   *contributed*

La unidad familiar es una característica bien conocida de la cultura hispánica. Varias generaciones están representadas en esta foto, incluyendo a las abuelitas, una de las cuales tiene 100 años. (©Jeff Greenberg/The Image Works)

APLICACIÓN

A. Vocabulario

Reemplace las palabras en cursiva con sus equivalentes de la lista que se da debajo.

1. Tuve *un mal sueño* y desperté muy nervioso.
2. El 4 de julio hay multitud de *fiestas* en nuestro país.
3. Teníamos tanta hambre, que cuando terminamos de comer, no quedaron *vestigios* de la comida en la mesa, y *otro tanto* sucedió con el vino.

4. Los sentimientos contra los inmigrantes frecuentemente *nacen* del racismo.

5. Walt Whitman fue un *poeta* famoso.

6. *El porcentaje* de mortalidad en los países en desarrollo es enorme.

7. El profesor *explicó* con claridad los objetivos del curso a sus estudiantes.

8. Mis padres no me dejaron dinero; su *herencia* fue enseñarme a ser una buena persona.

9. El político, *exaltado* con su discurso, hablaba con *contundencia*.

10. Se fracturó la *espina dorsal* y los médicos dicen que quedará inválido.

11. El *dueño de la casa* ofreció champán a sus invitados.

12. El amor que sentía por él se *convirtió* en odio.

13. Concéntrate en aprender el vocabulario *de todos los días*.

14. No tengo suficiente dinero para pagar mis cuentas este mes, y esto me *preocupa mucho*.

15. Muchos critican *el aislamiento* de los nativos americanos en los Estados Unidos.

anfitrión / bardo / columna vertebral / cotidiano / desvela / enardecido / expuso / festejos / fuerza / legado / la marginación / lo mismo / rastros / surgen / la tasa / trocó / una pesadilla

B. Comprensión

1. ¿Cuál es la tesis central de «El desafío hispano»?

2. Según Huntington, ¿en qué se diferencian los hispanos de los inmigrantes del pasado?

3. ¿Por qué pone Huntington el énfasis en los mexicanos?

4. Aproximadamente, ¿cuántos hispanos hay hoy en los Estados Unidos?

5. Según Huntington, ¿cuáles son las bases del credo americano?

6. ¿Cuál era el propósito del referéndum de 1994 en California?

7. Según Huntington, ¿quiénes van a formar el movimiento antihispánico? ¿Por qué van a formarlo?

8. ¿Cuál es la mayor debilidad del ensayo de Huntington?

9. En cuanto a la lengua, ¿cuál es la regla histórica para la tercera generación de inmigrantes?

10. ¿Qué pensaban los nativistas del siglo XIX sobre los inmigrantes italianos?

11. ¿Qué pasó en la Florida con los idiomas español e inglés?

12. ¿Qué actitud tuvieron Washington Irving, Longfellow y Walt Whitman hacia lo hispánico?

13. ¿Qué pensaba Walt Whitman que iba a pasar en el futuro con la identidad americana?

C. Interpretación

1. El autor de la lectura usa el adjetivo «frágil» para referirse al ensayo de Huntington. ¿Qué quiere expresar él con esta palabra?

2. ¿Por qué está el autor de acuerdo con Huntington sobre la creciente latinización de los Estados Unidos?

3. ¿Cree Ud. que es objetiva la exposición de las ideas de Huntington que hace el autor de la lectura? ¿Por qué (no)?

4. Muy pocos mexicoamericanos han reclamado la doble nacionalidad. ¿Qué indica esto?

5. ¿Cree Ud. que la historia de los inmigrantes italianos e irlandeses puede servir para predecir lo que sucederá en el futuro con la inmigración hispana? ¿Por qué (no)?

6. ¿Cómo contradice el autor de la lectura la acusación de monolingüismo en el sur de la Florida?

7. ¿Cuál es el propósito del autor de la lectura cuando cita a los tres escritores románticos norteamericanos? ¿Qué efecto tiene esto en el lector?

8. ¿Se ha cumplido la profecía de Walt Whitman que aparece en el último párrafo de la lectura? Explique.

D. Intercambio oral

1. **Hispanos famosos en los Estados Unidos.** A continuación se dan los nombres de hispanos muy conocidos. Cada estudiante escogerá un nombre, buscará información sobre esta persona en el Internet, le hablará sobre él/ella a la clase y estará preparado/a para contestar las preguntas que le hagan sus compañeros.

   (Moda) Oscar de la Renta, Carolina Herrera, Adolfo, Narciso Rodríguez; (música y actuación) Salma Hayek, Jennifer López, Antonio Banderas, Andy García, Gloria Estefan; (política) Mel Martínez, Alberto Gonzales, Antonio Villaraigosa, Lincoln Díaz-Balart, Bill Richardson; (deportes) Alex Rodríguez «A-Rod», Mariano Rivera, Bernie Williams y Pedro Martínez.

2. **La hostilidad hacia los inmigrantes.** Algunas personas anti-inmigrantes son claramente racistas. A otras, sin embargo, simplemente les disgustan algunos aspectos de la avalancha de gente que, impulsada por la necesidad económica, cruza constantemente nuestras fronteras. Los estudiantes comentarán los aspectos principales de este fenómeno migratorio que no le gustan a alguna gente. Por ejemplo, la insistencia en hablar sólo en español y el mantener sus costumbres y tradiciones.

3. **La defensa de nuestras fronteras.** ¿Por qué (no) es importante proteger nuestras fronteras? ¿Por qué (no) es bueno que haya ciudadanos privados defendiendo nuestras fronteras, como en el caso de los «minutemen»? ¿Qué puede hacer el gobierno para cortar el flujo de ilegales?

4. **¿Son necesarios los inmigrantes?** ¿Hacen o no trabajos que los norteamericanos no quieren hacer? Una película llamada *A Day Without Mexicans* explora este asunto de manera cómica. ¿Qué pasaría si de repente desaparecieran todos los indocumentados que viven aquí? ¿De qué manera se alteraría nuestro ritmo de vida? ¿Por qué (no) es buena idea conceder permisos temporales de trabajo?

1. La venezolana Carolina Herrera es reina del mundo de la moda. (©Donald Bowers/Getty Images)

2. Alex Rodríguez, nacido en Nueva York de padres dominicanos, famoso tercera base de los Yankees, ha sido nombrado "Jugador más valioso" en varias ocasiones. (©J. McIsaac/Getty Images)

3. La mexicana Salma Hayek, ha triunfado en Hollywood. (©Evan Agostini/Getty Images)

4. Gloria Estefan debe parte de su fama a su habilidad para combinar los ritmos norteamericanos con los de su nativa Cuba. (©Gustavo Caballero/Getty Images)

5. Bill Richardson, el gobernador de Nuevo México, es hijo de una mexicana y un norteamericano de Boston, pero se crió en México y habla muy bien el español. (©Steve Snowden/Getty Images)

6. El actor Andy García es cubano. Vino a los EE.UU. a los 5 años como refugiado con sus padres. (©Kevin Winter/Getty Images)

7. Mel Martínez es el primer senador cubano-americano de los EE.UU. Mel vino a este país desde Cuba a los 15 años gracias a la operación humanitaria Peter Pan, que ayudó a muchos menores a escapar del régimen comunista de Castro. (©CHRIS KLEPONIS/AFP/Getty Images News and Sport Services)

8. Antonio Villaraigosa, nacido en California de padres mexicanos, sorprendió a muchos al ser elegido alcalde de Los Angeles. (©Frederick M. Brown/Getty Images)

9. Los republicanos Lincoln Díaz-Balart e Ileana Ros-Lehtinen, ambos nacidos en Cuba, representan al estado de la Florida en el Congreso. (©AP/Wide World Photos)

Sección gramatical

Spanish Equivalents of the English -ing Form

The *-ing* suffix is one of the most frequently used endings in the English language. To understand the Spanish equivalents it is necessary to know how the terminologies and usages of English and Spanish differ in the matter of infinitives, participles, and gerunds.

Spanish terminology, with examples from the intransitive verb **arder**, is as follows:

1 infinitivo **arder**

2 infinitivo compuesto **haber ardido**

3 participio activo (*or* de presente) **ardiente**

4 participio pasivo (*or* de pretérito) **ardido**

5 gerundio (simple) **ardiendo**

6 gerundio compuesto **habiendo ardido**

The following sentences illustrate the uses of these forms:

1. a. **Vimos *arder* el bosque a lo lejos.**
   We saw the forest burn *in the distance.*

   b. **Al *arder*, el bosque producía llamas altísimas.**
   On burning, *the forest produced very high flames.*

2. **¿Cómo pudo el bosque *haber ardido* tan rápido?**
   How could the forest have burned *so fast?*

3. **Era difícil andar por el bosque destruido a causa de las *ardientes* cenizas.**
   It was difficult to walk through the ruined forest on account of the burning *ashes.*

4. **Todo el bosque ha *ardido* en unas horas.**
   The whole forest has burned *in a few hours.*

5. a. ***Ardiendo* rápidamente, los árboles comenzaron a caer.**
   Burning rapidly, the trees began to fall.

   b. **¿Está *ardiendo* todavía el bosque?**
   Is the forest still burning?

   c. **Los animales huían del bosque *ardiendo*.**
   The animals were fleeing from the burning *forest.*

6. ***Habiendo ardido* el bosque, no quedaban ciervos en la región.**
   The forest having burned, *no deer were left in the area.*

Observe the basic differences in usage and terminology. In English, the verbal *-ing* may function

1 as a noun (called a gerund), or

2 as an adjective (called a present participle), or

3 as an adverb (called a present participle).

The Spanish equivalents of the above functions are as follows:

1 The infinitive acts as a verbal noun (example 1b, above).

2 The adjective role is played by the **participio de presente**, (example 3), or by the **gerundio** (rarely) (example 5c), or by some other mechanism, as will be explained.

3 The adverbial function is expressed by the **gerundio** (examples 5a and 5b).

It should be noted that the **participio de presente*** is formed as follows:

1 First conjugation: stem + **-ante**.

2 Second and third conjugations: stem + **-ente** or **-iente**.

It must also be noted that not all Spanish verbs possess this form.

ADJECTIVAL FUNCTION OF THE *-ING* FORM

The English *-ing*** form is frequently used as a predominantly adjectival form: an *embarrassing* situation, a *flourishing* culture.

Only the following three **-ndo** forms may be so used: **ardiendo, hirviendo**, and **colgando**. To express the equivalent of most adjectival *-ing* forms in Spanish, a number of devices are used.

1 Present participle (**-nte**)

Este libro es muy deprimente.	*This book is very depressing.*
Esa novela es muy emocionante.	*That novel is very touching.*

2 Past participle (**-ado, -ido**)

Las mujeres estaban sentadas en los bancos.	*The women were sitting in the pews.*
El herido estaba tendido en una camilla.	*The wounded man was lying on a stretcher.*

3 Prepositions (e.g., **de** or **para**) + infinitive or noun

una máquina de coser	*a sewing machine*
un aparato para oír, un aparato para sordos	*a hearing aid*
un líquido para fregar platos	*a dishwashing liquid*
lecciones de canto	*singing lessons*

---

*This **participio**, despite its name, has lost its verbal character, becoming either (1) purely adjectival (**obediente, permanente**), or (2) purely nominal, i.e., a noun (**estudiante, presidente**).

For simplicity's sake, the terms "English *-ing* form" and "Spanish **-ndo form" will be used throughout the following discussion.

4 **Que** clause

La policía está buscando una caja que contiene una bomba.	*The police are looking for a box containing a bomb.*
El profesor puso una tarea que requería mucho tiempo.	*The professor gave a time-consuming assignment.*

5 Certain suffixes: **-dor/a, -oso/a, -able, -ivo/a**, etc.

Su prima es muy encantadora y su tío es muy emprendedor.	*His cousin is very charming and his uncle is very enterprising.*
¡Qué situación más embarazosa!	*What an embarrassing situation!*
En la sala había dos sillas reclinables.	*In the living room there were two reclining chairs.*
Esos profesores son muy comprensivos.	*Those professors are very understanding.*

APLICACIÓN

A. **La película de anoche.** Traduzca el siguiente párrafo al español.

My friend thinks that the movie we saw last night was boring but I found it amusing although rather ridiculous. The main character is a pill-popping girl who listens to deafening music day and night. Her parents aren't very understanding and her mother nags at her constantly in an irritating manner.

The girl's boyfriend is a beer-drinking guy and he has stolen some jewels belonging to her mother. One day, the gun-toting boyfriend goes to her house and talks to her parents with threatening words. I didn't see the end because at this point I decided to wake up my sleeping friend and go home.

B. **Mis problemas en la oficina.** Traduzca ahora el siguiente párrafo al inglés, usando tantos adjetivos terminados en *-ing* como sea posible.

En mi oficina ha habido problemas crecientes en los últimos días. Tres de las máquinas sumadoras y la copiadora se rompieron al mismo tiempo, y nuestro jefe adquirió una enfermedad contagiosa y tuvo que renunciar de repente. Siempre he tenido dificultades para adaptarme a una situación cambiante. Mi nuevo jefe es una persona exigente y ahora no sólo ha prohibido fumar, sino también usar celulares en la oficina.

USES OF THE *-ING* FORM AS A PURE NOUN OR AS A VERBAL NOUN

1 Frequently, in English, an *-ing* form is used as a pure noun, (i.e., it loses its verbal character). In these cases, the Spanish equivalent will be a specific noun.

el edificio alto	*the tall building*
Me gusta la cocina mexicana.	*I like Mexican cooking (cuisine).*
una advertencia obvia	*an obvious warning*

2 More frequently, in English, the *-ing* form functions as a verbal noun (gerund) and may be used as subject, object, or predicate noun. It may also be used after a preposition. The Spanish equivalent of this usage is the infinitive. Remember the fundamental rule that the **-ndo** form is not used after **al** nor after a preposition.*

Yo ya sabía cómo era Madrid aun antes de haber estado ahí.	*I already knew what Madrid was like even before having been there.*
(El) fumar es un hábito que detesto.	*Smoking is a habit that I hate.*
Mi pasatiempo predilecto es dormir.	*My favorite pastime is sleeping.*
Después de graduarme, tendré que pasar mucho tiempo buscando empleo.	*After graduating, I'll have to spend a long time looking for a job.*

Note that the infinitive, especially when used as a subject of the sentence, may take the article **el**.

Me molesta el constante gotear de ese grifo.	*The constant dripping of that faucet is bothering me.*

3 In Spanish, a number of infinitives have become permanently nominalized, that is, they are used as masculine nouns.** Some of the most common are:

el amanecer	*dawn*	**el parecer**	*opinion*
el anochecer	*dusk*	**el pesar**	*sorrow*
el atardecer	*dusk*	**el poder**	*power*
el deber	*duty*	**el saber**	*knowledge*
el haber	*assets; income*	**el ser**	*being*

¿Cuál es tu parecer con respecto a los poderes síquicos de los seres humanos?	*What is your opinion regarding the psychic powers of human beings?*
Al atardecer, la belleza del paisaje adquiere una majestad única.	*At dusk, the beauty of the landscape takes on a unique majesty.*

APLICACIÓN

A. Traduzca las palabras entre paréntesis.

1. Algunos estudiantes están cansados (*of answering*) tantas preguntas.
2. (*Doing exercises*) no es mi pasatiempo favorito.
3. Si no les gusta (*drinking*), ¿por qué van a ese bar?

---

*There is one exception: In certain areas, **en** is sometimes followed by the **-ndo** form to describe an action (or state) that immediately precedes the action (or state) of the principal verb.

En acabando de estudiar, iremos al cine.   *As soon as we finish studying, we'll go to the movies.*

The English combination of the preposition *by* + *-ing* form is usually expressed in Spanish by the **-ndo** form alone; see page 347 for examples.

**For other uses of the infinitive, see page 352 in this chapter.

4. (*Walking*) es muy bueno para el corazón.

5. La razón por la cual todos lo evitan es su constante (*complaining*) de todo.

6. (*Smuggling*) ha aumentado mucho entre los Estados Unidos y Sudamérica.

7. El jefe de los rebeldes declaró que (*surrendering, to surrender*) ahora sería un acto de cobardía.

8. Yo vacilaba entre (*leaving*) o (*staying*).

9. (*The crying*) del niño no me dejó dormir.

10. No vengan de visita (*without letting me know*).

B . Complete de manera lógica, usando uno de los infinitivos sustantivados que se dan en la página 345. Haga contracciones si es necesario.

1. Aunque ella había ido muy pocos años a la escuela, su _____ era sorprendente.

2. _____ es muy hermoso en el campo, el sol es un disco rojo que se refleja en la copa de los árboles.

3. En los libros de contabilidad en español hay una sección que se llama el debe y otra que se llama _____.

4. Anoche soñé que entraba en mi casa un _____ de otro planeta con _____ sobrenaturales.

5. Algunos jefes no saben apreciar a los empleados que cumplen con su _____.

6. A mí me gusta dormir hasta tarde pero mi hermano, por el contrario, se levanta a _____.

7. Las luces de la calle se encienden automáticamente a _____.

8. Paulino se disgustó con su amigo porque éste tomó una decisión que lo afectaba sin pedirle su _____.

9. Cuando le dijeron que Rosendo había muerto, su compadre sintió un gran _____.

10. _____ corrompe a la gente.

ADVERBIAL FUNCTIONS OF THE *GERUNDIO**

1 Absolute construction**

    a. The **-ndo** form has its own subject and appears in a clause that is grammatically independent of the main clause. You will observe that in all these cases there exists an equivalent adverbial clause construction, which is more frequently used in the spoken language.

Permitiéndolo Dios, mañana terminaremos ese trabajo.	*God willing, tomorrow we'll finish that job.*

    = conditional clause: **Si Dios lo permite...**

---

*Spanish grammarians emphasize the adverbial nature of the **-ndo** form whereas English grammarians insist on the adjectival functions of the *-ing* form. In both cases, however, there are those who recognize that the distinction between adverbial and adjectival is not always clear.

**An absolute construction is defined as a clause that is "relatively independent syntactically."

Habiéndose enterado ella de lo que pasaba, no le dijimos nada más.	*Since/As she had found out what was going on, we didn't say any more to her.*

= causal clause: **Puesto que/Como ella se había enterado de lo que pasaba...**

Llegando sus padres, los niños se callaron.	*When their parents arrived, the children became quiet.*

= time clause: **Cuando llegaron sus padres...**

Aun afirmándolo el jefe, no lo creo.	*Even though the boss says so, I don't believe it.*

= concessive clause: **Aunque lo afirme el jefe...**

b. Certain set phrases are also used in independent absolute constructions.

Resumiendo el asunto, ellos no tienen suficiente dinero.	*Summarizing the matter, they don't have enough money.*
Pensándolo bien, deme la corbata roja y no la verde.	*Thinking it over, give me the red tie, not the green one.*
Volviendo al cuento, ¿qué piensas de mi plan?	*Returning to the subject, what do you think of my plan?*
Hablando del (ruin) rey de Roma, ahí viene el tipo de quien comentábamos.	*Speaking of the devil, there comes the guy that we were talking about.*

2 Reference to the subject of a sentence

When referring to the subject, the **-ndo** form is explanatory, nonrestrictive, parenthetical.

No queriendo ofender a ninguna de las dos, Alina no intervino en la discusión entre Fortunata y Jacinta.	*Not wishing to offend either of them, Alina didn't intervene in the argument between Fortunata and Jacinta.*
¿Haría Ud. eso, sabiendo lo peligroso que es?	*Would you do that, knowing how dangerous it is?*

In English, the *-ing* form is often preceded by a word such as *while, by,* or *when.*

Caminando ayer por la calle, me encontré con Julio.	*While walking along the street yesterday, I ran into Julio.*
Practicando todos los días, aprenderemos a hablar mejor.	*By practicing every day, we will learn to speak better.*
Dirigiéndose a sus profesores, deben ustedes tratarlos de «usted».	*When addressing your professors, you should use the "usted" form with them.*
Hablando se entiende la gente.	*By talking, people understand one another.*
Será comiendo menos como rebajarás de peso.	*It will be by eating less that you will lose weight.*

3 Reference to the object of a sentence

The **-ndo** form is used after (a) verbs of perception (**ver, mirar, oír, sentir, notar, observar, contemplar, distinguir, recordar, hallar**, etc.), or (b) after verbs of representation (**dibujar, pintar, grabar, describir**, etc.).

    a. **La vi saliendo del museo.**   *I saw her leaving the museum.*

    b. **El artista pintó a su hermana**   *The artist painted his sister picking*
       recogiendo rosas en el jardín.   *roses in the garden.*

Note that the **-ndo** form refers to an action represented as being in progress and as having a certain duration. Such an emphasis is lacking in the alternate construction:

    La vi salir del museo.   *I saw her leave the museum.*

APLICACIÓN

A. Primero complete traduciendo las palabras entre paréntesis. Después reemplácelas con otras expresiones apropiadas, usando también la forma **-ndo**.

Modelo: Parece que Ana está contenta hoy; ¿la oíste (*singing in the shower*)?
        → *cantando en la ducha. ¿La oíste riéndose?*

1. Me sorprendió ver a una persona tan seria (*dancing at a club*).
2. (*Running quickly*), Arturo llegó a tiempo.
3. Nos gusta observar los barcos (*entering the harbor*).
4. (*Speaking of something else*), ¿qué día llegarán tus amigos?
5. Margarita salió de la casa (*slamming the door*).
6. El cuento es muy gráfico; por ejemplo, describe a un cirujano (*amputating a leg*).
7. (*Hitting his opponent repeatedly*), el boxeador consiguió noquearlo.
8. Encontré a Pepito (*changing the oil*) de su auto.

B. Usando en español un gerundio equivalente a *by* + *-ing*, explique cómo se puede conseguir lo siguiente.

1. tener suficiente dinero para comprar un auto nuevo
2. hablar mejor el español
3. perder unas cuantas libras
4. gozar de buena salud
5. ser feliz
6. tener muchos amigos
7. sacar una A en este curso
8. no sentir frío en el invierno
9. no sentir mucho calor en el verano
10. pasar un buen rato

C. **Mi viaje a México.** Sustituya cada frase en cursiva por una construcción con terminación **-ndo**, como en el modelo.

Modelo: *Si el tiempo lo permite*, llegaremos mañana.
   → **Permitiéndolo** *el tiempo, llegaremos mañana.*

1. Mi amigo Germán y yo discutíamos con frecuencia *mientras planeábamos* el viaje. Los dos trabajábamos horas adicionales, *ya que no teníamos* suficiente dinero. Pero, *como se acercaban* las vacaciones, sabíamos que *si no nos daban* algún dinero nuestras familias, no conseguiríamos reunir a tiempo la cantidad suficiente. Por fin, *cuando sólo faltaban* dos semanas, mi padre y la madre de Germán decidieron ayudarnos.

2. *Cuando íbamos* en el avión nos mareamos, porque el tiempo estaba muy malo. *Al llegar* a la Ciudad de México, descubrimos que hacía frío allí por las noches. Pero *como habíamos llevado* alguna ropa de abrigo, el frío no nos importó.

3. *Como éste era* nuestro primer viaje a México, todo nos pareció asombroso. Germán, *puesto que tiene* una cámara excelente, era el fotógrafo oficial. *Mientras estuvimos* en México no usamos el inglés. *Si hiciéramos* esto siempre, hablaríamos con más soltura el español.

ADDITIONAL OBSERVATIONS ON THE USE OF THE *-NDO* FORM

1 The "pictorial" use of the **-ndo** form

Like the *-ing* form in English, the Spanish **-ndo** form is used in captions.

«Washington atravesando el Delaware», de Emanuel Luetze (1851)	*"Washington Crossing the Delaware," by Emanuel Leutze (1851)*
El Rey inaugurando la exposición en el Palacio	*The King opening the exhibit at the Palace*

2 como + **-ndo** = *as if* + *-ing*

Me respondió con pocas palabras como criticando mi verbosidad.	*He replied with few words as if criticizing my verbosity.*
Sonreía como queriendo ocultar su dolor.	*He was smiling as if trying to hide his sorrow.*

3 Incorrect uses of the **-ndo** form

The **gerundio** is sometimes used in cases that are considered incorrect by grammarians.

Ayer recibí un periódico que describía (*not* describiendo) la boda.	*Yesterday I received a newspaper describing the wedding.*

Describing does not refer to the subject of the sentence but only to the word *newspaper*. Its use is purely adjectival here; therefore, the **-ndo** form is not acceptable. Compare:

Escribió una novela criticando las condiciones sociales.	*He wrote a novel criticizing the social conditions.*

In this case, the **gerundio** refers to an activity of the subject of the sentence. The writer criticizes social conditions by writing a novel. If one wishes to emphasize the novel, however, only **que critica** is correct.

English-speaking persons must distinguish carefully between restrictive and nonrestrictive clauses (restrictive = necessary to the meaning of a sentence; nonrestrictive = not essential to the meaning of a sentence*). Only in the latter can the **-ndo** form be used. Note the difference between:

La muchacha, moviendo la cabeza, dijo que no.	*The girl, shaking her head, said no.* (The clause is nonrestrictive, parenthetical, explanatory.)
La muchacha que movía la cabeza, y no la otra, dijo que no.	*The girl shaking her head, and not the other one, said no.* (The clause is restrictive.)
Los estudiantes que se gradúan en junio no pueden votar ahora.	*Students graduating in June can't vote now.*

In the last example one cannot say **graduándose en junio** because *graduating in June* is restrictive (in Spanish: **especificativo**), not merely explanatory or parenthetical.

APLICACIÓN

A. Conteste, basándose en los ejemplos que ilustran las reglas anteriores.

1. ¿Cuál es el tema de una pintura de Washington?
2. ¿Qué dice el pie de la fotografía del Rey?
3. ¿Por qué respondió él con pocas palabras?
4. ¿Cómo sonreía él?
5. ¿Qué periódico recibiste ayer?
6. ¿Qué novela escribió él?
7. ¿De qué manera dijo la muchacha que no?
8. ¿Cuál de las muchachas dijo que no?
9. ¿Qué estudiantes no pueden votar ahora?

B. Vuelva a contestar las preguntas del ejercicio anterior, pero use esta vez gerundios y cláusulas con **que** originales.

Modelos: ¿Cuál es el tema de una pintura de Washington?
→ *Washington luchando con sus tropas.*
¿Qué estudiantes no pueden votar ahora?
→ *Los estudiantes que no tienen identificación.*

C. Traduzca al español.

People not having a passport cannot cross the border, unless they are immigrants working on the plantations. Several undocumented workers looking for a job tried to cross, but the troops guarding the entrance didn't let them. They explained that men wishing to work should show papers bearing an official stamp.

---

*See Chapter 14, p.371.

PROGRESSIVE TENSES IN SPANISH AND ENGLISH

1 In English, the present progressive and the imperfect progressive can express future time or intention to act, but such is not the case in Spanish. Compare the following examples:

Salen/Saldrán mañana por la mañana.	*They're leaving tomorrow morning.*
Iban a salir mañana por la mañana, pero cambiaron de idea.	*They were leaving tomorrow morning, but they changed their mind.*

2 In English-language letters, the present progressive occurs in many set phrases that require the simple present in Spanish.

Le escribo...	*I am writing to you...*
Le adjunto...	*I am enclosing for you...*
Les enviamos...	*We are sending you...*

3 Progressives are rarely used in formal Spanish with such verbs of motion as **ir, venir, entrar, volver, regresar**, etc.

—Jorgito, ven acá. —Voy.*	*"Jorgito, come here." "I'm coming."*

4 The preterite progressive in Spanish emphasizes that a past and *completed* event was *ongoing* for a certain period of time.

Antonio estuvo estudiando toda la noche.	*Antonio spent the whole night studying.*

5 The present perfect and past perfect progressives may be used to emphasize continuity. However, as explained in Chapter 3 (page 69), in Spanish, alternate constructions exist under the circumstances described there.

Hemos estado leyendo toda la mañana.	*We've been reading all morning.*
Habían estado trabajando todo el día.	*They had been working all day.*

6 Progressive tenses can also be formed by combining the **-ndo** form with **seguir, continuar, andar, ir**, and **venir**. In these cases, the progressive can have special meanings.

a. **seguir, continuar** + **-ndo** = *to continue* + *-ing* (or + infinitive)

Jacinto no quiere seguir (continuar) trabajando.	*Jacinto doesn't wish to continue working (to work).*

b. **andar** + **-ndo** = *to go around* + *-ing*

Isabel anda diciendo que ella sabe más que su profesor.	*Isabel goes around saying that she knows more than her professor.*

c. **ir** + **-ndo** = gradual occurrence; beginning of action or state

El dolor en el pie iba aumentando.	*The pain in his foot was getting worse and worse.*

---

*Remember that **ir** implies motion away from the speaker, whereas **venir** implies motion toward the speaker.

Poco a poco me voy acostumbrando a la vida del campo.	*I am gradually getting accustomed to country living.*
Ve calentando el horno mientras yo mezclo la masa.	*Start heating the oven while I mix the dough.*

d. **venir** + **-ndo** = continuity over a period of time

Inés viene gastando mucho dinero en ropa últimamente.	*Inés has been spending a lot of money on clothes lately.*
Hace varios meses que vengo sintiéndome mal.	*I have been feeling ill for some months now.*

APLICACIÓN

Conteste usando una forma terminada en **-ndo** si es posible.

1. ¿Adónde ibas anoche cuando te vi?
2. ¿Cuánto tiempo hablaste con Pedro ayer?
3. ¿Vuestro abuelo llega mañana o pasado mañana?
4. Si vieras a mucha gente correr por la calle en la misma dirección, ¿qué te preguntarías?
5. ¿Qué decía el profesor cuando llegaste a clase?
6. ¿Qué hacen generalmente los chismosos?
7. ¿Se divorciaron sólo por ese problema, o habían tenido otros problemas antes? (*Use* **venir**.)
8. ¿Comienzas ahora a comprender el gerundio? (*Use* **ir**.)
9. Cuando ves a una persona sospechosa en una joyería, ¿qué te preguntas?
10. ¿Qué has hecho toda la tarde?
11. Cuando viste a tu amigo poco diligente en la biblioteca, ¿qué te preguntaste?
12. Si te gusta hablar español, ¿qué harás después de esta clase? (*Use* **seguir**.)

OTHER USES OF THE INFINITIVE

Earlier in this chapter (pages 344–345), two uses of the infinitive in Spanish were discussed: as a verbal noun and after prepositions. In addition, the infinitive is often found in constructions that are the equivalent of adverbial clauses.

Al bajar la escalera, vieron a Jesusita.	*When they went downstairs, they saw Jesusita.*

= time clause: **Cuando bajaron...**

De (A) no ser por ti, yo no hubiera ido a la fiesta.	*If it hadn't been for you, I wouldn't have gone to the party.*

= conditional clause **Si no hubiera sido por ti...**

Por estudiar poco, sacarás malas notas.	*Since you study little, you'll get bad grades.*

= causal clause: **Puesto que estudias poco...**

APLICACIÓN

Unos días en el lago. Exprese con una cláusula de infinitivo lo mismo que dicen las secciones en cursiva.

1. *Cuando me encontré* con Pilar en la calle, me invitó a pasar unos días con ella y otros amigos en su casa del lago.
2. *Puesto que vivo* en un pueblo aburrido, acepté encantada la invitación.
3. *Apenas llegué* a mi casa, le hablé del asunto a mi madre.
4. Mi madre objetó que *si iba* no podría tomar cursos de verano.
5. *Como yo tenía* mucho interés en ir, traté de convencer a mi madre de que necesitaba esa clase de vacaciones.
6. *Si yo no hubiera insistido*, mi madre no me habría dicho que sí.
7. *Cuando llegamos al lago y vi* el hermoso paisaje, me alegré de estar allí.
8. Pasé unos días fabulosos, *puesto que los amigos de Pilar son* también mis amigos.
9. *Como Pilar tenía* un bote grande, navegábamos por el lago todos los días.
10. *Si hubiera sabido* que me divertiría tanto, habría ido el año pasado, cuando Pilar me invitó por primera vez.

The Past Participle in Absolute Constructions

You already know that the past participle is a basic element of compound tenses (**he visto, habías hablado,** etc.) and you learned in Chapter 9 that many past participles can function as nouns as well as adjectives. In addition, the past participle is used in so-called absolute constructions that are found mainly in the written language.

1 The past participle may combine with a noun to form the equivalent of an adverbial clause.

Quitadas las rosas, el jardín sería mucho menos hermoso.	*If the roses were removed, the garden would be much less beautiful.*

= conditional clause: **Si se quitaran las rosas...**

Aun desaparecido el perro, el gato no se atrevía a maullar.	*Even though the dog had disappeared, the cat didn't dare to meow.*

= concessive clause: **Aunque el perro había desaparecido...**

Terminada la lección, todos salieron del aula.	*After the lesson ended, they all left the classroom.*

= time clause: **Después que terminó la lección...**

Note that in the case of the time constructions, the past participle may be preceded by **después de, luego de, una vez,** etc.: **Después de (Luego de, Una vez) terminada la lección, todos salieron del aula.**

2 The past participle may combine with a noun to express manner.

Señalaba, la mano extendida   *She was pointing with her hand*
(extendida la mano), hacia la puerta.   *extended toward the door.*

= expression of manner: **Señalaba con la mano extendida...**

APLICACIÓN

Exprese con una cláusula de participio pasivo lo mismo que dicen las siguientes oraciones.

Modelo: Después que terminó el trabajo del altar, García se fue del pueblo.
            → *Terminado el trabajo del altar, García se fue del pueblo.*

1. Cuando escriba la composición, podré descansar un rato.
2. Si se lava el carro, se verá mucho mejor.
3. Aunque había llegado la hora de partir, nadie se levantaba de su silla.
4. Después que leyó el periódico, Jaime encendió el televisor.
5. Al morir mi abuela, mi abuelo se mudó con nosotros.
6. Si se cortan los árboles, desaparecerá la selva.
7. Aunque la canción no había terminado, todos comenzaron a aplaudir.
8. Cuando abrieron la tumba, vieron que estaba vacía.
9. Los soldados esperaban al enemigo [y] habían empuñado los fusiles.
10. Luego que se pusiera el sol, sería más difícil el viaje.

Sección léxica

Ampliación: Adjetivos españoles que equivalen a -ing

Ud. ya conoce la mayoría de los adjetivos que siguen, aunque tal vez sin darse cuenta de que son equivalentes de adjetivos que terminan en *-ing* en inglés. ¿Cuántos puede traducir Ud. sin consultar el glosario?

1. Terminaciones frecuentes

    -ante; -ente, -iente

asfixiante, brillante, chocante, determinante, extenuante, flotante, gobernante, hispanohablante, humillante, insultante, restante, sofocante; corriente, durmiente, existente, hiriente, naciente, pendiente, resplandeciente, siguiente, sobresaliente, sonriente

    -dor/a

abrumador, acusador, adulador, agotador, alentador, cegador, conmovedor, desalentador, enloquecedor, enredador, ganador, innovador, inspirador, murmurador, revelador, tranquilizador, volador

-ivo/a; -oso/a

auditivo, decisivo, depresivo, efusivo, persuasivo, provocativo, rotativo; achacoso, amoroso, chismoso, enojoso, espumoso, furioso, indecoroso, jocoso, mentiroso, sudoroso, tembloroso

2. Otras terminaciones

-able, -ero/a, -ado/a, -ido/a, -tor/a

agradable, incansable, incomparable, interminable, potable; duradero; cansado, confiado; afligido, dolorido, perdido; productor, protector, reductor, reproductor, seductor

3. Una categoría muy corriente y expresiva de adjetivos terminados en *-ing* es la que combina un sustantivo con el participio. A continuación se dan algunos ejemplos. Como se verá, la traducción al español varía según el caso, y frecuentemente exige el uso de una cláusula adjetival con **que**.

breathtaking	**que lo deja a uno sin respiración**
earsplitting	**ensordecedor**
eye-catching	**llamativo, que llama la atención, vistoso**
hair-raising	**que eriza, que pone los pelos de punta, que pone la carne de gallina, espeluznante**
heartbreaking	**que parte el alma, desgarrador**
heartwarming	**conmovedor**
mind-blowing	**alucinante**
mouthwatering	**que hace la boca agua**
nerve-shattering	**que destroza los nervios**
toe-tapping	**que invita a bailar**

APLICACIÓN

A. Complete con adjetivos de las listas anteriores.

1. Alejandro no es de un país _____, pero habla muy bien el castellano.

2. Algunas personas creen haber visto platillos _____.

3. Los faros del coche producían un brillo _____.

4. Tendremos un nuevo presidente, porque el partido _____ ha perdido las elecciones.

5. Nuestra casa de campo cuenta con agua _____, pero no podemos beberla porque no es

_____.

6. Hace años que no leo la historia de la Bella _____.

7. Me gustan los vinos _____ de España.

8. Esa novela es tan larga que parece _____.

9. Sin ideas _____, no habrá progreso en el campo de la tecnología.

10. Estoy muy cansado después de varios días de trabajo _____.

B. Diga qué adjetivo se usa para referirse a algo o a alguien que...

1. sobresale
2. humilla
3. abruma
4. sonríe
5. ama
6. adula
7. alienta
8. provoca
9. tiene achaques
10. siempre cuenta chismes
11. hiere
12. agrada

C. Forme participios de presente con los siguientes infinitivos, y úselos como adjetivos en oraciones.

Modelo: entrar **entrante**
          → *No volverán hasta el mes entrante.*

1. fascinar
2. sorprender
3. alarmar
4. salir
5. balbucir
6. intrigar
7. sobrar
8. corresponder

D. Haga un comentario subjetivo usando uno de los adjetivos de la lista que se da en el número 3 (página 355) refiriéndose a las siguientes cosas o circunstancias.

1. una música muy alegre
2. las fotos de las víctimas del maremoto
3. una comida deliciosa
4. una película de fantasmas
5. un concierto de rock
6. los rascacielos de Chicago por la noche
7. un auto deportivo rojo
8. las nuevas teorías sobre el origen del universo
9. el encuentro de un niño desaparecido con sus padres
10. el interrogatorio de la policía a una persona culpable

Distinciones: Equivalentes en español de to move

1. Cuando *to move* significa «cambiar el lugar o la posición de algo», su equivalente en español es **mover**.

El viento mueve las hojas de los árboles.	*The wind moves the leaves on the trees.*
Empujé el armario, pero era tan pesado que no pude moverlo.	*I pushed the cabinet, but it was so heavy that I couldn't move it.*

2. Cuando es el sujeto el que cambia de lugar o posición, *to move* es intransitivo y equivale a **moverse**.

Las hojas de los árboles se movían porque había viento.	*The leaves on the trees were moving because it was windy.*
—¡No se mueva o disparo! —dijo el asaltante.	*"Don't move or I'll shoot!" said the assailant.*

To move away es **alejarse (de)** y *to move closer* es **acercarse (a).**

No te oigo bien, ¿quieres acercarte?	*I don't hear you well. Will you move closer?*
En una excursión, no es buena idea alejarse del guía, porque uno se puede perder.	*In an excursion, it is not a good idea to move away from the guide because one may get lost.*

3. Cuando *to move on* significa *to advance* o *to make progress*, se usa **avanzar** en español.

El soldado siguió avanzando a pesar de estar herido.	*The soldier continued moving on in spite of being wounded.*
García estaba avanzando rápido en su trabajo.	*García was moving on rapidly with his work.*

4. Cambiar de residencia (de una ciudad, casa, apartamento, habitación, oficina, etc., a otro/a) es **mudarse (de)... (a).**

Anita va a mudarse con nosotras.	*Anita is moving in with us.*
Nos hemos mudado de la Tercera Avenida a la Calle Treinta y dos.	*We have moved from Third Ave. to Thirty-second Street.*

Mudarse (de) también significa *to change clothes.*

Tengo que mudarme de ropa porque no llevaba paraguas y me mojé.	*I have to change clothes because I wasn't carrying an umbrella and I got wet.*

5. *To move* en el sentido de *to affect emotionally* es **conmover**. En los casos más específicos de *to move to tears, to anger*, etc., generalmente se usa **hacer** + infinitivo en español.

Su triste historia me conmovió profundamente.	*His sad story moved me deeply.*
Las tontas palabras de la mujer me hicieron enojar.	*The woman's silly words moved me to anger.*
La película era tan triste que hizo llorar a todos.	*The movie was so sad that it moved everybody to tears.*

6. En un juego, apuesta, etc., *to move* es **jugar**. En estos casos, *move* como sustantivo es **jugada**.

Juegue ahora, le toca a Ud.	*Move now, it is your turn.*
Ganaron mucho dinero gracias a una hábil jugada de la bolsa.	*They made a lot of money thanks to a smart move in the stock market.*

7. El equivalente en español de *on the move* es **en movimiento**.

El circo viajaba de pueblo en pueblo; siempre estaba en movimiento.	*The circus traveled from town to town; it was always on the move.*

APLICACIÓN

Complete las oraciones con equivalentes de *to move*.

1. Cuando yo era niña, viví en varias ciudades porque mi familia _____ mucho. A mi padre le gustaba estar siempre (*on the move*) _____, porque decía que era la mejor manera de (*to move on*) _____ económicamente.

2. Como la mayoría de las personas viejas, mi abuela es rutinaria y no le gusta que nadie _____ sus cosas de lugar.

3. Los hombres que me estaban _____ al nuevo apartamento _____ el armario que estaba en la esquina de mi habitación, y vi que algo (*moved away*) _____ velozmente. ¡Era un ratón!

4. No me gustan las películas tristes porque me (*move to tears*) _____.

5. Cuando mi hermano mayor se fue a la universidad, yo _____ a su habitación, pero no _____ mis muebles, porque los de él me gustaban más.

6. El viento de la tormenta tropical _____ violentamente las ramas de los árboles. Queríamos (*to move away*) _____ de la ciudad, pero el tráfico de la carretera _____ muy despacio.

7. Las autoridades ordenaron la evacuación de la ciudad, pero muchas personas no quisieron _____ de sus casas. El motivo era que no querían dejar a sus mascotas, y esto me _____.

8. El herido no _____ y tenía la ropa llena de sangre, pero cuando la enfermera lo _____ de ropa, él _____ un poco la cabeza.

9. Guillermo hizo una mala _____ en la bolsa (*stock market*) y perdió mucho dinero; por eso ha vendido su casa para _____ a una casa más pequeña.

10. Voy a (*move a little closer*) _____ porque desde aquí no puedo leer bien la pizarra.

11. ¡Qué calor hace! Y no hay brisa; no _____ ni una hoja.

12. —No _____ de aquí —le dijo la madre al niño—. Voy a _____ el carro para que no me pongan una multa y regreso en seguida.

Para escribir mejor

Recursos estilísticos

En la lengua hablada, pero sobre todo en la escrita, se usan muchos recursos para darle variedad y mayor expresividad al estilo. Aquí examinaremos tres de los más importantes: el símil, la metáfora y el sinónimo.

1. El símil se define como figura retórica que consiste en comparar explícitamente una cosa con otra. La comparación es explícita porque le antecede una de las siguientes expresiones: **como** (= *like, as*), **tan... como, más... que, al igual que**, etc.

Algunos de los ejemplos que hemos visto en las lecturas son:

a. ...niños desbandados **como ganado despavorido** (Capítulo 3)

b. ...me sentía **como un rey en su trono** (Capítulo 4)

c. ...se venden **como pan caliente** (Capítulo 5)

d. ...vio que estaba sano y fuerte, crecido **como un árbol** (Capítulo 10)

e. ...la muerte y la sorpresa, **como dos hermanas** (Capítulo 10)

f. ...las mujeres que lucen, **como verdaderas reinas**, largas túnicas de algodón bordadas (Capítulo 12)

Tanto en español como en inglés existen símiles estereotipados que deben rehuirse. Se repiten tanto que han perdido su valor artístico. Algunos ejemplos son: blanco como la nieve, azul como el cielo, tan viejo como Matusalén.

2. La metáfora es una figura retórica que consiste en trasladar el sentido normal de las palabras a otro figurado por medio de una comparación tácita, por ejemplo, «**Esa persona es una víbora**». Si se dijera «**Las palabras de esa persona son como el veneno de una víbora**», sería una comparación no tácita sino explícita, y por lo tanto, se trataría de un símil.

Los siguientes ejemplos de metáforas también están tomados de las lecturas.

a. ... la pobre alma, **pájaro azul** ya libre... (Capítulo 1)

b. ... el **vino de su amor** no se volvería vinagre! (Capítulo 1)

c. ... que **se quema las pestañas** para darnos de comer... (Capítulo 2)

d. ... **el verde tapiz** de las pasturas... (Capítulo 6)

e. ... **los paréntesis luminosos** le salían de las sienes (Capítulo 9)

f. ... uno cría **cuervos para que le saquen los ojos** (Capítulo 11)

g. ... **la marea** de italianos pobres... **estaba inundando** el país. (Capítulo 13)

3. La palabra sinónimo se aplica a los vocablos o expresiones que tienen un mismo o muy parecido significado, o alguna acepción equivalente, por ejemplo, **voz, vocablo, palabra y término**. Los sinónimos sirven para reforzar o aclarar la expresión de un concepto, por ejemplo, «**Cupido había lanzado una saeta (flecha) a la enamorada joven**». También sirven para evitar la repetición de la misma palabra.

Hasta ahora hemos visto muchos sinónimos en las lecturas; entre otros, los siguientes pares:

(C.1) pobreza / estrechez
sucedió / acaeció

(C.2) retorcer / enrollar
techo / azotea

(C.3) mucho miedo / pavor
nave / embarcación

(C.4) atribuir / achacar
mendigo / pordiosero

(C.5) equiparable / comparable
llegada / arribo

(C.6) presidio / cárcel
anudar / atar

(C.7) sanación / cura
fin / propósito

(C.8) furia / ira
orfanato / asilo

(C.9) desechar / rechazar
actual / presente

(C.10) levantar / alzar
zurrón / mochila

(C.11) apacible / tranquilo
recio / fuerte

(C.12) encaramado / subido
rezar / orar

(C.13) legado / herencia
aislamiento / marginación

Es importante recordar que la mayoría de los sinónimos son intercambiables únicamente en ciertos contextos, no en todos. La sinonimia, pues, es cuestión de grado, ya que depende del número de contextos en que los dos términos posean en común el mismo significado. Por ejemplo, **gazapo** es sinónimo de **conejo** y de **error**. Uno puede decir que «crían **gazapos o conejos** en esa granja» y que «Han cometido varios **gazapos o errores garrafales** en ese libro», pero uno no puede decir «Crían **errores** en esa granja» ni «Han cometido varios **conejos** garrafales en ese libro».

APLICACIÓN

A. Escriba cuatro oraciones originales usando un símil en cada una.

B. Escriba cuatro oraciones originales usando una metáfora en cada una.

C. Escriba un parrafito ilustrando cómo se usan los sinónimos (a) para aclarar una expresión y (b) para evitar la repetición de la misma voz.

D. Las palabras que aparecen en cursiva en los parrafitos siguientes están tomadas de la lista de sinónimos que se ha dado arriba. Reemplace las palabras en cursiva con sus sinónimos.

1. El joven *alzó* la bolsa donde había puesto la comida, la *anudó* y la metió en su *zurrón*.

2. Este tratamiento no es *equiparable* a los anteriores, pues su *propósito* no es *la marginación* del paciente, sino su *sanación* total.

3. Aunque no eran *mendigos*, vivían en la mayor *pobreza;* al padre le *atribuyeron* un crimen que no había cometido y lo enviaron a *la cárcel;* la madre murió al poco tiempo, y las autoridades pusieron a los niños en un *orfanato*, donde crecieron.

4. Eso *sucedió* hace mucho tiempo, pero todavía siento *mucho miedo* al recordar a los hombrecitos verdes que salieron de la *embarcación retorciendo* sus antenas.

5. No debemos *rechazar la herencia* de nuestros antepasados, pues puede sernos útil en el momento *actual*.

6. Mi padre tenía un carácter *fuerte*, pero era un hombre *apacible* y nunca se dejaba llevar por la *furia*; él me enseñó a *orar* y a tener paciencia.

7. A causa de la inundación, todos estaban *subidos* en *las azoteas* y esperaban allí *la llegada* de los rescatistas.

TRADUCCIÓN

What Does Being a Hispanic Mean?

Defining the term "Hispanic" is not an easy task. "Hispanic" is not a race, since there are Hispanics of all races and ethnic origins. Hispanics come from countries that are quite different from each other. All of them are Spanish-speaking, but they talk with a variety of accents and have many differences in their everyday vocabulary. There is not such a thing as Hispanic music: Mexicans have rancheras, corridos, and mariachis; Puerto Ricans have salsa; Colombians, cumbias; Dominicans, merengues; Argentinians, tangos; Cubans, rumbas, and so on. There is not a Hispanic cuisine either. Mexicans, for instance, like very spicy foods, but pepper and chili are used sparingly by many other Hispanics.

The differences among Hispanic immigrants become even greater when it comes to social class and to their motives for coming to the United States. Economic need is the reason for most of the recent immigrants, but there are, for instance, hundreds of middle-class families from Venezuela that have moved to our country in the last six years fearing the communist tendencies of Chávez's government.

Also for political reasons, in the 60's and 70's, Cubans arrived at our shores in a touching exodus, settling mostly in Florida. Most of them were middle-class; a large number were

Los hispanos que vienen a los EE.UU. se adaptan muy pronto a las costumbres norteamericanas, aunque la mayoría conservan además las de su país de origen. Esta familia hispana de Austin, Texas, horneó un pavo para celebrar el Día de Acción de Gracias. (©Bob Daemmrich/The Image Works)

professionals or had a college education. Not being able to send money home (**a su país**) as most immigrants do, because of the embargo, and not having hopes of returning to Cuba soon, they made Florida their permanent home. Cubans are enterprising people and they have transformed Miami, from a mediocre town of cold-fearing transients, into a large and flourishing city. As for cuisine, Cubans love rice with black beans and roasted pork, and they drink espresso coffee, which many other Hispanics find too strong.

The same wish to move on in life that motivates Spanish American immigrants in the U.S. has in recent years impelled many to move to Spain, which nowadays is part of the European Union and a prosperous country. Unlike Americans, Spaniards are well aware of the differences between Spanish-speaking countries; therefore, it's surprising that they call all Spanish-American immigrants by the generic term "Latinos," regardless of their country of origin. Thus, it would be fitting to ask also: "What does being a Latino mean?"

TEMAS PARA COMPOSICIÓN

1. **Mis antepasados inmigrantes.** A menos que sea Ud. nativo americano, tiene antepasados que no nacieron en los Estados Unidos. ¿De qué nacionalidades eran? ¿Desciende Ud. de los peregrinos que llegaron en el *Mayflower*? ¿Llegó de Europa alguno de sus antepasados en el siglo XIX? Hable de uno o más de sus antepasados inmigrantes.

2. **El sueño americano.** ¿Qué es para Ud. el llamado sueño americano? ¿Existe todavía o es un concepto del pasado? Imagine que está Ud. hablando con un extranjero y explíquele este concepto, explicándole además otras características de la vida en los Estados Unidos.

3. **¿Qué es «ser americano»?** Esta pregunta puede contestarse de diferentes maneras. ¿Cómo la contestaría Ud.? ¿Tiene todavía validez el concepto de nuestros Padres Fundadores expuesto por Huntington o es anacrónico? Explique su opinión. ¿Por qué (no) es necesario haber nacido en este país para ser un buen americano? ¿Hay personas que no son buenos americanos aunque hayan nacido aquí? ¿Hay valores comunes que todos los americanos deben tener? ¿Cuáles?

4. **Un país hispánico.** Escoja un país que le interese y busque información sobre él en el Internet. ¿Qué tamaño tiene? ¿Cuántos habitantes? ¿Qué puede decirse de sus ciudades principales? ¿Cómo es su clima? ¿Sus costumbres? ¿Música? ¿Comida? ¿Qué hechos importantes hay en su historia? ¿Qué sitios de interés puede visitar un turista?

La imponente catedral de Santiago de Compostela es sin duda el monumento más famoso de Galicia, la patria chica de Emilia Pardo Bazán. La catedral es muy antigua, pues aunque su fachada es barroca y del siglo XVIII, el edificio se construyó en el siglo XIII. El nombre Compostela deriva de "campo de la estrella", pues según una leyenda, allí se encuentra enterrado el apóstol Santiago (St. James), y su tumba se descubrió en el siglo IX por una estrella que brillaba encima del sepulcro. (©Robert Frerck/Stone/Getty Images)

Lectura

Introducción

Ud. va a leer un cuento de Emilia Pardo Bazán (1851–1921), una gran novelista y cuentista española. Pardo Bazán fue una mujer de extensa cultura, vigorosa y fina a la vez, y muy liberada para su época. Expuso sus teorías sobre el arte y la novela en un ensayo muy polémico: «La cuestión palpitante». Pardo Bazán escribió dentro de la escuela literaria llamada realismo, a la cual pertenecen muchos grandes novelistas, como Galdós en España, Dickens en Inglaterra, Balzac en Francia y Dostoievski en Rusia.

Pardo Bazán va más allá del realismo, y trata de fundir en su obra las ideas del naturalismo francés y la tradición literaria española. Su novela más conocida, *Los pazos de Ulloa*, tiene lugar en Galicia, tierra natal de la escritora, y es un buen ejemplo de esta fusión.

En «El encaje roto», Pardo Bazán estudia los motivos de una joven para decir «no» en el último momento, en la ceremonia de su boda. El cuento presenta un tema de gran importancia en todas las épocas y del cual se habla mucho hoy en día: el del peligro de casarse con una persona violenta.

El cuento comienza con el impactante «no» de Micaelita, la protagonista, y a continuación la narradora describe la boda y sus invitados, todo usando su imaginación, pues dice que no estaba presente. Desde la línea 49 a la línea 83, hay un cambio de narrador, pues la autora se ha hecho amiga de Micaelita, y ésta le cuenta los motivos que tuvo para no casarse.

El encaje roto

Convidada° a la boda de Micaelita Aránguiz con Bernardo Meneses, y no habiendo podido asistir, grande fue mi sorpresa cuando supe al día siguiente que la novia, al pie del altar, al preguntarle el Obispo de San Juan de Arce si recibía a Bernardo por esposo, soltó°

5 un «no» claro y enérgico. Como reiterada con extrañeza la pregunta por el sorprendido obispo se repitiese la negativa°, el novio, después de enfrentar un cuarto de hora la situación más ridícula del mundo, tuvo que retirarse, deshaciéndose la reunión y el enlace° a la vez.

10 Parecíame ver el cuadro° y no podía consolarme de no haberlo contemplado por mis propios ojos: el salón atestado°, la escogida concurrencia°, las señoras vestidas de seda y terciopelo, con collares de pedrería°; la madre de la novia, atareada, solícita, de grupo en grupo, recibiendo felicitaciones; las hermanitas

15 conmovidas, muy monas°, de° rosa la mayor, de azul la menor, ostentando° los brazaletes de turquesa regalo del cuñado futuro. El obispo que ha de bendecir la boda alternando° grave y afablemente, sonriendo, dignándose soltar chanzas° urbanas o discretos elogios, mientras allá, en el fondo, se adivinaba el misterio del oratorio° revestido°

20 de flores, una inundación de rosas blancas desde el suelo hasta la cupulilla°, donde convergen radios° de rosas y de lirios como la

Glosses (right margin):

Invitada

dijo inesperadamente

Como... *As the question was repeated with amazement by the surprised bishop and the "no" was also repeated* / boda

escena

lleno de gente

la... el selecto público

piedras preciosas

bonitas / vestida de

luciendo

mezclándose con la gente

bromas

capilla / cubierto

pequeña cúpula / hileras, líneas

365

nieve, sobre rama verde. Y en el altar, la efigie de la
Virgen protectora de la aristocrática mansión, semioculta por una
cortina de azahar°, que envió desde Valencia el riquísimo
propietario Aránguiz, tío y padrino de la novia, el cual no vino
en persona por estar viejo y achacoso°. Estos detalles corren de
boca en boca, calculándose la magnífica herencia que
corresponderá a Micaelita, una esperanza más de ventura° para
el matrimonio°, el cual irá a Valencia a pasar su luna de miel.

En un grupo de hombres me imaginaba al novio, algo° nervioso,
ligeramente° pálido, mordiéndose el bigote sin querer, inclinando la
cabeza para contestar a las delicadas bromas y las frases
halagüeñas°.

Y por último, veía aparecer en el marco de la puerta a la novia...
La pareja avanza conducida por los padrinos, la cándida° figura se
arrodilla al lado de la esbelta y airosa° figura del novio... El Obispo
formula una interrogación a la cual responde un «no» rotundo como
una bala. Y —siempre con la imaginación— yo notaba el
movimiento del novio, que se revuelve° herido; el ímpetu° de la
madre para proteger y amparar a su hija; la insistencia del Obispo...

Todo esto, dentro de la vida social, constituye un terrible drama.
Y en el caso de Micaelita, al par que drama, fue logrifo°. Nunca
llegó a saberse de cierto° la causa de la súbita negativa.

A los tres años, me encontré con Micaelita en un balneario° de
moda. No hay cosa que facilite las relaciones como la vida de
balneario, y la señorita de Aránguiz se hizo tan buena amiga mía,
que una tarde, paseando hacia la iglesia, me reveló su secreto. Esto
es lo que me dijo:

«Fue la cosa más tonta. De puro tonta°, no quise decirla; la gente
siempre atribuye los sucesos a causas profundas y trascendentales,
sin pensar que a veces nuestro destino lo deciden las niñerías°, las
pequeñeces° más pequeñas... Pero son pequeñeces que significan
algo, y para ciertas personas significan demasiado.

Confieso que mi novio me gustaba° mucho, más que ningún
hombre de los que conocía y conozco; creo que estaba enamorada
de él. Lo único que sentía era no poder estudiar su carácter; algunas
personas le juzgaban° violento; pero yo le veía siempre cortés,
deferente°, blando como un guante°, y temía que me engañara
ocultando una fiera y avinagrada condición°.

Llegó el día de la boda. Al vestirme el traje blanco, admiré una
vez más el soberbio volante° de encaje que lo adornaba, y era
regalo de mi novio. Había pertenecido a su familia aquel viejo
Alenzón° auténtico, —una maravilla—de un dibujo° exquisito,
digno del escaparate° de un museo. Bernardo me lo había regalado
encareciendo° su valor, lo cual llegó a impacientarme°, pues por
mucho que el encaje valiese°, mi futuro esposo debía pensar que era
poco para mí.

Fui hacia el salón, donde me esperaba mi novio.
Al precipitarme° a saludarle llena de alegría, el encaje se

Glosses (right margin):

flor del naranjo

ailing

felicidad
los esposos
un poco
un poco

halagadoras

blanca y pura
elegante

squirms / impulso

puzzle
de... con seguridad
health spa

De... *Since it was so silly*

childish things
cosas insignificantes

me... me atraía físicamente

le... pensaban que era
deferential / **blando...** *soft as a glove*
una... *a cruel and bitter nature*

soberbio... hermoso y elegante vuelo
encaje muy fino hecho en Francia / diseño
vitrina
poniendo énfasis en / irritarme
por... *no matter how much the lace might be worth*
Al... Cuando corrí

enganchó° en un hierro° de la puerta, con tan mala suerte, que al quererme soltar, oí el ruido peculiar° del desgarrón°, y pude ver que un jirón° del magnífico adorno colgaba sobre mi falda. Pero también vi otra cosa: la cara de Bernardo, contraída y desfigurada por el enojo más vivo°; sus pupilas chispeantes°, su boca entreabierta ya para proferir la reconvención° y la injuria°... No llegó a tanto°, porque estaba rodeado de gente; pero en aquel instante fugaz se alzó un telón° y detrás apareció desnuda un alma.

Debí de inmutarme°; por fortuna°, el tul de mi velo me cubría el rostro. En mi interior, algo se despedazaba°, y el júbilo con que atravesé el umbral° del salón se cambió en horror profundo. Bernardo se me aparecía° siempre con aquella expresión de ira, dureza y menosprecio° que acababa de ver en su rostro. Yo no podía, no quería entregarme a tal° hombre ni entonces ni jamás°».

—¿Y por qué no declaró Ud. el verdadero motivo, cuando tantos comentarios se hicieron?

—Lo repito: por su misma sencillez... La gente no se hubiese convencido jamás. Lo natural y vulgar° es lo que no se admite. Preferí dejar creer que había razones de esas que llaman serias.

se... *got caught* / pieza de metal
característico / *big tear* / tira larga (*strip*)
intenso
flashing
proferir... *to utter a reprimand* / insulto / **No...** *He didn't go that far* / cortina de teatro
Debí... *My face probably fell* / suerte
rompía en pedazos
threshold
se... *venía a mi memoria*
desprecio
such a / **ni...** *never ever*

común

El príncipe Felipe de España rompió con las tradiciones al casarse con Letizia Ortiz, una locutora de televisión divorciada y sin títulos nobiliarios. Aquí vemos el momento de la ceremonia en que los novios intercambian las 13 monedas llamadas arras, costumbre que se sigue en las bodas católicas en España y en varios países hispanoamericanos. (©REUTERS/Manuel H. De Leon/Landov LLC)

APLICACIÓN

A. Vocabulario

1. A continuación se da una lista de falsos cognados que aparecen en la lectura. Como Ud. sabe, esta clase de palabras son iguales o muy parecidas en español y en inglés. El significado de muchas de estas palabras en inglés fue originalmente igual al significado que tienen en español, pero hoy su acepción más común es, con frecuencia, diferente en las dos lenguas.

> **asistir** (*attend* pero también *assist*); **blando** (*soft*); **cándido** (*pure, innocent*); **fortuna** (*fortune*, pero también *luck*); **injuria** (*insult*); **matrimonio** (*matrimony*, pero también *husband and wife*); **peculiar** (*characteristic*); **suceso** (*happening, event*); **valor** (*value*, pero también *courage*); **ventura** (*happiness*); **vulgar** (*common, ordinary*)

Reemplace las palabras en cursiva con palabras apropiadas de la lista anterior, haciendo otros cambios que sean necesarios. (Algunas palabras se repiten.)

> **La boda de mi ex-mejor amiga.** Mi ex-mejor amiga celebrará su *boda* el 25 de mayo, pero no pienso *ir*. Es que hubo entre nosotras un *incidente* desagradable recientemente. Sé *lo que vale* la amistad y estoy triste. Mi amiga, que es divorciada tres veces, va a llevar el traje blanco tradicional y no se conforma con una boda *común*, sino que quiere una ceremonia espectacular. Se ofendió cuando le dije que era ridículo que llevara traje blanco y tratara de proyectar una imagen *pura e inocente*. Mi amiga está muy irritable últimamente, cosa *característica* de las mujeres antes de su boda, y me dijo algunos *insultos*. No le contesté porque, por *suerte*, mi carácter *no es fuerte* y no me gusta pelear. *La pareja* viajará a Cancún de luna de miel, y como no soy rencorosa, les deseo toda la *felicidad* del mundo.

2. Antónimos. Encuentre en la columna de la derecha los antónimos de las palabras de la columna izquierda.

1. achacoso	**a.** aislarse
2. airoso	**b.** cosas importantes
3. al pie	**c.** descubierto
4. alternar	**d.** desierto
5. atestado	**e.** estima
6. despedazarse	**f.** feo
7. menosprecio	**g.** hablar seriamente
8. mono	**h.** lejos
9. ostentar	**i.** no romperse
10. pequeñeces	**j.** poco elegante
11. revestido	**k.** saludable
12. soltar chanzas	**l.** ocultar

B. Comprensión

Decida cuáles de estas afirmaciones son falsas y explique por qué lo son.

1. La narradora no asistió a la boda.

2. Cuando el Obispo le preguntó a Bernardo si aceptaba a Micaelita como esposa, él dijo que no.

3. El padre de Micaelita iba de grupo en grupo recibiendo felicitaciones.

4. Micaelita era hija única.

5. Antes de la ceremonia, el novio estaba un poco nervioso.

6. Todos sabían la razón que tenía Micaelita para cancelar su boda con Bernardo.

7. A Micaelita no le gustaba su novio.

8. Micaelita sabía desde el principio que Bernardo era muy violento.

9. El novio le regaló a Micaelita un encaje antiguo de su familia.

10. El encaje se rompió porque se enganchó en la puerta.

11. El novio insultó a Micaelita frente a todos los invitados.

12. Micaelita no explicó el motivo de su negativa porque era muy sencillo.

C. Interpretación

1. La narradora dice que no asistió a la boda, y lo describe todo usando la imaginación. ¿Qué motivo tiene para hacer esto?

2. ¿Qué datos de la narración indican que los novios eran de una clase social alta?

3. ¿Tenía Micaelita razón para exasperarse cuando Bernardo ponía tanto énfasis en el valor del encaje? ¿Por qué (no)?

4. En su opinión, ¿por qué era falsa la actitud de Bernardo con Micaelita antes de la boda?

5. Micaelita dice que las cosas pequeñas son importantes. ¿Por qué fue importante para ella la reacción de Bernardo cuando se rompió el encaje?

6. ¿Cree Ud. que fue exagerada la reacción de Micaelita? ¿Merecía Bernardo otra oportunidad? Explique.

7. Si el día de su boda sucede un incidente similar al del cuento, ¿va a reaccionar Ud. como Bernardo/Micaelita? Explique.

8. Este cuento es del siglo XIX. Hoy los novios pueden conocerse mejor antes de casarse. ¿Es posible hoy que una persona se case sin saber hasta el último momento que su novio/a es una persona violenta? ¿Por qué (no)?

D. Intercambio oral

1. **Habla Bernardo.** Cuente la historia desde el punto de vista de Bernardo. ¿Se da cuenta él de que es una persona violenta? ¿Está realmente enamorado de Micaelita? ¿Cómo la ve él? ¿Cómo se siente él cuando ella decide cancelar la boda en el último minuto? ¿Qué planes tiene él ahora para su futuro?

2. **Habla la madre de Micaelita.** Cuente la historia desde el punto de vista de la madre. ¿Es ella una madre estricta? ¿comprensiva? ¿muy tolerante? ¿Pensaba ella que Bernardo era un buen esposo para su hija? ¿Cuál es su reacción ante el «no» de Micaelita? ¿Le da o no consejos a su hija? ¿Qué consejos? ¿Es el escándalo muy traumático para su familia? ¿Por qué (no)?

3. **Los problemas de casarse con una persona de carácter violento.** ¿Qué signos ayudan a decidir si una persona es o no violenta? ¿Qué dificultades tiene que enfrentar alguien que tiene un esposo (una esposa) así? ¿Se dan cuenta las personas violentas y de mal carácter de que lo son? ¿Cuáles pueden ser las causas de la violencia? ¿Es hereditaria? ¿Son más violentos los hombres que las mujeres? Explique en qué basa su opinión.

4. **Las ventajas y desventajas de vivir juntos.** Hoy en día muchos jóvenes viven juntos sin casarse. ¿Hay alguna razón para que esto sea tan frecuente? Si estas parejas deciden casarse más tarde, ¿ayuda al éxito del matrimonio el haber convivido antes? ¿Por qué (no)? ¿Qué desventajas de tipo legal tienen las parejas que no están casadas?

ARRAS NUPCIALES

Un recuerdo personalizado e inolvidable de tu ceremonia de bodas

Para pedidos por teléfono con tarjeta de crédito dentro de EUA continetal. llamar al **1-800-257-4082**. Desde Puerto Rico ai **1-532-1144**, y desde otros paises al **1-(809) 532-1144**, o envie este cupón su cheque por US$195.00 más US$9.00 de manejo y franqueo a: **Adel Estudio, CPS Building Suite 650, 110 Ponce de Leon Blvd., Coral Gables, FL 33135**

Nombre _____

Dirección _____

_____ Tel. _____

☐ Accompaño cheque o giro postal.   Carguese a ☐ Visa ☐ Master Card

No _____ Válida hasta _____

Firma _____

Datos para personalizar su juego de 13 monedas

Nombre Novia _____

Nombre y Apellido Novio _____

Fecha de la boda _____

Sección gramatical

Relative Pronouns

Relative pronouns refer to a preceding word, called an antecedent. Spanish relative pronouns are **que, quien, el que, el cual, lo que**, and **lo cual**. Relative pronouns are sometimes omitted in English, but they are never omitted in Spanish.

Los invitados hablan de la herencia que recibirá Micaelita.	*The guests are talking about the inheritance (that) Micaelita will receive.*
El tío de Micaelita es el señor que conocimos en Valencia.	*Micaelita's uncle is the gentleman (whom) we met in Valencia.*

USES OF *QUE*

Que is the most frequently used relative pronoun, since it may mean *that, who, whom,* or *which,* and it may refer to persons or things. **Que** is invariable in gender and number.

Las flores que decoran el oratorio son muy hermosas.	*The flowers that decorate the chapel are very beautiful.*
El obispo que iba a casar a Micaelita era amigo de la familia.	*The bishop who was going to marry Micaelita was a friend of the family.*
El hombre que saludé es mi vecino.	*The man whom I greeted is my neighbor.*
La puerta, que era muy vieja, tenía las bisagras oxidadas.	*The door, which was very old, had rusty hinges.*

As a relative pronoun, **que** is not used after prepositions except in the case of **con**, **de**, and **en**. This rule applies when **que** refers to either people or things.*

Me sorprendió la facilidad con que resolviste el asunto de que hablamos ayer.	*I was surprised at the ease with which you resolved the matter about which we talked yesterday.*
La boda sería en la mansión en que vivía la familia Aránguiz.	*The wedding would be at the mansion where the Aránguiz family lived.*
No conozco a las personas con que soñé anoche.	*I don't know the people about whom I dreamed last night.*

USES OF *QUIEN*

Quien and its plural **quienes** refer to persons and are used in the following cases:

1 To express *who* in nonrestrictive clauses.**

Ofelia y Marta, quienes (que) estaban muy cansadas, no fueron a la boda.	*Ofelia and Marta, who were very tired, didn't go to the wedding.*
Emilia Pardo Bazán, quien (que) fue una gran cuentista, era gallega.	*Emilia Pardo Bazán, who was a great short story writer, was a Galician.*

Note that, although **quien(es)** can be used in the preceding cases, **que** is also possible. **Que** is in fact more common, especially in the spoken language.

---

*In the case of things **que** may also be used after **a**, except when **a** is part of an indirect object. One can say: **La universidad a que fui** (*The university I went to*) but not **La universidad a que hice una donación** (*The university to which I made a donation*). In the second sentence one must use **a la que** or **a la cual**.

** Nonrestrictive clauses are those that provide additional information about a preceding word without restricting its meaning. These clauses can be omitted without altering the essential meaning of the sentence. Nonrestrictive clauses are either set off by commas or preceded by a comma: **El Cónsul de México, quien llegó ayer, asistirá a la recepción. A la recepción asistirá el Cónsul de México, quien llegó ayer**. Note that in both cases we could remove the clause **quien llegó ayer** and still have a meaningful sentence: *The Mexican Consul will attend the reception.*

On the other hand, a restrictive clause is essential to identify or make specific the word to which it refers and its omission would produce a loss of meaning in the sentence. In the statement: **El hombre que llegó ayer es el Cónsul de México**, the omission of the restrictive clause **que llegó ayer** would leave the sentence incomplete since *The man is the Mexican Consul* would not identify or specify which man.

2   After a preposition.

El hombre hacia quien corría el niño era mi hermano Manuel.	*The man toward whom the boy was running was my brother Manuel.*
Sus hijos, por quienes hizo tantos sacrificios, no lo quieren.	*His children, for whom he made so many sacrifices, don't love him.*
Los soldados contra quienes luchábamos eran valientes.	*The soldiers against whom we were fighting were brave.*
No dijo el nombre de la persona para quien compró las flores.	*He didn't say the name of the person for whom he bought the flowers.*

USES OF *EL CUAL*

El cual and its inflected forms (**la cual, los cuales, las cuales**)* can refer to either persons or things. These forms are used in the following cases:

1   As alternates for **que** when referring to things in nonrestrictive clauses.

Las flores, que (las cuales) eran todas blancas, tenían una fragancia deliciosa.	*The flowers, all of which were white, had a delicious fragrance.*
El armario, que (el cual) es una antigüedad, nos costó un dineral.	*The cabinet, which is an antique, cost us a bundle.*

2   As alternates for **que** or **quien(es)** when referring to people in nonrestrictive clauses.

Fernando, que (quien, el cual) estaba borracho, insultó a todo el mundo.	*Fernando, who was drunk, insulted everybody.*
Las gemelas, que (quienes, las cuales) siempre se vestían igual, se parecían muchísimo.	*The twins, who always dressed alike, resembled each other very much.*
Los Dumois, que (quienes, los cuales) comparon la casa de la esquina, son extranjeros.	*The Dumois, who bought the house on the corner, are foreigners.*

El cual is more formal than **que** and, therefore, in everyday conversation **que** is preferred in the first and second cases.

3   To refer to things after a preposition, especially in the case of longer or compound prepositions.

¡Qué problema! Olvidé mis gafas, sin las cuales no veo nada.	*What a problem! I forgot my glasses, without which I can't see anything.*
El estuche dentro del cual guardo mis joyas es bastante grande.	*The case inside which I keep my jewels is rather large.*

---

*For brevity's sake only **el cual** will be cited henceforth.

| La cuestión acerca de la cual discutimos me preocupa. | The matter about which we argued worries me. |
| El sofá sobre el cual me senté estaba húmedo. | The sofa on which I sat was wet. |

4 To refer to persons after a preposition, as alternates for **quien(es)**. (See No. 2 on page 372.)

El hombre hacia el cual corría el niño era mi hermano Manuel.	The man toward whom the boy was running was my brother Manuel.
Sus hijos, por los cuales hizo tantos sacrificios, no lo quieren.	His children, for whom he made so many sacrifices, don't love him.
Los soldados contra los cuales luchábamos eran valientes.	The soldiers against whom we were fighting were courageous.
No dijo el nombre de la persona para la cual compró el regalo.	He didn't say the name of the person for whom he bought the gift.

USE OF *EL CUAL* TO AVOID AMBIGUITY

El cual is used to avoid ambiguity when there are two possible antecedents of different genders.

La hija de Tomás, la cual es artista, acaba de ganar un premio.	Tomás's daughter, who is an artist, has just won a prize.
Se lo explicamos todo al criado de la duquesa, el cual había ido con nosotros.	We explained everything to the duchess's servant, who had gone with us.
Clara no pudo enseñarme la carta de Enrique, la cual se había perdido en Madrid.	Clara wasn't able to show me Enrique's letter, which had gotten lost in Madrid.

EL QUE AFTER PREPOSITIONS

El que and its inflected forms (**la que, los que, las que**)* are used after prepositions as alternates for **el cual** and its forms in cases 3 and 4 above.

¡Qué problema! Olvidé mis gafas, sin las que no veo nada.	What a problem! I forgot my glasses without which I can't see anything.
El estuche dentro del que guardo mis joyas es bastante grande.	The case inside which I keep my jewels is rather large.
La cuestión acerca de la que discutimos me preocupa.	The matter about which we argued worries me.
El sofá sobre el que me senté estaba húmedo.	The sofa on which I sat was wet.
El hombre hacia el que corría el niño era mi hermano Manuel.	The man toward whom the boy was running was my brother Manuel.

---

*For brevity's sake only **el que** will be cited henceforth.

Sus hijos, por los que hizo tantos sacrificios, no lo quieren.	*His children, for whom he made so many sacrifices, don't love him.*
Los soldados contra los que luchábamos eran valientes.	*The soldiers against whom we were fighting were courageous.*
No dijo el nombre de la persona para la que compró el regalo.	*He didn't say the name of the person for whom he bought the gift.*

USE OF *LO QUE, LO CUAL*

Lo que, lo cual are neuter relative pronouns. They mean *which* (fact) and do not refer to a specific person or thing, but rather to a preceding idea.

Bernardo encarecía constantemente el valor del encaje, lo que (lo cual) irritaba a Micaelita.	*Bernardo stressed constantly the value of the lace, which irritated Micaelita.*
Mario llegó muy tarde a casa, lo que (lo cual) no le gustó a su padre.	*Mario got home very late, which his father didn't like.*
No sabíamos qué hacer, por lo que (lo cual) decidimos pedirle consejo.	*We didn't know what to do, for which reason we decided to ask him for advice.*
Soy una persona nocturna, por lo que (lo cual) tengo problemas con mi compañero de cuarto.	*I am a night person, on account of which I have problems with my roommate.*

APLICACIÓN

A. **Hablando por teléfono.**   Complete lo que Antonio le dice a su novia, combinando las frases con la información que se da en cada caso y usando **el/la cual** o **los/las cuales** según sea posible.

Modelo: Mi jefa tomaba decisiones (yo no estaba de acuerdo con ellas).
   → *Mi jefa tomaba decisiones con las cuales yo no estaba de acuerdo.*

Amorcito, quiero darte unas noticias (te pondrás muy contenta con ellas). El banco (soy cajero en él) va a abrir una nueva sucursal. Además, el problema (te hablé de él) se resolverá pronto.

...... Las condiciones (trabajo bajo ellas) cambiarán mucho, porque la jefa (te comenté con respecto a ella) va a ser transferida.

...... Sí, la misma jefa (presentaron quejas contra ella) varios empleados. Esto significa que el ascenso (soñaba con él) es casi seguro. ¡Ahora podremos llevar a cabo los planes (hemos hablado tanto sobre ellos)! Pronto tendrás el anillo (suspirabas por él).

...... Tengo que cortar la conversación, porque mi celular (te hablo con él) está casi descargado. Te espero a las cinco en el café (nos conocimos frente a él). Allí hablaremos de nuestro amor (no podría vivir sin él).

B. **Orlando y sus dos amigos.**   Reemplace **que** con **quien(es)** en los casos en que sea posible.

Cuando Orlando, que es mi mejor amigo, me vio entrar en la cafetería, me llamó para presentarme a dos jóvenes que estaban con él. Uno de ellos, que parecía extranjero, llevaba ropa que era, sin lugar a dudas, de otro país. Los saludé a los dos amablemente, pero el joven que llevaba la ropa extraña no pareció comprenderme. El otro muchacho, que era norteamericano, me explicó que su amigo era un griego que acababa de llegar de Atenas.

C. **Leyendas de Guanajuato.** Complete usando el relativo apropiado. Si es posible usar otro relativo además de **que**, no use **que**. Haga contracciones con **a** y el artículo si es necesario.

1. Todos los viajeros _____ llegan a Guanajuato, México, visitan el Callejón del Beso, una calle sumamente estrecha a _____ se le atribuye una leyenda trágica de siglos pasados. La bella Carmen, _____ era hija única, tenía un novio a _____ su padre no quería. El joven, _____ se llamaba Luis, no estaba dispuesto a renunciar a su amor. Una ventana de la casa en _____ vivían Carmen y su padre daba a un callejón muy estrecho y era posible tocar desde esta ventana la casa _____ había enfrente. Don Luis compró esta casa, _____ estaba a la venta, para poder entrevistarse con su novia de ventana a ventana. Pero el padre de Carmen, _____ era un hombre orgulloso y muy violento, sorprendió a los jóvenes una tarde en el momento en _____ Luis besaba la mano _____ Carmen había extendido a través de la calle. El padre clavó un cuchillo en el pecho de su hija, _____ murió en al acto. Es por esto _____ al lugar se le llama el Callejón del Beso. Los enamorados _____ visitan hoy esta calle se besan en honor de Carmen y Luis.

2. Otra historia curiosa de Guanajuato se relaciona con las momias _____ se exhiben al público en vitrinas en una doble fila _____ tiene unos quince metros de fondo. Estas momias son cadáveres _____ se encontraron naturalmente momificados en sus tumbas, probablemente a causa del terreno de la región, _____ es rico en minerales. Es un espectáculo _____ a muchos les parece demasiado morboso. Hay allí momias _____ tienen posiciones extrañas y gestos horribles en la cara, _____ parece indicar que estos individuos fueron enterrados vivos. La explicación está en la epidemia de cólera _____ hubo en la ciudad en 1833, durante _____ murieron miles de personas. Con los métodos primitivos _____ tenía la medicina en aquella época, era difícil distinguir, de entre los cientos de víctimas diarias, a las personas _____ estaban realmente muertas y a las personas _____ no habían muerto todavía.

D. Introduzca una cláusula original en las oraciones, usando **el/la cual** o **los/las cuales** para evitar ambigüedad.

Modelo: El amigo de Rosaura se sacó la lotería.
    → *El amigo de Rosaura, el cual tiene mucha suerte, se sacó la lotería.*

1. La madre del director padece del corazón.
2. El abogado de la empresa nos aconsejará en esto.
3. La mujer de Pepe sufre de insomnio.
4. Los hijos de las presas jugaban en el patio de la cárcel.
5. El padrino de la niña es francés.
6. El ídolo de Pepita es un cantante famoso.

7. Las novias de los cadetes no podrán verlos mañana.

8. El abuelo de la condesa murió en esta habitación.

9. El emisario de la reina llevará la carta.

10. El peluquero de la actriz no habla muy bien el inglés.

E. Complete de manera original, usando **lo que (lo cual)** para referirse a la idea anterior.

Modelo: Carmita tiene la mala costumbre de pedirme dinero.
→ *Carmita tiene la mala costumbre de pedirme dinero, lo que (lo cual) me molesta mucho.*

1. Estoy sin trabajo.

2. El hombre decidió no beber más.

3. Me invitaron a una fiesta en la Casa Blanca.

4. Tenemos examen mañana.

5. Mi grupo favorito dará un concierto el mes que viene.

6. Siempre estás criticando a todo el mundo.

7. Mi amigo es fanático del fútbol.

8. El nuevo empleado era muy poco puntual.

9. Se me perdió la licencia para conducir.

10. Vivís en una casa demasiado pequeña.

RELATIVE PRONOUNS THAT CONTAIN THEIR OWN ANTECEDENT

The relative pronouns we have seen so far all refer to antecedents in the main clause. There are other relative pronouns, however, that contain their own antecedent. They are **quien** (*he/one who*), **quienes** (*those who*), **el que** and its inflected forms (*the one[s] who, the one[s] which*). These pronouns are found very often in proverbs and popular sayings. While **quien(es)** refers only to people, **el que** can refer to either people or things.

Quien ríe último, ríe mejor.	*He who laughs last laughs best.*
El que a hierro mata, a hierro muere.	*He who lives by the sword dies by the sword.*
Los que (Quienes) quieran ir, que levanten la mano.	*Those who want to go, raise your hands.*
No me gusta esa grabadora, la que tengo es mejor.	*I don't like that tape recorder, the one I have is better.*

These pronouns can also be used as objects.

Contratarán a quien (al que) llegue primero.	*They will hire the one who gets there first.*
Ella escribió al principio de la carta: «A quien pueda interesar».	*She wrote at the beginning of the letter: "To Whom It May Concern."*
Enviaron varias herramientas, pero no enviaron las que pedí.	*They sent several tools but they didn't send the ones (that) I requested.*

After the verb **haber, quien(es)** is used. **El que** is not correct in this case.

Hay quienes dicen que el alcalde no será reelecto.	*There are those who say that the mayor won't be reelected.*
Yo preparo esa sopa con agua, pero hay quien le pone leche.	*I prepare that soup with water, but there are some people who use milk.*
No había quien pudiera con ella.	*There was no one who could control her.*

A SPECIAL CASE OF AGREEMENT

When **quien(es)** or **el que** are the subjects of one clause and the other clause contains the verb **ser**, the verb in the relative clause tends to agree with the subject of **ser**.

Son ellas quienes (las que) tienen que pedir perdón.	*They are the ones who have to apologize.*
Seremos nosotros quienes (los que) decidiremos el caso.	*We will be the ones who will decide the case.*
Soy yo quien (el que) pago la cuenta.*	*I am the one who pays the bill.*
Eres tú quien (la que) me debes dinero, y no al revés.*	*You are the one who owes me money and not vice versa.*

THE NEUTER FORM *LO QUE*

1 The neuter form **lo que** is the equivalent of the English *what (the thing that)*. **Lo cual** is not interchangeable with **lo que** in this case.

El final de la novela fue lo que no me gustó.	*The end of the novel was what (the thing that) I didn't like.*
Lo que sucedió después fue increíble.	*What (The thing that) happened afterward was unbelievable.*

2 After verbs of information (**contar, decir, explicar, preguntar, saber**, etc.) **qué** (with an accent to indicate an indirect question) is interchangeable with **lo que**.

Explíqueme lo que (qué) hizo toda la tarde.	*Explain to me what you did the whole afternoon.*
El consejero nos preguntó lo que (qué) pensábamos hacer.	*The advisor asked us what we were planning to do.*

3 **Todo lo que** means *all (that), everything*.

Todo lo que necesitamos es dinero.	*All we need is money.*
Ud. puede comer todo lo que quiera por cinco dólares.	*You can eat all you want for five dollars.*
Le contaré a la policía todo lo que sé.	*I'll tell the police everything I know.*

---

*In the case of **yo** and **tú** a third-person verb can also be used. So, it is possible to say: **Soy yo quien (el que)** *paga* **la cuenta** and **Eres tú quien (la que) me** *debe* **dinero**. However, the agreement of both verbs with the subject of **ser** is preferred by many people since it gives a more personal tone to what is being said.

RECAPITULATION

Relative pronouns are very often interchangeable in Spanish. The following summary refers to those cases where they are not.

1 **Que** cannot be used after a preposition other than **con, de, en**, and, in some special cases, **a**.

La mesa en que escribo. El bolígrafo con que escribo.	*The table on which I write. The pen with which I write.*

But:

La mesa sobre la que (la cual) escribo.	*The table on top of which I write.*
El bolígrafo sin el que (el cual) no podría escribir.	*The pen without which I couldn't write.*

2 **Quien(es)** cannot be used in a restrictive clause.

El abogado que me representa.	*The lawyer who represents me.*
Los esquiadores que subieron a la cima.	*The skiers who went up to the top.*

3 Only **quien(es)** can be used after **haber** to express *one who, those who*, etc.

No hay quien pueda hacer eso.	*There is no one who can do that.*
Hubo quienes dijeron que el accidente fue planeado.	*There were those who said that the accident was planned.*

4 Only **lo que** can be used to express *what* in the sense of *that which*.

El vendedor no explicó lo que vendía.	*The salesman didn't explain what he was selling.*
Lo que Ud. necesita es descansar.	*What you need is to rest.*

APLICACIÓN

A. Sustituya **lo que** por **lo cual** en el siguiente pasaje cuando sea posible.

Lo que me sucedió la semana pasada. Soy una persona muy distraída, *lo que* me ha ocasionado algunos problemas serios. Les contaré *lo que* me sucedió la semana pasada. Necesitaba enviar un paquete por correo, *lo que* no es una actividad agradable, porque siempre hay colas muy largas. ¡*Lo que* daría yo para que los paquetes pudieran ponerse directamente en el buzón! Cuando llegó mi turno, el empleado me preguntó *lo que* contenía el paquete y me dijo que tenía que ir a la mesa y llenar un papel, *lo que*, por supuesto, yo ya sabía pero había olvidado. No sé mucho inglés, *lo que* me dificultó el comprender *lo que* el empleado decía. Tuvo que repetirme tres veces las instrucciones de *lo que* necesitaba hacer.

Al llegar a la mesa, no encontraba mi bolígrafo y tuve que vaciar mi cartera. ¡No pueden Uds. imaginar todo *lo que* yo meto en una pequeña cartera! Por fin terminé *lo que* había ido a hacer al correo y volví a casa. Mi edificio tiene cerrada con llave la puerta principal, *lo que* es una buena medida de seguridad. Pero, cuando busqué la llave para abrir, descubrí que mi cartera estaba vacía. ¡Todo *lo que* había en la cartera se había quedado sobre la mesa del correo! Menos mal que alguien encontró mis cosas y se las entregó a un empleado. Todavía hay gente honrada, *lo que* es una suerte para las personas que, como yo, olvidan siempre *lo que* deben recordar.

B. Reemplace **lo que** con **que**, si es posible.

1. Le pregunté a mi amigo *lo que* iba a hacer y me contestó que haría *lo que* yo quisiera.

2. La tienda cometió un error y no nos envió *lo que* pedimos.

3. ¿No sabes *lo que* le sucedió a Brenda?

4. Los ricos deberían dar a los pobres *lo que* les sobra.

5. No quiso contarme *lo que* pensaba comprar con tanto dinero.

6. Siempre le pido a mi padre *lo que* necesito.

7. No comprendo *lo que* haces solo en el parque a esta hora.

8. Puso sobre la mesa *lo que* tenía en los bolsillos.

9. El profesor dictó varias palabras, pero no nos explicó *lo que* significaban.

10. Tocar la guitarra es *lo que* más me gusta.

C. Complete de manera original.

1. Los García se divorciaron y hay quienes piensan...

2. Para mí, el dinero no es esencial para la felicidad, pero hay quien considera...

3. El decano renunció a su puesto y hay quienes dicen...

4. No iré, pero hay quien piensa...

5. La reunión fue un fracaso; había quienes querían...

6. Muchos protestaron y hubo quien decidió...

7. Yo siempre voy al cine los sábados, pero hay quienes prefieren...

8. Tenemos un buen alcalde, pero no dudo que haya quien diga...

9. Nuestro país es rico, y es triste que haya en él quienes viven...

10. La misión es peligrosa, pero siempre habrá quienes quieran...

D. Complete de manera original.

1. Llamamos a María, pero fue José quien...

2. La idea original fue mía, pero fueron Uds. quienes...

3. Aunque todos bailan bien, son Pedro y Teresa los que...

4. No tiene Ud. que irse, soy yo quien...

5. No creo que la culpa fuera de tu novia. Serías tú el que...

6. Ellos prometieron lavar el carro, pero fuimos nosotros quienes...

7. Yo cocinaré, pero seréis vosotros los que...

8. El equipo jugó bastante mal, fui yo el que...

The Relative Adjective cuyo

Cuyo means *whose, which*, and *the ... of which*. It also has the forms **cuya/os/as**, since it agrees in gender and number with the noun it precedes.

Los jóvenes cuyos padres beben, tienen muchos problemas.	*Youngsters whose parents drink have many problems.*
No hace tanto frío en las habitaciones cuyas ventanas están herméticamente cerradas.	*It is not so cold in the rooms whose windows are tightly closed.*

The equivalent of *in which case* is **en cuyo caso**. *For which reason* is **por cuya razón**.

Es probable que llueva esta noche, en cuyo caso no iremos.	*It is likely that it will rain tonight, in which case we won't go.*
Ella nunca abre un libro, por cuya razón casi nunca sale bien en los exámenes.	*She never opens a book, for which reason she seldom does well in exams.*

Cuyo is repeated before two nouns of different genders and shows agreement with each one.

La actriz, cuya belleza y cuyo talento eran extraordinarios, merecía el premio.	*The actress, whose beauty and talent were exceptional, deserved the prize.*

If the nouns are of the same gender, **cuyo** or **cuya**, not a plural form, precedes the first noun only.

La actriz, cuya belleza e inteligencia eran extraordinarias, merecía el premio.	*The actress, whose beauty and intelligence were exceptional, deserved the prize.*
González, cuyo padre y hermano trabajan en la misma empresa, es el vicepresidente.	*González, whose father and brother work in the same company, is the vice president.*

The preceding rules apply to the plural also.

Do not confuse **cuyo** and its other forms with ¿**De quién (de quiénes) + ser** + noun? which means *Whose* + noun + *to be*?

¿De quién es esa corbata?	*Whose tie is that?*
No sé de quiénes serán estos libros.	*I don't know whose books these can be.*

In English *Whose?* is often combined with a verb other than *to be*, but ¿**De quién (de quiénes)?** requires the use of **ser**.

No dijeron de quién era el reloj que se llevó el ladrón.	*They didn't say whose watch the thief took (whose watch it was that the thief took).*
¿De quiénes eran hijos los niños que tuvieron el accidente?	*Whose children had the accident? (Whose children were the children who had the accident?)*

APLICACIÓN

La boda de Micaelita. Imagine que Ud. asistió con un amigo a la boda de Micaelita. Ud. conocía a todo el mundo, pero su amigo no conocía a nadie. Diga qué información le dio a él sobre los asistentes, combinando **cuyo/a/os/as** con los datos que se dan en cada caso.

Modelo: Ése es el caballero (su esposa murió el año pasado).
→ *Ése es el caballero cuya esposa murió el año pasado.*

1. Ahí veo a una señora (su esposo y su hija no vinieron a la boda).
2. Conversando con la madre de la novia están los señores (su hija se casó el mes pasado).
3. Te presentaré a una pareja (su casa está junto a la mía).
4. Quiero que conozcas también a doña Beatriz (su hijo fue compañero mío).
5. Aquél es el Pablito Guzmán (su novia fue antes novia de mi hermano).
6. El hombre que va hacia la puerta es Pepe Pérez (su padre estuvo en la cárcel).
7. La joven vestida de negro es mi amiga (sus padres han muerto en un accidente).
8. ¡Qué lástima que Emilia Pardo Bazán (sus novelas te gustan tanto) no haya venido a la boda!

Sección léxica

Ampliación: Los refranes

La lengua española es muy rica en refranes; los hay para todas las circunstancias de la vida diaria. «Hay más refranes que panes», dice uno de ellos. La mayoría de los refranes se originaron en la Península Ibérica hace varios siglos, y algunos datan de la Edad Media, pero también hay refranes regionales que son originarios de Hispanoamérica. Como los refranes se han transmitido oralmente, a veces un refrán tiene diferentes versiones. La lista siguiente contiene algunos refranes que usan relativos y que tienen equivalentes en inglés.

1. **Antes que te cases, mira lo que haces.**
    Look before you leap.

2. **A quien le venga el guante, que se lo plante.**
    If the shoe fits, wear it.

    A quien le sirva el sayo, que se lo ponga.

3. **A quien madruga, Dios lo ayuda.**
    The early bird catches the worm.

4. **Bien predica quien bien vive.**
    He preaches well who lives well. Practice what you preach.

5. **Dime con quién andas y te diré quién eres.**
    A man is known by the company he keeps.

    Birds of a feather flock together.

6. **El que mucho abarca poco aprieta.**
    Grasp all, lose all.

7. **El que la hace, la paga.**	*You get what you deserve.*
8. **El que tiene padrinos, se bautiza.**	*It is not what you know, it is whom you know.*
9. **El que tiene tejado de vidrio, no tire piedras al del vecino.**	*People in glass houses shouldn't throw stones.*
10. **En el país donde fueres, haz lo que vieres.**	*When in Rome, do as the Romans do.*
11. **No es oro todo lo que reluce.**	*All that glitters is not gold.*
12. **No hay mal que por bien no venga.**	*It's an ill wind that blows no good.*
13. **No hay peor sordo que el que no quiere oír.**	*No one is so deaf as he who will not hear.*
14. **Ojos que no ven, corazón que no siente.**	*Out of sight, out of mind.*
15. **Quien busca, halla.**	*He who seeks, finds.*
16. **Quien calla, otorga.**	*Silence gives consent.*
17. **Quien más tiene, más quiere.**	*The more one has, the more one wants.*
18. **Quien mucho habla, mucho yerra.**	*He who talks much, errs much. Silence is golden.*
19. **Quien no se aventura, no cruza la mar.**	*Nothing ventured, nothing gained.*
20. **Quien siembra vientos, recoge tempestades.**	*As you sow, so shall you reap.*

APLICACIÓN

A. Complete los siguientes refranes sin consultar la lista anterior.

1. Bien predica...
2. A quien le venga el guante...
3. El que la hace...
4. Ojos que no ven...
5. Quien no se aventura...
6. Quien busca...
7. Quien calla...
8. Quien siembra vientos...
9. El que mucho abarca...
10. Quien más tiene...

B. Explique el sentido de cinco de los refranes.

C. ¿Está Ud. de acuerdo con el refrán que dice: *No hay mal que por bien no venga?* Describa sus razones.

D. ¿Qué refrán usaría Ud. en cada una de las siguientes circunstancias?

1. Ud. piensa hacer un viaje a España, pero el día de la partida se enferma. El avión se cae. Ud. dice...

2. Los González son, aparentemente, una familia modelo. Pero Ud., que los conoce íntimamente, sabe que no es así. Cuando un amigo le habla de lo buenos que son los González, Ud. comenta...

3. En algunos países hispánicos se considera de mal gusto que una persona lleve pantalones cortos, excepto en la playa. Ud. está en Buenos Aires con un amigo y él quiere salir en pantalones cortos a la calle. Ud. le aconseja...

4. Su amiga Juanita es muy habladora y a veces dice lo que no debe. Su comentario sobre las indiscreciones de Juanita es...

5. Varias personas muy capacitadas querían el mismo empleo, pero fue José Ruiz quien consiguió el puesto, porque el presidente de la compañía conocía a su padre. Los otros candidatos comentan...

6. Ud. tiene un amigo que bebe en exceso. Ud. le da buenos consejos continuamente, pero pierde su tiempo, porque él no lo escucha. Ud. le dice...

7. Ud. es una persona muy dormilona, y su madre siempre insiste en que se levante temprano. Ella le dice...

8. Cuquita no es muy honrada en su trabajo académico y se sabe que en el pasado presentó como suyos reportes escritos por sus amigos. Ahora Cuquita critica a un compañero que ha hecho esto. Ud. dice, refiriéndose a la actuación de Cuquita...

9. Ud. no conoce bien a Fernando, pero sí conoce a varios amigos de él que tienen muy mala fama. Basándose en esto, Ud. tiene una mala opinión de Fernando, y la justifica diciendo...

10. Su amigo Alberto está tan enamorado de una chica a quien conoció hace sólo un mes, que quiere casarse inmediatamente con ella. El consejo que Ud. le da es...

Distinciones: Algunos equivalentes españoles de back

1. Cuando *back* es un sustantivo.

back of animal	**el lomo**
back of book or house	**la parte de atrás**
back of book (spine)	**el lomo**
back of chair	**el respaldo**
back of check or document	**el dorso**
back of hand	**el dorso**
back of person	**la(s) espalda(s)**
background of picture	**el fondo**

2. Cuando *back* es un adjetivo.

back	**trasero, de atrás, posterior**
backdoor	**la puerta trasera (de atrás)**

back issue	**el número atrasado**
back pay	**los atrasos, el sueldo atrasado**
back row	**la última fila**
backseat	**el asiento trasero (de atrás)**
backyard	**el patio**

3. Cuando *back* es un adverbio o es parte de una frase adverbial.

from the back	**por detrás**
in back of the house	**detrás de la casa**
in the back of the car	**en la parte trasera del coche**
in the back of the room	**al fondo de la habitación**
on one's back	**de espaldas**
some months (years, etc.) back	**hace unos meses (años, etc.), unos meses (años, etc.) atrás**
to be back	**estar de vuelta, de regreso**
to call back	**devolver la llamada**
to come (go) back	**volver, regresar**
to give back	**devolver**
to hold back	**contener**

4. Cuando *back* es verbo y en expresiones.

to back away	**retroceder**
to back out (of an agreement)	**volverse atrás**
to backpack	**viajar con mochila**
to back up (a vehicle)	**dar marcha atrás**
to back up (to support)	**respaldar**
to have one's back to the wall	**estar entre la espada y la pared**
to have one's back turned toward	**estar de espaldas (a)**
to shoot (somebody) in the back	**dispararle (a alguien) por la espalda**

El caballo tiene el lomo lastimado.	*The horse's back is hurt.*
La parte de atrás del libro está en inglés.	*The back of the book is in English.*
Esa silla de respaldo duro no es buena para tu espalda.	*That chair with a hard back is not good for your back.*
Firme el dorso del cheque.	*Sign the back of the check.*
La última fila está al fondo de la habitación.	*The back row is in the back of the room.*
Cuando cobre mis atrasos, pediré los números atrasados de la revista.	*When I collect my back pay I'll order the back issues of the magazine.*

A su suegra le gusta manejar desde el asiento trasero del coche.	*His mother-in-law likes to drive from the backseat of the car.*
Cementamos nuestro patio hace unos meses.	*We cemented our backyard some months back.*
El bandido lo atacó por detrás.	*The bandit attacked him from the back.*
Cuando yo regresé, ella estaba de espaldas a la puerta.	*When I came back she had her back toward the door.*
El auto dio marcha atrás y le dio a la parte de atrás de la casa.	*The car backed up and hit the back of the house.*
Si Pablito me devuelve la llamada, dile por favor, que me devuelva mi dinero antes que regrese a España.	*If Pablito calls me back, please tell him to give me back my money before he goes back to Spain.*
Le dispararon al policía por la espalda mientras trataba de contener a la multitud.	*They shot the policeman in the back while he was trying to hold back the crowd.*
Estoy entre la espada y la pared, porque prometí respaldarlos y no puedo.	*I have my back to the wall because I promised to back them up and I can't.*

APLICACIÓN

Traduzca.

1. She backed up so suddenly that the child in the backseat got hurt.

2. I'll be back at six and I will call you back then.

3. I made an effort to hold back my anger; he had promised to back us up and now he was trying to back out.

4. In back of the house there was a large backyard. The assailants backed away, exited through the back door, and waited there.

5. After backpacking for several hours in the Rocky Mountains, my back ached; I put the back of my hand on my forehead and noticed that I had a fever.

6. When a man is shot in the back he usually falls on his face, not on his back.

7. Six months back I began collecting the back issues of that magazine.

8. Since I always sit in the back row, the other students have their backs turned toward me.

9. You have to give me back my book, the one that has gold letters on the back.

10. Don Alejandro was in the back of the room, sitting in a high-backed chair, with his back to the door when someone attacked him from the back.

11. They have their backs to the wall because the company refuses to give them their back pay unless they sign the back of that document.

12. The cat rubbed his back against the woman's legs.

Para escribir mejor

Repaso: Práctica de la puntuación y de los acentos gráficos

A. Repase el uso de la coma y del punto y coma, y añádalos donde sea necesario en los siguientes pasajes.

1. En julio se suda demasiado la badana de la gorra comprime la cabeza las sienes se hacen membranosas pica el cogote y el pelo se pone como gelatina. Hay que dejar a un lado por higiene y comodidad el reglamento desabotonando el uniforme liando al cuello un pañuelo para no manchar la camisa echando hacia atrás campechanamente la gorra.

Ignacio Aldecoa, *El aprendiz de cobrador*

2. Recuerdo que poco antes del 18 de julio una tarde en Madrid nos dirigíamos al colegio mis hermanos y yo con la niñera. Era aún primavera con un fuerte olor de madreselvas y jacintos tras las tapias de los jardines. Un sordo rumor primero lejano como el anuncio de una tempestad luego violento desgarrado bajaba calle abajo. Como un río que se desborda como un lejano río que avanza inexorable y arrollador en el deshielo bajaba el vocerío estremecedor: eran unas voces nuevas y terribles que clamaban que reclamaban que agredían.

Ana María Matute, *El autor enjuicia su obra*

B. Repase las reglas para el uso del acento gráfico y añada acentos donde sea necesario en los siguientes pasajes.

1. Los muros acolchados del estudio grande guardan aun los aplausos de la noche anterior. Las sillas revueltas perpetuan la confusion de ultima hora, y en tanto el salon vacio parece descansar del estentoreo dialogo de las voces, el piano enfundado, los microfonos cubiertos, esperan que la mujer de la limpieza los reintegre puntualmente brillantes al publico de las cinco, de las seis, de las diez de la noche.

Jesús Fernández Santos, *La vocación*

2. A partir de la construccion de la presa de Malpaso se pudo integrar la red electrica nacional de costa a costa. Yo habia estado tres veces en este lugar y nunca lo conoci completo, ya que sus cientos de islas y peninsulas, amen de la forma muy irregular del larguisimo y serpenteante lago, forman una innumerable cantidad de rincones, caletas y bahias. Acabo de regresar de una expedicion por la presa de Malpaso (con una pequeña lancha rapida de 75 h.p.), y en unas 40 horas de navegacion en total conocimos bastante bien este fantastico lugar.

México desconocido

C. En el trozo que sigue se han suprimido las comas y los acentos gráficos. Añádalos donde sea necesario.

El hijo de don Agustin Abraham se ofrecio a acompañarnos durante un tramo del camino hacia Joya de Salas porque decia habia un corte que era un poco perdedizo. Ademas aprovecharia para buscar un «jabalin». En realidad lo que hacia era acompañarnos por gusto.

Pocas veces llegan hasta alli visitantes con los que se pueda hablar de lo que uno mismo es asi que habia que aprovechar la oportunidad. A nosotros nos agrado esto porque pudimos convivir mas tiempo con el una persona sincera y con grandes deseos de aprender cualquier cosa. Pero ¿que podemos enseñarle? pensaba yo mientras caminabamos. Al fin me di cuenta que aprendia como eramos nosotros.

Conforme ibamos subiendo la vegetacion seguia cambiando. Pero no solo subiamos sino que tambien cambiabamos de vertiente en la sierra de la oriental a la occidental y eso nos habria de ofrecer paisajes sorprendentes. El camino estaba ahora desierto salvo por las aves los mosquitos las ardillas y otros animales que adivinabamos mas que ver por sus olores sus ruidos y sus huellas. Hacia lo mas alto el bosque se volvio blanco casi del mismo color de la roca. Los troncos tenian un color de ceniza apagada y estaban desnudos de hojas pero no carecian del perenne heno que colgaba como melena.

México desconocido

TRADUCCIÓN

My daughter Zoraya

My daughter Zoraya was not as wise as Micaelita, who followed the adage: "Look before you leap." This is the story of my daughter, whose sad life should be an example for those who read it.

When Zoraya was only eighteen, she fell in love with Andrés, a man whose parents lived in a very poor neighborhood. Besides being poor and uneducated, Andrés was fifteen years older than my daughter and he was divorced, all of which I didn't like at all. I was afraid he had courted her for our money, in which case the marriage would end badly. I warned Zoraya, but no one is so deaf as he who will not hear, and my daughter, in any case, married this man who was completely inappropriate for her but whom she loved.

They had two children, whom I adored. But Zoraya changed a lot. I didn't know exactly what was happening to her, but I noticed that something was wrong. She was always sad and she avoided those who had been her friends before she married. She never spoke of her husband, who frequently left her alone for several days. There were those who said that Andrés was a violent man who often hit Zoraya as well as a gambler who lost great sums of money, but my daughter always denied these charges against her husband. Zoraya never bought new clothes; she had only those that I gave her. I helped her by buying my grandchildren everything they needed. My husband—who is a very strict person—said that she deserved her misfortunes for not having followed the advice that we gave her.

Little by little, Zoraya became more pale, more weak, and more depressed. One night she died. My husband thought that Andrés might have been poisoning her, but an autopsy was performed, and nothing was found to back my husband's suspicions.

The very day of Zoraya's funeral Andrés was shot in the back on account of a gambling debt. There is truth in the old saying: "You get what you deserve."

©Quino

TEMAS PARA COMPOSICIÓN

Use el mayor número posible de relativos.

1. **Las diferencias en el matrimonio.** ¿Puede funcionar bien un matrimonio si las dos personas tienen diferentes niveles económicos y educacionales? ¿Y si tienen grandes diferencias en gustos y opiniones? Escriba sobre su punto de vista, citando casos de la vida real si lo desea.

2. **La edad ideal para casarse.** La madre de Zoraya piensa que Andrés no es apropiado para ella porque le lleva quince años. ¿Es importante este factor en la felicidad de un matrimonio? ¿Debe una mujer casarse con un hombre que le lleva muchos años? ¿Y con uno mucho más joven? ¿Cree Ud. que una mujer de dieciocho años es demasiado joven para casarse? ¿Existe una «edad ideal» para casarse y ser feliz? ¿Hay en su familia o entre sus amigos casos de matrimonios con grandes diferencias de edad?

3. **La experiencia en el amor.** Otra característica de Andrés que le molesta a su suegra es que haya estado casado antes. ¿Tienen más probabilidades de fracasar en un nuevo matrimonio las personas divorciadas? ¿Y las que se han divorciado más de una vez? Zoraya era, evidentemente, una chica inexperta. ¿Tiene más probabilidades de ser feliz una mujer que se casa con cierta experiencia? ¿Es importante que el hombre y la mujer sean igualmente expertos en cuestiones de amor?

4. **Las bodas suntuosas.** ¿Le gustan a Ud. las bodas elegantes o prefiere las ceremonias sencillas? Explique la razón de su preferencia. ¿Cómo va a ser su boda? (Si ya esta casado/a, ¿cómo fue?) Describa una boda elegante a la que Ud. asistió. ¿Cómo eran los trajes de la novia y de su corte? ¿Cómo estaba adornada la iglesia? ¿Dónde se celebró la recepción? ¿Con quién fue Ud.? ¿Se divirtió mucho? ¿Por qué (no)?

APPENDIX

Recommended Dictionaries

Collins Spanish Dictionary. Spanish–English. English–Spanish. (2001).
Diccionario del español actual. 2 vols. (1999).
Larousse Spanish–English, English–Spanish Dictionary. Unabridged. (2000).
Moliner, María. *Diccionario de uso del español.* 2 vols. 2nd ed. (1998).
The Oxford–Duden Pictorial Spanish and English Dictionary. (1995).
The Oxford Spanish Dictionary. Spanish–English. English–Spanish. (2003). Especially valuable
    are the numerous examples of usage.
Real Academia Española. *Diccionario de la lengua española.* 22nd ed. (2001).
There is a version on CD Rom from 2003. It is also possible to consult the RAE Dictionary on the
    Internet; their address is: http://www.rae.es
Seco, Manuel. *Diccionario de dudas y dificultades de la lengua española.* 10th ed. (1998).
Spanish Computing and Information Dictionary. Spanish–English, English–Spanish. (2002).

The Spanish Alphabet (El alfabeto español)

Since Spanish words rarely need to be spelled out, many advanced students have forgotten the
names of Spanish letters. Yet, it is important for students to know these names so that spelling
problems can be discussed in Spanish.

    All the letters are feminine in gender. To form the plural, add **-es** to the names of the vowels
and **-s** to the names of the consonants. The numbers refer to the observations that follow the list.

a	**a**		n	**ene**
b	**be** (1)		ñ	**eñe**
c	**ce**		o	**o**
ch	**che** (2)		p	**pe**
d	**de**		q	**cu**
e	**e**		r	**ere, erre** (4)
f	**efe**		s	**ese**
g	**ge**		t	**te**
h	**hache**		u	**u**
i	**i** (3)		v	**ve** (5)
j	**jota**		w	**ve doble** (6)
k	**ka**		x	**equis**
l	**ele**		y	**i griega** (7)
ll	**elle**		z	**zeta** (8)
m	**eme**			

Some observations on certain letters:

1. The letter **be** (*b*) represents two sounds, according to position: at the beginning of a breath group or after a nasal consonant the sound is occlusive (the lips are momentarily closed to produce the sound: **Benito, com<u>b</u>inar**); in all other positions the sound is fricative (it is produced by friction and the lips touch very lightly or not at all: **ca<u>b</u>e, ro<u>b</u>o**). The letter **ve** (*v*) represents exactly the same two sounds in most Spanish-speaking areas. Since **be** and **ve** are pronounced exactly the same, Spanish-speaking people have invented various ways to distinguish orally the two letters: **Be** is called: **be alta, be grande, be larga, be de Barcelona, be de burro;** see note 5 below.

2. This letter is called **ce hache** in some areas.

3. Also called **i latina**.

4. The Academy Dictionary has remarked on this letter: *"Su nombre generalmente es **erre**; pero se llama **ere** cuando se quiere hacer notar que representa un sonido simple."* Some Spanish speakers refer to **erre** as **ere doble** or **doble ere**.

5. The **ve** is also called **uve** (Spain) or **u consonante**. For the reason explained in note 1, many Spanish speakers distinguish this letter from **be** by means of special names: **ve baja, ve chica, ve corta, ve de Valencia,** and **ve de vaca**.

6. Also called: **doble ve, uve doble, doble u**.

7. Also called: **ye**.

8. Variants are: **zeda, ceda**.

Syllabication

Following are the basic rules for dividing words into syllables. This information is needed in order to: (1) pronounce words with the proper stress and to use written accents correctly, and (2) hyphenate words when necessary at the end of one line and the beginning of the next. Hyphenation of the latter type is especially important in Spanish because Spanish speakers try to keep the right margin as even as possible when writing or typing. (Computers offer the advantage of automatically justifying the line so that the right margin is even.)

1. A word has as many syllables as it has vowels. The term *vowel* is used in this context to refer to a single vowel, a diphthong, or a triphthong.

   ha-ra-pien-tos   ter-mi-nan-te-men-te

2. A single consonant is joined to the vowel that follows it. Bear in mind that **che**, **elle**, and **erre** are treated as single letters and are inseparable.

   la-ti-ga-zos   va-ca-cio-nes   chi-cha-rro-nes   be-lle-za

3. In the case of two consonants appearing between vowels:

   a. consonantal groups formed by **b, c, f, g,** or **p** plus **r** or **l** as well as **d** or **t** plus **r** combine with the following vowel.

      ne-gro   a-plas-ta-da

b. in other groups of two consonants, the first consonant joins the preceding vowel and the second joins the following vowel.

    sal-pi-ca-du-ras   lar-go

4. When three or four consonants occur between vowels, the last two join the following vowel if they belong to one of the groups listed in 3a.

    en-tre-cor-ta-do   nues-tros   en-gran-de-cer

5. Unlike English, in Spanish the **ese** is separated from the following consonant.

    des-co-no-ci-do   es-tu-dia-ba

6. Any combination of two or more vowels that includes **u** or **i** forms an inseparable group (diphthong or triphthong). The most frequent diphthongs are:

ai, ay	**ai-re, hay**	**iu**	**viu-dez**
au	**cau-sa**	**oi, oy**	**sois, soy**
eu	**eu-fo-ria**	**ua**	**cuan-do**
ei, ey	**vein-te, ma-mey**	**ue**	**fuen-te**
ia	**far-ma-cia**	**ui**	**fuis-te**
ie	**vie-ne**	**uo**	**cuo-ta**
io	**vi-cio**		

The most frequent triphthongs are:

iai	**en-viáis**	**uai**	**a-mor-ti-guáis**
iei	**a-pre-ciéis**	**uei**	**con-ti-nuéis**

a. A written accent on the **i** or the **u** breaks the diphthong or triphthong, producing two separate syllables.

    te-ní-a   con-ti-nú-a   co-me-rí-ais

b. Any other vowel combination is separated into distinct syllables.

    a-pe-dre-a-ban   ca-pi-ta-ne-ó

c. However, according to so-called esthetic syllabication, as opposed to phonetic syllabication, there are two important exceptions to *a* and *b* above:

(1) At the end of a line, two vowels should not be separated, even when they form different syllables.

    perío-do, not **perí-odo   pro-veer,** not **prove-er**

(2) At the end of a line, the syllables should not be separated in such a way that a single vowel remains alone; for example, the following divisions are *not* acceptable:

    a-traer   ate-o

7. Prefixes form separate syllables.

des-ha-cí-an   im-po-ní-an

Nevertheless, when the prefix precedes s + consonant, the **s** is joined to the prefix.

cons-tan-te   ins-pi-rar

Spanish Grammatical Terminology: Verb Forms

Listed below are the names of the principal parts of the verb in Spanish, followed in each case by an example with English translation, and the usual English name of the verb form. The nomenclature is that recommended by the Royal Spanish Academy in its *Esbozo de una nueva gramática de la lengua española.*

1. infinitivo (**estudiar**, *to study*) infinitive
2. gerundio (**estudiando**, *studying*) present participle (see chapter 13)
3. participio pasivo (**estudiado**, *studied*) past participle

INDICATIVO *INDICATIVE*

4. presente (**Mario estudia español.** *Mario studies, does study, is studying Spanish.*) present
5. presente progresivo (**Mario está estudiando español.** *Mario is studying Spanish.*) present progressive
6. pretérito imperfecto* (**Mario estudiaba español.** *Mario used to study, was studying Spanish.*) imperfect
7. pretérito imperfecto progresivo (**Mario estaba estudiando español.** *Mario was studying Spanish.*) imperfect progressive
8. pretérito perfecto simple** (**Mario estudió español.** *Mario studied, did study Spanish.*) preterite
9. pretérito perfecto simple progresivo (**Mario estuvo estudiando español.** *Mario was studying Spanish.*) preterite progressive
10. pretérito perfecto compuesto (**Mario ha estudiado español.** *Mario has studied Spanish.*) present perfect
11. pretérito perfecto compuesto progresivo (**Mario ha estado estudiando español.** *Mario has been studying Spanish.*) present perfect progressive
12. pretérito pluscuamperfecto (**Mario había estudiado español.** *Mario had studied Spanish.*) pluperfect (past perfect)
13. pretérito pluscuamperfecto progresivo (**Mario había estado estudiando español.** *Mario had been studying Spanish.*) pluperfect progressive
14. futuro (**Mario estudiará español.** *Mario will study Spanish.*) future

---

*In order to simplify, this tense is called **el imperfecto** in this and other textbooks.

In order to simplify, this tense is called **el pretérito in this and other textbooks.

15. futuro perfecto (**Mario habrá estudiado español**. *Mario will have studied Spanish*.) future perfect

16. condicional (**Mario estudiaría español**. *Mario would study Spanish*.) conditional

17. condicional perfecto (**Mario habría estudiado español**. *Mario would have studied Spanish*.) conditional perfect

SUBJUNTIVO *SUBJUNCTIVE*

18. presente ([**Ojalá que**] **Mario estudie español**. *[I hope] Mario studies Spanish*.) present

19. imperfecto ([**Ojalá que**] **Mario estudiara español**. *[I wish] Mario would study Spanish*.) imperfect

20. pretérito perfecto ([**Ojalá que**] **Mario haya estudiado español**. *[I hope] Mario has studied Spanish*.) present perfect

21. pretérito pluscuamperfecto ([**Ojalá que**] **Mario hubiera estudiado español**. *[I wish] Mario had studied Spanish*.) pluperfect

IMPERATIVO *IMPERATIVE*

22. afirmativo (**Estudia (tú) español, Mario**. *Study Spanish, Mario*.) affirmative

23. negativo (**No estudies (tú) español, Mario**. *Don't study Spanish, Mario*.) negative

From the point of view of grammatical terminology, the sentence **Mario está estudiando español en la universidad** is composed of the following elements:

1. **Mario** = *el sujeto* = *subject*
2. **está estudiando español** = *el predicado* = *predicate*
3. **está estudiando** = *el verbo o el predicado verbal* = *verb or simple predicate*
4. **está** = *verbo auxiliar* = *auxiliary verb*
5. **est** = *el radical, la raíz* = *stem*
6. **-á** = *la terminación, la desinencia* = *ending*
7. **español** = *el complemento (directo)* = *(direct) object*
8. **en la universidad** = *el complemento circunstancial* = *adverbial complement*

Spanish Grammatical Terminology: Other Forms

Here the English term is followed by the Spanish equivalent and a Spanish example.
adjective: **el adjetivo**

   demonstrative adjective: **adjetivo demostrativo:** <u>este</u> libro

   descriptive adjective: **adjetivo calificativo:** la casa <u>blanca</u>

   numerical adjective: **adjetivo numeral:** <u>tres</u> pesos

   possessive adjective: **adjetivo posesivo:** <u>mi</u> lápiz

   stressed possessive adjective: **adjetivo posesivo enfático:** el pleito <u>mío</u>

   word used as an adjective: **palabra adjetivada:** una pierna <u>rota</u>

adverb: **el adverbio:** <u>lentamente</u>

(to) agree: **concordar (ue):** El adjetivo concuerda con el sustantivo.

agreement: **la concordancia:** «la casa amarilla» es un ejemplo de concordancia.

antecedent: **el antecedente:** En la oración «El gato que veo es de María», <u>el gato</u> es el antecedente de <u>que</u>.

clause: **la cláusula**

    adjective clause: **cláusula adjetival:** Busco una casa <u>que tenga tres dormitorios.</u>

    adverbial clause: **cláusula adverbial:** Comeremos <u>cuando lleguen nuestros invitados.</u>

    contrary-to-fact clause: **cláusula de negación implícita:** <u>Si fuera rico</u>, lo compraría.

    noun clause: **cláusula sustantiva:** Queremos <u>que se diviertan en la fiesta.</u>

conjunction: **la conjunción:** Llegué <u>tan pronto como pude.</u>

dative (of interest): **el dativo (de interés):** Se <u>me</u> murió el perrito.

(to) function as: **actuar como, funcionar como, hacer de:** En esta oración «el árbol» funciona como sujeto.

idiom: **el modismo:** <u>Tener hambre</u> es un modismo para el anglohablante.

intransitive: **intransitivo:** En la oración «Los árboles crecían rápidamente», <u>crecían</u> es intransitivo porque se usa sin complemento directo.

(to) modify: **modificar, calificar:** En la frase «un examen fácil» la palabra <u>fácil</u> modifica <u>examen.</u>

noun: **el nombre, el sustantivo:** <u>Vaso</u> es un nombre o sustantivo.

    direct object noun: **nombre complemento directo** (o **de objeto directo**): ¿Compraste <u>pan</u>?

    indirect object noun: **nombre complemento indirecto** (o **de objeto indirecto**): Le presté el dinero <u>a Teresa.</u>

    word used as a noun: **palabra sustantivada:** <u>El viejo</u> contiene un adjetivo sustantivado.

part of speech: **la parte de la oración:** Los adverbios son partes de la oración.

pronoun: **el pronombre**

    demonstrative pronoun: **pronombre demostrativo:** <u>ése</u>

    direct object pronoun: **pronombre (de) complemento directo** (o **de objeto directo**): <u>Lo</u> vi ayer.

    indefinite pronoun: **pronombre indefinido:** <u>algunos</u>

    indirect object pronoun: **pronombre (de) complemento indirecto** (o **de objeto indirecto**): <u>Le</u> vendí el carro.

    interrogative pronoun: **pronombre interrogativo:** <u>¿Quién?</u>

    personal pronoun: **pronombre personal:** <u>yo</u>

    possessive pronoun: **pronombre posesivo:** <u>el mío</u>

    reciprocal pronoun: **pronombre recíproco:** <u>Nos</u> vemos todos los días.

    reflexive pronoun: **pronombre reflexivo:** Ellos <u>se</u> acostaron muy tarde.

    relative pronoun: **pronombre relativo:** La película <u>que</u> vimos ayer era muy buena.

    subject pronoun: **pronombre (de) sujeto:** <u>Ellos</u> no lo hicieron.

required: **obligatorio:** La <u>a</u> es obligatoria en la oración «Vimos a Miguel».

(to) take (e.g., the subjunctive): **requerir (ie), tomar, llevar:** La conjunción <u>antes que</u> siempre requiere el subjuntivo.

tense: **el tiempo:** <u>Estudian</u> está en el tiempo presente.

transitive: **transitivo:** En la oración «<u>Están cortando</u> el césped» el verbo es transitivo porque se usa con el complemento directo.

voice: **la voz**

active voice: **voz activa:** Abel <u>compró</u> esa propiedad.

passive voice: **voz pasiva:** Esa propiedad <u>fue comprada</u> por Abel.

DEMONSTRATIVES

	MASCULINE	FEMININE
this	**este**	**esta**
these	**estos**	**estas**
that	**ese**	**esa**
those	**esos**	**esas**
that	**aquel**	**aquella**
those	**aquellos**	**aquellas**

The demonstrative pronouns have the same form as the above adjectives but bear an accent on the stressed syllable, although the written accent is no longer obligatory. In addition, there are neuter pronoun forms (**esto, eso, aquello**) that do not take a written accent.

It is helpful to remember that the demonstratives generally correspond to the adverbs listed below.

este, etc. → **aquí**

ese, etc. → **ahí**

aquel, etc. → **allí, allá**

Note that the demonstrative adjectives, when placed after the noun, convey a pejorative meaning. Also, the pronouns, when referring to persons, may be pejorative.

¿Qué le pasa al tipo ese?	*What's wrong with that guy?*
Ése no se calla nunca.	*That one never shuts up.*

POSSESSIVES (WITH CORRESPONDING SUBJECT PRONOUNS)

SUBJECT PRONOUNS	UNSTRESSED FORMS OF ADJECTIVE	STRESSED FORMS OF ADJECTIVE	PRONOUNS
yo	mi, mis	mío (-os, -a, -as)	el (los, la, las) mío (-os, -a, -as)
tú	tu, tus	tuyo (-os, -a, -as)	el (los, la, las) tuyo (-os, -a, -as)
él, ella, Ud.	su, sus	suyo (-os, -a, -as)	el (los, la, las) suyo (-os, -a, -as)
nosotros, -as	nuestro (-os, -a, -as)	nuestro (-os, -a, -as)	el (los, la, las) nuestro (-os, -a, -as)
vosotros, -as	vuestro (-os, -a, -as)	vuestro (-os -a, -as)	el (los, la, las) vuestro (-os, -a, -as)
ellos, ellas, Uds.	su, sus	suyo (-os, -a, -as)	el (los, la, las) suyo (-os, -a, -as)

There are also invariable neuter pronouns: **lo mío (tuyo, suyo, nuestro, vuestro, suyo)**.

Después de la boda, lo mío será tuyo y lo tuyo será mío.	*After the wedding, what is mine will be yours and what is yours will be mine.*

PERSONAL AND OBJECT PRONOUNS

PERSON		DIRECT OBJECT OF VERB		INDIRECT OBJECT OF VERB	
SINGULAR					
1 **yo**	*I*	**me**	*me*	**me**	*to me*
2 **tú**	*you*	**te**	*you*	**te**	*to you*
3 **él**	*he*	**le, lo*; lo**	*him; it*		
ella	*she*	**la**	*her, it*	**le (se)**	*to him, to her, to you, to it*
usted (Ud.)	*you*	**le, lo*; la**	*you (m); you (f)*		
PLURAL					
1 **nosotros, -as**	*we*	**nos**	*us*	**nos**	*to us*
2 **vosotros, -as**	*you*	**os**	*you*	**os**	*to you*
3 **ellos**	*they*	**los**	*them*		
ellas	*they*	**las**	*them*	**les (se)**	*to them, to you*
ustedes (Uds.)	*you*	**los; las**	*you (m) you (f)*		

---

*The majority of modern writers in Spain prefer **le** in this case (**leísmo**). The Spanish Academy and the majority of Spanish-American writers prefer **lo** in this case (**loísmo**).

MORE OBJECT PRONOUNS

OBJECT OF PREPOSITION		REFLEXIVE (DIRECT/INDIRECT OBJECT OF VERB)		REFLEXIVE OBJECT OF PREPOSITION	
(para) mí**	*(for) me*	**me**	*(to) myself*	**(para) mí****	*(for) myself*
(para) ti**	*(for) you*	**te**	*(to) yourself*	**(para) ti****	*(for) yourself*
(para) él	*(for) him*				
(para) ella	*(for) her*	**se**	*(to) himself, herself, yourself, itself*	**(para) sí****	*(for) himself, herself, yourself, itself*
(para) usted	*(for) you*				
(para) nosotros, -as	*(for) us*	**nos**	*(to) ourselves*	**(para) nosotros, -as**	*(for) ourselves*
(para) vosotros, -as	*(for) you*	**os**	*(to) yourselves*	**(para) vosotros, -as**	*(for) yourselves*
(para) ellos	*(for) them*				
(para) ellas	*(for) them*	**se**	*(to) themselves, yourselves*	**(para) sí**	*(for) themselves, yourselves*
(para) ustedes	*(for) you*				

After the preposition **con, the pronouns **mí, ti,** and **sí** become **-migo, -tigo,** and **-sigo**.

Position of object pronouns (direct, indirect, reflexive):

1. They precede conjugated verb forms.

2. They follow and are attached to (a) the affirmative command, (b) the infinitive, and (c) the **-ndo** form.

3. If a conjugated verb is combined with an infinitive or **-ndo** form, the pronoun may either precede the conjugated verb form or be attached to the infinitive or **-ndo** form.

I. REGULAR VERBS

Principal Parts:	INFINITIVE	PRESENT PARTICIPLE*	PAST PARTICIPLE
1st conjugation:	**llamar**	**llamando**	**llamado**
2nd conjugation:	**correr**	**corriendo**	**corrido**
3rd conjugation:	**subir**	**subiendo**	**subido**

PRESENT INDICATIVE
(Infinitive stem + endings)

llamo -as, -a, -amos, -áis, -an
corro -es, -e, -emos, -éis, -en
subo -es, -e, -imos, -ís, -en

PRESENT SUBJUNCTIVE
(Infinitive stem + endings)

llame -es, -e, -emos, -éis, -en
corra -as, -a, -amos, -áis, -an
suba -as, -a, -amos, -áis, -an

IMPERFECT INDICATIVE
(Infinitive stem + endings)

llamaba, -abas, -aba, -ábamos, -abais
-aban
corr ⎱ -ía, -ías, -ía, -íamos, -íais
sub ⎰ -ían

IMPERFECT SUBJUNCTIVE
(Preterite 3 plural. *Drop* **-ron**, *add endings.*)

llama ⎤ -ra, -ras, -ra, -ramos,
corrie ⎥ -rais, -ran
subie ⎥ -se, -ses, -se, -semos,
       ⎦ -seis, -sen

PRETERITE
(Infinitive stem + endings)

llamé, -aste, -ó, -amos, -asteis, -aron
corr ⎱ -í, -iste, -ió, -imos,
sub ⎰ -isteis, -ieron

FUTURE
(Infinitive + endings)

llamar ⎱
correr ⎬ -é, -ás, -á, -emos, -éis, -án
subir ⎰

IMPERATIVE
(Applies also to radical-changing verbs.)

Singular: llama, corre, sube (*This is usually the same as 3rd singular indicative.*)
Plural: llamad, corred, subid (*Change* **r** *of infinitive to* **d**.)

CONDITIONAL
(Infinitive + endings)

llamar ⎱
correr ⎬ -ía, -ías, -ía, -íamos,
subir ⎰ -íais, -ían

---

*In the following tables the conventional term *present participle* is used to refer to the Spanish **gerundio**.

PRESENT PERFECT
(*I have called*) he, has, ha, hemos, habéis, han
PAST PERFECT
(*I had called*) había, habías, había, habíamos, habíais, habían
PRETERITE PERFECT
(*I had called*) hube, hubiste, hubo, hubimos, hubisteis, hubieron
FUTURE PERFECT
(*I will have called*) habré, habrás, habrá, habremos, habréis, habrán
CONDITIONAL PERFECT
(*I would have called*) habría, habrías, habría, habríamos, habríais, habrían
PRESENT PERF. SUBJ.   haya, hayas, haya, hayamos, hayáis, hayan

PAST PERFECT SUBJ. {
  hubiera, hubieras, hubiera,
  hubiéramos, hubierais, hubieran
  hubiese, hubieses, hubiese,
  hubiésemos, hubieseis, hubiesen
}

Past participle:
+ **llamado, corrido, subido**

II. RADICAL-CHANGING VERBS

(Verbs that change the last vowel of stem)

First Class   All belong to 1st and 2nd conjugations.

RULE: Stem vowel changes **e > ie, o > ue** in 1, 2, 3, singular and 3 plural in:

Present indicative

1st conj. {
cerrar: cierro, cierras, cierra, cerramos, cerráis, cierran
encontrar: encuentro, encuentras, encuentra, encontramos, encontráis, encuentran
}

2nd conj. {
querer: quiero, quieres, quiere, queremos, queréis, quieren
resolver: resuelvo, resuelves, resuelve, resolvemos, resolvéis, resuelven
}

Present subjunctive

1st conj. {
cerrar: cierre, cierres, cierre, cerremos, cerréis, cierren
encontrar: encuentre, encuentres, encuentre, encontremos, encontréis, encuentren
}

2nd conj. {
querer: quiera, quieras, quiera, queramos, queráis, quieran
resolver: resuelva, resuelvas, resuelva, resolvamos, resolváis, resuelvan
}

Second Class   All belong to 3rd conjugation.

RULE: Same changes as 1st class, plus **e > i, o > u** in:

1, 2, plural present subjunctive

mentir: mienta, mientas, mienta, mintamos, mintáis, mientan
morir: muera, mueras, muera, muramos, muráis, mueran

3 singular and plural preterite

mentir: mentí, mentiste, mintió, mentimos, mentisteis, mintieron
morir: morí, moriste, murió, morimos, moristeis, murieron

All persons imperfect subjunctive

mentir: {
mintiera, mintieras, mintiera, mintiéramos, mintierais, mintieran
mintiese, mintieses, mintiese, mintiésemos, mintieseis, mintiesen
}

morir: $\left\{ \begin{array}{l} \text{muriera, murieras, muriera, muriéramos, murierais, murieran} \\ \text{muriese, murieses, muriese, muriésemos, murieseis, muriesen} \end{array} \right.$

Present participle

mentir: mintiendo   **morir:** muriendo

Third Class   All belong to 3rd conjugation.

RULE: Change **e** > **i** in each place where ANY change occurs in 2nd class:

Example: servir

Present indicative: sirvo, sirves, sirve, servimos, servís, sirven

Present subjunctive: sirva, sirvas, sirva, sirvamos, sirváis, sirvan

Preterite: serví, serviste, sirvió, servimos, servisteis, sirvieron

Imperf. subjunctive: $\left\{ \begin{array}{l} \text{sirviera, sirvieras, sirviera, sirviéramos, sirvierais,} \\ \text{sirvieran/sirviese, sirvieses, sirviese, sirviésemos,} \\ \text{sirvieseis, sirviesen} \end{array} \right.$

Present participle: sirviendo

OTHER IRREGULAR VERBS*

Andar (*to walk, go, stroll*)

Preterite	anduve, anduviste, anduvo, anduvimos, anduvisteis, anduvieron
Imp. subj.	anduviera, anduvieras, anduviera, anduviéramos, anduvierais, anduvieran
	anduviese, anduvieses, anduviese, anduviésemos, anduvieseis, anduviesen

Caber (*to fit, to be contained in*)

Pres. ind.	quepo, cabes, cabe, cabemos, cabéis, caben
Pres. subj.	quepa, quepas, quepa, quepamos, quepáis, quepan
Future	cabré, cabrás, cabrá, cabremos, cabréis, cabrán
Conditional	cabría, cabrías, cabría, cabríamos, cabríais, cabrían
Preterite	cupe, cupiste, cupo, cupimos, cupisteis, cupieron
Imp. subj.	cupiera, cupieras, cupiera, cupiéramos, cupierais, cupieran
	cupiese, cupieses, cupiese, cupiésemos, cupieseis, cupiesen

Caer (*to fall*)

Pres. ind.	caigo, caes, cae, caemos, caéis, caen
Pres. subj.	caiga, caigas, caiga, caigamos, caigáis, caigan
Preterite	caí, caíste, cayó, caímos, caísteis, cayeron
Imp. subj.	cayera, cayeras, cayera, cayéramos, cayerais, cayeran
	cayese, cayeses, cayese, cayésemos, cayeseis, cayesen
Pres. part.	cayendo
Past part.	caído

Dar (*to give*)

Pres. ind.	doy, das, da, damos, dais, dan
Pres. subj.	dé, des, dé, demos, deis, den
Preterite	di, diste, dio, dimos, disteis, dieron
Imp. subj.	diera, dieras, diera, diéramos, dierais, dieran
	diese, dieses, diese, diésemos, dieseis, diesen

---

*Only tenses that have irregular forms are given here.

Decir (*to say, tell*)

Pres. ind.	digo, dices, dice, decimos, decís, dicen
Pres. subj.	diga, digas, diga, digamos, digáis, digan
Future	diré, dirás, dirá, diremos, diréis, dirán
Conditional	diría, dirías, diría, diríamos, diríais, dirían
Preterite	dije, dijiste, dijo, dijimos, dijisteis, dijeron
Imp. subj.	dijera, dijeras, dijera, dijéramos, dijerais, dijeran
	dijese, dijeses, dijese, dijésemos, dijeseis, dijesen
Imperative	di
Pres. part.	diciendo
Past part.	dicho

Estar (*to be*)

Pres. ind.	estoy, estás, está, estamos, estáis, están
Pres. subj.	esté, estés, esté, estemos, estéis, estén
Preterite	estuve, estuviste, estuvo, estuvimos, estuvisteis, estuvieron
Imp. subj.	estuviera, estuvieras, estuviera, estuviéramos, estuvierais, estuvieran
	estuviese, estuvieses, estuviese, estuviésemos, estuvieseis, estuviesen

Haber (*to have*)

Pres. ind.	he, has, ha, hemos, habéis, han
Pres. subj.	haya, hayas, haya, hayamos, hayáis, hayan
Future	habré, habrás, habrá, habremos, habréis, habrán
Conditional	habría, habrías, habría, habríamos, habríais, habrían
Preterite	hube, hubiste, hubo, hubimos, hubisteis, hubieron
Imp. subj.	hubiera, hubieras, hubiera, hubiéramos, hubierais, hubieran
	hubiese, hubieses, hubiese, hubiésemos, hubieseis, hubiesen

Hacer (*to make, do*)

Pres. ind.	hago, haces, hace, hacemos, hacéis, hacen
Pres. subj.	haga, hagas, haga, hagamos, hagáis, hagan
Future	haré, harás, hará, haremos, haréis, harán
Conditional	haría, harías, haría, haríamos, haríais, harían
Preterite	hice, hiciste, hizo, hicimos, hicisteis, hicieron
Imp. subj.	hiciera, hicieras, hiciera, hiciéramos, hicierais, hicieran
	hiciese, hicieses, hiciese, hiciésemos, hicieseis, hiciesen
Imperative	haz
Past part.	hecho

Ir (*to go*)

Pres. ind.	voy, vas, va, vamos, vais, van
Pres. subj.	vaya, vayas, vaya, vayamos, vayáis, vayan
Preterite	fui, fuiste, fue, fuimos, fuisteis, fueron
Imp. subj.	fuera, fueras, fuera, fuéramos, fuerais, fueran
	fuese, fueses, fuese, fuésemos, fueseis, fuesen
Imp. indic.	iba, ibas, iba, íbamos, ibais, iban
Imperative	ve
Pres. part.	yendo

Oír (*to hear*)

Pres. ind.	oigo, oyes, oye, oímos, oís, oyen
Pres. subj.	oiga, oigas, oiga, oigamos, oigáis, oigan

Preterite	oí, oíste, oyó, oímos, oísteis, oyeron
Imp. subj.	oyera, oyeras, oyera, oyéramos, oyerais, oyeran
	oyese, oyeses, oyese, oyésemos, oyeseis, oyesen
Pres. part.	oyendo
Past part.	oído

Poder (*to be able, can*)

Pres. ind.	puedo, puedes, puede, podemos, podéis, pueden
Pres. subj.	pueda, puedas, pueda, podamos, podáis, puedan
Future	podré, podrás, podrá, podremos, podréis, podrán
Conditional	podría, podrías, podría, podríamos, podríais, podrían
Preterite	pude, pudiste, pudo, pudimos, pudisteis, pudieron
Imp. subj.	pudiera, pudieras, pudiera, pudiéramos, pudierais, pudieran
	pudiese, pudieses, pudiese, pudiésemos, pudieseis, pudiesen
Pres. part.	pudiendo

Poner (*to put*)

Pres. ind.	pongo, pones, pone, ponemos, ponéis, ponen
Pres. subj.	ponga, pongas, ponga, pongamos, pongáis, pongan
Future	pondré, pondrás, pondrá, pondremos, pondréis, pondrán
Conditional	pondría, pondrías, pondría, pondríamos, pondríais, pondrían
Preterite	puse, pusiste, puso, pusimos, pusisteis, pusieron
Imp. subj.	pusiera, pusieras, pusiera, pusiéramos, pusierais, pusieran
	pusiese, pusieses, pusiese, pusiésemos, pusieseis, pusiesen
Imperative	pon
Past part.	puesto

Querer (*to want, love*)

Pres. ind.	quiero, quieres, quiere, queremos, queréis, quieren
Pres. subj.	quiera, quieras, quiera, queramos, queráis, quieran
Future	querré, querrás, querrá, querremos, querréis, querrán
Conditonal	querría, querrías, querría, querríamos, querríais, querrían
Preterite	quise, quisiste, quiso, quisimos, quisisteis, quisieron
Imp. subj.	quisiera, quisieras, quisiera, quisiéramos, quisierais, quisieran
	quisiese, quisieses, quisiese, quisésemos, quisieseis, quisiesen
Imperative	quiere

Saber (*to know*)

Pres. ind.	sé, sabes, sabe, sabemos, sabéis, saben
Pres. subj.	sepa, sepas, sepa, sepamos, sepáis, sepan
Future	sabré, sabrás, sabrá, sabremos, sabréis, sabrán
Conditional	sabría, sabrías, sabría, sabríamos, sabríais, sabrían
Preterite	supe, supiste, supo, supimos, supisteis, supieron
Imp. subj.	supiera, supieras, supiera, supiéramos, supierais, supieran
	supiese, supieses, supiese, supiésemos, supieseis, supiesen

Salir (*to leave, go out*)

Pres. ind.	salgo, sales, sale, salimos, salís, salen
Pres. subj.	salga, salgas, salga, salgamos, salgáis, salgan
Future	saldré, saldrás, saldrá, saldremos, saldréis, saldrán
Conditional	saldría, saldrías, saldría, saldríamos, saldríais, saldrían
Imperative	sal

Ser (*to be*)

Pres. ind.	soy, eres, es, somos, sois, son
Imp. ind.	era, eras, era, éramos, erais, eran
Pres. subj.	sea, seas, sea, seamos, seáis, sean
Preterite	fui, fuiste, fue, fuimos, fuisteis, fueron
Imp. subj.	fuera, fueras, fuera, fuéramos, fuerais, fueran
	fuese, fueses, fuese, fuésemos, fueseis, fuesen
Imperative	sé

Tener (*to have, possess*)

Pres. ind.	tengo, tienes, tiene, tenemos, tenéis, tienen
Pres. subj.	tenga, tengas, tenga, tengamos, tengáis, tengan
Future	tendré, tendrás, tendrá, tendremos, tendréis, tendrán
Conditional	tendría, tendrías, tendría, tendríamos, tendríais, tendrían
Preterite	tuve, tuviste, tuvo, tuvimos, tuvisteis, tuvieron
Imp. subj.	tuviera, tuvieras, tuviera, tuviéramos, tuvierais, tuvieran
	tuviese, tuvieses, tuviese, tuviésemos, tuvieseis, tuviesen
Imperative	ten

Traer (*to bring*)

Pres. ind.	traigo, traes, trae, traemos, traéis, traen
Pres. subj.	traiga, traigas, traiga, traigamos, traigáis, traigan
Preterite	traje, trajiste, trajo, trajimos, trajisteis, trajeron
Imp. subj.	trajera, trajeras, trajera, trajéramos, trajerais, trajeran
	trajese, trajeses, trajese, trajésemos, trajeseis, trajesen
Pres. part.	trayendo
Past part.	traído

Valer (*to be worth*)

Pres. ind.	valgo, vales, vale, valemos, valéis, valen
Pres. subj.	valga, valgas, valga, valgamos, valgáis, valgan
Future	valdré, valdrás, valdrá, valdremos, valdréis, valdrán
Conditional	valdría, valdrías, valdría, valdríamos, valdríais, valdrían

Venir (*to come*)

Pres. ind.	vengo, vienes, viene, venimos, venís, vienen
Pres. subj.	venga, vengas, venga, vengamos, vengáis, vengan
Future	vendré, vendrás, vendrá, vendremos, vendréis, vendrán
Conditional	vendría, vendrías, vendría, vendríamos, vendríais, vendrían
Preterite	vine, viniste, vino, vinimos, vinisteis, vinieron
Imp. subj.	viniera, vinieras, viniera, viniéramos, vinierais, vinieran
	viniese, vinieses, viniese, viniésemos, vinieseis, viniesen
Imperative	ven
Pres. part.	viniendo

Ver (*to see*)

Pres. ind.	veo, ves, ve, vemos, veis, ven
Pres. subj.	vea, veas, vea, veamos, veáis, vean
Preterite	vi, viste, vio, vimos, visteis, vieron
Imp. ind.	veía, veías, veía, veíamos, veíais, veían
Past part.	visto

Spanish–English

As an aid to students, the definitions herein are geared to specific contexts found in this book. The following classes of words have been omitted from this glossary:

a. recognizable cognates of familiar English words when the meaning is the same in the two languages.

b. articles; personal pronouns; demonstrative and possessive pronouns and adjectives.

c. numbers; names of the months and days of the week and other basic vocabulary.

d. adverbs ending in **-mente** when the corresponding adjective is included.

e. verb forms other than the infinitive, except past participles with special meanings when used as adjectives.

f. words found only in certain exercises involving the use of written accents.

Noun gender is not indicated for masculine nouns ending in **-o** and feminine nouns ending in **-a**. Adjectives are given in the masculine form only.

Likewise, masculine nouns that have regular feminine forms (**o/a, ón/ona, or/ora**) are given in the masculine form only.

The following abbreviations are used:

adj	adjective		*m*	masculine
adv	adverb		*mf*	masculine and feminine
anat	anatomy		*n*	noun
art	article		*past part*	past participle
conj	conjunction		*pl*	plural
def	definite		*poss*	possessive
f	feminine		*prep*	preposition
fig	figuratively		*pres*	present
gram	grammar		*pret*	preterite
imp	imperfect		*pron*	pronoun
ind	indicative		*s*	singular
inf	infinitive		*subj*	subject
irr	irregular		*subjunc*	subjunctive
lit	literature		*v*	verb

STRATEGY: If you are seeking the meaning of a word group, look under the key word, which in most cases will be a verb if one is present; otherwise, a noun will usually be the key word.

A

a + *def art* + *period of time*   after + *period of time*

abandono   abandonment

abdicar   to give up

abertura   opening

abollado   dented

abra   passage between mountains

abrasado   hot

abrasador   burning

abrigo   shelter;
   al abrigo de   in the shelter of;
   ropa de abrigo   heavy (warm) clothing

abrumador   overwhelming

abuchear   to boo

acabó: se acabó   that's it

acaecer   to occur

acallar   to silence

acaparar   to monopolize

acariciar   to caress

acaso   perhaps

acceso   attack

accionista *mf*   stockholder, shareholder

acelerar   to hasten, speed up

acepción *f*   meaning

acera   sidewalk

acercar   to bring close; **acercarse a** to approach

acero   steel

acertado   correct, accurate, **una idea acertada** a good idea

achacoso   ailing

achaque *m*   ailment

acidez *f*   ill humor; sourness

acierto   good idea

acogedor   welcoming

acojinado   padded; with many cushions

acolchado   quilted, padded

acometer   to attack

acomodar   to fit, place

acondicionado: mal acondicionado in bad condition

acontecido: lo acontecido   what happened

acontecimiento   (important) event

acorazonado   heart-shaped

acortarse   to become shorter

acosar   to hound, harass

acostado   lying

acotación *f*   stage direction

acrecentar   to increase

acribillar de   to cover with

activo *n*   budget

acto: en el acto   at once

actuación *f*   action; performance; behavior

actual   present, current

acuerdo: de acuerdo   in agreement

acumulador *n*   battery

acusador   accusing

acusar recibo de   to acknowledge receipt of, be in receipt of

acuse *m* **de recibo** acknowledgement

adelantado: por adelantado   in advance

adelantar   to move ahead

adelantarse   to go ahead

adelante   forward;
   más adelante   farther, further

adelgazar   to grow thin

ademán *m*   gesture

además   in addition, besides

adepto   follower, fan

adivinar   to guess

adivino   fortune-teller

adjunto *adj*   enclosed

adoquín *m*   cobblestone

adoquinado   paved with cobblestones

adormecerse   to nod off

adorno   trimming; adornment

adosado a   leaning against

aduana   customs

adulador   flattering

adulón   fawning

advertir (ie)   to warn; to point out; to observe

afecto   affection

afeitarse   to shave

aficionado: ser aficionado a   to be fond (or a fan) of

afirmar   to place firmly

afligido   aching

afluencia   abundance

agachado   crouching; stooped; bent over; bent down

agarrar   to grab;
   agarrarse   to seize

agobiar a burlas   to overwhelm with mockery

agolpado   compressed

agotador   exhausting

agradable   pleasing

agradecimiento   gratitude

agravarse   to grow worse

agredir   to assault, attack

agregar   to add

aguacate *m*   avocado

aguamanil *m*   washstand

aguantador   patient, capable of enduring

aguantarse   to restrain oneself, keep oneself under control

aguardar   to wait for

aguardiente   liquor made from sugar cane

agudo   sharp

águila   eagle

aguileño   sharp-featured

agujereado   full of holes

agujero   hole

aguzao (aguzado)   crafty

ahorrar   to save

ahuyentar   to drive away, chase off

airado   angry

airoso   elegant

aislado   isolated

aislamiento   isolation

ajetreo   hectic activity

ají *m*   green pepper; chili

ajo   garlic

ajuste *m*   adjustment

ala (el)   wing

alabastrino   alabastrine, alabaster

alameda   street with poplar trees

alargar   to extend

alcance: al alcance de su mano within reach of one's hand; **de largo alcance**   long-range

alcanzar   to reach

aldea   village

alegre   cheerful

alejamiento   aloofness

alentar (ie)   to encourage

alfombra   rug

alfonsino   Alphonsine

algo *adv*   somewhat

algodón *m*   cotton

aliento   breath

alimentarse   to eat, consume

aliviado   relieved

aliviar   to relieve

alivio   relief

allanar   to break into (a house)

allí: de allí en adelante   from then on

alma   soul

almacén *m*   department store; warehouse

almohada   pillow

alojamiento   lodging

alquilar   to rent

alquiler *m*   rent

alrededor de   around; **a su**

alrededor around one;
  alrededores *mpl* vicinity

altar mayor *m* main (high) altar

altavoz *m* loudspeaker

alterado agitated

alternar to socialize

altiplano high plateau

altitud *f* height; altitude

altivez *f* arrogance

altura height; altitude; **quedar a la altura de** to be equal to

alumbrar to light

aluvión *m* flood

alzarse to raise

amanecer to dawn; *nm* dawn

amante *nmf* lover

amargo bitter

amarillento yellowish; pale, sallow

amarrar to tie

amasar to knead bread

amazacotado awkward

ambiente *m* environment

amenaza threat

amenazante threatening

amenazar to threaten

amenguar to diminish

amo master, owner

amontonarse to pile up

amoroso loving

amoscadillo a little embarrassed

amparar to protect

anaquel *m* shelf

anaranjado orange-colored

anciano old person

andamio scaffold

andanzas adventures; activities

andar to rummage, poke around

andén *m* (Col., C.A.) sidewalk

andino Andean

anegarse en to be flooded with

anexo enclosure

anfitrión host

angosto narrow

anilla ring

anillo ring

animar to enliven, give life to; to encourage, urge

anís *m* anisette, anise

anochecer *n* nightfall

ansia desire

ansiedad *f* anxiety

antaño long ago

ante *prep* faced with

anteojos glasses

antepasado forefather, ancestor

anteponer to place before

antier *adv* (**antes de ayer**) the day before yesterday

antigüedad antique

antojársele a uno to seem like to one

anudar to tie

añoso old

apacible peaceful

apagarse to turn off

apagón *m* blackout

aparecerse to come to one's mind

aparecido *n* ghost

aparentar to look, appear

aparición *f* apparition

apartado section; PO box

apartar to withdraw; to separate;
  apartarse de to separate from

aparte de aside from, besides;
  aparte de que aside from the fact that

apedrear to stone, throw rocks at

apenas scarcely, hardly; as soon as

apiñarse to crowd together

aplastado flattened, squashed

aplastante overwhelming, crushing

aplastar to crush, squash

aplazar to delay, put off

aplicación *f* use; implementation; diligence

apodar to give a nickname to

apología defense; eulogy

aportar to contribute

aporte *m* contribution

aposento room

apoyar to support; **apoyarse (en)** to lean (on)

apoyo *n* support

apreciarse to be visible

aprecio esteem

apresuradamente hurriedly

apresurarse to hasten, rush

apretar (ie) to squeeze, clasp

aprobado passing grade

aprobar (ue) to approve of

aprovechado opportunistic

aprovechar to take advantage of

apuntador *m* prompter

apuntar to jot down; to aim; to appear

apunte *m* note

apuñalar to stab

apurar el tranco (*Chile*) to walk fast

apurarse to worry; to hurry up

apuro problem; difficulty

arañazo scratch

arboleda grove

árbitro umpire, referee

arbusto shrub, plant, bush

archivo file cabinet

arco iris rainbow

arder to burn

ardilla squirrel

arena sand

arete *m* earring

argumento topic; plot

armar to set up, prepare; **armar escándalo** to make a lot of noise

armario closet

arqueado bowed, curved

arrancar to draw from; to tear out; to start; to pull out

arrasar to level, raze, demolish

arrastrar(se) to drag; to lead, pull; to bring with it; to possess; to crawl

arrastre *m* rasping; dragging

arrebatar to snatch, grab

arreglo arrangement

arrepentirse (ie) to regret, be sorry

arriba: de arriba abajo up and down

arribo arrival

arriesgado risky, daring

arriesgar to risk

arrimarse a to join; to cultivate; to get close to

arrinconado cornered

arroba at (@) (computer)

arrodillado kneeling

arrodillarse to kneel

arrogante imposing

arrojar to throw (away)

arrollador overwhelming; devastating

arruga wrinkle

arrugado wrinkled

artesanalmente skillfully

artesanía craftsmanship; handicraft

asaltante *mf* robber

asaltar to break into, raid, hold up

asar to roast

ascender (ie) to promote

ascenso rise, increase; promotion

asediar to besiege

asegurar to insure; to secure;
  asegurarse to ensure oneself of, make sure that

asemejarse a   to be similar to

asentir (ie)   to agree

asesinato   murder

asesino   murderer

aseverar   to assert

asfixiante   asphyxiating, suffocating

así como   just as

asiento   seat

asilo   orphanage

asistencia   attendance

asistentes *mpl*   those present

asistir   to attend; to take care of

asomar(se)   to appear

asombrar   to astonish, impress; **asombrarse**   to be amazed

asombro   astonishment

asombroso   amazing

aspecto   look(s); appearance

áspero   rough; harsh

aspirante *mf*   contender

asqueroso   filthy

asumir   to take on (e.g., a responsibility)

asustar   to frighten (off)

atajar   to interrupt

atardecer *nm*   nightfall

atareado   busy

atascado   stuck

atender (ie)   to pay attention to

atentado   attack, assault

atestado   packed, crammed-full

atinado   wise, sensible

atónito   surprised

atracador *m*   hold-up man

atracar   to hold up; to dock

atractivo *n*   appeal, charm, attractiveness

atrasar   to set back

atravesar (ie)   to cross (over); to go through

atrevido   bold, daring

atrevimiento   boldness, daring

atropelladamente   quickly

audífono   earphone

auditivo   hearing

auge   increase, apogee; **en auge** flourishing

aula   classroom

aullar   to howl

aullido   howl(ing)

aumentar   to increase

aún   still; **aun**   even

auxilio   help, aid

avariento   greedy

ave de rapiña   bird of prey

avecinarse   to come, approach

avergonzar (ue)   to make one ashamed

averiado   damaged

averiguar   to find out

avinagrado   bitter

avisar   to inform; to warn

avispa   wasp

ayuntamiento   municipal government

azabache *m*   jet

azahar *m*   orange blossom

azotea   flat roof

azulado   bluish

B

badana   (hat) sweatband

bajar   to descend; to take down, take out; **bajarse**   to bend over; to get off, get down

bala   bullet

balbucear   to stammer

balcón *m*   front porch

balde: de balde   (for) free

balneario   health spa, beach resort

bandear   to cross

bandeja   tray

banqueta   stool; sidewalk

barba   beard

barbaridad *f*   nonsense; awful thing

barbudo   bearded

bardo   bard, poet

barrer   to sweep

barrera   barrier

barriga   belly

barrio   neighborhood; district

barro   mud

bastar   to be sufficient

bastón *m*   cane

bata   dressing gown; robe; dress coat

baúl *m*   trunk

beca   scholarship

becerro   calf

belleza   beauty

berenjena   eggplant

berrinche: olor a berrinche   foul smell

bienestar *m*   well-being

bienhechor *m*   benefactor

bigote *m*   mustache

bigotudo   with a (big) mustache

billar *m*   billiards

billetera   wallet

bisabuela   great-grandmother

bisabuelo   great-grandfather

bisagra   hinge

blancura   whiteness

blando   soft

blandura   softness

boca de riego   hydrant, fireplug

bocado   mouthful

bofetada   slap in the face

bofetón *m*   slap

bohío   Indian hut

bola   lump

bolígrafo   ballpoint pen

bolsa   bag, purse

bolsillo con cierre   zippered pocket

bolsón *m* (*Chile*)   backpack

bombero   firefighter

bombones *mpl*   chocolates

bono   bond

boquete *m*   hole, narrow entrance

borda   rail, gunwale

bordar   to embroider

borde *m*   edge

bordeando   around

borrachera   boozing

borracho   drunk

borrador *m*   rough draft

borrar   to erase

bosque *m*   forest, woods

bota   boot; **bota de vino**   small wineskin; **botas de agua**   galoshes

bote *m*   small boat; **bote de paseo** rowboat

botica   pharmacy

boticario   pharmacist

botiquín *m*   medicine chest

bóveda   vault

bracero   farm worker

bravucón *m*   braggart, bully

brebaje *m*   potion

brillante   shining

brillo   shine, brightness, sparkle

brindar   to toast

broche *m*   snap closure

broma   joke

bronceado   tanned

bruja   witch

brujo   healer

bruma   mist, fog

bruto *n*   beast

buey *m*   ox

bufanda   scarf

bufar   to groan

bufete *m*   lawyer's office

bufido   snort

bullicio   noise; bustle

burla taunt; joke; mockery
burlarse to joke
buscarse el jornal to earn a living
butaca armchair; orchestra seat in a theater
buzón *m* mailbox

C

caballeriza stable
caballo: a caballo on top of
caballejo nag
cabecilla *mf* gang or revolt leader
cabestrillo: en cabestrillo in a sling
cabo: al cabo de at the end of, after
cabra goat
cacahuate *m* peanut
cachete cheek
cachorro cub
cacique Indian chief
cada cual each one
cadena chain
caer: caer de bruces to fall on one's face; **caer en la cuenta** to realize, **caer en las redes de** to be trapped by
café *adj* brown
cafetal *m* coffee plantation
caída fall, falling
cajamarquino from Cajamarca, Peru
cajero cashier; (bank) teller
cajón *m* crate; drawer
calco semántico false cognate
calenturiento feverish
callado quiet, taciturn
callejero of or in the street
callejón *m* alleyway, passage
callejuela alley
calmante *m* painkiller, tranquilizer
calva *nf* baldness, bald head, bold spot
calvario sufferings
calvo bald
calzar to put on shoes; **calzarse** to put one's shoes on
camarero waiter, server
camarote *m* cabin in a ship
cambiante changing
cambio de miradas exchange of glances; **a cambio de** in return for; **en cambio** on the other hand
camellón *m* bed of flowers
camilla stretcher
caminante *mf* walker
camino de on the way to

camión (*Mex*) bus
camionero truck driver
camiseta T-shirt
camisón *m* nightgown
camote *m* sweet potato
campana dome
campante calm
campaña campaign
campechanamente in a cheerful way
campito farm
cancha tennis court
candelero: estar en el candelero to be in vogue, to be in the spotlight
cándido innocent
canela cinnamon
capataz (capataces) foreman
capaz de able to, capable
capcioso artful
capilla chapel
carácter *m* temperament
carbón *m* coal
carbonera coal yard
carey *m* tortoise shell
cargado de laden with, filled with; **cargado de espaldas** round-shouldered; having a stoop
cargar to carry (off); to load up with; to pester; **cargar con** to bear the blame for
cargo position, job; **a cargo de** in the hands of; **persona a cargo** person in one's care
cariño affection
cariñoso affectionate
carne *f* flesh; **en carne propia** by personal experience
carnear to kill
carrera race; **hacer carrera** to get ahead
carreta wagon
carretilla wheelbarrow
carretera highway
carta letter
cartel *m* poster; sign
cartera purse; wallet
cartón *m* cardboard
casera *n* landlady, owner
casero *adj* in the home, domestic
casi almost
casillero social social circle
castaño chestnut-colored, brown
Castellana: la Castellana important avenue in Madrid
castigo punishment
catarro cold (illness)

cátedra professorship
catedrático professor
cauce *m* channel
cautelosamente cautiously
cavar to dig
cayado staff
cazador *m* hunter
cebolla onion
cecina dried beef
ceder to break, give way
cegador blinding
cegar (ie) to blind
ceiba silkcotton tree
ceja eyebrow
celebrar to laugh at
celos *mpl* jealousy
cenicero ashtray
ceniciento ashen, ash-colored
ceniza (apagada) (burnt-out) ash
centenar *m* hundred
centrarse to center on, concentrate on
centro comercial mall
cera wax
cercano nearby; close
cerco: poner cerco a to lay siege to
cerdoso bristly, stubbly
cerebro brain
cernirse (ie) sobre to hang over (in a threatening way)
cerro hill, peak
cesto basket
chal *m* shawl
chamuscado scorched
chanza joke
chapapote *m* tar, kind of asphalt
chapotear to splash
charco puddle
charla conversation
charlador *n* talker
charolado polished, shiny
chelín *m* shilling (money)
chicharra cicada
chichicastes nettles
chifladura craziness
chillar to yell, scream, squeal; to cry
chinche *f* bedbug
chiquero de cerdos pig pen
chirriar to screech; to sizzle
chisme *m* gossip
chismoso *n* gossip(er); *adj* gossiping
chispear to throw off sparks
chiste *m* joke; cartoon

chistoso amusing, funny

chocante shocking

chocar to hit, collide; **chocar contra** to bump against

chopo black poplar tree

choque *m* shock; collision; clash

chorizo sausage; petty thief

chorro stream

chozo shelter

chubasco shower

chupar to suck

Cía (compañía) company

ciego dark

cielo heaven

cielo raso attic

científico *n* scientist

cierto certain; **de cierto** with certainty

cima top, peak

cineasta *mf* filmmaker

cínico *adj* brazen, shameless

cinta tape

cinturón *m* belt; **cinturón volador** flying belt

circundante surrounding

cirujano surgeon

cita appointment; engagement

citar to cite, quote; **citar (a alguien)** to make an appointment with

ciudadano citizen

clamar to cry out; to protest

claro *nm* opening, uncovered area; *adj* bright, well-lit; light-colored; *adv* of course

clavar to bury; to nail

clave *f* key

clavel *m* carnation

cobrador *m* conductor

cobrar to gain; to take on; to charge, get paid; to collect

cobrizo coppery

cocina cuisine; kitchen

cocuyo glow worm

codo elbow

cogote *m* nape of the neck

cohete *m* rocket

cojear to limp

cola line

colchón *m* mattress

colegio primary or secondary school; association

colérico angry

colgar (ue) to hang

colilla cigarette butt

colina hill

collera food, rations

colmillo eyetooth; fang

columna vertebral backbone

comandar to lead

comején *m* termite

comercio business establishment; store

comestibles *mpl* food, groceries

comilla quotation mark

comilón food-loving, fond of eating

comisaría de policía police station

cómo no yes, of course

como que since

cómoda bureau; chest of drawers

comodín all-purpose; useful but vague

compadre friend, pal

complacido pleased, satisfied

componerse de to consist of

comportamiento conduct, behavior

comportarse to behave

compra purchase

compraventa sale, buying and selling

comprensivo understanding

comprimir to press down on

comprobar (ue) to verify

comprometerse con to become engaged to

comprometido engaged (to be married); compromised, involved in an awkward situation

compromiso promise; obligation; engagement

computista *mf* computer operator

con todo in spite of all that

conceder to grant

concejal councilman

concepto concept; opinion

concertar (ie) to agree upon

conchabarse to conspire

conciencia awareness

conciliar el sueño to get to sleep

concurrencia audience

condecorar to decorate

condición *f* nature

conducir (zc) to lead to

conferenciante *mf* lecturer

conferencista *mf* lecturer

confiado trusting

confianza confidence, trust

confiar en to confide in, trust

confidencia secret

confitería cake shop

confitero confectioner, candymaker

conformarse con to agree with; to accept; to resign oneself to

conforme *adj* in agreement; *adv* as

congelado frozen

congeniar to get along (with)

conjunto whole; ensemble

conjurar to exorcise (free from evil spirits)

conmovedor moving

conmovido moved

conocido well-known

conque so

conseguir (i) to get, obtain; to succeed in

consejo piece of advice; advisory board

conservar to keep

consiguiente: por consiguiente consequently

constar to be recorded; **constar de** to be composed of

consulta physician's office

consumirse to waste away

consumista *mf* consumer, consumerist

contabilidad *f* accounting

contactarse con to learn about

contado: al contado for cash

contar (ue) con to count on; to have; to include

contemplar to look at; to include

contentillo appeasement

contigüidad *f* nearness

contiguo next

continente *m* countenance

continuación: a continuación below, following

contrario: por lo contrario otherwise

contrarrestar to counteract

contratar to hire

contundencia forcefulness

conveniente appropriate

convenio agreement

convenir to be good for; to suit

convivencia living together

convivir to coexist; to spend time with

cónyuge *mf* spouse

copa top (of tree); goblet; glass; **Copa** winner's cup, trophy

copal *m* medicinal resin

copiador copying

copulilla small cupola

cordel *m* rope

cordón *m* ribbon; cord

cordura wisdom

coro chorus; **hacerle coro** to echo

corona crown

coronar to crown

correa strap

corredor de bolsa stockbroker

correntino from Corrientes, Argentina

corretear to run around

corría el año... it was the year

corriente running

cortador *m* cutter; producer

cortar to cut short

cortejo bridal party

cosa: no ser cosa de + *inf* not to be a good idea to

cosa: ¿Qué otra cosa? What else?

cosecha harvest

costado side

costumbre *f* custom; habit; **de costumbre** usually

cotidiano everyday, daily

cotorra parrot

crecido developed

creciente growing

credo creed

credulidad *f* belief, acceptance

crepuscular twilight

criar to raise

criatura child

criollo creole, native

cristalino crystalline; clear

criticón faultfinding, overcritical

crucigrama *m* crossword puzzle

cuadra block

cuadrado square

cuadro scene

cual like; as

cuando: de cuando en cuando from time to time

cuanto *adj* all the; *pron* all that, everything that; **en cuanto** as soon as; **en cuanto a** with regard to

cuartillo pint container

cuarzo quartz

cubierta *n* deck (of boat)

cubierto *n* place setting; cutlery

cucharón *m* laddie, large spoon

cuenta: caer en la cuenta to realize; **de su propia cuenta** out of one's own pocket

cuentista *mf* short-story writer

cuentística short-story writing

cuerdo sane

cuerno horn

cuestión *f* issue; problem

cuidado care

culebra snake

culpa: tener la culpa to be at fault

culpar de to blame for, accuse of

culto *n* religion; cult; *adj* educated; **rendir culto** to worship

cumbre *f* peak, top

cumplimiento fulfillment

cumplir + *number of years* to reach + *number of years* (of age); **cumplir con** to do, perform, carry out

cuna cradle

cuñada sister-in-law

cuñado brother-in-law

currusco daily bread

cursi in bad taste, unstylish

cursiva: en cursiva in italics

cúspide *f* peak

custodiar to protect, guard

D

daga dagger

damnificado *n* victim

dantesco Dantesque

dañino harmful

dar: dar a to open onto; **dar fruto** to bear fruit; **dar la vuelta** to return; **dar media vuelta** to turn around; **dar voces** to scream; **dar vueltas** to make turns; **darle igual a uno** to not matter to one; **darle la vuelta** to go around, change; **darle una rabia a uno** to infuriate; **darse cuenta de** to realize; to take notice of; **no darse por aludido** to pretend not to hear

deber *nm* duty

debido appropriate

debilidad *f* weakness

debilitar to weaken

decaer to decline

decano dean

decepcionarse to be discouraged, disappointed

decidido firm, strong-willed

decisivo overriding (e.g. consideration)

declaración de impuestos *f* tax form

decorado décor, (theater) set

dedicarse to devote oneself

degustar to taste

dejar de to stop, cease

delantero *adj* front

delgadez *f* thinness

delicioso delightful

demanda suit

demandar to sue

demás: los demás others; **por lo demás** otherwise

demora delay

demostrar (ue) to prove, demonstrate

denunciar to report, acuse

departamento apartment

dependiente *mf* salesperson, salesclerk

deporte *m* sport

depresivo depressing

deprimido depressed

derecho straight; erect

derecho *n* (legal)right

derramar to spill

derrocar to overthrow

derrota defeat

derruido demolished

desabotonar to unbotton

desabrido tasteless, flat

desacostumbrado unusual

desafiar to challenge

desagradable unpleasant

desairar to offend

desalentador discouraging

desalentar (ie) to discourage

desanimar to discourage; to depress

desarmar to take apart, dismantle

desarrollar to develop; to perform; **desarrollarse** to develop

desatar to untie; **desatado** released

desatender to neglect

descabellado wild, crazy

descalzar to remove someone's shoes

descalzo barefoot

descolgar (ue) to take down

descollar (ue) to be outstanding, stand out

descolorido pale

descompuesto distorted, twisted

desconfianza distrust

descongelar to defrost

desconsiderado inconsiderate

descoser to unstitch; to rip

descubierto uncovered; **al descubierto** exposed

descuidar to neglect

descuido negligence

desdicha misfortune

desechable disposable

desechar to reject

desembarazado clear

desempeñarse to hold (a job), work

desenchufar to unplug

desengañar to disillusion

desenlace *m* ending; outcome

desenmascarar to unmask

desenterrar (ie) to disinter, dig up

desenvolver (ue) to unwrap

desfavorecido disadvantaged

desfilar to file by

desgarrado brazen

desgarrón *m* big tear

desgarrador piercing

desgracia misfortune

desgraciadamente unfortunately

desgraciado *n* wretch; *adj* unhappy

desgreñado disheveled

deshacer to take apart, destroy; to melt; **deshacerse de** to get rid of; to break up; to come apart

deshielo thaw

deshojar to pull off (petals or leaves)

designio intention

desincentivar to take away the incentive

desligarse to separate, get loose

desmanear to unshackle, untie

desmoronado collapsed, fallen down

desnudo naked

desorbitado bulging

despacho office

despavorido aghast

despectivo pejorative, disparaging

despedazarse to fall to pieces

despedida departure

despedir (i, i) to fire; **despedirse de** to say goodbye to

despegar to open; to separate

despenalizar to decriminalize

despertador alarm clock

desplazado unemployed

desplazar to take the place of

desprecio disdain; snub

desprendible detachable

destacado outstanding

destacar to emphasize

destacarse to stand out

destapar to open, uncork

desteñido faded

desteñir (i) to fade

destinatario addressee; recipient

destituido removed (from office)

destreza skill; cleverness

desvelar to keep awake; *fig* to worry

desventura misfortune

detallismo attention to detail

detenimiento care, thoroughness

determinado given; certain

determinante determining

devenir *n* future

devolución *f* return

devolver (ue) to return, give back

día: al otro día on the following day

diablo devil

dialéctico rational, logical

diagonal *f* slash (computer)

diario *adj* daily; *n* newspaper; diary

dibujante *mf* draftsman; designer

dibujar to draw

dibujo design

dicho *adj* said; *n* saying

diferenciarse to differ

dificultar to make difficult

difunto *adj* dead; *n* dead person

dignamente with dignity

digno worthy

diligencias *fpl* (legal) proceedings

dineral *m* a lot of money

dirección *f* address; position of manager

dirigirse *a* to address

disculpar to forgive, pardon; **disculpe** I'm sorry

discusión *f* argument; discussion

discutir to argue; to discuss

disfrazado disguised; dressed

disfrutar de to enjoy

disfrute *m* enjoyment

disgustar to dislike

disimulado disguised

dislocar to dislocate

disminuir to decrease

disparar to shoot

disponer de to possess; **disponerse** *a* to prepare to

dispuesto *a* willing to

diván *m* low sofa

divisar to make out, see

dolencia ailment

doler (ue) to ache

dolorido aching

dominico belonging to the Dominican religious order

dominio mastery; **dominio de sí** self-control

dorado *adj* gilt, golden; *n* gilt decoration

dormilón *n* sleepyhead; *adj* fond of sleeping

dormitar to doze, nap

dormitorio bedroom

dudar to doubt; to hesitate

duelo mourning

dueño owner

duradero lasting

durazno peach

dureza harshness; **con dureza** harshly

durmiente *adj* sleeping

E

ebrio drunk

echado lying down, stretched out

echar: echar(se) a to begin to; **echar a andar** to set in motion; **echar de menos** to miss; **echar una carta** to mail a letter; **echarse** to lie down

echar llave to lock up

edificar to build

efectivo *adj* real; **en efectivo** in cash

efecto: a tal efecto to this end; **en efecto** in fact, in reality

eficaz *mf* effective

efusivo gushing

ejemplar specimen

ejemplificar to exemplify, illustrate

elaborar to prepare, make; to elaborate, develop

elegir (i, i) to select

elogio praise

eludir to avoid

embarcación *f* vessel

embarcadura shipment

embrujado haunted

emitir to broadcast, present

emocionado deeply moved

emocionar to touch, move; to stir

empalidecer to turn pale

empapelar to paper

empedernido confirmed, hardcore

empedrado cobblestoned

empeñado en determined to

empeorar to make worse; to get worse

empero nevertheless

empinado steep

emplanada open space, clearing

emporio trading center

emprender to undertake; to start

empresa company; undertaking

empujar to push

empuñar to grasp, take up, hold

enagua petticoat; skirt

enamorar to woo, court

enarbolar to raise high

enardecido excited, inflamed

encajar to fit

encaje *m* lace

encanecer to get (turn) white (said of hair)

encanto charm

encaramado elevated

encarcelamiento imprisonment

encarecer to stress

encargado person in charge

encargarse to take care of; to undertake to

encarnar to play (perform as)

enceguecedor blinding

encender (ie) to light, turn on

encendido fiery

encerrar (ie) to enclose; to involve; to shut oneself in

encierro *n* lock-up

encina evergreen oak

encogido cringing

encogimiento shrug

encontrado opposing

encuadernado bound

encuentro encounter; maneuver

enderezar to raise

endomingado all dressed up

enemistad *f* enmity

energúmeno madman; wild man

enfadado angry

enfermizo sickly

enfermo *n* sick person

enfocar to focus on

enfoque *m* focus

enfrentarse to confront each other; to face

enfrente: de enfrente across the street

engancharse to get caught

engañar to deceive

engaño deception

engañoso deceitful; deceptive

engrosar to grow larger; to grow fat

engullir to swallow, devour

enjoyar to bejewel

enlace *m* engagement, marriage

enloquecedor maddening

enloquecido mad

enojo anger

enojoso annoying

enredado tangled

enredador trouble-making

enriquecer to enrich

enrojecer to blush

enrollar to roll up

ensalmo spell

ensamblar to assemble

ensayar to try

enseguida (en seguida) at once

enseñar to show

ensillar to saddle

ensordecedor deafening

entablar to enter into

entender (ie) de to know all about

enterarse to find out

entereza integrity; honesty

entidad *f* entity; company

entierro burial

entonar to sing

entorno surroundings

entrante next

entre + *adj* **y** *adj* half + *adj* and half + *adj;* **entre medio** in the way

entreabierto half-open

entreabrir to open

entrega delivery

entregar to deliver; **entregarse a** to indulge in; to deliver oneself up

entrenado trained

entre sí each other

entretanto meanwhile

enumerar to list

envejecer to grow old

envenenamiento poisoning

envenenar to poison

envidioso envious

envuelto involved; wrapped

epistolar epistolary (in letter form)

equipaje *m* baggage, bags

equiparable comparable

equipo team

equivocarse to be mistaken, err

erguido of erect bearing

erizarse to stand on end

errante wandering

errar to err

escalera: escalera de mano ladder; **escaleras** front steps; **escalera de caracol** spiral staircase

escalinata outside steps

escalón *m* step

escaparate *m* glass case

escarbar to dig

escasear to be scarce

escaso scant; scarce

escenificar to stage

esclavizar to enslave

escogido select

escolar *mf* school child

escombros *mpl* rubbish; debris

esconder to hide

escritura writing; deed, document

escudriñar to scan

escuincle *m* child, kid (*Mex*)

esforzarse (ue) por to strive to

esgrimir (an argument) to use

esmero care

espalda(s) back

espantar to chase away; to frighten

esparcido scattered

especie *f* kind; **una especie de** some kind of

especificativo restrictive (e.g., clause)

espejo mirror

espeso thick, dense

espoleado spurred on

esposado handcuffed

espuma foam

espumoso sparkling (e.g., wine)

esquina corner (inside)

esquivar to avoid

establecimiento establishment

estacionamiento parking (area)

estadía stay

estado state; country

estafa fraud

estallar to burst out

estancia ranch

estante *m* shelf

estantería shelves; bookcase

éste (ésta, éstos, éstas) the latter

estentóreo booming

estéril useless, sterile

esteta *mf* aesthete

estimar to think

estimulante stimulating

estirar to stretch, extend

esto: en esto at this point

estrado platform; podium

estrechez *f* poverty

estrecho narrow

estreno premiere

estremecedor alarming; shattering

estruendo noise, din

estupefacto astonished

estupidez *f* stupidity; stupid thing

etapa stage

etarra *mf* member of the ETA, acronym of Euskadi Ta Askatasuna (Basque Country and Liberty), a group fighting for the independence of the Basque Country

evadir to escape; to evade
evitar to avoid
examinarse to take a test
exceptuado exempt
exclusividad *f* sole agency
excomulgar to excommunicate
exhalación: como una exhalación very rapidly
exigente demanding
exigir (j) to demand
existente existing
éxito success
expedir (i, i) to issue
experimentar to experience
explicarse to understand
exponer to expose, show
expositivo expository
expresividad *f* expressiveness
extinguir to suppress
extranjero *n* foreigner
extrañado puzzled; surprised
extrañar to surprise; to miss

F

fabricante *mf* manufacturer
facciones *fpl* features
fachada facade, front
facultad *f* school/college of a university
facultativo medical doctor
faja sash
falda slope; skirt
fallecer to die
faltar (le) (a uno) to lack, be without
familiar *nmf* relative
fango mud
fardo bale, bundle
faro light (of car)
fatigoso tiring; tiresome
febril feverish
felicitar to congratulate
felpa plush
fervoroso fervent
festejo feast, celebration
festivo joyous
ficha personal record; questionnaire
fidelísimo very faithful
fiel *mf* faithful; accurate
figurado figurative
figurar to appear
fijar to determine, decide
fijarse en to notice
fijeza firmness
fijo fixed

fila row; line
filigrana filigree
fin end; purpose
fin: a fin de in order to; **al fin y al cabo** after all; **en fin** finally
finca farm; ranch; country house
fingido fake
fingir to pretend
fino refined
finura politeness; refinement
firmeza firmness
fisgón nosy
flaco skinny
flama flame
florero vase
flotante floating
flujo flow
foco light bulb
fogata campfire
folletín *m* serial
folleto brochure
fondear to drop anchor
fondo bottom; depth; background; fund
forastero stranger, outsider
forjarse to forge
formal serious; reliable
formulario form; application
formas: de todas formas anyway
forro lining
fortalecer to strengthen
fortaleza fortress; strength
fortuna: por fortuna fortunately
fracasar to fail
fracaso failure
frasco jar
fregadero sink
fregar (ie) to wash dishes; to scrub
frenar to stop
freno brake
frente *f* forehead; **con erguida frente** with head held high; **frente a frente** face to face; **al frente** at the head, in charge; **de frente** face to face, in the eye
fresco fresh, young
frescura freshness
fresno ash tree
frijol *m* bean
frotar to rub
fuera de outside, outside of
fuerte *nm* strong point
fuerza strength; armed force; **por fuerza** necessarily
fugarse to run away
fugaz fleeting, brief
fulgurar to blaze

fulminar to strike; to thunder
funcionario official
fundador *n* founder
fundirse to merge, blend
fundo rural property
fúnebremente gloomily
fútbol *m* soccer

G

gafas eyeglasses
galería gallery
galleta cracker; **galletita** cookie, cracker
galpón *m* shed
gama variety
gamuza suede
gana desire; **de mala gana** reluctantly
ganadero rancher, cattleman
ganado (vacuno) cattle, livestock
ganador winner
ganancia profit
ganar to arrive first
garganta throat
gastos *mpl* expenses
gatas: a gatas on all fours
gatera pet door
gato cat; jack (mechanical device)
gazapo (young) rabbit; error
gemelo twin
gemir to whine, whimper
génesis *f* beginning
genio genie; genius; **de mal genio** in a bad temper/mood
gentil graceful; courteous; gallant
gentuza (human) trash, riffraff
gerente *mf* manager
gestión *f* effort, action
gesto gesture; expression
girar to spin
girasol *m* sunflower
giro turn of phrase; expression
gitano gypsy
globo balloon
gobernante *n* leader, ruler; *adj* ruling, governing
goce *m* enjoyment, pleasure, joy
golosina treat
golpe *m* banging, blow
golpeado battered
goma tire
gordo big, fat
gordura fatness
gorra cap
gorro cap
gota drop
gotear to drip

gotita droplet

gozo joy

grabadora tape recorder, tape deck

grabar to tape

gracioso funny, humorous

grandeza greatness

granero cornloft; granary

grasa grease, fat

grasiento greasy; oily

grave serious

gringo Yankee (often pejorative), foreigner

gripe *f* flu

gris gray

gritar to shout

gritón screaming

grosería rudeness

grueso thick, heavy; n bulk

guapo *n* tough guy; *adj* handsome

guardar to protect

guayaba fruit of the guava tree

guiñar el ojo to wink

guion *m* script; hyphen

guisante *m* pea

guisar to cook

gusano worm

gusto: de gusto out of joy

H

hábil clever

habitación *f* room

hablador talkative

ha(hace) ago; **hace** + *period of time* for + *period of time*; **hace** + *period of time period of time* + ago; **hacía** + *period of time* for + *period of time (see Ch. 3)*

hacendado landowner; rancher

hacer: hacer caso a to pay attention to; **hacer el juego** to have the knack; **hacer la maleta** to pack the suitcase; **hacer las veces de** to serve as; **hacer un disparo** to shoot, take a shot

hacia *prep* toward

hada fairy

halagar to please, flatter

halagüeño endearing, flattering

hallazgo find

hamaca hammock

hambriento hungry

harapiento ragged

harto a lot

hasta until; even; up to; **hasta llegada la noche** until nightfall

hecho *n* fact

hediondez *f* stench

hegemonía hegemony (political domination)

helado frozen; paralyzed

helar (ie) to freeze

heno Spanish moss

hereje *mf* heretic

herida wound

hermosura beauty

herramienta tool

hervidero noisy crowd

hija moza unmarried daughter

hilar to spin

hilera string (of objects)

hilo thread, string

hincapié: hacer hincapié to emphasize

hinchado swollen

hincharse to swell

hipotecario *adj* mortgage

hiriente biting, stinging

hirviendo boiling

hispanohablante Spanish-speaking

hogar *m* home

hogaza loaf (of bread)

hoguera bonfire

hoja leaf; blade (of sword); **hoja de vida** curriculum vitae

holgura rest, comfort

hombre-rana frogman

hombro shoulder

hondo deep; tight

honrado honest

horchata a beverage

hormiga ant

hornear to bake

horno oven

hortaliza vegetable

hueco *n* cavity, space; *adj* hollow

huella trace; track; footprint

huérfano orphan

huerto garden; orchard

huida flight

huidizo shy; elusive; fleeting

huir to flee

hule *m* oilcloth; rubber

humildad *f* humility

humillante humiliating; humbling

humo smoke

hundir(se) to sink, bury

huracán *m* hurricane

hurtar to steal

huso spindle

I

ignorar not to know

igual: al igual que just as, (just) like

ileso unharmed, uninjured

iluminado *adj* lit

ilusionado hopeful; excited; eager

impacientar to irritate

imparable unstoppable

imperio de la ley rule of the law

impermeable *m* raincoat

impertérrito unflinching

impertinente *n* impertinent person; *adj* impertinent; inopportune

ímpetu *m* impulse

impiedad *f* lack of piety

imponente imposing

imponer to impose

impreso (*past part* of **imprimir**, to print) printed

impuesto tax

impulsar to drive, impel

impulso drive, impulse, urge

inabarcable immense

inadvertido unnoticed

inagotable inexhaustible

inalámbrico cordless

inaudito unheard-of

incansable untiring

incapacitado incapacitated; handicapped

incendio fire

incensario censer

inciso clause; parenthetical comment; sentence

incoloro colorless

incomparable *mf* surpassing

inconforme nonconformist

inconsciente *mf* unconscious

inconstante fickle, changeable

incrédulo skeptical

indebido improper, wrong

indeciso indecisive

indecoroso unbecoming

índice *mf* indication

indígena native; Indian

indigesto indigestible

indolencia laziness

inequívoco unmistakable

inesperado unexpected

infeliz *n* poor devil

infiel *mf* unfaithful

infinidad *f* infinity; great quantity

informar un expediente to prepare information for a file

informe *m* report

infusión *f* herbal tea

ingeniero engineer

ingresar to enter, join

ingreso entrance; beginning;
ingresos income

injuria insult

injusto unfair

inmediaciones *fpl* vicinity

inmutarse to lose one's calm

innovador innovating

inquietante *mf* disturbing

inquieto nervous, uneasy

inquietud *f* anxiety, concern

inquilino tenant

insatisfecho unsatisfied; dissatisfied

inscribirse to register; to enter;
to enlist

inseguro insecure

insensato senseless

insoportable unbearable

insostenible unsustainable;
untenable

inspirador inspiring

instaurar to establish

insultante insulting

integrar to blend, unite

intensidad *f* intensity

intentar to undertake; to attempt, try

intercalar to insert

intercambio exchange

intercomunicador *m* earphone

interesado *n* interested party,
person concerned

interesarse por to ask about

interminable unending

internar to commit (in an
institution)

interrogante *f* question mark

intruso intruder

inundado flooded; filled

inundar to flood

inversión *f* investment

invertir to invest

invertido reversed

involucrar to involve

invitado *n* guest

ir: ir a la imprenta to go to press;
ir a parar to end up

ira rage

isabelino Isabelline; Elizabethan

islote *m* small island, key

J

jabalín *m* boar

jacinto hyacinth

jactarse to boast

jamón *m* ham

jarra pitcher

jarrón *m* large vase

jaula cage

jíbaro Puerto Rican country
person

jícara bowl

jirón *m* shred; tatter

jocoso joking

joyero jeweler

jubilarse to retire

júbilo joy

juego gambling; game; set; **hacer
juego con** to match

juez *m* judge

juguete *m* toy

juguetón playful

juicio trial

junco reed

juntarse to join

junto a next to

jurado jury

juramento oath; swearword

jurar to swear

justiciero righteous

justo exact

juventud *f* youth

juzgar to judge

L

labial *f* labial sound (made with
the lips: b, m, p)

labrador farmer

labrar to carve

lacayo lackey

lacio straight

ladera slope

ladrar to bark

ladrido barking

ladrillo brick

ladrón *m* thief

lagarto lizard

lámpara flashlight; **lámpara de
quinqué** oil lamp

langosta lobster

lanzador pitcher

lanzar to send; to utter

lápida (de mármol) (marble)
tombstone

largo: a lo largo de throughout

lástima pity

lata can

lateral izquierdo stage left

latir to beat (heart, pulse)

laxitud *f* laxness

lealtad *f* loyalty

legado legacy

lejano distant, faraway

lema *m* motto

lentejuela sequin

lentitud *f* slowness

leña firewood

leso (*Chile*) foolish

leve light; slight

léxico *adj* lexical, of vocabulary

liar to tie (up); to roll

libreto script

ligar to tie; to link

ligeramente slightly

ligereza agility; speed

límpido clear

lino linen

linterna (eléctrica) flashlight

liquidación *f* sale; clearance sale

lisito very smooth

liso smooth; plain

listo *adj* all set; clever, intelligent

lívido black and blue; (deathly) pale

llama *n* flame

llamado *adj* so-called

llave inglesa monkey wrench

llavero key ring

llevado: mal llevado unbearable

llevar: llevarle 15 años a uno to
be 15 years older than someone;
llevar a cabo to carry out,
accomplish; **llevarse bien/mal**
to get along well/badly

llorido crying

llorón crying; tearful; whining (*H. A.*)

lluvioso rainy

lobo wolf

local *m* place; premises

locura madness

logogrifo puzzle

lograr to succeed (in); **lograr que**
to get; to bring about that

loma hill, low ridge

lomito de ternera loin of veal

lona canvas

lontananza: en lontananza in the
distance

loro parrot

losa tombstone; stone slab

lozano (flowers) fresh; (persons)
young and healthy

lucha struggle

lucir to sport, show off

luego de *prep* after; **l
uego que** *conj* after

lugar *m* village; **dar lugar a** to
give rise to

lúgubre mournful

lujo wealth, abundance, luxury

lujoso luxurious

luna de miel honeymoon

lustre *m* sheen, luster

luto mourning garment(s)

M

macarra *m* pimp (Spain)

macarrón *adj* incorrect; **macarrones** *mpl* macaroni

maderita small piece of wood

madreselva honeysuckle

madrugada early morning

madrugador *adj* early-rising

madrugar to get up early

magistral masterful

magistralmente in a masterful way

magnate *m* tycoon

maíz *m* maize, corn

mal de San Vito *m* Parkinson's disease

maldecir to curse

maldita sea (mi suerte) damn it

maldito accursed

malestar *m* discomfort; uneasiness

maletero (car) trunk

maletín *m* overnight bag, briefcase

maleza undergrowth, underbrush

malos tratos abuse, ill-treatment

malvado evil

mamey *m* mammee (fruit of the Caribbean)

manada pack

mancha blotch; spot; stain

mandón bossy

manera de ser idiosyncrasy

maneras: de todas maneras in any case

manga sleeve; **en mangas de camisa** in one's shirt sleeves

manicomio asylum

mano: en propia mano in person, hand delivery

manta blanket

manteca butter; lard

mantenerse to remain

manto shawl, cloak

manumisión *f* freedom, liberation

manumiso freed

mapache *m* raccoon

maquillaje *m* make-up

maraña jungle; tangle

marca brand, make

marcado strong; distinct

marcar to score; to establish

marco frame

marea tide

marear to make dizzy; **marearse** to get dizzy

maremoto tidal wave

margarita daisy

margen: al margen aside

marginación *f* isolation

marica homosexual

maricón homosexual

mariposa butterfly

mármol *m* marble

marras: de marras abovementioned

marrón *mf* reddish brown

masaje *m* massage

mascar to chew

máscara mask

mascota pet

mata plant

mate *m* tea-like beverage

matón *m* killer

matrícula tuition

matrimonio husband and wife

mayor *adj* adult; **al por mayor** wholesale

mayordomo caretaker

mayoría de edad adulthood

mecer to make sway

mechón *m* lock (of hair)

media *n* average

mediados: a mediados de in the middle of

medida measure

medio: en medio de in the midst of; **por medio de** by means of

medios resources, means; **con medios adquisitivos** with money

medroso frightened

mejor: o mejor or rather

mejorar to improve

membranoso soft, pliable

membrete *m* letterhead

menear to move; to shake; **menearse** to hustle

menos mal (que) thank heaven, it's a good thing (that)

menosprecio contempt

mensaje *m* message

mentiroso lying

menudo: a menudo often

mercado market

mercancía wares, merchandise

merecer la pena to be worthwhile

merendar (*ie*) to have a snack

mesar (one's hair) to pull

mesero waiter, server (*Mex*)

mestizo person of mixed blood

meta goal

mezcla mix, mixture

mezquino low

miedo fear

miedoso frightening; frightful

mientras tanto meanwhile

milanesa breaded cutlet

milimétrico *adj* pinpoint

mimoso pampered

minusvalía handicap

mira aim

mirada look, glance

mirar: no mirar a derechas to not look on favorably

miseria dire poverty

misericordia mercy

mísero miserly

mitad *f* half

mitigar to alleviate, relieve

moda: de moda fashionable, popular

modernista *mf* modernist (member of the literary school called modernism)

módico (price) reasonable, modest

modismo idiom; expression

modista dressmaker

modorra drowsiness

modos: de todos modos in any case

moho rust

mojado wet

mojarse to get wet, soaked

moldura molding; adornment

molestarse to bother; to take the trouble

molesto bothersome, annoying

momia mummy

monedero coin purse

mono *n* monkey; *adj* cute

montaje *m* assembly; mounting

montículo mound

morado purple

moraleja moral (of a story)

morboso gruesome

morder (ue) to bite

morisco Moorish

morochito dark-haired person (*Arg*)

mortecino weak; failing; dim; faded

mortuorio funeral

mosca fly

mostrador *m* counter; check-in desk

mostrenco   homeless

motivo   motif

moza: buena moza   good-looking girl

muebles *mpl*   furniture

muelle *m*   dock

muerte: a muerte   deadly

muerto de hambre   starving

muestra   evidence; sign

muestrario   collection of samples

mugir   to moo

mullido   soft

multa   fine

multitud *f*   crowd

muñeca   doll; wrist

muñeco   doll; toy; figure; effigy

muralla   (outside) wall

murmurar   to whisper

murmurador   complaining; backbiting

muslo   thigh

N

naciente   beginning

nada: en nada   at all

nada más   only

naturaleza   nature

nave *f*   ship

neblina   mist

necesitado   in need of

necio   stupid, stubborn

negarse (ie) a   to refuse to, not to accept to

negrear   to grow dark

negrita: en negrita   in bold type

negrura   blackness

nido   nest

nieto   grandchild

niñera   nursemaid

niñería   silly thing, nonsense

niñez *f*   childhood

nítido   clear

nivel *m*   level

nobleza   nobility

nogal *m*   walnut tree

noticia   piece of news

nube *f*   cloud

nublado   cloudy

núcleo   group

nuevamente   again

nuevo: de nuevo   again

O

obispo   bishop

obrero   worker

obsequiar   to give (as a gift)

obstante: no obstante   notwithstanding

ocasión *f*   opportunity

occidental   western

ocultar   to hide

ocupar   to employ; ocuparse de to take care of; to deal with

oficial *mf*   officer

oficina   agency; bureau

oficinista   office worker

oficio   trade; job; position

ojeada   glance, look

ojo: ojo morado   black eye

ola   wave

olla   pot

olvidadizo   forgetful

olvido   forgetfulness

ombligo: detrás del ombligo   deep down

onda   wave

opacar   to darken; to spoil

opaco   gloomy

operario   operative; worker

opinar   to think, be of the opinion

oprimido   (heart) filled with sadness

optar por   to choose

oración *f*   prayer

orar   to pray

oratorio   chapel

ordeñar   to milk

ordinariez *f*   coarseness; lack of manners

ordinario   coarse; rude; common

oreja   (external) ear

orgullo   pride

orgulloso   proud

oriental   eastern

originarse   to originate; to be caused

orilla   bank (of river)

ortiga   nettle

ortografía   spelling

osario   ossuary (depository for bones)

oscilar   to vary, fluctuate, range; to flicker

oscuras: a oscuras   in darkness

ostentar   to wear (something elegant or unusual)

ovalado   oval

oveja   sheep

P

pacer   to graze

padecer de   to suffer from

padrino   godfather

pago   native place, home

pai   compadre, friend

país: del país   local, domestic

paisaje *m*   landscape

paisano *m*   fellow countryman

paja   straw

pajizo   (made of) straw; strawlike

pala   paddle; shovel; spade

palabrota   bad word

paliativo   palliative, mitigating

palidecer (zc)   to grow pale

palillo   toothpick

palmera   palm tree

palo   stick

paloma   dove; pigeon

palpar   to touch

pampa   extensive Argentinean plain

pancarta   banner; placard

panocha   ear of corn (*Spain*)

pantalla   screen

pañolón *m*   kerchief; shawl, wrap

pañuelo   kerchief, head covering; handkerchief

papa   potato

par: al par   at the same time

para peor   what's worse

parada   stop

parado   standing

paraíso   type of tree

parcela   parcel of land

pardo   brownish gray

parecer: a mi parecer   in my opinion; al parecer apparently; parecer mentira to seem impossible

parecido *n*   likeness; *adj* similar

paredón *m*   thick outside wall

pareja   couple

parejo   even

parentesco   relationship

pariente *m*   relative

parisino   Parisian

parlamento   speech

párpado   eyelid

parte: por otra parte   moreover, on the other hand

particular *n*   matter, point; *adj* private, particular

partida   departure; game

partidario   follower

partir   to leave; partirse to break; partir de to start from; a partir de starting

pasado mañana   the day after tomorrow

pasaje *m* passage

pasajero passenger

pasar en limpio to make a clean copy of

pasársela + *gerundio* to spend one's time +-*ing form*

paseo walk; stroll; ride

pasillo corridor; passageway

paso step; passage

pastel *m* cake; pie; pastry

pasto grazing; pasture

pastor *m* shepherd

pastorear to work as a shepherd

pastoso doughy

pastura pasture

pata paw; **a pata pelada** without shoes

patria chica home area, native place

patrón *m* boss

patrulla patrol

pauta style; model; guidelines

pavor great fear

paz: dejar en paz to leave alone

peatón pedestrian

pecaminoso sinful

peculiar typical, characteristic

pedido *n* order

pedimento (legal) petition

pedir limosna to beg

pedrería precious stones

pegado *adj* glued; **pegado a** against, next to, leaning on

pegar(le) to hit

peinado hairdo

peineta ornamental comb

pelea fight

peleado at odds

pelear to fight

peligroso dangerous

pelos: ponérsele los pelos de punta to have one's hair stand on end

pelo en pecho: de pelo en pecho brave

pelotero ballplayer

peluca wig

peludo hairy

pena sorrow

penar to do penance

pendenciero quarrelsome

pendiente slope

penoso painful; difficult

pensamiento thought

peón *m* workman, farmhand, laborer; ranch hand

percatarse de to realize

perdedizo dangerous (where one can get lost)

perder (ie) la razón to go out of one's mind

perderse (ie) to miss; to get lost

pérdida loss

perdido missing

perecer (zc) to perish, die

peregrinación *f* wandering; pilgrimage

peregrino *adj* strange; *n* pilgrim

pereza laziness

perezoso lazy

perfil *m* profile

perilla door knob

periodismo journalism

perjudicar to harm

perlado pearly

perrero dogcatcher

perro *adj* wretched

persecución *f* pursuit

perseguir (i, i) to pursue

perspectiva prospect

persuasivo convincing; persuasive

pesadamente heavily; with great effort

pesadez *f* heaviness; slowness

pesadilla nightmare

pesado heavy; hard

pesar *nm* grief, sorrow; **a pesar de** in spite of

pescado fish

pescante *m* driver's seat; coachman's seat

pese a despite; in spite of

pestaña eyelash

piadoso pious, devout

piafar to paw the ground, stamp

picar alto to aim high, be ambitious

pícaro *n* rogue, rascal; *adj* mischievous

pico pick

pie: a pie on foot; **al pie** (of a photograph) caption; **al pie de** next to; **al pie de la letra** literally, to the letter; **de pie** standing; **nacer de pie** to be born lucky

piedad *f* pity

pieza part; room

pila: nombre de pila first name

píldora pill

pillín rascal

pimentón *m* red pepper

pintar to paint

pintoresco picturesque

piragua type of canoe

pisar to step on

piso apartment; floor

pisotear to trample on

placer *m* pleasure

plagio plagiarism

planicie *f* plain

planilla printed form

plano flat; **de plano** simply

planta sole of the foot

planteamiento presentation, exposition

plantear to propose; to present

plantilla insole

plata money; silver

platillo dish

platillo volador *m* flying saucer

plazo period of time; time limit; (payment) date

plazoleta small plaza

plenitud *f* fullness; abundance

plomizo leaden; lead-colored

población *f* settlement

poblador inhabitant

poco: a poco shortly after

podar to trim (plants)

poderoso powerful

polémico controversial

policía policeman; policewoman; police force

polvo dust

polvoriento dusty

poner: poner en marcha to start (up); **poner la mesa** to set the table; **poner pleito** to sue; **ponerse** to set (e.g., the sun); **ponerse a** to begin to; **ponerse de acuerdo** to come to an agreement; **ponerse de moda** to become fashionable

populacho mob

pordiosero beggar

pórfido jasper

porqué *nm* reason

portal *m* arcade, porch

portarse to behave

portón *m* entrance gate

posar(se) to stop, rest

posterior *mf* subsequent

postrado en una cama bedridden

postura position

potable (water) drinking; drinkable

potenciar to make possible

potrero pasture

pozo pit; well

practicante *mf* paramedic

precavido cautious

precipitado hasty

precipitarse to rush

predilecto favorite

preguntón inquisitive

premio gordo top prize

prender(se) to cling to, seize

prender fuego to start a fire

preocupación *f* worry, concern

preocuparse de to concern oneself with

prescindir de to do without

presentar to introduce

presentir (ie) de to foresee; to think one sees

presidio jail

préstamo loan

prestar to lend

presteza speed

presumido vain

presuroso in a hurry

prieto dark

principio: desde un (el) principio from the beginning

prisa haste

probarse (ue) to try on

procurar to seek, try; to get

productor producing

proponer to utter

prole *f* offspring

prolijo long-winded

promocionar to advertise

prontitud *f* speed

pronto: al pronto early on; **de pronto** suddenly

propietario owner

propio same

proponerse to intend

propósito purpose; **a este propósito** in this connection

propuesta proposal

proseguir to continue, proceed

proserpina hellish woman, shrew

protector *adj* protecting; patronizing

provocativo provoking; daring

próximo pasado last

prueba proof

pudor *m* decorousness

puente *m* bridge

puerto port

pues since; so

pulido polished

pulmón *m* lung

puntal *m* pillar; support(er)

puntiagudo pointed

punto: a punto de on the point of; **un punto** (for) a moment; **al punto** at once

punzada shooting pain

puñado handful

puño fist

puré (de papas) *m* mashed (potatoes)

pureza purity

puro *n* cigar

purpurino purple

Q

quebrar (ie) to go bankrupt; to break

quedar en to agree to; **quedarle a uno bien, mal, etc.** to look good, bad, etc. on one, to fit well, etc.; **quedarle chico a uno** to be too small for; **quedarse con** to keep; **quedarse dormido** to fall asleep; to oversleep

quehacer *m* labor; activity; chore

queja complaint

quejarse de to complain about

quejido moan

quemado burnt

quemante burning

quemarse las pestañas to burn the midnight oil

quienquiera whoever

quieto still; motionless

químicas chemical substances

quinchar to roof

quirúrgico surgical

quitar to take away

R

rabia rage

rabioso mad; rabid

radio row

ráfaga burst; streak

raíz: a raíz de shortly after

rajarse to crack

ralea (low-class) people

ramito bouquet

rama branch

ramo section; department

rancho hut; quarters; military food, rations; ranch

rancio ancient

rapado close-cropped

rapidez *f* speed

rareza rareness; oddity

rasgo feature

rastro trace

ratero petty thief

rato: hace rato for some time; **a ratos** at times; **de rato en rato** from time to time

ratonado cowardly

razón *f* reason

raya line; streak; part; dash (in punctuation)

Real Madrid *m* soccer team of Madrid

realizar to carry out; to attain, achieve

rebaño flock

rebotar to bounce

rebozo shawl

rebuscar to seek, search

recalcar to stress

recámara bedroom (*Mex*)

recato bashfulness

recepción *f* reception desk, front desk; check-in counter

receta recipe

recetar to prescribe

rechazar to reject

recién just, recently

recinto universitario campus

recio strong

recipiente *mf* recipient; *m* container

reclamar to demand; to complain, protest

recobrar to recover

recoger to gather together; to pick up; to take in; to include

reconocer (zc) to examine

reconocimiento recognition

reconvención *f* reprimand

recordatorio memorial card

recorrer to travel over

recorrido journey

recortarse to stand out

recostado reclined

rectitud *f* straightness; honesty

recua team

recuerdo memory, remembrance

recurso device

redactar to write (up)

redondear to make round

reembolso: contra reembolso COD

reemplazar to replace; to take the place of

referir (ie) to relate; to state; **referirse a** to refer to

reforzar (ue) to strengthen

refrán *m* proverb

regar (ie) to water; to wash, hose down

regateo haggling

regazo lap

régimen *m* regime, form of government

registrar to search; **registrarse** to occur; to be recorded

registros *mpl* files

regocijadamente gleefully

regocijado joyous

regocijo merriment

regreso return; **de regreso** back

rehén *m* hostage

rehuir to avoid

reinar to reign

reintegrar to return

reiterar to repeat

reivindicar to vindicate

reja railing

relación *f* story

relámpago lightning

relampagueo flash

relato story

reliquia relic

remediar to correct, remedy

remedio solution; **no tener más remedio que** to have no choice but

remiendo mend; patch

remitente *mf* sender

remontar to climb; **remontarse** to go back

remordimiento regret

rendido overcome

rendirse to surrender

renglón: a renglón seguido at once

renunciar a to resign

reojo: de reojo out of the corner of one's eye

repartir to distribute

repelar to grumble (*Mex*)

repente: de repente suddenly

repentino sudden

repleto very full

replicar to reply

reproductor reproducing

requisito requirement

res *f*: **reses** cattle; head of cattle

resaca undertow; dregs

resaltar to stand out

resbaladizo slippery

resbalar to slip

rescatar to rescue

reseñar to write, describe, review

resignar to hand over (e.g., authority) to someone else

resina resin

resistir to stand, put up with

respaldo back (of chair)

respingo: dar un respingo to start, jump

resplandecer to shine

resplandeciente shining, glowing

resplandor *m* gleam

respondón impudent, sassy

respuesta reply, answer

restante remaining

restirador *m* drawing table (*Mex*)

restringir to restrict

resuelto *adj* bold, determined; *past part* resolved

resultar to be, turn out to be, turn out

resumir to summarize

retocar to touch up

retorcer (ue) to twist

retorcido twisting

retransmitir to rebroadcast, relay

retrasado backward, retarded

retratarse to have one's picture taken

retrato portrait

retrete *m* toilet

retroceder to go back; to back out

retumbar to shake

reunir to collect, gather together; **reunirse** to get together

revelador revealing

reventado de trabajo killing oneself with work

reventar (ie) to burst, rip

revestido covered

revista: pasar revista to review, go over

revolverse (ue) to squirm

revuelo commotion

Reyes Magos The Magi, The Three Wise Men (Hispanic children receive gifts on Jan. 6, Día de los Reyes Magos)

rezar to pray

riente laughing

riesgo risk

rifa raffle

rincón *m* corner (inner)

risa laughter

roble *m* oak tree

rocío dew

rodar (ue) to roll

rodear to surround

rodillas: de rodillas on one's knees

roedor *m* rodent

rojizo reddish

ropero closet

rosado pink; rosy

rostro face

rotativo rotating

rozar to graze

rudeza plainness; coarseness; ignorance

ruego request

ruinoso dilapidated

rumbo a on the way to

S

sabana savanna, grassy plain

saber *n* knowledge

sabio *n* wise person

saborear to relish

sacar: sacar partido to get some good; **sacar provecho** to take advantage

sacarse la lotería to win the lottery

saco sack

sacudir to dust; to shake (off)

sagrado sacred

sajón *adj* English (Saxon)

salado salty; amusing; charming

saldo balance

salida exit; funny remark

saliente protruding

salir: salir a to take after, look like; **salir adelante** to get ahead; **salir al encuentro** to halt; **salir del paso** to get out of a tight spot

saliva: tragarse su propia saliva to swallow one's pride

salpicar to spatter; to splash; to sprinkle

saltar to come off, out; to jump

saludar to greet

salvar to rescue; to save (e.g., a life)

salvo except

sanación cure

sancionar to sanction (a law); to approve

sandía watermelon

sangrado indented

sangriento bloody

sanitario hygienic

sartén *m or f* frying pan

sazón: a la sazón at the time

sebo *n* fat

seco dull; lean, thin

secuela consequence, aftereffect

secuestrador hijacker

seda silk

sede *f* seat; location

sediento thirsty

seducir to seduce

seductor *adj* alluring; tempting; attractive

segregado separated

seguida: en seguida (enseguida) immediately

seguido continuous

seguro *n* insurance; **de seguro que** surely

semáforo traffic signal

semántico *adj* semantic (of meaning)

semejante such (a)

semejanza similarity

semejar to resemble

sementera sown field

sencillez *f* simplicity

sendero path

sendos one for each

senectud *f* old age

sensatez *f* good sense

sensato sensible

sentar to establish

sentencioso terse

sentido: perder (ie) el sentido to lose conciousness

sentir *nm* feeling; **sentir (i,i)** to hear; **sentir ganas** to feel like

señalar to point out, point at

señorito rich kid

sepulcro tomb, grave

ser *m* being; **ser humano** human being; **no ser de buena lengua** to have a sharp tongue

serie: en serie in mass production

seriedad *f* seriousness; **con toda seriedad** seriously

servicial obliging

servir (i, i) to fill (an order)

seso(s) brain(s)

seto hedge; wall

si (in exclamations) but, why

sí, sí, sí yeah, right

siempre que provided (that)

sien *f* temple *(anat)*

sierra mountain range

siglo century

siguiente next; following

silbar to whistle

silbido whistling sound

sillón *m* armchair

simpatía liking

simpleza simpleness; nonsense

simular to simulate; to feign, pretend

sincerarse to explain

síncope *m* cardiac arrest

sinonimia synonymy (the quality or state of being synonymous)

sinsonte *m* mockingbird

sinvergüenza *mf* rascal, scoundrel

siquiera even, at least; **ni siquiera** not even

soberbio magnificent

sobrar to be more than enough

sobre *m* envelope

sobrecogido overcome

sobreponerse to overcome

sobresaliente outstanding

sobresaltado frightened, startled

sobresaltar to frighten

sobresalto fear

sobrevenir to take place

sobriedad *f* sobriety

socio member; partner

soez *adj mf* rude, obscene

sofocante stifling, suffocating

soledad *f* solitude; loneliness

solicitante *mf* applicant

solicitar to request

soliviantar to stir up; to anger

soltar (ue) to let loose; to come out with, utter; **soltarse** to get loose

soltero single

soltura ease, facility

solvencia financial stability; reliability

sombra shadow

sombrear to shade

sombrío somber

somnolencia drowsiness

sonriente smiling

soñador dreamy, fond of dreaming

soplar to blow

soplete *m* blow torch

soportar to endure, put up with; to hold up

sorber to swallow; to absorb

sordo deaf; quiet, muffled

sótano basement

subarrendar (ie) to sublease

subasta: a subasta at auction

subir to raise

súbitamente suddenly

súbito sudden

subrayar to underline; to emphasize

sucederse to come one after the other

sucedido: lo sucedido what happened

suceso event

sudar to sweat

sudor *m* sweat

suegra mother-in-law

suela sole

sueldo salary

suelto loose, relaxed

suerte *f* luck; trick; **de esta suerte** in this way

suficiencia self-satisfaction; smugness

sufragar to defray

sujetar to hold

sujeto individual; subject (of sentence)

suma: en suma in short

sumadora adding machine

sumar to add; to total

sumiso submissive

sumo highest

suntuoso very elegant, magnificent

superar to surpass; **superarse** to excel

superior *m* leader

supervivencia survival

suponerse to imagine, suppose

suprimir to suppress, get rid of; to omit

surcar to furrow

surgir to rise

susodicho aforesaid, abovementioned

suspenso *adj* bewildered, baffled

suspiro sigh

sustento support

susto fright

sutil *mf* subtle

T

tabacalero *adj* tobacco

tabla board; chart, table

tablón *m* plank; **tablón de anuncios** bulletin board

tacaño stingy

tachonado de estrellas star-studded

taciturnidad *f* silence

tacón *m* shoe heel

taíno indigenous tribe from the Caribbean

tal such a

talla carving, sculpture

taller *m* workshop; repair shop

talón *m* heel

tamal *m* tamale

tamaño size

tambalearse to stagger

tanto: por (lo) tanto therefore; **otro tanto** the same; **un tanto** a little; **tanto... como** both... and

tapar to block

tapete *m* rug; table cover

tapia outside wall

tapicería upholstery

tapiz *m* carpet; tapestry

tapizado (de) covered (with)

tardanza delay; slowness

tardar en to take (a long) time in

tarde: de tarde en tarde from time to time

tarima platform

tartamudez *f* stuttering

tartamudo with a stammer, stammering

tasa rate

tazón *m* bowl

techo roof

teclado keyboard

tedio boredom

tejedor weaver

tejer to weave, spin; to create

tejido web; fabric; textile

tela cloth; web

telar loom

telenovela soap opera

televisivo *adj* television

telón *m* (theater) curtain; **telón de fondo** background

temblar (ie) to tremble, shake; to flicker

temblón shaky

tembloroso trembling

temible fearsome

temor *m* fear

tempestad *f* storm

templo church

tender (ie) to extend; **tender a** to tend to

tenderete vending stand

tendido lying on the ground

tenebroso dark, shadowy

tenedor de libros *m* bookkeeper

tener: no tener el ánimo not to be in the mood; **no tener en qué ni donde caer muerto** to be penniless; **tener en cuenta** to consider, keep in mind

tenue dim, tenous

teñir (i, i) to dye, color

terapeuta therapist

tercero: un tercero a third party

tercio: dos tercios two thirds

terciopelo velvet

terminantemente strictly

ternero calf

ternura tenderness

terrífico horrible

terroso earthy

tesoro treasure

testigo *mf* witness

tetera teapot

tez *f* complexion

tibieza warmth

tibio warm

tiburón *m* shark

tieso stiff

tijeras scissors

tilde *f* written accent; diacritic mark as in **ñ**

tina bathtub

tino aim

tinte *m* hair coloring

tinto red wine; *(Col)* black coffee

tío uncle; guy

típico picturesque; folkloric; characteristic

tipo guy; type

tirado lying

tirar to knock down, pull down; to throw; **tirar a** to go toward; **tirar de** to pull (on)

tizón *m* half-burnt stick

tocadiscos *ms* record player

tocar a to correspond to; to knock

todo: del todo completely; **todo esto** all (of) this

toma de agua source of water supply; hydrant

tontas: a tontas y a locas without thinking

tontería nonsense

tonto silly

toparse con to encounter, run into

toque *m* touch

torcido twisted, crooked

tormenta storm

tornarse to change (into)

torpe dim-witted; awkward, clumsy

torpeza clumsiness; stupidity

torta cake; tart; pastry

toser to cough

tostar (ue) to roast

tozudo insistent, obstinate

traficante *mf* dealer; trafficker

trago liquor; drinking; swallow

traicionar to betray

trama plot

tramo stretch

tramposo crooked; tricky

tranquilo *adj* tranquil, calm, quiet

tranquilizador soothing; reassuring

transeúnte *mf* passerby

trapecio trapeze

trapos *mpl* clothing, clothes

tras (de) after, behind, following

trasero back

trasladar to move, transport; to shift

trastornado confused

tratado *n* treaty

tratamiento treatment

tratar to contract, hire, employ; **tratarse de** to be, to be a question of

través: a través de through

trayecto stretch of a trip

trazado *n* depiction, description

trenza braid

trepar (por) to climb

trigo wheat

tristeza sadness

trocarse (ue) en to change (into)

trofeo trophy

trompicones: a trompicones little by little, with difficulty

tropel *m* mob

treque *m* barter; **a trueque de** in exchange for

tul *m* tulle

tumba grave

tumbar to knock down

tupido dense, thick

turbio blurred

turnarse to take turns

turno appointment; turn

tutear to address with the familiar form (**tú, vosotros**)

U

ubicarse to be situated

ujier *m* doorman, usher

umbral *m* threshold

unir to join, combine

unos cuantos a few

urbanización *f* residential development

urticante *mf* rash-producing

usarse to be customary

usufructo: en usufructo vitalicio to receive benefits for life

utensilio tool, implement

V

vacilación *f* hesitation

vacilar to vacillate, hesitate

vagabundo wandering

vagancia idleness

vagón *m* car (of train)

vaho steam, vapor, mist

valer to be worth, to be worthy

valerse de to make use of

valores *mpl* values

vapor *m* vessel, ship; vapor (steam)

vaquero cowboy

varón man

Vaya por Dios Well, for God's sake

vecindario residents; neighbourhood; area

vejez *f* old age

vela candle

velar to observe

velo veil

veloz *mf* rapid

vencido due, payable

vendar to bandage

veneno poison

venganza revenge

vengarse to avenge (oneself)

vengativo revengeful

venirle bien a uno to suit, be convenient; to do good

venta sale

ventaja advantage

ventajoso advantageous

ventana trap door

ventanal *m* large window

ventanilla car window; teller's window

ventilador a retropropulsión jet propulsion fan

ventura happiness

ver a los ojos to look into the eyes

veranear to spend the summer

veras: de veras truly

verdear to be (look) green

verdugo executioner

verdura (green) vegetable

verdicto verdict

vergonzoso ashamed

verosímil likely, probably

verse obligado a to be forced to

vertiente *f* side; slope

vertiginosamente dizzily

vestíbulo vestibule, lobby

vestidor *m* dressing room

vestimenta clothing

vez: a la vez at the same time; **a su vez** in turn; **de una vez** finally, once and for all; this instant; **en vez de** instead

vía route; **Vía Láctea** Milky Way

víbora snake

vicuña vicuña, South American ruminant

vidriera store window

vidrio glass

vigilar to guard; to watch

vilo: en vilo in the air

vinagre *m* vinegar

viñedo vineyard

virtud *f* power; **en virtud de** by virtue of

visera visor

vista: a simple vista to the naked eye; **en vista de que** in view of the fact that; since

visto: por lo visto apparently

vistoso showy

vitrina glass case

viuda widow; **viudo** widower

vivienda dwelling, housing

vivo *n* crafty person; living person; *adj* intense

vocear to call

vocerío shouting, yelling

volador flying

volante *m* flounce

volcar (ue) to empty

volumen: a todo volumen at full volume

volver (ue) en sí to recover consciousness

volver (ue) a+ *inf* to... again; **volverse** to turn (around)

vuelta *n* return; turn; **a la vuelta de** around

vulgar common; popular

Y

ya que since, because

yapa (ñapa) small gift given by merchants to customers, bonus

yerba silvestre wild herb

yerno son-in-law

yerro mistake (from **errar**, to err)

yuca yucca

Z

zafarse to come off

zaga: a la zaga behind

zagal *m* young man

zapatilla pump (shoe)

zarpar to sail

zopilote *m* buzzard

zumbar to buzz

zurdo left-handed

zurrón *m* shepherd's pouch/bag

English–Spanish Glossary

This glossary contains the vocabulary necessary to do all the English–Spanish exercises and it is geared specifically to them. This glossary uses the same abbreviations used in the Spanish–English glossary. Gender of nouns is given except for masculine nouns ending in-**o** and feminine nouns ending in-**a**. Feminine variants of adjectives and past participles ending in-**o** are not given. Stem changes are indicated for verbs.

A

to **abandon**   abandonar

able: (not) to be able (to)   (no) ser capaz (de); (no) poder (ue)

abortion   aborto

about   acerca de; **(approximately)** unos

absurd   absurdo

abundance   abundancia

to **abuse**   abusar (de), maltratar

academic   académico

accent   acento

to **accept**   aceptar

to **accomodate**   acomodar

to **accompany**   acompañar

to **accomplish**   realizar, lograr

account   cuenta; **(report, exposition)** relación *f*

account: on account of   a causa de

accounting   contabilidad *f*

accuracy: with great accuracy con mucha exactitud

accurately   con precisión

accusation   acusación *f*

to **ache**   doler (ue)

to **acquire**   adquirir (ie)

act   acto

action   acción *f*

activity   actividad *f*

actress   actriz

actual   verdadero

actually   en realidad

A.D.   D.C. (después de Cristo)

ad (advertisement)   anuncio, aviso

adaptation   adaptación *f*

to **adapt (to)**   adaptarse (a)

addiction   adicción *f*

addition: in addition to   además de

address   dirección *f*

to **adjust**   ajustar(se)

admirer   admirador/a

to **adopt**   adoptar

to **adore**   adorar

advance *n*   adelanto

advanced *adj*   avanzado

advantage   ventaja; **to take advantage**   aprovechar(se)

advice   consejos *mpl*; **(a) piece of advice**   (un) consejo

to **afford**   permitirse

afraid: to be afraid (of)   temer, tener(le) miedo (a), tener miedo (de)

after   después (de); **after all** después de todo; **to be after** + *hour*   ser más de + *hora*

afterlife   vida después de la muerte

afternoon   tarde *f*

again   otra vez, de nuevo; **again and again**   una y otra vez

against   contra

age: old age   vejez *f*

ago: a few days ago   hace unos días; **not long ago**   no hace mucho tiempo

to **agree (to)**   acceder (a); acordar (ue); estar de acuerdo (con)

agreement: to be in agreement estar de acuerdo

agricultural fields   campos de cultivo

agriculture   agricultura

ailing   achacoso

airline   línea aérea

airplane   avión *m*

alien   extranjero

alive   vivo

all   todo; **all over** por todo

all of them   todos ellos

to **allow**   permitir

almost   casi; **almost** + *pret*   casi, por poco + *pres*

alone   solo; solamente

along: (not) to get along   (no) llevarse bien; **along with**   junto con

already   ya

also   también

although   aunque

always   siempre

amazing   asombroso

ambitious   ambicioso

ambrosia: to taste like ambrosia saber a gloria

amnesia attacks   ataques de amnesia

among   entre

to **amputate**   amputar

amusing   divertido

anger   ira, indignación; **red with anger**   rojo de ira

angry: to get angry   enfadarse, enojarse

animal lover   amante *mf* de los animales

another   otro; **another one** otro

answer   respuesta

any   algún/alguna; ningún/ninguna; cualquier/a; **any other** algún/alguna otro/a; **in any case** de todas maneras

any more   más

anyone   alguien; nadie

anyway   de todos modos, de todas maneras

apparently   por lo visto

to **appeal**   atraer

to **appear**   aparecer (zc)

apple   manzana

appliances: home appliances electrodomésticos *mpl*

to **apply**   aplicar; **(for a job)** solicitar

appointment: to make an appointment   hacer una cita; **to ask for an appointment**   pedir un turno

appropriate: to be appropriate (for one)   convenir(le) (a uno)

to **approve of**   aprobar (ue)

arduous   arduo

to **argue**   discutir, pelear; argumentar

argument   discusión

to **arm oneself**   armarse

armchair   sillón *m*

army   ejército

around   alrededor (de); **around here**   por aquí; **around** + *date* por + *fecha* to **arrive (at)**   llegar (a)

artificial means   medios artificiales

as   como; a medida que; **as a general rule**   por regla general; **as a result**   como resultado; **as far as I know**   que yo sepa; **as for**   en cuanto a; **as long as**   mientras (que), siempre que; **as soon as**   tan pronto como, apenas; **as well**   también; **as well as**   así como

to **ascertain**   averiguar

ashamed: to be ashamed (of)   avergonzarse (ue) (de)

aside: to put aside   dejar a un lado

to **ask (a question)**   preguntar; **to ask for** pedir (i, i); **to ask (someone) out**   invitar a salir

aspect   aspecto

to **aspire (to)**   aspirar (a)

aspirin: some aspirin   unas aspirinas

assailant   asaltante *mf*

to **assign**   asignar

assistance: to be of further assistance   ayudar(le) en algo más

assisted   asistido

association   asociación *f*

to **assume**   suponer

astronaut   astronauta *mf*

at   en; **at least**   por lo menos; **at once**   en seguida, inmediatamente

athlete   atleta *mf*

atmosphere   ambiente *m*

atomic war   guerra atómica

attached: to be attached (to)   estar pegado (a), estar prendido (a)

attack   ataque *m*

attention   atención *f*; **to pay attention**   prestar atención, hacer caso

to **attract (one)**   gustar(le) (a uno); atraerle (a uno)

attractive   atractivo

authorities   autoridades *fpl*

available   disponible *mf*

aware: to be aware (of)   darse cuenta (de), estar enterado (de); ser (estar) consciente (de)

away (from)   lejos (de)

awful   terrible; *adv* muy mal

B

back (animal)   lomo; **(book or house)** parte de atrás; **(book [spine])**   lomo; **(chair)** respaldo; **(check or document)** dorso; **(hand)**   dorso; **(person)** espalda(s); **to have one's back to the wall**   estar entre la espada y la pared; **to have one's back turned toward**   estar de espaldas (a); **to shoot (somebody) in the back** disparar(le)/matar (a alguien) por la espalda; **to turn one's back (toward the other person)** dar(le) la espalda

back: to be back   estar de regreso; **to call back**   devolver (ue) la llamada; **to come (go) back** volver (ue), regresar; **to give back**   devolver (ue); **to hold back**   contener (ie)

back *adj*   trasero, de atrás, posterior; **back door**   puerta de atrás; **back issue**   número atrasado; **back pay**   atrasos, sueldo atrasado; **back row** última fila

back: from (on) the back   por detrás; **in back of the house** detrás de la casa; **in the back of the car**   en la parte trasera del coche; **in the back of the room** al fondo de la habitación; **on one's back**   de espaldas; **some months back**   hace unos meses

to **back: to back away**   retroceder; **to back out (of an agreement)** volverse atrás; **to backpack** viajar con mochila; **to back up (a vehicle)**   dar marcha atrás; **to back up (to support)**   respaldar

background (of person)   origen

backseat   asiento trasero (de atrás)

backward sloping   inclinado hacia atrás

backyard   patio

badly   mal

banking   banca

to **bark**   ladrar

basic   básico

basis   base *f*

bath: to take a bath   bañarse

to **be about** + *age*   tener unos + años

beach   playa

bear   oso

to **bear**   llevar

beaten   vencido, derrotado

beautiful   hermoso

beauty   belleza

because of   a causa de

to **become**   convertirse (ie) en; ponerse; hacerse; volverse; quedarse; **to become ill** ponerse enfermo, enfermarse

bed: to go (get) to bed   irse a la cama; acostarse (ue)

bedroom   alcoba, dormitorio

beer-drinking   bebedor de cerveza

before   antes (de); **(a tribunal)** ante

to **beg**   rogar (ue)

to **begin (to)**   comenzar (ie) (a), empezar (ie) (a)

beginning: at the beginning   al principio

to **behave**   comportarse, actuar

behavior   comportamiento

behind   detrás (de)

to **believe**   creer

believed: it is believed   se cree

believer   creyente *mf*

belonging   perteneciente, que pertenece

beloved   querido, amado

benign   benigno

besides   además

best   mejor *mf*; *adv* más

betrayal   traición *f*

better   mejor; **to get better** mejorar; **you'd better**   es mejor que + *pres subj*

between   entre

billboard   cartelera

bitter   amargado

black: (dressed) in black   (vestido) de negro

black beans   frijoles negros *mpl*

to **blame**   echar(le) la culpa

blanket   manta, cobertor, frazada

blinds   persianas *fpl*

blood-letting   sangramiento

board   tabla

to **boast (about)**   jactarse (de)

boat (small)   bote; **(large)**   barco

body   cuerpo; **(dead)**   cadáver m

bookkeeper   tenedor(a) de libros

border   frontera

both   los dos, ambos

bountiful   abundante *mf*

boyfriend   novio

brave   valiente *mf*

to **break**   romper; **to break in** entrar a la fuerza

breakfast: to have breakfast desayunar(se)

bright   brillante *mf*

brilliant   brillante *mf*

to **bring into**   entrar en (al)

broadcast   transmisión *f*

broken: my leg is broken   tengo la pierna fracturada

brook arroyo
brutal brutal *mf*
bucket cubo, balde
buddy amigacho, amigote
to **build** construir
burden carga
to **burn** quemar
bush arbusto
buyer comprador/a
by: by day (night) de día (noche);
 by the hand de la mano

C

calculations: to make calculations
 sacar cuentas
calendar calendario
call llamada
to **call** llamar
called *part* llamado
to **calm down** calmarse
calories calorías
campaign campaña
to **campaign** hacer propaganda
can (be able) poder; saber
canned enlatado
cap gorra
to **capture** capturar
care cuidado
care: to take care of encargarse
 de; **(a customer)** atender (ie)
Carib Indians indígenas caribes
to **carry** acarrear, llevar; **to carry
 out** llevar a cabo
case: to be the case ser el caso
to **catch** capturar, atrapar
cattle ganado
to **cause to** causar; hacer que; **to
 cause the failure of** hacer
 fracasar
to **cease to** dejar de
cellar sótano
century siglo
ceremony ceremonia
to **challenge** desafiar
chance oportunidad *f*
to **change** cambiar (de); **to
 change into** convertir(se) en;
 to change one's mind
 cambiar de idea; **to change
 (someone) back** cambiar(lo)
 otra vez; **to change the subject**
 cambiar de tema
change *n* cambio
channel canal *m*
chapter capítulo
character: main character
 protagonista *mf*
characteristic característica

charge: to be in charge (of) estar
 a cargo (de)
charming encantador/a
cheap barato
cheek mejilla
chicken pollo
childbirth parto
childhood niñez *f*
chili chile *m*
chlorine cloro
chlorophorm cloroformo
chlorophyl clorofila
choice: personal choices
 decisiones personales
choice: to have no choice but no
 tener más remedio que
choleric colérico
to **choose** escoger
classic clásico
to **clean** limpiar
clerk empleado
cloning clonación *f*
to **close** cerrar (ie)
closely con atención
clothes ropa
coal-and-wood burning stove
 cocina de carbón y leña
coast costa
coat abrigo, sobretodo
coffee plantation cafetal *m*
cold (weather) frío *n*; *adj* frío;
 (illness) catarro, resfriado
cold: to get cold enfriarse, ponerse
 frío
cold-fearing temeroso del frío
to **collaborate** colaborar
to **collect** coleccionar
college education educación
 universitaria
Colombian colombiano
to **combine** combinar
to **come** venir; **to come back**
 regresar, volver (ue)
to **come true** realizarse
come what may pase lo que pase
comes: when it comes to cuando
 se trata de
comfort comodidad *f*
comfortable cómodo
commendable digno de elogio
commission comisión *f*
to **commit oneself (to)**
 comprometerse (a)
common común; **in common** en
 común
communist comunista *mf*
company compañía; **on company
 time** en horas de trabajo

to **compare** comparar
compassion: out of compassion
 por compasión
competition competencia
to **complain (about)** quejarse (de)
completely completamente,
 totalmente
computer computador *m*,
 computadora, ordenador *m*
concern preocupación *f*
concerning acerca de
to **condemn** condenar
to **confess** confesar (ie)
to **confirm** confirmar
to **connect** conectar
to **consider** considerar
conscientious concienzudo,
 responsable *mf*
to **consist of** constar de,
 componerse de, consistir en
constantly constantemente
constitution constitución *f*
construction construcción *f*
consulate consulado
to **contact** comunicarse (con)
to **contain** contener (ie)
contamination contaminación *f*
contemporary contemporáneo
to **continue** seguir (i, i), continuar
contrary: on the contrary por el
 contrario
to **contribute** contribuir
conveniences comodidades *fpl*
to **convince** convencer
cooling system sistema de
 enfriamiento
to **cook** cocinar
cool frío
copy copia; **(of painting)**
 reproducción *f*; **(of book)**
 ejemplar *m*
corner: on the corner de la
 esquina; **out of the corner of
 one's eye** con el rabillo del ojo
corporation corporación *f*
cosmopolitan cosmopolita *mf*
to **cost** costar (ue); **to cost an arm
 and a leg** costar un ojo de la
 cara
cotton algodón *m*
to **count on** contar (ue) con
country país *m*
countryside campo
couple par *m*; **(people)** pareja;
 married couple matrimonio
courage: to have the courage to
 tener el valor de

course: of course   por supuesto
to court   enamorar, cortejar
courteous   cortés *mf*
to cover   cubrir
covered: to be covered with   estar
   cubierto de
coward   cobarde *mf*
cowardly   cobarde *mf*
cowboy   vaquero
crazy: to go crazy   volverse (ue)
   loco
to create   crear
crop   cosecha
cross: to be permanently cross-
   eyed   quedar permanentemente
   bizco
to cross   cruzar
cross eyes   bizquera
cry for help   grito pidiendo ayuda;
   petición de ayuda
crying   llanto *n*, el llorar
cuisine   cocina
cultivated   cultivado
cultural   cultural *mf*
cure   cura
curtain   cortina
custom   costumbre *f*
customer   cliente/a
cycle   ciclo

D

damaging   perjudicial *mf*
dance   baile *m*
danger   peligro; **to be in danger**
   estar en peligro
dangerous   peligroso
to dangle   hacer oscilar
to dare to   atreverse a
dark   oscuro
date   fecha
dawn   amanecer *m*
day: in his day   en su tiempo
dead   muerto
deaf   sordo; **Nobody is so deaf as
   he who will not hear**   No hay
   peor sordo que el que no quiere
   oír
deafening   ensordecedor(a)
death   muerte *f*
to debate   discutir
debt   deuda; **gambling debt**
   deuda de juego
deceased   muerto
to decide (to)   decidirse (a); **to be
   decided**   estar decidido
to declare   declarar
decomposed   descompuesto
to decrease   disminuir

deed   obra
defect   defecto
to defend   defender (ie)
deficient   deficiente *mf*
to define   definir
degree   grado
to delight   encantar(le) (a uno)
delighted: to be delighted with
   encantar(le) (a uno)
to demand   exigir
demanding   exigente *mf*
demonstrate   demostrar (ue)
demonstration   demostración *f*
to deny   negar (ie)
to depart   partir
department   departamento
departure   partida
to depend (on)   depender (de)
deposit   depósito
depressed   deprimido
to derail   descarrilarse
to describe   describir
deserted   vacío, desierto
deserve   merecer (zc)
desolated   desolado
destination   destino
to destroy   destruir
destruction   destrucción *f*
to develop   desarrollar(se)
to devote oneself to   dedicarse a
devoted: to be devoted to   estar
   dedicado a
dialogue   diálogo
to die   morir (ue)
diet: to go on a diet   ponerse a
   dieta
difference   diferencia
different from each other
   diferente uno del otro
difficult: to be difficult to + *inf*
   ser difícil de + *inf*
dinner   cena, comida
to direct   dirigir
dirty   sucio
disaffection   desamor *m*
to disappear   desaparecer (zc)
to disappoint   decepcionar
to disconnect   desconectar
to discourage   desanimar,
   desalentar (ie); **to be (get)
   discouraged**   desalentarse
discourteous   descortés *m*
discovery   descubrimiento
to discuss   comentar, discutir
disease   enfermedad
to disgrace   desacreditar, deshonrar
dish   plato

disheartened   descorazonado
to disillusion   desilusionar
dismissal   despido
to distinguish   distinguir
divided: to be divided   estar
   dividido
divorced   divorciado
dome   domo, campana
Dominican   dominicano
domotics   domótica
door: next door   de al lado
doubt: no doubt   sin duda
to doubt   dudar
dozen   docena
drawer   gaveta, cajón *m*
to dream (of)   soñar (ue) (con)
dressed: to be dressed (in)
   estar vestido (de)
drinking   bebida, trago
to drip   gotear
to drive   manejar, conducir (zc)
drunk: to be drunk   estar
   borracho
drunken   borracho
dry   seco
during   durante

E

each   cada, cada uno;
   each other   uno al otro
ear (inner)   oído
early   temprano
to earn   ganar
Earth   Tierra
east   oriental *adj*
easy: easy to fool   fácil de
   engañar
economic: a good economic
   position   una buena posición
   económica
effort   esfuerzo
egotistical   egoísta *mf*
either   tampoco
elaborate   elaborado
election day   el día de las
   elecciones
electric   eléctrico
elevator   ascensor *m*, elevador *m*
else: something else   otra cosa
e-mail   e-mail *m*, correo electrónico
embargo   embargo
embroidered   bordado
emotional   emocionante *mf*
to employ   emplear
employee   empleado
empty   vacío
encounter   encuentro
encouraging   alentador/a

end fin *m*, final *m*; **at the end of the week (the month, etc.)** a fines de semana, (de mes, etc.); **to put an end to** terminar (acabar) con

end: by the end of para fines de

to **end** terminar

endless interminable *mf*

enemy enemigo

to **enjoy** disfrutar (de)

enjoyable agradable *mf*

enormous enorme *mf*

enough suficiente *mf*; **to have more than enough** sobrar(le) (a uno)

to **enter** entrar

enterprising emprendedor

entirely enteramente

enthusiastic entusiasta *mf*

entitled: is entitled se titula

envelope sobre *m*

enviromental ambiental *mf*

envy envidia

errand: to run an errand hacer una diligencia; **(for someone else)** hacer un mandado

to **escape** escapar(se)

especially sobre todo

essential esencial *mf*, imprescindible

ethnic étnico; **ethnic groups** grupos étnicos

euthanasia eutanasia

even aun; hasta; **even if** aunque; **even so** aun así; **even though** aunque

even: to get even desquitarse

eventually al final

ever since desde que

everybody todo el mundo

every day todos los días; **everyday** *adj* diario, cotidiano

every year todos los años

everyone todo el mundo, todos

everything todo

everywhere por todas partes

evident evidente *mf*

exact exacto

exaggerate exagerar

to **examine** examinar

example ejemplo

exchange intercambio; cambio

executive ejecutivo

to **exist** existir

exit salida

to **exit** salir

exodus éxodo

to **expect** esperar

expecting: to be expecting estar

embarazada, estar en estado

expedition expedición *f*

expert experto, perito

expired vencido

to **explain** explicar

extensive extenso

to **extract** extraer

extraterrestrial visitors visitantes extraterrestres *mpl*

extreme extremo

extremely: extremely difficult dificilísimo, sumamente difícil

F

face cara, rostro; **to fall on one's face** caer de frente (de bruces)

to **face** dar a

fact hecho

fail: (not) to fail to (no) dejar de

failure: to cause the failure of hacer fracasar

to **fake** simular, fingir

to **fall in love (with)** enamorarse (de)

fallen caído

false falso

familiar: to be familiar with estar familiarizado con

fantasy fantasía

far from lejos de

far: as far as I know que yo sepa; **so far** hasta ahora

farm worker trabajador(a) del campo

farmer campesino

to **fascinate** fascinar(le) (a uno)

fascinating fascinante *mf*

fascination fascinación *f*

fast *adj* rápido; *adv* rápidamente; **as fast as I could** lo más rápido posible

faucet grifo, llave *f*

fault: to be one's fault tener la culpa

favor: to be in favor of estar a favor de

fear miedo

to **fear** temer, tener miedo (de)

feeding alimentación *f*

to **feel (for)** sentir (ie) (por), sentir (hacia); pensar (ie); **to feel attracted (to)** sentirse atraído (por); **to feel trapped** sentirse atrapado

feeling sentimiento

fence cerca

fertile fértil *mf*

fever: to have (run) a fever tener fiebre

few pocos/pocas

fewer: the fewer + *n*... mientras menos + *n*...

fiancée novia, prometida

field campo

fifth quinto

film película

to **fill** llenar

filled: to be filled (with) estar lleno (de)

financial económico

find hallazgo

to **find** encontrar (ue)

finger dedo

fingertips: at our fingertips al alcance de la mano

to **finish** terminar; **to just finish** acabar de terminar

fire incendio, fuego

first primero; **(first of all)** en primer lugar; **at first** al principio

fish dish plato de pescado

fitting apropiado

to **fix** arreglar

to **flash** brillar

flashlight linterna

to **flee (from)** escaparse (de)

flight vuelo

floor piso

florist florista *mf*

flourishing floreciente *mf*

to **flower** florecer

flower shop floristería

flu gripe *f*

to fly (a plane) pilotear

flying saucer platillo volador

to **follow** seguir (i, i)

following siguiente *mf*

food comida, alimento; **foods** alimentos *mpl*

foot: on foot a pie, andando, caminando

for instance por ejemplo

to **forbid** prohibir

to **force (to)** obligar (a)

forehead frente *f*

foreigner extranjero

forever por siempre, eternamente

to **forgive** perdonar

frankly francamente

frantically frenéticamente

free libre *mf*

freedom libertad *f*

friendly amistoso

from that moment on desde (a partir de) ese momento

front: in front of frente a

frustration frustración *f*

to **fulfill (requirements)** llenar

full lleno

fun: to make fun (of) burlarse (de)

furious: to be furious estar furioso

G

gambler jugador(a)

game juego; **(match)** partido

garden jardín *m*

garlic ajo

gas gas *m*

gate portón *m*, puerta

generally por lo general (regular), generalmente

generic genérico

gentleman caballero

to **get** lograr, conseguir; **(a disease)** coger; **(a letter)** recibir; **(to buy)** comprar

to **get (to a place)** llegar a; **to get angry** enojarse; **to get along** llevarse bien; **to get better** mejorar; **to get home** llegar a casa; **to get lost** perderse; **to get nervous** ponerse nervioso; **to get off** bajar (de); quitarse; **to get on** subir (a); **to get on (shoes)** ponerse; **to get rid of** deshacerse de; **to get to be** llegar a ser; **to get worse** empeorar

to **get: (not) to get it** (no) comprenderlo

to **get paid: I don't get paid** no me pagan

to **get up** levantarse

gift regalo

girlfriend amiga; novia

to **give (someone) a piece of one's mind** ajustar(le) las cuentas

glad alegre *mf*, contento

glass (drinking) vaso; **(stem)** copa; **glasses** gafas, espejuelos *mpl*, lentes *mpl*

to **glisten** brillar

to **go: to go away** alejarse; **to go back** regresar; **to go into** entrar en (a); **to go on** seguir (i, i), continuar; **to go off to** salir para; **to go through** pasar por; **to go well** ir bien

to **go to get** ir a buscar

to **go to school** estudiar

God Dios

gold *adj* de oro, dorado

good-bye adiós

gossip (person) chismoso

government gobierno

grandchildren nietos

grandmother abuela

grapes uvas

great grande *mf* (gran *before n*)

greater: even greater aun mayores (más grandes)

greatly mucho

greedy avaricioso

to **grind** moler (ue)

ground: coffee grounds granos de café

to **grow (plants)** cultivar; **(a beard, a mustache)** dejarse crecer

to **grow up** crecer (zc)

to **guard** custodiar, vigilar

gun-totting que va armado, que lleva revólver

gurney camilla

H

habit hábito, costumbre *f*

hair pelo, cabello

half: half an hour media hora; **half a million** medio millón (de); **half + *adj* and half + *adj*** entre + *adj* y *adj*

halfway: to be halfway there estar a mitad del camino

hand: on the other hand por otra parte, por otro lado

to **hand** entregar

handicrafts artesanías

handful puñado

handsome guapo

handwriting letra

to **hang** colgar (ue); **(a person)** ahorcar

hanging: to be hanging (on) estar colgado (de)

to **happen** pasar, ocurrir, suceder

happy feliz *mf*; **to be happy (in a happy mood)** estar contento

harbor puerto

hard difícil *mf*, duro

hard-working trabajador/a

hardly: there was hardly anyone no había casi nadie; **I can hardly** me cuesta mucho trabajo

harsh duro

to **harvest** cosechar

haste precipitación *f*

to **hate** odiar

haunted embrujado, encantado

headache: to have a headache tener dolor de cabeza; doler(le) (a uno) la cabeza

health salud *f*; *health authorities* autoridades de la salud; **to be in good health** gozar de buena salud

to **hear** oír

heart corazón; **by heart** de memoria

heart-warming conmovedor

heat calor *m*

heating system sistema de calefacción

heaven cielo

to **heed** hacer caso (de)

help ayuda

height alto, altura; **in height** de altura

hell infierno

to **hide** esconder(se)

high-backed de respaldo alto

high school escuela secundaria

highway carretera, autopista

to **hire** contratar, emplear, colocar

historian historiador/a

history historia

to **hit** pegar, golpear

to **hold** sostener; **(something) back** contener (ie)

home hogar; **at home** en casa; **to go home** irse a casa; **to return home** regresar a (su) casa

home life vida de hogar

homeloving amante *mf* del hogar

to **hope** esperar

hope esperanza

horrendous horrendo

horse caballo

horseback: on horseback a caballo

hotly apasionadamente

house casa

housework las tareas de la casa

how much cuanto

however sin embargo

human being ser humano

humble humilde *mf*

humiliating humillante *mf*

humming zumbido

hundreds cientos

hurt: to get hurt lastimarse, herirse

husband esposo, marido; **husband and wife** marido y mujer

I

identical: to be identical (with, to) ser idéntico (a)

to **identify** identificar

identity identidad *f*

idle ocioso

illness enfermedad *f*

image imagen *f*

immediate inmediato

immediately inmediatamente

immigrant inmigrante *mf*

immigration inmigración *f*

immunization inmunización *f*

to **impel** impulsar

to **impose** imponer

imposing imponente *mf*; **a large, imposing house** un caserón, una casona

to **impress** impresionar

to **improve** mejorar

inappropriate inapropiado

inconvenience molestia

to **increase** aumentar

incredible increíble *mf*

indescribable indescriptible *mf*

Indian indio

to **indicate** indicar

individual individuo

indoor plumbing plomería interior

infant bebé *mf*

ingredient ingrediente *m*

inhabited habitado

to **inherit** heredar

innocent inocente *mf*

innuendo indirecta

innumerable innumerable *mf*

to **inquire (about)** pedir (i, i) informes (de)

insect insecto

insensitivity insensibilidad *f*

to **insert** insertar

inside dentro (de)

instance: for instance por ejemplo

instead of en vez de

instructive instructivo

to **insult** insultar

interview entrevista

invasion invasión *f*; **invasion force** la fuerza invasora

inviting atrayente *mf*

to **involve** envolver (ue)

iron plancha

ironic irónico

ironing planchar

irresponsible irresponsable *mf*

to **irrigate** regar (ie)

irritating irritante *mf*

isolated aislado

issue problema, asunto

J

jail cárcel *f*; **to go to jail** ir a la cárcel

jealous celoso

jealousy celos *mpl*

jewel joya

job trabajo, empleo

to **join** unirse (a)

journalist periodista *mf*

joy alegría, júbilo

judge juez/a

judicial judicial *mf*

just: to have just (done something) acabar de + *inf*; **just as** lo mismo que

K

to **keep** quedarse (con); guardar; **to keep (on)** + -*ing* seguir + -ando, -iendo

to **keep alive** mantener vivo

kerosene queroseno

key llave *f*

kid chico

kidding: to be kidding hablar en broma

to **kill** matar

kind clase *n*; bueno, bondadoso *adj*

kinds: all kinds of toda clase de

kiss beso

to **kiss** besar(se)

knitted tejido

to **knock** tocar a la puerta

to **know** saber; **(be acquainted with)** conocer (zc); **to know of** saber de

L

labor trabajo

to **lack** carecer (zc) de, faltarle (a uno)

lady dama

lake lago

lamp lámpara

land tierra

landing aterrizaje *m*

landscape paisaje *m*

large grande *mf*

last pasado; último *adj*

last: the last one el último

to **last** durar

late tarde; **to get late** hacerse tarde

lately últimamente

later después

latter: the latter éste

to **laugh (at)** reírse (de)

law ley *f*

to **lay** yacer

leading character personaje principal

leap: Look before you leap Antes que te cases, mira lo que haces

to **learn** aprender; **(find out)** saber, enterarse (de)

learning opportunity oportunidad de aprender

leather cuero

to **leave** salir (de), marcharse; **(to leave someone or something)** dejar

leg (people or pants) pierna; **(animal or furniture)** pata

legend leyenda

to **lend** prestar

less than menos de

to **let** dejar, permitir; **to let (one) know** avisar(le)

lethal injection inyección letal *f*

letter carta; **(character)** letra

license licencia

lie mentira

to **lie down** acostarse (ue)

life vida; **working life** vida de trabajo; **life support** apoyo a la vida

lifetime vida

to **lift** levantar

light luz *f*; luces *pl*

lightning relámpagos *mpl*

like como

to **like (a person)** simpatizar con

likely: to be likely ser probable

likewise así

to **limit (oneself) to** limitarse a

line línea

lip labio

list lista

to **listen to** escuchar; **(heed)** hacer(le) caso

lit: badly lit mal alumbrado

little: a little un poco; **little by little** poco a poco

living *adj* vivo

locate: easy to locate fácil de encontrar

lonely solitario

long largo

longer: no longer ya no; **the longer you wait** cuanto más espere

look aspecto

to **look (appear)** lucir (zc); verse; **to look for** buscar; **to look like** parecer (zc); parecerse a

Lords of Death Señores de la Muerte *mpl*

to **lose** perder (ie); **to lose weight** perder peso, adelgazar

lot: a lot mucho; **a lot (of)** un montón (de)

lottery ticket billete de lotería
love: to fall in love (with) enamorarse (de); **(to like very much)** encantarle (a uno)
lover amante *mf*
loving amante *mf*, enamorado
luck suerte *f*
lucky: to be lucky tener suerte; **it was lucky** fue una suerte
lunch almuerzo
lye lejía
lyrics letra

M

mad: to be mad with estar loco de
magazine revista
main principal *mf*
maize maíz *m*
major especialista *mf*
to make out divisar
malignant maligno
mark nota, calificación *f*
to mark marcar
marriage matrimonio; **(ceremony)** boda
married casado; **to be married (to)** estar casado (con)
martian marciano
materialistic materialista *mf*
matter *n* asunto
matter: it's a matter of taste es cuestión de gustos
to matter importar(le) (a uno); **no matter what** + *pres tense v* *presente de subjuntivo* + lo que + *presente de subjuntivo*; **no matter how hard they may try** por mucho que lo intenten; **no matter how much it may cost** por mucho que cueste
mature maduro
to mean significar, querer (ie) decir
mean-spirited ruin *mf*
means: by means of por medio de
meantime: in the meantime mientras tanto
measure medida
meat carne *f*
medical médico
to meet conocer (zc); reunirse con
meeting reunión *f*, junta
member miembro
to memorize memorizar
merchandise mercancía
middle class clase media
midnight medianoche *f*
to migrate migrar
millionaire millonario

to mind importar(le) (a uno)
mind mente *f*
mine mío
miniature *adj* en miniatura
minutes: in a few minutes dentro de unos minutos
to miss (be absent from) faltar (a); **(fail to take advantage of)** perderse (ie); **(long for)** echar de menos
mission misión *f*
moan quejido
moment: from that moment on a partir de (desde) ese momento
moon luna
more más; **more or less** más o menos; **the more... the less** mientras más... menos...
more than más de
moreover es más
most of la mayor parte de, la mayoría de
mostly principalmente
to motivate motivar
motive motivo
motto lema *m*
motorist chofer *mf*
mountain road camino montañoso
to mourn llorar
to move mover(se) (ue); **to move away from** alejarse de
to move (into) (out) mudarse (a) (de)
to move on avanzar
movie star estrella (artista) de cine
mud fango, lodo
to murder asesinar; **to be murdered** ser asesinado
musician músico
mustache bigote *m*
mysterious misterioso
mystery misterio

N

nag (at) pelear(le)
nail clavo, puntilla
to name nombrar
named llamado
narrative relato
native nativo
near cerca (de)
necessary: it is necessary es necesario, hay que; **not to be necessary (for one)** no hacerle falta
necessity necesidad *f*
neck cuello
to need necesitar; hacer(le) falta (a uno)

need: economic need necesidad económica
needed: is needed se necesita
neighbor vecino
neighborhood vecindad *f*, barrio
neither tampoco
nervous nervioso; **to make (someone) nervous** poner(lo) nervioso
never nunca
nevertheless sin embargo
news noticias *fpl*; **a piece of news** noticia; **news announcer** locutor de noticiero
newscaster reportero
next próximo
to be next to estar junto a
nice agradable *mf*
nicknamed apodado
nightmare pesadilla
nobleman noble *m*
nobody nadie
noise ruido
noon mediodía
north norte *m*
northern del norte
to notice fijarse (en)
nourishment alimento
now ahora
nowadays hoy en día
number: a large number (of) un gran número (de)
numerous numeroso

O

object objeto
to object objetar
obsessed: to be obsessed with estar obsesionado con
to obtain obtener, conseguir (i)
to occupy ocupar
to occur suceder, ocurrir
of course por supuesto
offering ofrenda
often a menudo, frecuentemente
oil (motor) aceite *m*
old (former) antiguo
olive aceituna
on (light) *adj* encendida
on my part de mi parte
on the other hand por otra parte
once una vez
one: the one about el de
to open abrir
openly abiertamente
operating room salón de operaciones, quirófano

operation operación *f*
opinion opinión *f*
opponent contrincante *mf*
optimistic optimista *mf*
option opción *f*, alternativa; **to have no other option but** no tener más remedio que
order: in order to para
to order (in a restaurant) pedir (i, i)
origin origen *m*
to originate originarse
others: the others los demás
ours el nuestro
outlet escape *m*
outside fuera
outstanding sobresaliente *mf*, destacado
overwhelming abrumador/a
owing to debido a
own propio
owner dueño, propietario

P

pace: slow pace lentitud *f*
package (cigarettes) cajetilla
painful doloroso
painting *n* cuadro
pale pálido
pants pantalones *mpl*
paper periódico; **the morning paper** el periódico de la mañana
paragraph párrafo
paralyzed paralizado
to pardon perdonar
part: on the part of de parte de
part-time medio tiempo, tiempo incompleto
party fiesta
to pass (through) pasar (por)
passenger pasajero
passport pasaporte *m*
past pasado
patience paciencia
patient paciente *mf*
payment pago
peach melocotón *m*
peculiar extraño
pending pendiente *mf*
people gente *fs*
pepper pimiento; pimienta
percent por ciento
perhaps tal vez, quizá(s)
period (time) época; período
to permit permitir
per se en sí

persistence persistencia, porfía
person: important person personaje *mf*
personable agradable *mf*
personality personalidad *f*
personnel empleados *mpl*
pharmacy farmacia
Philadelphia Filadelfia
phone call llamada telefónica
phonology fonología
physical físico
pianist: concert pianist pianista de concierto
to pick (fruit) recoger
picture (film) película
piece pedazo, pieza
piece of paper papel *m*
pill pastilla, píldora
pill-popping que toma drogas; drogadicto
pipe tubo
pity lástima
to place colocar, poner
to plan planear
planet planeta *m*
plantation plantación *f*
platonic platónico
to play jugar (a); **(music)** tocar; **(the role of)** hacer el papel de
pleasant agradable *mf*
plot argumento *lit*; complot *m*
pneumonia neumonía, pulmonía
pocket bolsillo
point: at that point en ese momento; **at one point in** en un momento de
poison gas gas venenoso
to poison envenenar
policeman policía
political político
politician político
pool: swimming pool piscina
poor pobre *mf*
population población *f*
to portray representar
possibility posibilidad *f*
post poste *m*
powerful poderoso
prayer oración *f*
to pray rezar, rogar (ue)
to predict predecir
prediction predicción *f*
preferred preferido
prejudice prejuicio
to prepare preparar(se)
present presente *m*

to present presentar
present-day actual *adj*
to preside over presidir
press prensa
to press a button apretar (ie) un botón
prestigious prestigioso
to pretend aparentar, fingir
pretty bonito, lindo, bello
to prevent (someone) from impedirle (a alguien) que + *subj*
price precio
pride orgullo
priest sacerdote
prior to antes de
prisoner prisionero
to prize apreciar
to proclaim proclamar
programmer programador(a)
project proyecto
prominent prominente, destacado
to promise prometer
prosperous próspero
protagonist protagonista *mf*
protection protección *f*
to protect proteger
to protest protestar
to prove probar (ue)
prudent prudente *mf*
psychopathic sicopático
psychosis sicosis *f*
psychotherapist sicoterapista *mf*
public buildings edificios públicos
public opinion opinión pública *f*
publish publicar
Puerto Rican puertorriqueño
to pull tirar de, halar
to pull the plug (on someone) desconectar(lo)
pure puro
purple morado
purpose: on purpose a propósito
purse monedero, cartera
to pursue seguir (i, i)
to put an end to acabar con
to put on ponerse

Q

question pregunta
quickly rápido, rápidamente
quite bastante, muy
to quit dejar de

R

race raza
rain: to rain cats and dogs llover a cántaros

rain-soaked road   camino mojado por la lluvia

rainy season   estación de las lluvias

to **raise (people or animals)**   criar; **(vegetables)**   cultivar; **(lift up)** levantar; **(prices)**   subir; **(to collect money)**   recoger, recaudar

raisins   pasas; **raisin bread**   pan de pasas

ranch   rancho, hacienda

rancher   ranchero, hacendado

rat   rata

rather   bastante, más bien; **but rather**   sino que

to **react**   reaccionar

reactionary   reaccionario

to **read (document as subject)** decir

reading   lectura

ready: to be ready (to)   estar listo (para)

real   verdadero, real *mf*

reality: in reality   en realidad

to **realize**   darse cuenta de

really   realmente

realm   reino

reap: You reap what you sow   El que la hace la paga

reason   razón *f*; **for that (this) reason**   por eso (esto)

rebellious   rebelde *mf*

to **recall**   recordar (ue)

receipt   recibo

recent   reciente *mf*

recently   recientemente, hace poco

to **recognize**   reconocer (zc), conocer (zc)

to **recommend**   recomendar (ie)

record player   tocadiscos *ms/pl*

to **recover**   recuperar

to **refer to**   referirse (ie) a

to **refrain (from)**   abstenerse (de)

to **refuse (to)**   negarse (ie) (a)

regarding   sobre

regardless   sin importar

to **register**   matricularse

registration   matrícula, inscripción *f*

to **regret**   arrepentirse (ie) (de)

regularly   con regularidad

rejuvenated: getting rejuvenated rejuvenecerse

relations   relaciones *fpl*

relative   pariente

religious   religioso

to **rely on**   confiar en

to **remain**   quedarse; **to remain to + *inf***   quedar por + *inf*

remains   restos *mpl*

remark   observación, comentario

remedy   remedio

to **remind**   recordar(le) (a uno)

remote   remoto

to **rent**   alquilar

rent   alquiler *m*

repeatedly   repetidamente

repentant   arrepentido

to **replace**   sustituir, reemplazar

report   informe *m*, reportaje *m*

repulsive   repulsivo

request   petición *f*

requested   pedido

to **require**   exigir, requerir (ie); obligar

required: to be required requerirse (ie)

research   investigaciones *fpl*

to **resemble**   parecer (zc)

reserved   reservado

to **reside**   residir

to **resign oneself (to)**   resignarse (a)

responsible: to be responsible for ser responsable de

result   resultado

to **retire**   jubilarse, retirarse

return   regreso; *adj* de regreso

to **return**   volver (ue), regresar

to **revive**   revivir

to **revolve**   girar

rice   arroz *m*

rich   rico

rid: to get rid of   deshacerse de

right *n* (a just claim or privilege) derecho

right *adj* (appropriate)   correcto; **(opposite of left)**   derecho; **to be right**   tener razón

right: right away   inmediatamente; **right here**   aquí mismo

Right to Die with Dignity Derecho a Morir con Dignidad

ring   anillo

risk   riesgo; peligro

to **risk**   arriesgarse (a)

river   río

road   camino

to **roast**   tostar (ue)

roasted pork   lechón asado

rocket   cohete *m*

role: in the role of   que hacía el papel de

roommate   compañero de cuarto (de vivienda)

rough   rudo

routine *adj*   rutinario

rubber boots   botas de goma

to **rule**   determinar, decidir

to **rule over**   gobernar

to **run**   correr; **to run out of a place**   salir corriendo (de); **to run out of something** acabárse(le) (a uno); **in the long run**   a la larga

S

sacrifice   sacrificio

to **sacrifice**   sacrificar

sad   triste *mf*; **to make (one) sad** ponerlo triste (a uno); **the sad part**   lo triste

saddle   montura

sadness   tristeza

safe *adj*   seguro

safflower   alazor *m*

sailor   marinero

sake: for the sake of   por el bien de

same: the same   el (lo) mismo; **the same way**   de la misma manera, del mismo modo

satisfied   satisfecho

to **save**   salvar

saying   refrán *m*, dicho, proverbio

scene   escena

scary   que da miedo

scatter   regar, esparcir

schedule   horario, programa

schizophrenic   esquizofrénico

science   ciencia; **science-fiction** ciencia-ficción

sclerosis   esclerosis *f*

to **scold**   regañar

scratch   arañazo

to **scream**   gritar

sea   mar *m*

seafood   mariscos *mpl*

seat   asiento

seated   sentado

second   segundo

to **seek**   buscar

to **seem**   parecer (zc); parecer(le) (a uno)

self-employed: to be self-employed trabajar por cuenta propia

selfish   egoísta *mf*

to **send**   enviar, mandar

sense   sentido; **good sense** sentido común

sensible   sensato

sentence *gram*   oración *f*

to **separate (from)**   separarse (de)

servant   sirviente

to **serve (as)**   servir (i) (de)

set: TV set   televisor *m*

to **settle**   asentarse

several   varios

shadow   sombra

to **shake**   moverse (ue), temblar (ie); sacudir(se)

to **share**   compartir

sheepherder   pastor de ovejas

shiny   brillante *mf*

shocking   impactante *mf*

shores   playas

short   corto; (**person**) bajo; **in short**   en resumen, en fin

to **shorten**   acortar

shot: to be shot   disparar(le) (a uno); matar de un tiro

should   deber

shoulder   hombro

to **show**   mostrar (ue); enseñar

shriek   chillido

sick   enfermo

side   lado

to **sign**   firmar

silly   tonto

similar   parecido

to **simulate**   simular

since   ya que; desde

sincerely yours   de Ud. atentamente

sincerity   sinceridad *f*

to **sing**   cantar

sinister   siniestro

sink (kitchen)   fregadero

sinner   pecador/a

site: at the site of the events   en el lugar de los hechos

situation   situación *f*

size (clothes)   talla

skeptic   escéptico *n*; **skeptical** *adj* escéptico

skull   cráneo

sky   cielo

to **sleep**   dormir (ue)

sleeping   dormido; durmiente

slow   lento

slow pace   lentitud *f*

smart   listo

to **smell**   oler (hue); **to smell of** oler a

smile   sonrisa

smiling *adj*   sonriente

to **smoke**   fumar

smoking *n*   fumar

smuggling   contrabando

snake   serpiente *f*

so   así; así que; **so far** hasta ahora, hasta la fecha; **so on**   así sucesivamente; **so what?** ¿y qué?

so: if you do so si Ud. lo hace así

soaking wet   empapado

soap   jabón *m*

soap opera   telenovela

soccer game   partido de fútbol

social class   clase social *f*

soda: diet soda   refresco de dieta

soil   terreno

to **solve**   resolver (ue)

some   algún, alguno; (**an indefinite number**) unos

someone   alguien

something   algo; **something else** otra cosa

sometimes   a veces

somewhat   algo

son-in-law   yerno

song   canción, canto

soon   pronto; **soon afterward** poco después; **soon: as soon as**   tan pronto como, apenas

soot   hollín *m*

southern *adj*   del sur

space   espacio; **Space Odyssey** Odisea del Espacio

spaceship   nave espacial *f*

Spanish-speaking   hispanohablante *mf*

sparingly   con moderación

special: to be a special one ser especial

to **specialize (in)**   especializarse (en)

species   especie *f*

specimen   ejemplar *m*

spectator   espectador(a)

spicy   picante *mf*

to **spend**   gastar; (**time**) pasar

sports *adj*   deportivo

spring vacation   vacaciones de primavera

squeak   chirrido

to **stab**   apuñalar, dar una puñalada

stamp   sello

to **stand out**   sobresalir, destacarse

to **stand up**   pararse, ponerse de (en) pie

star   estrella

to **starve to death**   morirse (ue) de hambre

state   estado

to **state**   declarar, afirmar

to **stay**   quedarse

step   paso; **to take steps**   tomar medidas

stick   palo

still   todavía

stone   piedra

to **stop**   parar; **to stop** + *pres part* dejar de + *inf*

store   tienda

storm   tormenta

story   historia; **short story**   cuento

strange   extraño

street   calle *f*

strength of will   fuerza de voluntad

to **stress**   recalcar, subrayar

strict   estricto

strong   fuerte *mf*

to **struggle (to)**   luchar (por)

struggle   lucha

stubborness   testarudez *f*

student *adj*   de estudiantes, estudiantil *mf*

subject (school)   asignatura

subject: to change the subject cambiar de tema

to **submit**   presentar

substitute   sustituto

to **substitute**   sustituir

substitution   sustitución *f*

to **succeed in**   conseguir (i, i); lograr(lo)

success   éxito

such a thing as   tal cosa como

such as   tal como

sudden   repentino

suddenly   de repente

to **suffer**   sufrir; **to suffer from (an illness)** padecer (zc) de

suffering   sufrimiento

sugar beet   remolacha

to **suggest**   sugerir

suicide   suicidio

suit (legal)   pleito

to **suit (one)**   convenirle (a uno)

suitor   pretendiente

sum   cantidad *f*

superficial   superficial *mf*

supper   cena

supporter   defensor

Supreme Court   Corte Suprema

sure   seguro; **to be sure**   estar seguro

surely   de seguro

to be **surprised at (by)** sorprender(le) (a uno), extrañar(le) (a uno); sorprenderse de

surprising   sorprendente *mf*

to **surrender**   rendirse (i, i)

surrounded: to be surrounded by estar rodeado de

to **survive** sobrevivir

to **suspect** sospechar (de)

suspicion sospecha

sweet dulce *mf*

swimming pool piscina

swine canalla *mf*

symptom síntoma *m*

system sistema *m*

T

to **take** tomar, beber; **to take a bath** bañarse; **to take advantage** aprovecharse; **to take a nap** dormir (ue) la siesta; **to take notes** tomar apuntes; **to take off** despegar; **to take out** sacar; **to take photos** sacar fotografías; **to take (someone) for a ride** llevar a pasear; **to take (someone or something someplace)** llevar; **to take a trip** hacer un viaje

to **take after** salir a

to **take away** quitar, llevarse

to **take** + *time* + *inf* tardar + *tiempo* + en + *inf*; **to take too long** tardar más de la cuenta

to **talk on the phone** hablar por teléfono

task tarea

taste gusto

to **taste like/of** saber a; **to taste awful** saber muy mal, saber a rayos; **to taste wonderful** saber muy bien, saber a gloria

tax impuesto

team equipo

tear lágrima

technologcal advances adelantos tecnológicos

technology tecnología

to **tell on (someone)** acusar(lo)

to **tell time** decir la hora

temptation tentación *f*

tendency tendencia

tender tierno

tentacle tentáculo

term término

terminally ill desahuciado

terms: not to be on speaking terms with estar peleado con

terribly terriblemente

territory territorio

test prueba

theater teatro

theme tema

there ahí, allí

therefore por lo tanto, por consiguiente

thing cosa; **(space being)** criatura

to **think** pensar (ie); **I don't think so** no lo creo

thinking: without thinking a tontas y a locas

third tercero; **third world countries** países del tercer mundo

thorn espina

those: those of los de; **those who** los que; **there are those who** hay quienes

thousand: a thousand mil

threat amenaza

to **threaten** amenazar

threatening amenazador/a

throat: to have a sore throat doler(le) (a uno) la garganta; tener dolor de garganta

through por; a través de

throughout por todo

throw away desechable *mf*

thus así, de esta manera; por lo tanto

to **tie** atar

tight apretado

tile azulejo, mosaico

time tiempo, hora; **a good time** un buen rato; **our time** nuestra época

time: all the time constantemente; **at the same time** a la vez, al mismo tiempo; **by the time** para la hora; **for the first time** por primera vez; **from time to time** de vez en cuando; **in no time** en seguida, en un momento; **this time** esta vez; **time after time** una y otra vez

time: to be time (to) ser hora (de); **to buy on time** comprar a plazos; **to have a good time** pasar un buen rato, divertirse (ie); **when my time comes** cuando me llegue la hora

times: to be behind the times ser anticuado

to **tire** cansar(se)

tired: to be tired (of) estar cansado (de); **to get tired (of)** cansarse (de)

title título

titled titulado

toaster tostadora

tobacco tabaco; **tobacco-related deaths** muertes relacionadas con el tabaco

Toltec tolteca

tonight esta noche

too (before adj or adv) demasiado; también

top *adj* de primera clase, importante; **top secret** secreto de estado; **on top of** encima de

topic tema *m*

torn desgarrado

touch tocar

touching conmovedor

tour gira

towel toalla

traditional tradicional *mf*

to **train** entrenar

train station estación *f* del tren

transcendence trascendencia

to **transform** transformar

transient transeúnte *mf*

to **translate (into)** traducir (zc) (al)

transmutation trasmutación *f*

transparent transparente *mf*

to **trap** atrapar

to **travel (throughout)** viajar (por)

traveler viajero

to **treat** tratar

trip viaje *m*

troop tropa

tropical rain forest selva tropical

trouble: to take the trouble (to) tomarse el trabajo (de)

true verdadero

to **trust** confiar (en)

truthfulness veracidad *f*

to **try to** tratar de

to **turn on** encender (ie)

turn: to turn to (into) convertir(se) (ie) (en); **to turn red** ponerse rojo, enrojecer; **to turn** + *age* cumplir + *años*

TV (set) televisor *m*

twin gemelo, mellizo

type clase, tipo

to **type** escribir a máquina

typical típico

U

unacceptable inaceptable

underground subterráneo

to **understand** comprender, entender (ie)

understanding comprensivo

undertaker empresario de pompas fúnebres

undocumented indocumentado

to **undress** desvestir(se), desnudar(se)

uneducated inculto

unexpected inesperado

unfaithful infiel *mf*

unfortunately por desgracia

to **unhook** desenganchar

uninhabited deshabitado

unique único

unknown desconocido

unless a menos que

unlike a diferencia de

to **unpack** desempaquetar; **(a suitcase)** deshacer la maleta

unpardonable imperdonable *mf*

unpleasant antipático, desagradable *mf*

unsolved sin resolver

to **untie** desatar, desamarrar

until hasta (que)

untiring incansable *mf*

upon al

upset nervioso, contrariado

upstairs (en el piso de) arriba

urban urbano

urgently con urgencia

to **use** usar

used: to be used (to) estar acostumbrado (a); **to get used (to)** acostumbrarse (a)

usually generalmente

V

vacation: to be on vacation estar de vacaciones

vacuum cleaner aspiradora

valid válido

valley valle *m*

valuable valioso

variety variedad *f*

vegetables hortalizas, verduras

vegetative vegetativo

very: the very day el mismo día

victim víctima

village pueblo

violence violencia

vision visión *f*

vocabulary vocabulario

voice: in a low voice en voz baja

vote votar

W

to **wait for** esperar

waiter camarero

to **wake up** despertar(se) (ie)

to **walk through** caminar por

wall pared; **(around a property)** muro, tapia

war guerra

to **warn** advertir (ie)

warning advertencia, aviso

to **wash clothes** lavar la ropa

to waste (time) perder (ie)

watch reloj *m*

water source abastecimiento de agua

watering riego

way manera, modo; **by the way** a propósito; **the only way** la única manera; **the same way** del mismo modo que; **this way** de esta manera, de este modo; **to do things one's way** hacer las cosas a su manera

weak débil *mf*

to **wear** llevar, usar, tener puesto

weather tiempo; **weather balloon** globo de investigaciones metereológicas

website sitio en la red

weight peso; **(for lifting)** pesa

weird horripilante *mf*

well bien; **as well as** así como, y también

well-to-do rico

western world mundo occidental

wet húmedo, mojado

wheat trigo

where donde, adonde

whereas mientras que

wherever you go dondequiera que vaya

which el cual, lo cual, lo que

while mientras, cuando

whistling sound silbido

whom a quien

whose cuyo

widow viuda

will power fuerza de voluntad *f*

willing: to be willing to estar dispuesto a

willingly de buena gana

to **win** ganar; **to win the lottery** sacarse la lotería

windshield wipers limpiaparabrisas *mspl*

wine list lista de vinos

winner: a winner un/a triunfador/a

winning *adj* ganador/a

wise sabio

to **wish** desear

wish deseo

with (+ *physical characteristics*) de

to **wither** marchitarse

to **witness** presenciar

womanizer mujeriego

to **wonder** preguntarse

won't: I won't no lo haré

word palabra; **in other words** en otras palabras

to **work (inanimate subject)** funcionar

work trabajo, obra; **work of art** obra de arte; **at work** en el trabajo

worker obrero

world mundo

worse peor

worst: the worst thing lo peor

worth: to be worth it valer la pena

worthwhile valioso

worried: to be worried estar preocupado; **to get worried** preocuparse

wound herida

to **wrap** envolver (ue)

to **wriggle** retorcerse

wrinkled arrugado

writing: in writing por escrito

wrong (inappropriate) incorrecto; **(mistaken)** equivocado; **to be wrong** no tener razón, estar equivocado; **morally wrong** moralmente censurable

wrong: something was wrong algo andaba mal

Y

yet todavía; sin embargo

youngest más joven, menor

youth joven *mf*

INDEX